"信毅教材大系"编委会

主　　任	卢福财
副 主 任	邓　辉　王秋石　刘子馨
秘 书 长	廖国琼
副秘书长	宋朝阳
编　　委	刘满凤　杨　慧　袁红林　胡宇辰　李春根
	章卫东　吴朝阳　张利国　汪　洋　罗世华
	毛小兵　邹勇文　杨德敏　白耀辉　叶卫华
	尹忠海　包礼祥　郑志强　陈始发
联络秘书	方毅超　刘素卿

信毅教材大系·管理学系列

运营管理（第二版）

Operation Management

邹艳芬　陆宇海 主编

胡宇辰　陶永进　陈小锋　何小兰 副主编

复旦大学出版社

总 序

世界高等教育的起源可以追溯到1088年意大利建立的博洛尼亚大学,它运用社会化组织成批量培养社会所需要的人才,改变了知识、技能主要在师徒间、个体间传授的教育方式,满足了大家获取知识的需要,史称"博洛尼亚传统"。

19世纪初期,德国的教育家洪堡提出"教学与研究相统一"和"学术自由"的原则,并指出大学的主要职能是追求真理,学术研究在大学应当具有第一位的重要性,即"洪堡理念",强调大学对学术研究人才的培养。

在洪堡理念广为传播和接受之际,爱尔兰天主教大学(爱尔兰国立都柏林大学的前身)校长纽曼发表了《大学的理想》的著名演说,旗帜鲜明地指出"从本质上讲,大学是教育的场所","我们不能借口履行大学的使命职责,而把它引向不属于它本身的目标"。强调培养人才是大学的唯一职能。纽曼关于《大学的理想》的演说让人们重新审视和思考大学为何而设、为谁而设的问题。

19世纪后期到20世纪初,美国威斯康星大学查尔斯·范海斯校长提出"大学必须为社会发展服务"的办学理念,更加关注大学与社会需求的结合,从而使大学走出了象牙塔。

2011年4月24日,胡锦涛总书记在清华大学百年校庆庆典上指出,高等教育是优秀文化传承的重要载体和思想文化创新的重要源泉,强调要充分发挥大学文化育人和文化传承创新的职能。

总而言之,随着社会的进步与变革,高等教育不断发展,大学的功能不断扩展,但始终都围绕着人才培养这一大学的根本使命,致力于不断提高人才培养的质量和水平。

对大学而言,优秀人才的培养,离不开一些必要的物质条件保障,但更重要的是高效的执行体系。高效的执行体系应该体现在三个方面:一是科学合理的学科专业结构;二是能洞悉学科前沿的优秀的师资队伍;三是作为知识载体和传播媒介的优秀教材。教材是体现教学内容与教学方法的知识载体,是进行教学的基本工具,也是深化教育教学改革,提高人才培养质量的重要保证。

一本好的教材,要能反映该学科领域的学术水平和科研成就,能引导学生沿着正确的学术方向步入所向往的科学殿堂。因此,加强高校教材建设,对于提高教育质量、稳定教学秩序、实现高等教育人才培养目标起着重要的作用。正是基于这样的考虑,江西财经大学与复旦大学出版社达成共识,准备通过编写出版一套高质量的教材系列,以期进一步锻炼学校教师队伍,提高教师素质和教学水平,最终将学校的学科、师资等优势转化为人才培养优势,提升人才培养质量。为凸显江财特色,我们取校训"信敏廉毅"中一前一尾两个字,将这个系列的教材命名为"信毅教材大系"。

"信毅教材大系"将分期分批出版问世,江西财经大学教师将积极参与这一具有重大意义的学术事业,精益求精地不断提高写作质量,力争将"信毅教材大系"打造成业内有影响力的高端品牌。"信毅教材大系"的出版,得到了复旦大学出版社的大力支持,没有他们的卓越视野和精心组织,就不可能有这套系列教材的问世。作为"信毅教材大系"的合作方和复旦大学出版社的一位多年的合作者,对他们的敬业精神和远见卓识,我感到由衷的钦佩。

王 乔

2012 年 9 月 19 日

目 录

第一章 导论 …………………………………… 001
　开篇案例 …………………………………… 001
　第一节　运营管理概述 …………………… 002
　第二节　现代运营管理的发展趋势 ……… 009
　复习思考题 ………………………………… 015
　案例分析 …………………………………… 015

第二章 运营管理战略 ………………………… 017
　开篇案例 …………………………………… 017
　第一节　运营管理战略概述 ……………… 018
　第二节　运营管理战略的制定 …………… 021
　第三节　战略一致性 ……………………… 029
　复习思考题 ………………………………… 033
　案例分析 …………………………………… 033

第三章 运营管理理念 ………………………… 036
　开篇案例 …………………………………… 036
　第一节　供应链管理理念 ………………… 037
　第二节　可持续性理念 …………………… 045
　第三节　持续改进理念 …………………… 051
　复习思考题 ………………………………… 057
　案例分析 …………………………………… 057

第四章 产品/服务设计和技术选择 …………… 059
　开篇案例 …………………………………… 059
　第一节　产品设计的必要性 ……………… 059
　第二节　产品设计与开发管理 …………… 065
　第三节　产品开发的组织方法 …………… 071
　第四节　服务设计 ………………………… 081
　复习思考题 ………………………………… 088

案例分析 ································· 088

第五章　流程分析和设计 ································· 090
　　开篇案例 ································· 090
　　第一节　生产流程分析 ································· 091
　　第二节　生产流程设计 ································· 096
　　第三节　服务流程分析及工艺设计 ································· 103
　　复习思考题 ································· 111
　　案例分析 ································· 111

第六章　选址规划与设施的布置 ································· 115
　　开篇案例 ································· 115
　　第一节　生产设施选址 ································· 115
　　第二节　生产设施的布置 ································· 121
　　第三节　服务设施选址与布置 ································· 128
　　复习思考题 ································· 136
　　案例分析 ································· 136

第七章　工作系统设计与产能规划 ································· 138
　　开篇案例 ································· 138
　　第一节　工作设计 ································· 139
　　第二节　作业测量 ································· 149
　　第三节　人机工程 ································· 160
　　第四节　生产能力规划 ································· 167
　　第五节　服务能力规划 ································· 175
　　复习思考题 ································· 177
　　案例分析 ································· 177
　　延伸阅读 ································· 178

第八章　综合计划 ································· 180
　　开篇案例 ································· 180
　　第一节　综合计划概述 ································· 182
　　第二节　综合计划策略 ································· 190
　　第三节　年度综合计划的制定 ································· 195
　　第四节　服务业综合计划 ································· 200

复习思考题 ……………………………………… 203
　　案例分析 ………………………………………… 204

第九章　物料需求与资源管理计划 ……………… 205
　　开篇案例 ………………………………………… 205
　　第一节　MRP 概述 ……………………………… 205
　　第二节　MRP 的处理过程 ……………………… 211
　　第三节　MRP 的演进 …………………………… 220
　　第四节　服务业 MRP …………………………… 225
　　复习思考题 ……………………………………… 227
　　案例分析 ………………………………………… 228

第十章　作业计划 …………………………………… 230
　　开篇案例 ………………………………………… 230
　　第一节　作业计划概述 ………………………… 231
　　第二节　作业计划的编制 ……………………… 244
　　第三节　作业排序 ……………………………… 250
　　第四节　作业控制 ……………………………… 258
　　第五节　服务业作业计划 ……………………… 264
　　复习思考题 ……………………………………… 266
　　案例分析 ………………………………………… 266

第十一章　库存管理与控制 ………………………… 268
　　开篇案例 ………………………………………… 268
　　第一节　库存管理与控制概述 ………………… 268
　　第二节　库存管理与控制的基本方式 ………… 272
　　第三节　单周期和多周期库存模型 …………… 276
　　复习思考题 ……………………………………… 289
　　案例分析 ………………………………………… 289

第十二章　质量管理与控制 ………………………… 291
　　开篇案例 ………………………………………… 291
　　第一节　质量管理概述 ………………………… 292
　　第二节　全面质量管理 ………………………… 298
　　第三节　质量控制方法 ………………………… 303

第四节　服务业质量管理与控制 …………………………………… 312
　　复习思考题 ……………………………………………………………… 315
　　案例分析 ………………………………………………………………… 315

第十三章　项目管理与控制 ………………………………………… 317
　　开篇案例 ………………………………………………………………… 317
　　第一节　项目管理概述 …………………………………………………… 319
　　第二节　项目管理与控制过程 …………………………………………… 323
　　第三节　项目管理与控制技术 …………………………………………… 329
　　第四节　网络计划的优化 ………………………………………………… 339
　　复习思考题 ……………………………………………………………… 344
　　案例分析 ………………………………………………………………… 344

第十四章　准时生产与精益生产 …………………………………… 347
　　开篇案例 ………………………………………………………………… 347
　　第一节　准时生产 ………………………………………………………… 348
　　第二节　精益生产 ………………………………………………………… 355
　　第三节　组织准时生产的条件 …………………………………………… 364
　　复习思考题 ……………………………………………………………… 371
　　案例分析 ………………………………………………………………… 371

第十五章　运营管理最新技术发展 ………………………………… 373
　　开篇案例 ………………………………………………………………… 373
　　第一节　TOC 理论 ……………………………………………………… 373
　　第二节　网络化制造 ……………………………………………………… 379
　　第三节　智能制造 ………………………………………………………… 384
　　复习思考题 ……………………………………………………………… 387
　　案例分析 ………………………………………………………………… 387

参考文献 …………………………………………………………………… 389

第一章 导 论

【学习目标】

1. 了解运营管理系统的不同要素。
2. 熟悉运营管理的主要工作内容。
3. 了解运营管理的发展历程。

开篇案例

宜家集团(IKEA)是全球最著名的家具跨国连锁零售企业之一,自1943年在瑞典建立以来到现在已有70多年的历史。目前,宜家定位是"自助式家居用品服务商",通过自助形成独有的廉价简约竞争优势,在全世界范围内取得了巨大成功。1998年,宜家家居首先进入中国上海建立了自己的门店,不久便吸引了众多年轻人的喜爱,并成为时尚生活的标志。据统计,宜家集团在全世界的30多个国家和地区拥有300多个商场,其中17家位于中国大陆地区。宜家采用全球化的采购模式,在全球16个采购贸易区中,中国大陆地区有华南区、华中区和华北区3个,采购量是其全球采购总量的25%,是宜家全球最大的采购国和采购市场。宜家在中国市场的成长与发展过程中,不断调整自身本土化经营策略,如价格本土化、采购本土化、服务本土化和促销本土化等,积极适应中国环境的特殊性。

资料来源:张帆.宜家在中国本土化经营策略研究[D].华中科技大学,2016.

一个国家的人民要生活得好,就必须生产得好,生产活动是人类最基本的活动,有生产活动就有生产管理。可以说,人类最早的管理活动就是对生产活动的管理。但由于市场经济的迅猛发展、全球通信和交通的日益便捷、国际资本流动的通畅、劳动力成本的巨大差异等元素,企业运营管理的复杂性日趋提高。全球化已从一种可选择的战略方案转变为现今企业运营的基础和必然考虑的因素。运营管理是对企业生产或服务活动的管理,主要解决企业内部的人、财、物等各种资源的最佳结合问题。运营管理是把企业的经营目标,通过产品或服务的生产过程转化成现实。然而,在市场经济条件下,在科学技术尤其是生产制造技术飞速发展的今天,现代运营管理同传统运营管理相比,无论在内容上还是在管理方式上都得到了充实、发展与完善,形成了新的特点。

本章描述了运营管理的基本概念、研究对象及内容和目标,并通过对运营管理的发展过程及现代企业所处的环境特征分析,归纳总结了现代运营管理的特征。

第一节 运营管理概述

自从人类有了生产活动,就开始了生产管理的实践。18世纪70年代西方产业革命之后,工厂代替了手工作坊,机器代替了人力,生产管理理论研究与实践开始系统和大规模地展开。运营管理既要解决传统产业存在的问题,也要针对服务业、高新技术等新兴产业存在的问题进行研究。有人说MBA代表着财富、地位、权力和荣誉,然而运营管理却意味着汗水、心血、能力和胆识。要搞好运营管理,尤其是大中型企业的运营管理,比企业管理其他任何领域付出的劳动与资本、人力与物力都要多。

现代企业内部分工越来越精细,任何一个生产环节的失误都可能使整个生产过程无法进行。为了适应变化多端的市场竞争,提高产品综合竞争能力,采用先进的制造技术和先进生产制造模式,提高运营管理水平已势在必行。

一、运营管理的含义

(一)运营管理的概念

运营管理是一门广泛应用于生产产品和提供服务的全球所有企业的一门学科,无论是生产产品的制造型企业,如福特(Ford)、飒拉(ZARA)、华为、长虹、海尔等,还是提供服务的,如迪士尼、肯德基、顺丰速运、光线传媒、商业银行等。生产是创造产品和提供服务,而过去人们习惯把提供有形产品的活动称为生产,将提供无形产品即服务的活动称为服务。随着服务业的兴起,更为明显的趋势是把有形产品的生产和服务的提供统称为"运营",因此,运营管理就是将输入转化为输出的一系列创造价值的活动,并体现为有形的产品和无形的服务。运营概念的发展如图1-1所示。

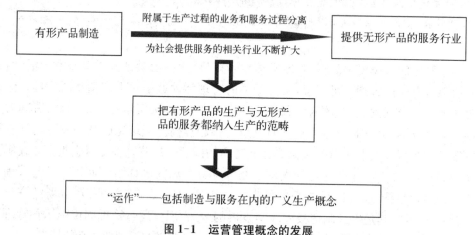

图1-1 运营管理概念的发展

(二)运营管理的过程

把输入资源按照社会需要转化为有用输出并创造价值的过程就是运营管理的过

程。这一过程的载体即形形色色的社会组织,有生产有形产品的组织,如海信电视机、华为手机等,而另一些组织并不提供有形的产品,如医院、银行、高校、美容院等,它们提供身体检查、理财服务、指导论文和面部美容等各种服务,这些社会组织的活动通常总称为运营管理。在运营管理过程中,每一个社会组织都有其特定的目标和功能,其活动的输入是能源、信息、原材料,在一定的外部环境约束(如宏观经济、政治、社会、法律、市场、中观的行业发展)下,通过组织的内部资源支持(如人员、财力、技术等),输出为产品和服务,过程如图1-2所示。社会组织的输出是企业赖以生存的基础,是吸引顾客的依据;输入则由输出决定,生产什么样的产品,提供什么样的服务,决定了需要输入的资源和其他要素。这一转化过程的有效性是影响企业竞争力的关键因素之一。表1-1列出了不同行业、不同社会组织的输入、转换、输出的主要内容。

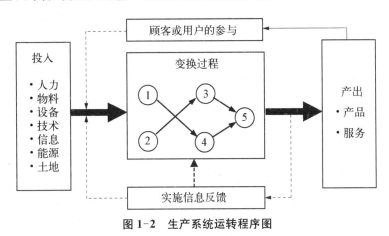

图1-2 生产系统运转程序图

表1-1 输入—转换—输出的典型系统

系 统	主要输入资源	转 换	输 出
汽车制造厂	钢材、零部件、设备、工具	制造、装配汽车	汽车
学校	学生、教师、教材、教室	传授知识、技能	受过教育的人才
医院	病人、医师、护士、药品、医疗设备	治疗、护理	健康的人
商场	顾客、售货员、商品、库房、货架	吸引顾客、推销产品	顾客的满意
餐厅	顾客、服务员、食品、厨师	提供精美食物	顾客的满意

人们最初开始的是对生产制造过程的研究,主要研究有形产品生产制造过程的组织、计划和控制,被称为"生产管理学"(production management)。随着经济的发展、技术进步以及社会工业化、信息化的进展,社会构造越来越复杂,社会分工越来越细。原来附属于生产过程的一些业务、服务过程相继分离并独立出来,形成了专门的商业、金融、房地产等服务业。此外,人们对教育、医疗、保险、娱乐等方面的要求也在不断提高,相关行业不断扩大。因此,对这些提供无形产品的运作过程进行管理和研究的必要性也就应运而生。人们开始把有形产品和无形产品的生产和提供都看作一种"投入—变

换—产出"的过程,从管理的角度来看,这两种变换过程实际上有许多不同之处,但从汉语习惯上将运营管理两者称生产运作。其特征主要表现在3个方面:① 能够满足人们某种需要,即有一定的使用价值;② 需要投入一定的资源,经过一定的变换过程才能实现;③ 在变换过程中需要投入一定的劳动,实现价值增值。

(三)运营管理的研究对象

运营管理的研究对象是运营系统。如上所述,运营过程是一个"输入—变换—输出"的过程,是一个价值增值过程。所谓系统,是指使上述的变换过程得以实现的手段。它的构成与变换过程中的物质转化过程和管理过程相对应,也包括一个物质系统和一个管理系统。

物质系统是一个实体系统,主要由各种设施、机械、运输工具、仓库、信息传递媒介等组成。例如,一个机械工厂,其实体系统包括车间,车间内的各种机床、天车等工具,车间与车间之间的在制品仓库等。一个化工厂,它的实体系统可能主要是化学反应罐和形形色色的管道;一个急救系统或一个经营连锁快餐店的企业,它的实体系统可能又大为不同,不可能集中在一个位置,而是分布在一个城市或一个地区内各个不同的地点。

管理系统主要是指运营管理系统的计划和控制系统,以及物质系统的设计、配置等,其中的主要内容是信息的收集、传递、控制和反馈。

(四)运营管理的目标

运营管理的目标是高效、低耗、灵活、清洁、准时地生产合格产品或提供满意服务。高效是对时间而言的,指能够迅速地满足用户的需要,在当前激烈的市场竞争条件下,谁的订货提前期短,谁就更可能争取用户;低耗是指生产同样数量和质量的产品,人力、物力和财力的消耗最少,低耗才能低成本,低成本才有低价格,低价格才能争取用户;灵活是指能很快地适应市场的变化,生产不同的品种和开发新品种或提供不同的服务和开发新的服务;清洁指对环境没有污染;准时是在用户要求的时间、数量内,提供所需的产品和服务。

二、运营管理的内容

企业运营管理包括对企业运营系统的规划与设计、管理与控制和维护与优化的各种管理活动的总称。运营系统的规划与设计包括产品或服务的选择与设计、运作设施的地点选择与布置、工作设计和产能规划等;运营系统的管理与控制主要是指在现行运营系统中,如何适应市场变化,按需生产和服务,主要涉及生产计划、管理与控制3个方面;运营系统的维护与优化主要是采用先进生产方式对现有系统不断优化升级,主要包括准时生产(just in time, JIT)、精益生产和智能制造等。具体如图1-3所示。

(一)运营管理战略制定

运营管理战略决定组织的产出与产出组合、资源要素的投入需要和优化配置,设计生产组织方式,确立竞争优势等。目的是使产品生产及时,技术经济效果令人满意,并尽量缩短生产周期,降低费用支出。

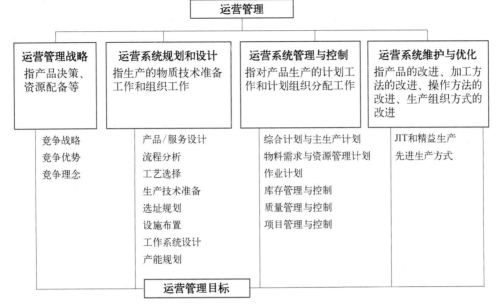

图 1-3 运营管理内容图

（二）运营系统规划与设计

运营系统规划与设计包括设施选择、生产规模与技术层次决策、设施建设、设备选择与购置、运营系统总平面布置、车间及工作地布置等。目的是以最快的速度、最少的投资建立起最适宜企业的运营系统主体框架。

（三）运营系统管理与控制

运营系统管理与控制是对运营系统的正常运行进行计划、管理和控制。目的是按技术文件和市场需求，充分利用企业资源条件，实现高效、优质、安全、低成本生产，最大限度地支持竞争优势，主要包括3个方面的内容，即计划（综合计划和作业计划）编制、计划管理与控制，如以计划为标准控制质量和库存等。

（四）运营系统维护与优化

运营系统的不断维护与优化改进，如对于生产现场，加强生产现场的协调与组织，消除无效劳动和浪费，排除不适应生产活动的异常现象和不合理现象等，以及生产组织方式的改进，使运营管理过程各要素更加协调，不断提高劳动生产率和经济效益等。

三、运营管理的职能

（一）传统运营管理模式的弊端

20世纪20年代开始出现了"第一次生产方式革命"，即单一品种（少品种）大批量生产方式替代手工制造单件生产方式，但随后代之的是"多品种、小批量生产方式"，即"第二次生产方式革命"。我国传统的生产管理模式，是在20世纪50年代学习苏联的基础上创立发展起来的，与单一品种（少品种）大批量生产方式相适应的，以产品为中心组织生产,"以生产调度为中心"控制整个生产,使得整个经济处于投入多、产出少、消耗高、效益低的粗放型发展状态,形成生产单一产品的"大而全""小而全"的工业生产体系。与现代企业的运营管理相比,企业传统的生产管理模式存在以下4个方面的弊端。

1. 企业生产缺乏柔性,对市场反应能力低

所谓"柔性",就是加工制造的灵活性、可变性和可调节性。现代企业的生产组织必须适应市场需求的多变性,要求在短时期内,以最少的资源消耗,从一种产品的生产转换为另一种产品的生产。但传统生产管理模式是以产品为单位,按台份编制生产计划的。投入产品与调整产品对整个计划影响较大,再加上企业生产的反馈信息比较慢,下月月初才有上月月末的生产统计资料,无法实现动态调整,生产严重滞后,导致生产系统速度慢。

2. 企业的"多动力源的推进方式"使库存大量增加

所谓"多动力源的推进方式",是指各个零部件生产阶段,各自都以自己的生产能力、生产速度生产,而后推到下一个阶段,由此逐级下推形成"串联",平行下推形成"并联",直到最后的总装配,构成了多级驱动的推进方式。由于生产是"多动力源"的多级驱动,加上没有严格有效的计划控制和全厂的同步化均衡生产的协调,各生产阶段的产量必然会形成"长线"和"短线"。长线零部件"宣泄不畅"进入库存,加大库存量,而短线零部件影响配套装配,形成短缺件。然后,当"长线"越长,"短线"越短时,各种库存不但不能起到协调生产、保证生产连续性的作用,反而适得其反,造成在制品积压,流动资金周转慢,生产周期长,给产品的质量管理、成本管理、劳动生产率,以及对市场的反应能力等方面带来极其不利的影响。

3. 单一产品的"大而全""小而全"生产结构

现代化大生产是充分利用发达的社会分工和协作,组成专业化和多样化相结合的整机厂和专业化的零部件厂。然而,随着时代的变迁、科学技术的不断进步和人们生活条件的不断改善,消费者的价值观念变化很快,消费需求多样化,从而引起产品的寿命周期相应缩短,为适应市场需求环境的变化,必将使多品种、中小批量混合生产成为企业生产方式的主流。长期以来,我国"大而全""小而全"的生产结构方式,不仅是一种排斥了规模经济效益的、效率低下的生产方式,而且也排斥多样化经营,靠增大批量降低成本生产,这样非常不利于企业分散风险,提高效益,促进企业顺利成长。

4. 企业生产计划与作业计划相脱节,计划控制力弱

传统生产管理模式在生产计划的编制过程中,是以产品为单位进行的,但在各生产阶段内部的"物流"和"信息流"又以零件为单位,因此,作为厂一级的生产计划只能以产品为单位,按台份下达到各生产阶段,即有关车间,而不能下达到生产车间内部。生产车间内部则根据厂级生产计划,以零件为单位自行编制本车间的生产作业计划,由于各生产车间的工艺、对象和生产作业计划的特殊性和独立性,各生产车间产量进度不尽相同,而厂级计划以产品为单位编制,对各车间以零件为单位的生产作业计划不能起到控制作用。

(二)企业管理的3项基本职能

企业管理有3项基本职能,即运营、理财和营销。运营就是创造社会所需要的产品

和服务,把运作活动组织好,对提高企业的经济效益有很大作用。理财就是为企业筹措资金并合理地运用资金。只要进入的资金多于流出的资金,企业的财富就不断增加。营销就是要发现与发掘顾客的需求,让顾客了解企业的产品和服务,并将这些产品和服务送到顾客手中。无论制造业企业还是服务型企业,运营管理活动是企业的基本活动之一,运营管理是企业管理的一项基本职能。

1. 运营管理和市场营销的关系

运营管理与市场营销处在同一管理层次上,相对独立,又有着十分紧密的协作关系。运营管理为营销部门提供满足市场消费需求、吸引顾客的产品和服务,因而运营管理对市场营销起保障作用,同时市场营销为生产提供市场信息,是运营管理的产品价值实现的过程,对提高产品的市场占有率和增强企业活力有着重要的意义。

2. 运营管理和财务管理的关系

运营管理与财务管理也处在同一管理层次上,彼此之间相互支持。企业的运营管理活动伴随着资金运动同时进行。财务管理是以资金运动为对象,利用价值形式进行的综合性管理工作。企业进行运营管理活动离不开资金的支持,例如:企业采购生产所需的原材料、燃料等实物后,货币资金转化为储备资金;在生产过程中,储备资金又转化为生产资金;当转化过程结束后,输入转化为成品,生产资金转化为成品资金;经市场销售后,价值得以实现,成品资金转化为货币资金。

在上述过程中,从财务管理的角度看,企业财务管理系统既要为运营管理活动所需的物资及技术改造、设备更新等提供足够的资金,又要控制运营管理中所需的费用,加快资金周转,提高资金利用效果。从生产的角度来看,运营管理追求高效率、高质量、低成本和交货期,又可以在各方面降低消耗、节约资金,提高资金利用效率,增加企业经济效益,为资金的筹集和运用提供支持。

3. 运营管理和企业管理系统的关系

企业管理的目的是在充分发挥市场营销、运营管理与财务管理等职能作用的基础上,实现企业系统的整体优化,创造最佳经济效益。在企业管理系统中,三大职能互相影响、互相制约。如果企业营销体系不健全,营销政策不完整,销售渠道不畅,即使企业拥有竞争力很强的产品,也难将产品销售出去,更谈不上取得市场地位、获得竞争优势。如果企业运营管理系统设计不合理,产品质量不能保证,就是有再完善的营销体系也很难将产品销售出去。假如企业上述两项都不错,但财务管理系统较弱,资金筹措和资金运作能力很低,企业最终也会因为没有足够的资金支持和资金使用效率低,而不能在市场竞争中把企业做大做强。因此,对于企业这样一个完整的有机系统,提高企业管理水平必须以系统的观点,从系统的角度全面提高企业各职能的管理水平。

四、运营管理职能的发挥

运营职能在企业中发挥的作用并不是一贯的,为了生存与发展,在企业的不同时期,运营职能从最初的内部中立到最终的外部支持,真正取得运营优势。在企业初创期,最为关注的是财务,继而是营销,这一方面由哈佛大学的罗伯特·海斯(Robert

Hayes)和史蒂文·惠尔莱特(Steven Wheelwright)两位教授最先提出"四阶段模型"，南加利福尼亚大学的理查德·B.蔡斯(Richard B. Chase)教授后来在此基础上做了进一步的完善。该模型描述了运营职能从一个近乎消极的角色(阶段1)到竞争战略要素(阶段4)的整个发展过程，如图1-4所示。

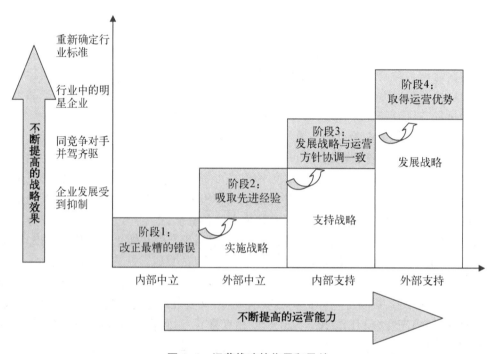

图1-4 运营战略的作用和贡献

阶段1：内部中立

在这一阶段，运营职能的贡献少得可怜。其他职能都将它看作阻碍自己有效竞争的一块拦路石。运营职能是封闭保守的，充其量也只是被动反应式的，对公司的竞争优势几乎没有任何贡献。它希望自己能够待在被人遗忘的角落，因为那样它至少不会拖公司的后腿。公司其他部门也从来不指望运营职能能够提供什么创意、本领或竞争优势。此时，运营职能的最大目标是实现"内部中立"，但就连这样的地位，它也不是通过采取什么积极措施，而是通过避免更大的失误获得的。

阶段2：外部中立

运营职能跳出阶段1所迈出的第一步就是拿自己和外部市场的同类型公司进行比较。这并不意味着它就一定成为市场上"明星梯队"中的一员，但是在与竞争对手比较的过程中，它至少会吸取"先进经验"，从而力争"上游"。

阶段3：内部支持

在这一阶段，运营职能基本具备了跻身"明星梯队"的实力。它的目标很明确，那就是争当第一。为了达到这一目标，它需要对公司的竞争目标或战略目标有清醒的认识，同时建立充足的运营资源，为公司在市场竞争中战胜对手创造条件。这一阶段的目标是通过制定切实可行的运营战略，努力做到"内部支持"。

阶段 4：外部支持

海斯和惠尔赖特认为，处于第 4 阶段的公司将运营职能看作竞争胜利的基石，而整个运营职能自身也是着眼于未来的长期发展的。它不仅要预测市场和供应可能发生的变化，而且还要建立在未来市场条件下竞争所需的运营能力。此时的运营职能正逐渐演变为决策的核心要素，突出创造性和前瞻性，能够根据市场变化及时进行调整。其根本目标是努力做到在产品服务的生产方式以及公司自身组织方式上比竞争对手"领先一步"，即实现海斯和惠尔赖特所说的"外部支持"。

第二节　现代运营管理的发展趋势

▶ 一、运营管理的产生

运营管理产生的时间并不长，但内容却十分丰富。经济学家亚当·斯密（Adam Smith）在 1776 年撰写的《国富论》一书中，最早注意到了生产经济学。他揭示出劳动分工的 3 个基本优点：重复完成单项作业会使技能或熟练程度得到发展；通常由于工作变换而损失时间的节约；当人们在一定范围内努力使作业专门化时，通常会发明出机器工具。在工厂制度下，由于大量生产需要集中大量的人员，劳动分工作为一个具有普遍意义的方法发展起来，协作的方法是有效的。亚当·斯密观察到这个现象，注意到了它 3 个方面的优点，并把它写进了《国富论》中。《国富论》是生产经济学发展中的一个里程碑，运营管理这门学科，从完全叙述的阶段，发展到了具有应用科学特征的阶段。

在亚当·斯密之后，伊莱·惠特尼（Eli Whitney）被认为是较早通过采用标准化和质量控制来推广零部件互换性的人。他在为美国政府生产 10 000 支步枪的合同中，通过提供可以互换的枪械零部件获得了额外的利润。英国人查尔斯·巴贝奇（Charles Babbage）扩大了斯密的观察范围，提出了许多生产组织和经济学方面带有启发性的观点。他的思想在 1832 年所写的《论机器和制造业的经济》一书中概述出来。巴贝奇同意亚当·斯密关于劳动分工的 3 个方面的优点的论述，但是他注意到亚当·斯密忽略了一个重要的优点。例如，巴贝奇引用了那个时候制针业的调查结果，专业化分工导致制针业有 7 个基本操作工序：① 拉线；② 直线；③ 削尖；④ 切断顶部；⑤ 作尖；⑥ 镀锡或镀白；⑦ 包装。巴贝奇注意到这些不同工序的工资等级，便指出，如果工厂按照每个人完成全部工序的操作来重新组织的话，就要对这些人按全部工序要求的最难的或者最好的技巧来支付工资。实行劳动分工就可以按每种技巧恰好所需要的数量来雇用劳动力。所以，除了亚当·斯密提出的生产率方面的优点以外，巴贝奇还认识到对技巧定出界限作为支付报酬依据的原则。在亚当·斯密和查尔斯·巴贝奇考察之后的年代里，劳动分工继续发展，并且在 20 世纪前半叶里发展更快了。

弗雷德里克·W. 泰勒（Frederick W. Taylor）被誉为科学管理之父。他在员工选择、生产计划和作业计划、动作研究以及现在流行的工效学领域做出了巨大贡献。他的一个主要贡献是提出管理对改进工作方法能起到非常积极的作用。泰勒及其同事亨利·甘特(Henry Gantt),以及弗兰克·吉尔布雷斯(Frank Gilbreth)和莉莲·吉尔布雷斯(Lillian Gilbreth)夫妇均是最早系统地探索最佳生产方法的先驱。为运营管理的发展做出巨大的贡献,泰勒认为:科学的方法能够而且也应当应用于解决各种管理中的难题,完成工作所用的方法应当通过科学的调查研究,由企业的管理部门来决定。他列举出管理部门的 4 条新的职责,概述如下:

(1) 研究一个人工作的各个组成部分,以替代传统的凭经验的做法;

(2) 用对员工进行科学的选拔、培训和提高,代替允许员工选择自己的工作和尽他自己的能力来锻炼自己的传统做法;

(3) 在员工和管理部门之间发展诚心合作的精神,以保证工作在科学的设计程序下进行;

(4) 在员工和管理部门之间按几乎是均等的份额进行工作分工,各自承担最合适的工作,以代替过去员工负担绝大部分工作和责任的状况。

这 4 条职责使人们对管理组织有了许多的考虑,几乎完全是现代组织实践的基本组成部分,并在工程方法与劳动测量领域中得到了发展,对后期运营管理都产生了深刻而且深远的影响。泰勒还做了许多著名的开创性的实验。这些实验涉及各个领域,包括基层生产组织、工资付酬理论,以及当时钢铁工业部门中常有的金属加工、生铁搬运和铲掘作业的基本步骤的制定等。

在很长的一段时间里,泰勒的基本观点很少变化,他所设想的本来意义上的生产管理科学发展极为缓慢。之所以发展缓慢的原因有很多,如还没有可以运用的、合适的知识与工具,而且必须纠正泰勒以后一段时期内的滥用情况。多年来,人们试图打破这种僵局,用单一的数字代表人们的产量或单个人-机系统化产量来解决一项作业获多少产量,可见这个方法不适用于这种情况。在泰勒以后的时期中,困扰着人们的另一个重大困难是,大规模问题的复杂性出现了,任何问题的所有可变因素似乎完全是相互依存的。今天,由于人们对统计和概率论的普遍认识并将其日益应用于生产,再加上计算机的运用,与以往相比,现在的生产系统模型更加接近现实了。

1913 年,亨利·福特(Henry Ford)和查尔斯·索伦森(Charles Sorensen)将零部件标准化和肉制品包装与邮件分拣业的准装配线相结合,提出了工人站立不动而物料移动的装配线这一革命性概念。

二、运营管理的发展历程

引用杰伊·海泽(Jay Heizer)的研究成果,运营管理的发展分为 4 个阶段:19 世纪末以前,早期管理思想阶段;19 世纪末到 20 世纪 30 年代,以泰勒科学管理和亨利·法约尔(Henri Fayol)一般管理思想为代表的古典管理思想阶段;20 世纪 30 年代到 20 世纪 40 年代中期,以乔治·梅奥(George Mayo)的人际关系理论和切斯特·巴纳德(Chester Barnard)的组织理论为代表的中期管理思想阶段;20 世纪 40 年代中期以后,以一系列管理学派(管理科学派、行为科学派系统管理学派等)为代表的现代管理思想阶段。运营管理思想的发展如图1-5所示。其中一个重大的发展就是应用了线性规划,计算机的发展使大规模线性规划问题的解决成为可能。计算机技术推动了运营管理的发展,如生产方式的变更、自动化的实现。

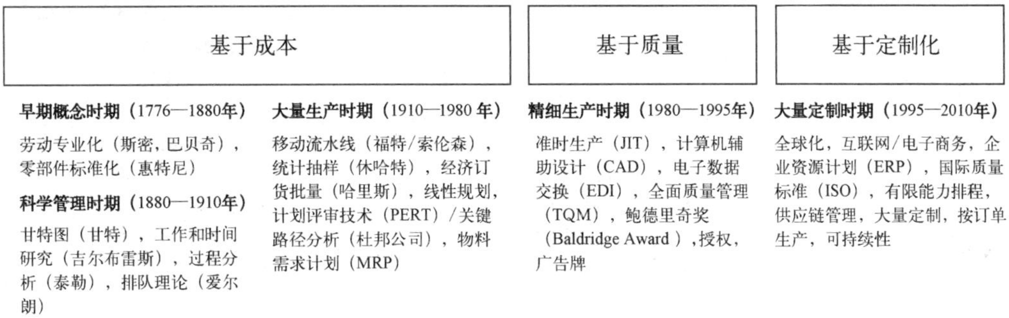

基于成本		基于质量	基于定制化
早期概念时期(1776—1880年) 劳动专业化(斯密、巴贝奇),零部件标准化(惠特尼) **科学管理时期(1880—1910年)** 甘特图(甘特),工作和时间研究(吉尔布雷斯),过程分析(泰勒),排队理论(爱尔朗)	**大量生产时期(1910—1980年)** 移动流水线(福特/索伦森),统计抽样(休哈特),经济订货批量(哈里斯),线性规划,计划评审技术(PERT)/关键路径分析(杜邦公司),物料需求计划(MRP)	**精细生产时期(1980—1995年)** 准时生产(JIT),计算机辅助设计(CAD),电子数据交换(EDI),全面质量管理(TQM),鲍德里奇奖(Baldridge Award),授权,广告牌	**大量定制时期(1995—2010年)** 全球化,互联网/电子商务,企业资源计划(ERP),国际质量标准(ISO),有限能力排程,供应链管理,大量定制,按订单生产,可持续性

图1-5 运营管理大事记

质量控制是运营管理中另一个做出历史性贡献的领域。沃特·休哈特(Walter Shewhart)将统计知识和质量控制相结合,为质量控制中统计抽样奠定了基础。爱德华兹·戴明(Edwards Deming)提出,正如泰勒所奉行的,管理者应在工作环境和流程方面做出更多改进,以便改进质量。

运营管理将继续结合其他学科的发展来丰富自身的内容,包括工业工程和运筹学。这些学科与统计学、管理学和经济学一起,为提高生产率水平做出了很大贡献。

自然科学的创新(如生物学、解剖学、化学和物理学)也促进了运营管理的发展。这些创新包括新型黏合剂、印刷电路板的新化学处理方法、应用在食品检验中的伽马射线,以及制造高品质玻璃的工艺等。产品和工艺的设计常常依赖于生物学和物理学的发展。

信息科学通过对资料进行系统处理来获取所需信息,其发展对运营管理做出了特别重要的贡献。信息科学、互联网和电子商务正不断促进生产率的提高,并使产品和服务越来越丰富多彩。

制定运营管理决策的人需要精通管理科学和信息科学,通常还需要掌握生物或物理学科中的一种或多种知识。本书介绍了多种获取知识的途径,以便学习者为将来从事运营管理工作做好准备。

三、现代运营管理的挑战

运营管理过程就是产品和服务的提供过程,是将各种资源投入转化为输出的过程。输出的产品和服务的价值是指输出与输入之比,根据价值工程理论可知,企业的目标就是通过提高产品或服务的价值,更好地服务于顾客,以获得企业的生存和发展。但随着经济的发展和潜力的不断挖掘,尤其是在知识经济的大潮下,全球早已驶入知识经济的快车道,我们所处的经营环境也面临诸多挑战,如表1-2所示。

表 1-2　企业运营管理的挑战、要求和应对

环境的挑战	对运营管理的要求	运营管理的应对
• 技术的快速发展 • 消费主义的兴起 • 全球化的市场态势	例如： • 加剧的成本竞争 • 更高的质量要求 • 更好的服务需求 • 更多的选择和品种 • 发展更为迅速的技术 • 经常推出新产品/服务 • 提高道德敏感性 • 环境影响更透明化 • 更多的法律规定 • 更强的安全意识	例如： • 运营网络的全球化 • 以信息为基础的技术 • 以互联网为基础的运营活动一体化 • 供应链管理 • 客户关系管理 • 灵活的工作方式 • 集团定制 • 快速进入市场的方法 • 精益流程设计 • 环境敏感设计 • 供应商"伙伴关系"及发展 • 故障分析 • 业务恢复计划

（一）技术的快速发展

由于交通、通信和网络技术的快速发展，资讯丰富爆炸，尤其是互联网塑造了人们的新生活。知识信息可以瞬间即得，大英博物馆数百万卷的信息 5 秒钟可以发到任何一台服务器上，得以传播。知识更新速度加快，工业经济时代，300 年间把人类知识的总和翻了一番，相当于过去 5 000 年的积累，如今知识经济时代，基本每 5 年知识翻一番。对企业而言，有一组统计数据：每隔 10 年，原来的世界 500 强企业便有 1/3 消失，因为没有学习和应变能力不够快。从国内情况看：企业的数量比 10 年前增加 33 倍，经营环境比 10 年前复杂 25 倍，平均寿命是 10 年前的 20%，平均利润逐年递减 10%；第一高科技试验区中关村每年 60% 的企业倒闭，民营企业平均寿命仅为 29 年，每 3 年，100 家企业中便有 68 家死亡。竞争更加激烈且没有止境与界限，环境呈现出发展越来越迅速、变化越来越快捷、竞争越来越激烈的特点。一切运营和业态模式越来越多元化且变化速度也逐步加快。首先，产品生命周期缩短，在运营管理中，应利用可靠、便捷低廉的全球通信和运输网络，尤其是互联网，进行快速的产品/服务开发和设计；其次，面对更新的技术、更快的行动和更有效率的对手，运营系统的规划和设计一定要具有快速响应的性质、柔性的特征；在运营系统管理和控制过程中，为满足顾客的需求，应对技术、材料和工艺等的快速变化，必须不断降低原材料与产成品的库存，吸收供应商的参与，并与关键的供应商建立长期的合作关系，通过合资、联盟等形式，秉持供应链管理的理念。

（二）消费主义的兴起

生活条件的改善使人们越来越关注自己，也更加关注自身的需求。社会进步很重要的特征就是每个人愿意以自己喜欢的方式过自己想过的生活，并且能过上自己想过的生活。因此，社会分工越来越精细化。这个时代也被称为张扬个性、展现真我风采的

时代。这一变化对企业运营管理意味着3个方面的挑战。首先,在现代企业中的员工从过往的唯命是从到今天的追求个性的张扬和个人的自我价值和自我实现,与制度的冲突逐渐增多,领导者在运营管理的工作设计和测量中,必须考虑员工整体贡献的重要性,知识社会的挑战,进行恰当的员工授权、工作扩展。其次,生活的日渐丰富、个性因素的张扬,即顾客需求的多元化,使企业从低成本的标准化产品和生产模式到大规模的定制生产,生产流程具有足够的柔性,以便随时随地满足每个顾客的个性化需求。最后,大众对污染、腐败和诸多社会和伦理等问题不断关注,使企业在运营管理中,不断投入报废处置费用和技术,采用 ISO14000 标准,进行环保生产和绿色制造,提高企业的可持续性,尤其是环保型的产品和流程以及包装等的设计,考虑产品的生物降解、零件的重复使用和循环利用等,从供应商采购、原材料加工成成品,到交付顾客使用,在各个关键的节点上,都必须考虑绿色和环保的要求。

(三) 全球化的市场态势

随着科学技术的进步、网络技术的发展、信息交流渠道的发达和传递的迅速,尤其是通信和运输费用的快速下降,各个区域市场不断向全球化迈进。与此同时,以物资、人才和劳动力形式存在的资源也在走向全球化,世界各国竞相提高经济增长率和工业化程度,运营管理中,必须不断创新,随时随地以更快、更好和更合适的方式方法生产和运输零部件和产成品;可从全球的角度来考虑市场和顾客,个体化的差异会更大,顾客的选择也更多,竞争越激烈,对运营管理的响应速度和能力也要求越高。企业对内部的原材料、人才和技术发展等资源的投入,也相应地从关注局部地区和国内市场到关注全球市场和国际协作。

美国学者阿尔文·托夫勒(Alvin Toffler)出版的《权力的转移》一书,充分说明在以上的诸多挑战环境中,企业为适应外界环境的挑战,在运营管理中,建立持续改进的理念,以求能够时时跟得上时代的发展与变化。要应对 40 年的工作时间,在前工业化阶段,只需要 7~14 年的学习;在工业化阶段,求学时间延伸为 5~22 年;而在当今后工业化阶段,即知识经济时代,管理者必须为企业和员工提供终身学习的机会和理念,才能在这日新月异的社会中生存和发展。管理大师彼得·圣吉(Peter Senge)在《第五项修炼》一书中说:"你未来唯一持久的优势就是比你的竞争对手学得更快的能力。"温亚其在《教练型领导》一书中提出,知识经济就是"发挥人的智慧,让智慧的产生创造前所未有的价值"。企业价值的提高是在追求高质量的产出时,更注重于高质量的投入。

四、现代运营管理新趋势

虽然面对着严峻的挑战和严酷的现实,但我国企业应该清楚地看到,这也是一次很好的契机。如果能抓住这个机遇,彻底改变传统的生产管理观念,采用先进的生产方式,构造新的适合我国国情的运营管理模式,"跳跃"过"第一次生产方式革命"的阶段,直接迎接"第二次生产方式革命"的挑战,那么,我国企业必然会产生翻天覆地的根本性变化,带动整个国民经济的腾飞。所以,更新我国传统的生产管理模式,对促进我国企业运营管理以及社会经济的发展,有着十分重要的意义。

（一）在生产方式上，从粗放式生产转变为精益生产

按照精益生产的要求，企业围绕市场需求来组织生产，其具体形式是拉动式生产，即企业的生产以市场需求为依据，准时地组织各环节的生产，一环拉动一环，消除整个生产过程中的一切松弛点，从而最大限度地提高生产过程的有效性和经济性，尽善尽美地满足用户需求。拉动式生产彻底地改变了过去那种各环节都按自己的计划组织生产，靠大量的在制品储备保任务、保均衡的做法，使社会需要的产品以最快的速度生产出来，减少储存，最终做到生产与市场需要同步。

（二）生产组织方面，"以产品为中心"组织生产转变为"以零件为中心"组织生产

所谓"以产品为中心"组织生产，是指在整个企业生产过程中，各生产阶段之间的"物流"和"信息流"都是以产品为单位流动和传递的，各生产阶段内的"物流"和"信息流"则是以零件为单位流动和传递的。尽管生产一个产品，要把一个个零件设计出来，再把一个个零件加工出来，即实际工作是以零件为单位进行的，但它并不能改变整个生产过程以产品为单位的特性。也因为各生产阶段内部的单位口径不一致，产生了传统生产管理模式的特性。现代生产管理要求"以零件为中心"组织生产，即整个生产过程中，工艺设计、计划编制、生产组织实施等各个环节，都以零件为单位组织安排，不仅在生产阶段内部"物流"和"信息流"的传递以零件为单位，而且在各阶段之间的"物流"和"信息流"也是如此。这样，可使生产计划与生产作业计划成为"一揽子"计划，它克服了"以产品为中心"方式因其单位口径不一致造成的"物流"和"信息流"的割裂和脱节，使得生产计划和生产作业计划之间的信息传递无障碍，从而使各生产阶段之间及其内部的"物流"和"信息流"都能受控于统一的控制中心，即整个生产过程受到严格、有序的控制。

（三）运营管理手段，由手工管理转变为计算机管理

管理现代化的目标之一是手段的计算机化，办公自动化。目前，大多数企业处于从手工管理向计算机化管理的过渡时期，计算机还处于局部运用当中，如人事档案、劳动工资、材料库存和成本管理等单项管理。对于市场预测、决策、生产计划、生产作业计划的编制和控制、产品设计、工艺工装和产品的生产制造等方面，仍然没有普遍采用计算机辅助设计（computer aided design，CAD）、计算机辅助工艺过程设计（computer aided process planning，CAPP）、计算机辅助制造（computer aided manufacturing，CAM）、制造资源计划（manufacturing resource planning，MRP Ⅱ）、成组技术（group technology，GT）和柔性制造系统（flexible manufacturing system，FMS）技术等计算机管理的方法。

自 1973 年开始发展起来的计算机集成制造系统（computer integrated manufacturing system，CIMS）技术，使企业的经营计划、产品开发、产品设计、生产制造以及营销等一系列活动有可能构成一个完整的有机系统，从而更加灵活地适应市场环境变化的要求。计算机技术具有巨大的潜力，它的应用和普及将给企业带来巨大的效益。但是，这种技术的巨大潜力在传统的管理体制和管理模式下是无法充分发挥的，必须建立能够与之相适应的生产经营综合管理体制与模式，并进一步朝着经营与生产一体化、制造与管理一体化的高度集成方向发展。

（四）生产品种方面，由少品种、大批量转变为多品种、小批量生产

我国传统生产管理模式是"以产品为中心"组织生产、"以调度为中心"控制进度的管理方式，是与少品种大批量生产方式相适应的。但是发展到今天：一方面，在市场需求多样化面前，这种生产方式逐渐显露出其缺乏柔性、不能灵活适应市场需求的弱点；另一方面，飞速发展的电子技术、自动化技术和计算机技术等，使生产工艺技术以及生产方式的灵活转换成为可能。当今的企业必须面向用户，适应市场，并依据市场和用户的需求变化不断地优化产品结构，最大限度地满足用户对产品品种、质量、价格与服务的需求，这也是市场经济高度发展的客观要求。可以肯定地说，多品种、小批量生产将越来越成为主流。

（五）管理制度上，由非制度化、非程序化、非标准化转变为制度化、程序化和标准化

我国企业的基础管理工作是一个薄弱环节，非制度化、非程序化和非标准化成为我国传统生产管理模式的特征之一。它反映在管理业务、管理方法、生产操作、生产过程、报表文件、数据资料等各个方面，特别是在生产现场，生产无序，管理混乱，"跑、冒、滴、漏"以及"脏、乱、差"等现象比比皆是。运营管理的制度化、程序化和标准化是科学管理的基础，现代运营管理要求是科学化的管理。在管理工作中，要完全按照各种规章制度、作业标准、条例等执行，一切都做到有据可依、有章可循，按制度办事，按作业标准操作，按程序管理。

复习思考题

1. 何谓运营管理？
2. 运营管理在企业管理中的地位如何？
3. 运营管理的任务是什么？
4. 运营管理的内容有哪些？
5. 运营管理理论形成和发展的代表性人物有哪些？
6. 传统生产管理模式的缺点有哪些？
7. 传统生产管理模式更新的内容有哪些？
8. 现代运营管理的特征是什么？

案 例 分 析

两周内时装焕然一新

飒拉（ZARA）是一家服装连锁企业，总部设在西班牙北部，从事时装专卖。1975年，在阿曼西奥·奥特加（Amancio Ortega）的创意下，第一家 ZARA 服装店在拉克鲁尼亚（La Coruna）开张。2016年年底，ZARA 已经在98个国家拥有2 000多家连锁分店，年销售额超过20亿美元。奥特加明确了企业的竞争战略和优势：在时装行业，没有任何东西比市场响应时间更重要。在这种价值观念的指导下，ZARA 在第一场时装发布会举行后的2周内，就能够完成服装设计、加工、再运送至各家连锁分店的全过程，

而且ZARA连接各个连锁商店、设计工作室、内部工厂的网络已经建立了一个近乎完善的实时响应制度,能够在短暂的时间内将一个产品创意转为现实,将一项生产任务付诸实施,这也就使得ZARA成为世界上最成功的时装连锁店之一。

ZARA致力于对客户品位变化的快速响应能力,因此,ZARA大部分的服装都在西班牙本地的顶级制衣厂加工。ZARA的主要市场在欧洲,在美国和中东的发展也具备了一定规模。尽管ZARA的时装品质可能并非上乘,但是ZARA能够紧贴瞬息变化的时装潮流,致力于提高运营柔性,快速满足市场需求。一般来说,ZARA每2周向各家连锁分店供货一次(在美国市场,则采用空运的方式),在补货的同时带来全新设计的服装,这种高速近乎连续的补货策略有效地降低了各家连锁分店的库存,并且避免了时装过时的现象。

每天,ZARA各连锁分店的经理使用便携式电脑即时记录下客户的偏好和购买倾向,并将这些市场信息和当天的销售数据通过互联网报告给ZARA的总部,总部的设计师和生产经理将利用这些信息调整现有的设计。设计师利用计算机软件画出服装构思,并将这些想法通过局域网传送到附近的工厂。在3周之内,这些服装经过剪裁、染色、缝制、压模和生产,并最终送到巴塞罗那、柏林等地的商店里开始出售。ZARA的竞争对手——美国最大的服装连锁企业盖璞(GAP)公司从接收订单到发货至各家连锁分店的提前期是5周到5个月。ZARA在市场响应时间方面的优势远远抵消了高于竞争对手15%~20%的生产成本,对客户偏好的快速响应使得公司没有大量的滞销存货,从而保证了公司具有稳定的10%的利润率,这在服装行业内是最好的。更重要的是,所有ZARA的老客户都知道,2周之内,ZARA的货架上又会有全新的时尚服装!

资料来源:张庆英.物流系统工程——理论、方法与案例分析[M].电子工业出版社,2021.

第二章 运营管理战略

【学习目标】

1. 了解运营管理竞争力。
2. 熟悉运营管理的内容与策略。
3. 了解运营管理战略的实施步骤。
4. 运营管理的战略一致性。

开篇案例

美国西南航空公司的低成本战略

美国西南航空公司(简称西南航)是一家在固定成本极高的行业中成功实施低成本竞争策略的优秀公司。它从20世纪70年代在大航空公司夹缝中谋求生机的小航空公司一跃发展成为美国的第四大航空公司,持续30余年保持远高于行业平均水平的高利润和远低于行业平均值的低成本。更值得敬佩的是,无论在经济衰退的年份,还是在遇到石油危机、海湾战争、"9·11"事件或是其他意想不到的灾难之时,其优秀的表现都一如既往。

20世纪70年代,美国的航空业已经比较成熟,利润较高的长途航线基本被瓜分完毕,新进入者很难找到立足的缝隙;短途航线则因单位成本高、利润薄而无人去做。在这种情况下,成立不久的西南航审时度势,选择了把汽车作为竞争对手的短途运输市场,这一别出心裁的想法实现了与现有航空大佬们的差异化竞争,从而开辟了一个新的巨大的市场。西南航的操刀者赫布·凯莱赫(Herb Kelleher)提出:"我们的对手是公路交通,我们要与行驶在公路上的福特车、克莱斯勒车、丰田车、尼桑车展开价格战。我们要把高速公路上的客流搬到天上来。"事实上,为了避免和实力强大的老牌航空公司形成正面冲突,西南航刻意回避大机场,不飞远程,而且采取稳扎稳打的策略,开始时只运营其总部所在地得克萨斯州州内的3条航线,选择在各城市的次要机场之间提供廉价的点对点空运服务。航空公司原有的高额固定成本行业特性和"与汽车竞争"的低价竞争定位无疑促使西南航致力于对成本的控制。面对这一巨大的挑战,西南航取得了非凡的成绩。统计数据表明:西南航每座位英里的运营成本比联合航空公司低32%,比美国航空公司低39%;美国航空业每英里的航运成本平均为15美分,而西南航的航运成本不到10美分;在洛杉矶到旧金山航线上其他航空公司的票价为186美元,西南航的票价却仅为59美元。这样的成绩使西南航成为战略大师迈克尔·波特(Michael Porter)演讲稿上的常用案例,其低成本之路也成为众多航空公司和其他商业公司效仿的模板,然而,步其后尘者有成功者,也有失败者。对于失败者而言,有一个很重要的原因,那就是没有注意到西南航成功的成本控制是一项以低成本战略为核心的复杂的系统工程。

资料来源:理查德·B.蔡斯.运营管理[M].机械工业出版社,2007.

企业战略是企业为求得长期生存与发展而对企业在战略期内的发展方向和关系全局性问题的总体谋划。企业要在复杂多变的环境中求得生存与发展,就必须制定科学合理的企业战略。运营管理战略则是在企业总体战略、竞争战略的指导和约束下的职能战略之一,它是企业战略成功的基础和保障。本章首先介绍了运营管理战略的含义、内容、战略框架及竞争重点,接着在对企业外部环境和内部条件分析的基础上,阐述了运营管理战略制定和实施的具体步骤,以及战略一致性。

第一节　运营管理战略概述

一、企业管理战略

(一)战略与使命

战略一词最早来源于希腊语"strategos",其含义是"将军指挥军队的艺术",是一个军事术语。在我国,"战略"一词先是"战"与"略"分别使用,"战"指战斗、战争,"略"指筹略、策略、计划。《左传》和《史记》中已使用"战略"一词。"战略"一词引入企业管理中只有几十年时间,最早出现在巴纳德的著作《经理人员的职能》中,但应用并不广泛。1965年,美国经济学家伊戈尔·安索夫(Igor Ansoff)的著作《企业战略论》的问世,标志着"企业战略"一词开始广泛应用。

1. 战略的含义

关于"战略"的含义,不同的学者从不同的角度给予不同的表述,这里介绍3种有代表性的观点。

(1)艾尔弗雷德·D.钱德勒(Alfred D.Chandler):战略是决定企业的长期基本目标与目的,选择企业达到这些目标所遵循的途径,并为实现目标与途径而对企业重要资源进行分配。

(2)詹姆斯·布赖恩·奎因(James Brian Quinn):战略是一种模式或计划,是将一个组织的重要目的、政策与活动,按照一定的顺序结合成为一个紧密的整体。

(3)亨利·明茨伯格(Henry Mintzberg):战略可以从5个不同的方面定义,即计划(plan)、计谋(ploy)、模式(pattern)、定位(position)、观念(perspective)。这5个方面

的定义从不同的角度对战略进行了阐述,有助于对战略管理及其过程的深刻理解。

综上所述,我们可以对战略做如下解释:战略是组织对其发展目标、达成目标的途径、手段等关乎全局的重大问题的筹划和谋略。

把战略的含义与不同领域相结合、运用,就形成不同领域的战略,运用于企业就形成企业战略,因而我们可以把企业战略表述如下:企业为不断获得竞争优势,以实现企业的长期生存和发展而对其发展目标、达成目标的途径和手段等重大问题的总体谋划。

2.使命

企业战略所需达成的目标,就是企业存在的目的,即企业的使命。使命即为企业划出了活动范围和重点,也点明了企业存在的原因和理由。一个成功的使命的界定,是企业卓越战略的前提。

(二)竞争优势与战略

1.企业战略的类型

明确了公司使命后,便须制定完成使命的途径和行动计划,即战略。理论上企业战略的实施有3种类型:① 差异化战略;② 成本领先战略;③ 快速响应战略。

2.竞争优势的取得

企业的3种战略相应地奠定了企业应该取得的竞争优势。

(1)差异化竞争。差异化竞争是企业力求在目标顾客广泛重视的一些方面在产业内独树一帜。它选择被产业内许多顾客视为重要的一种或多种特质,并为其选择一种独特的地位以满足顾客的需求,从而因其独特的地位而获得溢价的报酬。一个能创造和保持经营差异化的企业,如果其产品溢价超过了它为产品的独特性而附加的额外成本,它就成为其产业中盈利高于平均水平的佼佼者。差异化竞争同样不能忽视对成本地位的追求,因为企业的价格溢价很可能会被显著不利的成本位置所抵消。

(2)成本领先竞争。成本领先竞争是指企业的经营目标是成为其行业中的低成本厂商。如果企业能够创造和维持全面的成本领先地位,那它只要将价格控制在产业平均或接近平均的水平,就能获得优于平均水平的经营业绩。在与对手相比处于相当或相对较低的价位时,成本领先者的低成本地位将转化为高收益。然而,成本领先者不能无视差异化竞争,它必须在相对竞争对手差异化的基础上创造价值相等或价值近似的地位,以领先于产业的平均收益水平。

(3)快速响应竞争。时间是数字化时代最稀缺的资源,速度就是战胜对手最锋利的武器。只有速度与价格、质量、服务融合才能赢得决定性的市场份额。在激烈的市场竞争中,比对手抢先一步,可以给公司带来极大的竞争优势。如果是新兴行业中的企业,抢先进入者可以获得市场的战略制高点。先进入的企业可以以技术优势成为行业标准的制定者,为后来者进入市场造成一定的技术壁垒;先行者可以抢占稀缺的、具有战略价值的资产,如获得原材料的最佳途径、优越的市场地理位置以及在顾客心目中先入为主的心理定位。先行者可以通过自己的时间优势给顾客带来转换成本,从而巩固自己的市场地位。

(三)运营管理战略的概念

运营管理战略属于企业战略的重要组成部分。按企业的3项基本职能来分,运营管理、财务管理和市场营销共同构成了企业的竞争战略。因此,运营战略是企业为了实现总体战略而对运营管理系统的建立、运行,以及如何通过运营管理系统来实现组织目标所做的总体规划。它是指在企业总体使命和竞争战略的指导下,具体规定企业在运营管理领域如何操作的问题,以保证转换系统的有效性,顺利地进行运营管理活动。

运营管理战略处于企业战略的第三层次,因此,在不同竞争战略下,也必须制定与之相适应的运营管理战略,运营管理的战略作用如图2-1所示。

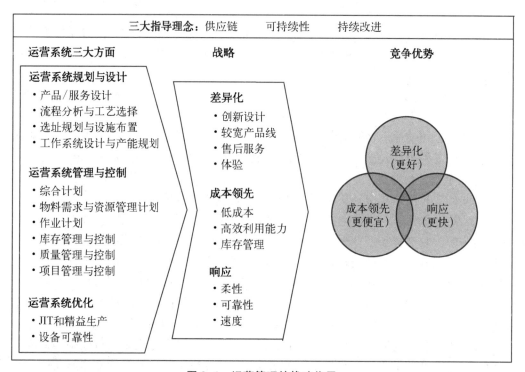

图2-1 运营管理的战略作用

二、运营管理战略制定的影响因素

无论运营管理战略是差异化、成本领先还是快速响应,运营管理都很重要。因此,在制定和实施战略方面,考虑不同观点会有所裨益。一种观点是资源观,即从可支配的财力、物力、人力和技术资源方面考虑,并确保未来战略与这些资源相匹配。另一种观点是波特的价值链分析,用于识别优势活动或具有潜在优势的活动,即识别提升竞争优势的机会。企业可以提供独特价值的增值领域,包括产品研发、设计、人力资源、供应链管理、流程创新或者质量管理。波特还建议利用五力模型(直接竞争对手、潜在进入者、顾客、供应商和替代产品)来分析竞争对手。

除了竞争环境,运营管理还需要理解公司运营是一个系统,并存在多种外部因素。这些因素包括政治、法律、文化等,影响着战略的制定和实施,并需要持续评估。

企业本身也在不断地变化。从资源到技术再到产品生命周期的一切事物都是如此。伴随着产品从导入期到成长期、成熟期再到衰退期的过程,须考虑企业内部所需的重要变化。这些内部变化及外部变化需要战略具有动态性,如图2-2所示。

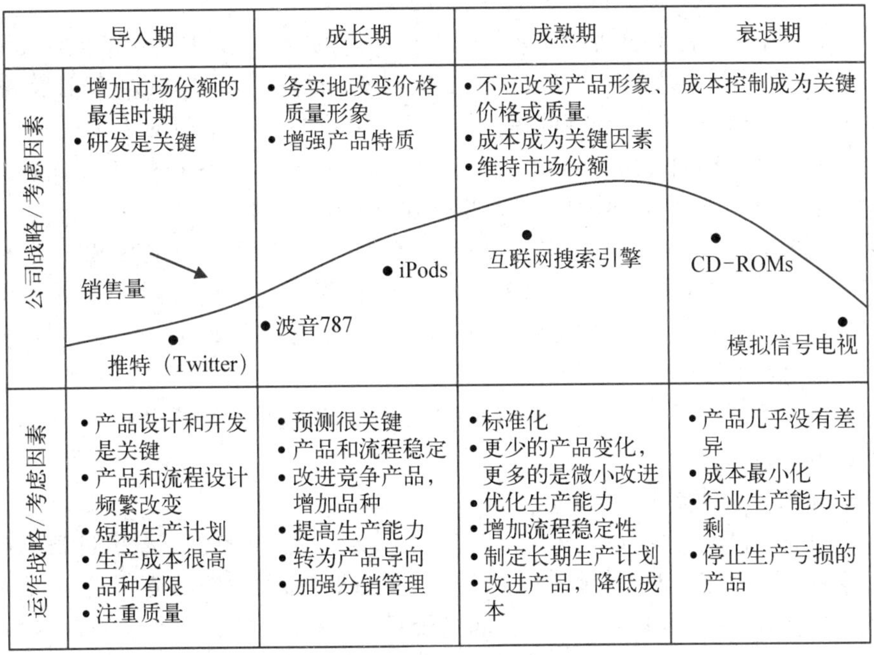

	导入期	成长期	成熟期	衰退期
公司战略/考虑因素	• 增加市场份额的最佳时期 • 研发是关键	• 务实地改变价格、质量形象 • 增强产品特质	• 不应改变产品形象、价格或质量 • 成本成为关键因素 • 维持市场份额	• 成本控制成为关键
	推特（Twitter）	波音787 iPods	互联网搜索引擎	CD-ROMs 模拟信号电视
运作战略/考虑因素	• 产品设计和开发是关键 • 产品和流程设计频繁改变 • 短期生产计划 • 生产成本很高 • 品种有限 • 注重质量	• 预测很关键 • 产品和流程稳定 • 改进竞争产品,增加品种 • 提高生产能力 • 转为产品导向 • 加强分销管理	• 标准化 • 更少的产品变化,更多的是微小改进 • 优化生产能力 • 增加流程稳定性 • 制定长期生产计划 • 改进产品,降低成本	• 产品几乎没有差异 • 成本最小化 • 行业生产能力过剩 • 停止生产亏损的产品

图2-2　产品生命周期中的战略和需要注意的问题

第二节　运营管理战略的制定

运营管理战略主要包括运营管理的总体战略、产品开发与设计战略、运营管理战略的制定程序、运营管理战略的环境分析,以及运营管理战略的实施。

一、运营管理的总体战略

企业运营管理的具体战略包括以下3个方面内容。

1. 产品(服务)的选择战略

企业进行运营管理,首先要确定的是企业将以何种产品(服务)来满足市场需求,实现企业发展,这就是产品(服务)选择战略所涉及的内容。企业产品(服务)选择正确与否,可以决定一个企业的兴衰存亡,必须对此予以高度重视。

企业向市场提供什么产品(服务),需要对各种设想进行充分论证,然后才能进行科学决策,此时通常要考虑以下4个因素。

(1) 市场条件。主要分析拟选择产品(服务)行业所处的生命周期阶段、市场供需的总体状况及发展趋势、企业开拓市场资源及能力、企业在目标市场的地位和竞争能力预期等。

(2) 企业内部的运营管理条件。主要分析企业的技术、设备水平,新产品的技术、工艺可行性,所需原材料和外购件的供应状况等。

(3) 财务条件。主要分析产品开发和生产所需的投资、预期收益和风险程度等财务衡量指标,此外还要结合产品所处的生命周期来判断产品对企业的贡献前景。

(4) 企业各部门工作目标上的差异性。由于企业内部各部门的职能划分不同,在共同的企业总体战略目标之下,各部门工作目标的差异性也是客观存在的,这种差异必然会对产品选择产生影响,增加工作难度。例如:生产部门追求高效、低耗地完成生产,倾向于选择生产成熟的、单一的产品;营销部门追求产品组合的宽度和深度,以适应消费者多样化的需求,倾向于新产品的不断推出;财务部门则更青睐销售利润高的产品选择。这些分歧的存在,从不同部门的角度考虑,都是为了企业的发展。这就需要企业在进行产品选择时要综合考虑、全面协调。

除以上4个方面的因素,企业在产品(服务)选择时还要兼顾社会效益、生态效益等方面的影响因素。

2. 自制或外购战略

企业进行新产品开发,或者建立、改进运营管理系统,都要首先做出自制或外购的决策。企业自制战略有两种选择:一是完全自制,即建造完备的制造厂,购置相应的生产设备,进行组织生产所必需的人员招聘与配备,产品生产的各个环节都在本厂完成;二是装配阶段自制,即"外购+自制"战略,部分零部件外购,企业建造一个总装配厂,进行产品组装。企业如果选择外购战略,就需要成立一个经销公司,为消费者提供相应的服务。

一般而言,对于产品工艺复杂、零部件繁多的生产企业,那些非关键、不涉及核心技术的零部件,如果外购价格合理,市场供应稳定,企业会考虑外购或以外包的方式来实现供应。

3. 运营管理方式选择战略

企业在做出自制或外购的决策之后,就要从战略的高度对企业的生产方式做出选择。正确的运营管理方式选择,可以帮助企业动态地适应快速变化的市场需求、日益激烈的市场竞争、日新月异的科技发展,使企业能适应甚至引导运营管理方式的变革。可供企业选择的运营管理方式有许多种,这里仅介绍两种典型的生产方式。

(1) 大批量、低成本。这种战略适用于需求量大、差异性小的产品或服务的提供,在这样一个特定的市场上,企业采用低成本和大批量运营管理的方式就能够获得竞争优势,特别是在居民消费水平普遍不高的经济发展阶段的国家(地区)。20世纪初的福特汽车公司首创流水线生产,现在沃尔玛(Walmart)公司低成本、大规模生产方式的选择,都是这一战略执行的典型代表。

(2) 多品种、小批量。对于消费者需求多样化、个性化的产品或服务,就不宜采用大批量生产的方式,而更适合采用小批量的顾客定制方式。这种方式最早出现于20世纪80年代初,它兼有大批量生产的低成本优势和单件小批量生产适应消费者个性化需求的特点,是介于大批量生产与单件小批量运营管理方式的一种中间状态。当前,许多著名的企业,如丰田、惠普等公司,都采用这种运营管理方式。

除以上两种较传统的运营管理方式外,可供企业选择的先进的生产方式有敏捷制造、JIT、计算机集成制造等。

二、产品开发与设计战略

企业在产品或服务选择的基础上,要对产品或服务进行设计,以确定其功能、型号和结构,进而选择制造工艺,设计工艺流程。随着现代科技的快速发展,产品生命周期总体上有缩短的趋势,科学研究与试验发展(research and development,R&D)的重要性日益彰显,不断推出新技术、新产品,成为保障企业生存与发展的重要条件。按照产品或服务开发与设计的发展方向,可将该战略分为4类。

1. 技术领先者或技术追随者战略

企业在进行产品或服务开发与设计时可以通过自主研发来掌握新技术,以开发设计产品或服务,也可以通过学习技术领先者的技术来开发、设计产品或服务,做技术领先者或追随者是产品或服务设计时的两种不同选择。对于制造业来说,做技术领先者需要不断创新和大量的研发投入,因而风险较大,但一旦成功则可获得较丰厚的回报,可以在竞争中处于领先地位;做技术追随者主要是学习新技术,仿制别人的新产品,因而相对投入少、风险小,但相比技术领先者投资回报率低,并且容易在技术上受制于人。当然,通过努力学习,对别人的技术和产品进行改进,也有可能形成竞争优势。

波特教授曾经将研究开发战略与企业竞争战略联系起来,通过研究得出结论:技术领先者和追随者,在获取成本领先优势或差别化优势方面各有特点,技术领先者是易于获得竞争优势的,但技术追随者也可获得优势,如表2-1所示。

表2-1 研究开发战略与竞争优势

竞争优势	技 术 领 先 者	技 术 追 随 者
成本领先	①优先设计出成本最低的产品或服务; ②优先获得学习曲线效益; ③创造出完成价值链活动的低成本方式	①通过学习技术领先者经验,降低产品或服务成本和价值链活动费用; ②通过仿制来减少研究开发费用
差别化	①优先生产出能增加买方价值的独特产品; ②在其他活动中创新以增加买方价值	通过学习技术领先者的经验,使产品或交货系统更紧密地适应买方的需要

2. 自主开发或联合开发战略

自主开发就是企业根据对市场的分析和预测,依靠自己的技术力量进行新技术、新产品的研究开发,从而开发出适应消费者需求的产品。联合开发则是指企业与合作伙伴或其他机构联合开发新技术、新产品。自主开发对于企业规模大、R&D能力强的行业领先者很有吸引力,而联合开发则成为实力稍逊企业的理性选择,它们可以通过联合实现资源聚合,实现联合各方的共赢。此外,对于一些复杂的产品或技术,由于涉及知识前沿，投入巨大，周期较长，联合开发的适用性更强。

3. 外购技术或专利

如果企业没有条件进行独立研究开发、联合开发，或者研发成本、风险过大，就会考虑外购先进的技术或专利，借助企业外部的研发力量，增强企业自身的技术实力。企业通过购买大学或研究所等的研究成果，可以节约 R&D 投入，降低 R&D 风险，同时缩短产品开发与设计的周期。但要注意的是，企业在购买或引进技术或专利后，要加以消化、吸收和创新，以形成特色。

4. 基础研究或应用研究

基础研究就是对某个领域的某种现象进行研究，但不能保证新的知识一定可以得到应用。基础研究成果转化为产品的时间较长，投资比较大，而且能否转化为产品的不确定性很大。但是，一旦基础研究的成果可以得到应用，就会对企业的发展发挥巨大作用。应用研究则是企业根据市场需求状况选择一个潜在的应用领域，有针对性地进行的研究活动。应用研究实用性强，较容易转化为现实生产力，但应用研究一般需要基础理论的研究成果。例如，空气动力学的研究属于基础研究，而赛车车型的研究则属于应用研究，它要以空气动力学为基础。

三、运营管理战略的制定程序

由于运营管理战略是职能战略之一，所以它必须在企业总体战略、竞争战略制定之后才能制定。一般而言，运营管理战略的制定程序如下。

（1）编制制定战略任务说明书。说明书应包括运营管理战略的目的、意义、任务、内容、程序以及注意事项等内容，根据企业的规模不同，任务说明书的详略也不同。

（2）进行环境分析。这是企业在制定战略时必须首先要做的工作，包括外部环境和企业内部条件分析。通过外部环境的分析发现企业面临的机会与威胁，通过内部条件的分析总结出企业的优势和劣势。此外，还要对企业制定的总体战略、竞争战略进行系统分析。

（3）制定战略目标。根据企业的战略使命、企业的总体战略目标和竞争战略目标，在环境分析的基础上，进一步确定企业运营管理战略的战略目标，具体可包括产能利用目标、质量目标、产量目标和物资消耗目标等。

（4）评价战略目标。为保证运营管理战略目标的科学性，对企业确定的运营管理战略目标要进行全面的综合评价，评价可以根据企业的运营管理实际情况，运用定性、定量的方法进行分析。

（5）提出备选方案。在环境分析的基础上，根据企业运营管理战略目标拟定备选的运营管理战略方案。备选方案的数量要考虑企业规模、实力及企业的性质，并针对不同的条件，体现方案的差异性。

（6）选择战略方案。对企业拟定的备选方案从成本、收益、风险及它们对企业长期竞争优势的影响等方面进行全面评估，综合运用定性、定量分析的方法，以形成对备选方案的综合评价，作为企业选择运营管理战略的依据。

(7)组织实施。为了更好地实施运营管理战略,应根据选定的战略方案制定具体的方案实施计划,建立协调和控制机制。另外,还要对企业员工进行深入发动,调动员工参与战略实施的积极性,确保战略目标实现。

四、运营管理战略的环境分析

制定运营管理战略同制定企业总体战略和竞争战略一样也需要进行环境分析。企业战略的环境分析主要包括企业外部环境和企业内部条件分析,企业在制定运营管理战略前,同样也要进行这两方面的分析。只不过,此时的外部环境、内部条件分析更加侧重分析与生产战略制定关系密切的因素。

(一)外部环境分析

企业外部环境可以划分为宏观外部环境和行业环境。

1. 宏观外部环境

企业的宏观外部环境主要包括政治法律环境、经济环境、社会文化环境和科学技术环境。政治法律环境主要包括政治制度、方针政策、政治气氛、国家法律规范和企业法律意识等要素,它们会对企业的运营管理产生深远的影响和制约作用,企业适应所面临的政治法律环境,是企业实现运营管理战略的前提。经济环境指影响企业生存与发展的社会经济状况及国家经济政策,包括国民收入水平、消费结构、物资水平、产业政策、就业状况、财政及货币政策和通货膨胀率等要素。其中,对运营管理战略影响最大的是产业政策,它对产品决策和生产组织方式的选择有直接影响。社会文化环境是指一个国家或地区的文化传统、价值观念、民族状况、宗教信仰和教育水平等相关要素构成的环境。科技环境指企业所处的社会环境中的科技要素及与该类要素直接相关的各种社会现象的集合,主要包括社会科技水平、科技力量、科技体制和科技政策等要素。对企业宏观环境的分析方法主要是 PEST 分析法,如图 2-3 所示。

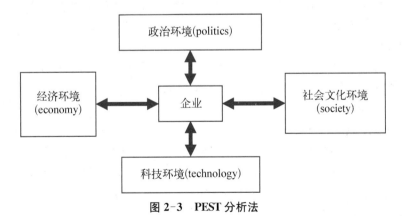

图 2-3　PEST 分析法

2. 行业环境

所谓行业或产业,是居于微观经济细胞(企业)与宏观经济单位(国民经济)之间的一个集合概念。行业是具有某种同一属性的企业的集合,处于该集合的企业生产类似产品满足用户的同类需求。行业中同类企业的竞争能力和生产能力将直接影响本企业运营管理战略的制定,特别是在开发新产品时,更应仔细分析行业环境。对行业环境的分析要从战略的角度分析行业的主要经济特征(市场规模、行业盈利水平、资源条件等)、行业吸引力、行业变革驱动因素、行业竞争结构、行业成功的关键因素等方面。其中,行业主要经济特性、行业竞争等方面对企业运营管理战略的影响较大。关于行业竞争结构分析可以采用哈佛商学院波特教授的五力分析法来进行,如图 2-4 所示。

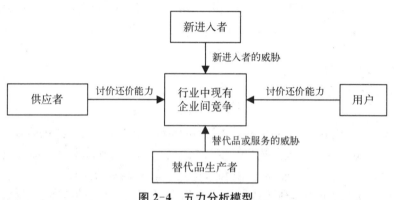

图 2-4　五力分析模型

按照波特的观点,一个行业的激烈竞争,其根源在于其内在的竞争结构。在一个行业中存在 5 种基本竞争力量,即新进入者的威胁、行业中现有企业间竞争、替代品或服务的威胁、供应者讨价还价的能力和用户讨价还价的能力。这 5 种基本竞争力量的现状、发展趋势及其综合强度,决定了行业竞争的激烈程度和行业的获利能力。在竞争激烈的行业中,一般不会出现某个企业获得非常高的收益的状况,在竞争相对缓和的行业中,会出现相当多的企业都可获得较高的收益。5 种基本竞争力量的作用是不同的,问题的关键是在该行业中的企业应当找到能较好地防御这 5 种竞争力量的位置,甚至对这 5 种基本竞争力量施加影响,使它们朝着有利于本企业的方向发展。

(二) 企业内部条件分析

对企业战略产生影响的企业内部条件因素很多,我们主要分析影响企业运营管理战略制定的内部条件因素,主要包括以下两个方面。

1. 企业总体战略、竞争战略及其他职能战略

企业的总体战略、竞争战略确定了企业的经营目标,在此目标之下,不同的职能部门分别建立了自己的职能部门战略及要实现的目标。因此,包括运营管理战略在内的各职能战略的制定,要受到企业总体目标的制约和影响。同时,由于各职能战略目标所强调的重点各不相同,往往对运营管理战略的制定产生影响,而且影响的作用和方向是不一致的。在制定运营管理战略时,要认真研究企业总体战略、竞争战略的具体要求以及其他职能战略的制定情况,权衡这些相互作用、相互制约的战略目标,使运营管理战略决策能最大限度地保障企业经营目标的实现。如图 2-5 所示为运营管理战略与企业总体战略之间的关系及其战略决策选项。

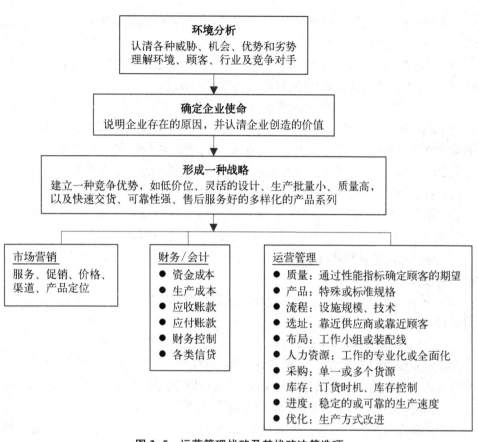

图 2-5 运营管理战略及其战略决策选项

2. 企业能力

企业能力对制定运营管理战略的影响是指企业在运作能力、技术条件以及人力资源等方面与竞争对手相比所体现的优势和劣势。对企业能力的评价比较复杂,它需要在全面评估企业内部条件的基础上对企业能力做出判断。需要评价的企业内部条件包括对市场需求的了解和营销能力,现有产品状况,现有顾客状况,现有的分配和交付系统,现有的供应商网络及与供应商的关系,人员素质和能力,自然资源的拥有状况及获取能力,设施、设备和工艺状况,可获得的资金和财务优势等。

五、运营管理战略的实施

运营管理战略实施是运营管理战略管理的关键环节,是动员企业运营管理系统的全体员工充分利利用并协调企业内外一切可利用的资源,沿着运营管理战略的方向和所选择的途径,自觉而努力地贯彻战略,以更好地实现企业运营管理战略目标的过程。

(一) 运营管理战略实施与战略制定的关系

对企业而言,成功的运营管理战略制定并不能确保成功的战略实施,实施战略要比制定战略重要得多,而且也困难得多、复杂得多,分析战略制定与战略实施不同配合的结果,我们可以得出以下 4 项结论。

(1) 只有当企业制定了科学合理的运营管理战略并且又能有效地实施这一战略时,企业才有可能顺利地实现战略目标,取得战略的成功。

(2) 若企业制定的运营管理战略不够科学合理,但企业非常严格地执行这一战略,此时会出现两种情况:第一种是企业在执行战略的过程中及时发现了战略的缺陷并采取补救措施弥补缺陷,一定程度上减少了战略执行造成的损失,企业也能取得一定的业绩;第二种是企业僵化地实施战略而不进行动态的调整,结果使企业失败。

(3) 企业制定了科学合理的运营管理战略但没有认真实施,企业陷入困境。此时,如果企业不从战略实施环节查找原因,而是对战略本身进行修订后仍按照原来的办法组织实施,往往会使企业的运营管理战略收效甚微,甚至导致企业失败。

(4) 企业的运营管理战略本身不科学合理,又没有很好地组织战略实施和控制,企业最终会遭受重大损失而失败。

综上所述,企业只有制定了科学合理的运营管理战略并有效地组织实施,企业才能取得成功。

(二) 运营管理战略实施的步骤

企业制定出运营管理战略后,就进入了实施阶段。在战略实施过程中,必须使运营管理系统的内部结构及条件与战略相适应,即运营管理战略要与企业的资源分配、技术能力、工作程序和计划方案等相适应。企业运营管理战略的实施步骤如下。

(1) 明确战略目标。运营管理战略是根据企业经营战略来制定的,在企业战略中已经明确运营管理的基本目标。在运营管理战略实施时,还要把该目标进一步明确,使之成为可执行的具体化的目标。运营管理战略的目标主要包括产能目标、品种目标、质量目标、产量目标、成本目标、制造柔性目标和交货期目标等。

(2) 制定实施计划。为确保运营管理战略目标的实现,企业还要制定相应的实施计划。在运营管理中,生产计划是整个计划体系的龙头,是其他相关计划编制的依据。生产计划具体包括产能发展计划、原材料及外购件供应计划、质量计划、成本计划和系统维护计划等。

(3) 确定实施方案。计划明确了运营管理的方向,但要具体实施还要确定相应的行动方案。通过所选择的实施方案进一步明确实施计划的行动,从而使计划目标落实到具体的执行过程中。

(4) 编制生产预算。企业生产预算是企业在计划期内运营管理系统的财务收支预算。编制预算是为了管理和计划控制的目的,确定每一项活动方案的成本。因此,生产预算是为战略管理服务的,是企业实现运营管理战略目标的财务保证。

(5) 确定工作程序。工作程序规定了完成某项工作必须经过的阶段或步骤的活动细节,具有技术性和可操作性的特点。为了制定最佳的工作程序,可以借助电子计算机以及计划评审技术(program evaluation and review technique,PERT)、关键路线法(critical path method,CPM)、线性规划、目标规划等科学的管理方法。

第三节 战略一致性

一、运营管理战略的特点

运营管理战略在整个企业战略体系中所处的地位，决定了它在企业经营中的特殊位置，形成了自身的一些基本特征。

(1) 从属性。运营管理战略虽然属于战略范畴，但它是从属于企业战略的，是企业战略的一个重要组成部分，必须服从企业战略的总体要求，更多从运营管理角度来保证企业总体战略目标的实现。

(2) 支撑性。运营管理战略作为企业重要的职能战略之一，从运营管理角度来支撑企业总体战略目标的实现，为企业战略的有效实施提供基础保障。

(3) 协调性。运营管理战略要和企业总体战略、竞争战略保持高度协调。运营管理战略要与企业其他职能部门的战略相协调：一方面，运营管理战略不能脱离其他职能战略而自我实现；另一方面，它又是其他职能战略实现的必要保证。运营管理系统内部的各要素之间也要协调一致，使运营管理系统的结构形式和运行机制相匹配。

(4) 竞争性。运营管理战略制定的目的就是通过构造卓越的运营管理系统来为企业获得竞争优势做贡献，从而使企业能在激烈的市场竞争中发展壮大自己，在与竞争对手竞争市场和资源的过程中占有优势。

(5) 风险性。运营管理战略的制定是面向未来的活动，要对未来几年的企业外部环境及企业内部条件变化做出预测，由于未来环境及企业条件变化的不确定性，战略的制定及实施具有一定的风险性。

二、运营管理战略的竞争重点

运营管理战略强调运营管理系统是企业的竞争之本，只有具备了运营管理系统的竞争优势才能赢得产品的优势，才会有企业的优势，因此，运营战略理论是以竞争及其优势的获取为基础的。在多数行业中，影响竞争力的因素主要是 TQCF，具体解释如下。

(1) 交货期(time)。交货期是指比竞争对手更快捷地响应顾客的需求，体现在新产品的推出、交货期等方面。交货期是企业参与市场竞争的又一重要因素，对交货期的要求具体可表现在两个方面，即快速交货和按约交货。快速交货是指向市场快速提供企业产品的能力，这对于企业争取订单意义重大；按约交货是指按照合同的约定按时交货的能力，这对于顾客满意度有重要影响。影响交货能力的因素也很多，如采购与供应、企业研发柔性和设备管理等。

(2) 质量(quality)。质量指产品的质量和可靠性，主要依靠顾客的满意度来体现。我们所讲的质量是指全面的质量，既包括产品本身的质量，也包括生产过程的质量。也就是说：一方面，企业要以满足顾客需求为目标，建立适当的产品质量标准，设计、生产消费者所期望的质量水平的产品；另一方面，生产过程质量应以产品质量零缺陷为目标，以保证产品的可靠性，提高顾客的满意度。此外，良好的物资采购与供应控制、包装运输和使用的便利性以及售后服务等对质量也有很大影响。

（3）成本(cost)。成本为生产成本、制造成本、流通成本和使用成本等诸项之和。降低成本对于提高企业产品的竞争能力、增强运营管理对市场的应变能力和抵御市场风险的能力具有十分重要的意义。企业降低成本、提高效益的措施很多，如优化产品设计与流程设计、降低单位产品的材料及能源消耗、降低设备故障率、提高质量、缩短运营管理周期、提高产能利用率和减少库存等。

（4）柔性(fragility)。柔性是指企业面临市场机遇时在组织和生产方面体现出来的快速而又低成本地适应市场需求，反映了企业运营管理系统对外部环境做出反应的能力。随着市场需求的日益个性化、多元化趋势，多品种、小批量生产成为与此需求特征相匹配的方式，因此，增强制造柔性已成为企业形成竞争优势的重要因素。关键柔性主要包括产品产量柔性、新产品开发及投产柔性和产品组合柔性等，由此又涉及运营管理系统的设备柔性、人员柔性和能力柔性等，甚至对供应商也会提出在这方面相应的要求。

理解 TQCF 时，我们要明确：企业要想在 TQCF 这 4 个竞争要素方面同时优于竞争对手而形成竞争优势是不太现实的。企业必须从具体情况出发，集中企业的主要资源形成自己的竞争优势。特别是当 TQCF 发生冲突时，就产生了多目标平衡问题，需要对此进行认真分析、动态协调。

三、运营管理战略一致性原则

由于企业制定的战略不同，为保证战略的有效实施，运营管理作为三大职能之一能够提供有力的支撑。将战略与运营联系在一起的桥梁是竞争优势，而将这三者联系在一起的是活动图。这里以美国西南航空公司为例进行分析。

（一）美国西南航空公司的业绩

在竞争激烈的美国航空业中，西南航空公司是目前唯一一家保持盈利的美国主要航空公司。美国 2001 年的经济衰退、"9·11"事件等使客流量大幅度下降，运营成本不断提高，一系列难题使绝大多数航空公司严重亏损，排行第二和第六的联合航空公司和美国航空公司相继宣布申请破产保护。排行第一的美洲航空公司几度谈判、历险才暂时避免了破产。其他几大公司也陷入严重的经营困难。西南航空却在这前所未有的逆境中始终保持着盈利，让许多人不得不对它刮目相看。在 2001 年和 2002 年，美国 8 家主要航空公司的经营情况是：美洲公司亏损 52.7 亿美元，联航亏损 53.6 亿美元，德尔塔公司亏损 24.9 亿美元，西北公司亏损 12.2 亿美元，大陆航空公司亏损 5.5 亿美元，西南航空公司盈利 7.5 亿美元，美国航空公司亏损 37.6 亿美元，美国西部航空公司亏损 5.8 亿美元。在美国各大航空公司仍在减少运力大量裁员以求生存的 2003 年第一季度，西南公司又盈利 2 400 万美元，比 2002 年同期的 2 100 万美元增长了 14.3%。经营总收入为 13.5 亿美元，也比 2002 年同期的 12.6 亿美元增长了 7.5%。2005 年运力过剩和史无前例的燃油价格让美国整个航空公司行业共亏损 100 亿美元,达美航空和美国西北航空等 7 家航空公司申请破产法保护,西南航空公司 2007 年年报显示,在其他航空公司纷纷亏损的情况下,作为美国第二大航空公司净利润为 6.45 亿美元,相比 2006 年增长了 29.26%。在 2012 年第一季度的经营中,该公司实现利润 9 800 万美元,合每股 13 美分,两项数据较 2011 年同期均大幅增长。2011 年第一季度,西南航空公司实现利润 500 万美元,经营性营业收入 40 亿美元,较 2011 年同期大幅增长了 29%,运量同比增长了 23%,而运能则同比增长了 25%,满载率为 77.3%,是美国唯一一家自 1973 年以来每年都盈利的航空公司,而且利润净增长率最高。

(二) 美国西南航空公司的战略

西南航空的业绩来源于其卓有成效的低价策略与运作管理。从开业的第一天起,西南航空就认为低价和优良的服务会开拓更多的市场,并以此向大公司的高价策略提出挑战。西南航空把机票分为旺季和淡季两种,采取降低淡季的票价来增加班机搭载率,令收入比高票价、低搭载率时还高。西南航空把它自己定位为票价最低的航空公司,它所有的票价都是底价。公司的策略是在任何的市场环境下,都要保持最低的票价。按照传统的经商原则,当飞机每班都客满,票价就要上涨。但是西南航空在载客增加时不提价,而是增开班机扩展市场。有时候,西南航空的票价比乘坐陆地的运输工具还要便宜。正如它管理层的理论所言:我们不是和其他航空公司打价格战,我们是和地面的运输业竞争。因为它提供 No-fills 服务,即不设头等舱,机舱座位按照先到先就座的原则,先到的旅客可以有更多的座位选择,机舱内不供给正餐,只提供花生、小甜饼或普通饮料,所以成本不高。西南航空注重降低成本而增加利润,并不注重抢夺市场份额,不会为增加市场占有率而任成本不成比例地增加。同时,西南航空还拥有保守的资产负债表,它一直保持比其他竞争者低的负债率。这使它有足够的营运资金去把握一些重要的商机并且减少财务压力。由于西南航空不买大型客机、不飞国际航线、不与大航空公司硬碰硬,它可以把成本维持在低水平。上述的做法让西南航空有能力在它所有的航线上提供最低的票价。

作为财富 500 强之一,西南航空提供全美绝大多数的折扣机票。因为提供具有吸引力的票价,许多乘客成为西南航空的忠诚顾客。有时候他们会绕过家乡的航空公司或驾车数小时去乘坐西南航空的飞机,如图 2-6 所示。

(三) 美国西南航空公司的战略一致性

西南航空低价策略的成功主要又源于其优秀的运作管理和近乎完美的短程运输:效率高,班次多,航班多。为保持低价策略,西南航空有一系列的举措和活动。

1. 使用同一的机种

西南航空只使用波音 737 机种,这种策略使它获得许多好处:公司的驾驶员、空乘人员、维护工程人员都可以集中精力去研究熟悉同一种机型;驾驶员和空乘人员都能用公司所有的飞机;所有的维护工程人员都能修公司任何的飞机;为调动飞机和更换组员时带来许多方便;作为使用同一机种的忠诚顾客,在向波音公司购买飞机时可获得更多折扣。

2. 拥有最有生产力的团体

西南航空的员工平均每人每年服务 2 400 名旅客,是美国航空界最有生产力的团

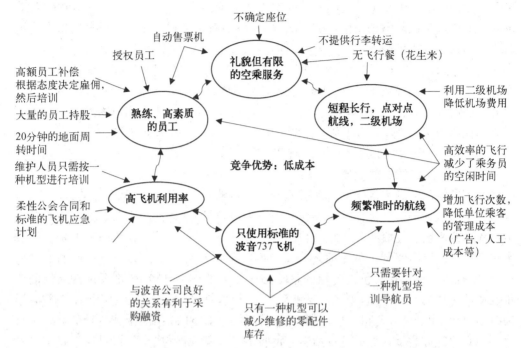

图 2-6　西南航空公司低成本竞争优势的活动图

注：为取得低成本竞争优势，西南航空公司识别众多关键成功因素(弧型箭线所连)及相应的支撑活动(直箭线所连)。在本图中，低成本优势高度依赖于良好的运作职能。

队。专家指出，西南航空每名员工平均服务旅客的数量是其他任何航空公司的两倍。西南航空的员工流动率平均每年低于5%，在美国同行中，这数字是最低的。

由于工作人员的配合和努力，西南航空的飞机从降落到起飞，平均需要15～20分钟。整个过程包括上落乘客、货物，补充燃料和食物，安全检查，等等，其他航空公司大约需要2～3倍的时间来完成同样的工作。这个记录令西南航空一直引以为荣，从中可看出西南航空员工的工作效率。

3. 精简的业务流程运作

西南航空认为简单可以降低成本并且加快运作速度。例如，简化登机程序令西南航空减少了地勤服务和机务人员。在西南航空，每架飞机仅仅需要90名员工就可以开航，这比其他航空公司几乎少用1倍的员工。它取消了不具弹性的工作规则，令雇员可以为了按时完工、按时交接而负起责任，在有需要的情况下大家可以互相帮忙。

4. 高效的内部信息流动

西南航空特殊文化是服务的品质在于员工是否有能力建立坚实而真诚的人际关系。西南航空保持扁平的组织架构，排除官僚主义，并鼓励员工为公司的发展出谋划策。绝大多数的员工知道他们几乎随时可以拿起电话和公司的副总裁级的人员直接沟通。西南航空的总裁们会在周末的凌晨和地勤人员一起清洁飞机。

5. 独有的员工精神

由于西南航空能赋予员工家庭式的归属感，所以它的企业内聚力很强，雇员们互相信任。西南航空员工有着苦干实干的态度、良好的团队精神,会自动自发地帮助其他同事。独有的西南航空员工精神为它在竞争中带来不少优势,让公司在航空业环境不好的情况下顺利地渡过难关。尽管许多航空公司都尝试模仿西南航空的商业模式和策略,但没有一个能做出比西南航空更加好的成绩。

6. 密集的班次

西南航空主要以飞短程航线为主。因为乘客通常在1小时航程内的城市间飞行,每天需要有许多班机起降供他们选择。西南航空以密集的班次著称,它会在一些热门航线上比其他的竞争者开出两倍或者更多的航班。西南航空认为飞机只有在空中才能赚钱,一天能飞更多的班次就能赚更多的钱,而且能降低更多单位成本。建立营运中心系统反而会增加成本,因为飞机在地面耗费太多的时间。根据2000年的统计显示,西南航空的飞机平均每天有8次飞行,飞机的使用时间是12小时。

西南航空拥有最佳的飞行安全记录。以每天飞行这么多班次和运载数以千计的乘客而没有发生过重大的交通事故,它的安全记录足以给顾客们充足的安全感。这个记录有赖于它严格的安全检测和维护,使它的飞行安全标准超过联邦航管局的标准。西南航空拥有最年轻的飞机队,平均机龄只有8年。它拥有最高的完航指数(completion factor),即西南航空在定期航班次中取消的班次最少。

7. 亲切周到的个性化服务

以顾客为重心的弹性服务规则可以使员工以额外的时间和耐心对待有特别需要的乘客。西南航空的员工经常表现出真诚和亲切的服务态度,并为旅客带来欢笑。西南航空在守时、行李托运和乘客投诉等项目在行业权威评选中记录良好,这是工作人员对服务顾客的积极投入和奉献的成果。

复习思考题

1. 简述企业战略的层次划分。
2. 运营管理的总体战略包括哪些内容?
3. 简述产品开发与设计战略的类型。
4. 运营管理系统的设计与维护战略的主要内容是什么?
5. 运营管理战略的竞争重点是什么?
6. 如何制定企业的运营管理战略?
7. 简述运营管理战略实施与战略制定的关系。

案 例 分 析

ZARA 的运营战略

ZARA 是 Inditex 集团旗下最大的核心品牌,销售额占集团总销售额的近70%。ZARA 之所以能取得巨大的成功,得益于它引领的"快时尚"的商业模式。

1. "三位一体"的设计团队,时刻捕捉最时尚的潮流信息

ZARA 拥有600多人的专业设计团队和"三位一体"的开发团队,由设计师、市场专

家以及进货专家3人组成,以需求为导向,时刻把握最新的设计理念与潮流趋势,进而快速仿制出时尚单品。首先,ZARA会派出上百名设计师奔赴全球各地,尤其是巴黎、纽约、米兰等各大时装展,主动收集时尚信息,并进行整理和归类,绘出设计草图。然后,设计师、市场专家以及进货专家一起对设计方案进行修改和完善。最后,"三位"根据数据库中的信息确定生产细节,并将要求交给生产部门。

2. 小额分散订购,严格选择优质环保的供应商

ZARA制定了标准化规范,严选符合要求的合格优质环保供应商进行合作;统一掌握服装剪裁、着色、洗涤和制造的地点和过程,并且与内外部审计机构合作,对供应商实施严格的评估和审计,确保其生产线满足相应的劳工条件、产品安全水平和环保要求。

3. 生产自主掌握,奉行"快速、少量、多款"的生产战略

在生产环节,ZARA并没有采用其他大部分"快速时尚"品牌完全外包生产的模式,而是将大部分的生产加工掌握在自己手里,尽可能降低对外包商的依赖,不断提速供应链,以便做到对事件的快速反应。但是,对于附加值较低的工作,如缝制等,则交由外包商完成。除了自主加工以外,ZARA还通过小批量多款式生产、准时制生产方式(JIT)等策略加速采购与生产过程。ZARA供应商和生产厂家有将近60%位于欧洲,并主要分布在西班牙和葡萄牙,这样有利于对生产过程进行控制和快速配送。

4. 打造快速物流系统,构筑企业核心竞争力

ZARA拥有强大的物流系统,建立了先进的分销设施。在西班牙建有10个物流中心,可以在48小时甚至更短时间内将商品运送至全世界任何一家门店。同时,物流中心拥有先进的配货系统,使任何一批货物在8小时内一定能装运发出。ZARA物流中心对时间控制非常严格,订单必须严格按照时间表准时配送。工厂选址都在靠近机场或运输要道的地方,欧洲的产品通过卡车送往目的地,亚洲、美洲等地则采取空运的方式,大幅度缩短送货时间,使得ZARA在全世界的门店能够以一周两次的频率更换服装。

5. 与全球时尚地方互动,以门店为营销渠道

ZARA在全球知名的大城市和时尚城市设立门店旗舰店,树立品牌全球化的形象;注重黄金地段的选址,经常与国际一线奢侈品门店为邻,以提升品牌在全球时尚体系中的地位,激发目标客户群的消费欲望,给顾客带来强大的时尚体验;将门店作为品牌推广渠道,几乎不进行广告宣传,使其营销费用大大低于同行业企业品牌,但营销效果却没有因此大打折扣。

6. 自主研发设计,保障信息实时反馈

ZARA的信息系统都是自主开发的,研发团队既了解公司的业务流程又精通技术,使其自主开发的信息系统能够契合公司整个供应链的业务流程。ZARA全球各地专卖店的店长都可以实时跟总部反馈消费者意见与建议。设计师们会根据反馈的信息及时调整现有设计,并加以创新和改造。生产部门将这些反馈信息快速转化为商品,两个星期后,消费者就可以在店内找到调整后的服装及饰品。通过信息系统对产品信息和库存信息进行管理,ZARA多款少量的产品能根据不同地区的需求在极短的时间内

送达终端。高效强大的信息系统和物流系统成为支撑ZARA快速盈利模式的两大重要支柱。

7. 提高服务质量，改善用户体验

客户关系管理的实施目标就是通过全面提升企业业务流程管理，降低企业的客户成本，通过提供更快速和周到的优质服务吸引和保持更多的客户。ZARA致力于联合实体店和线上店为顾客提供创新性和多渠道的服务，简化购物流程，给顾客带来愉快和便利的购物体验。

8. 降低存货成本，提高存货周转率

ZARA很少进行折扣活动，因为降价带来的需求的增加，可能导致企业不得不选择加班生产，一旦产量超过市场的需求，就会使得库存大量积压，因而ZARA通过稳定价格方式帮助企业减少存货成本，采取"快速、少量、多款"的生产策略和高效的物流与信息管理系统，使专卖店商品每周更新达到两次。ZARA通过制造短暂缺货的现象让消费者对喜欢的商品不得不迅速购买，这同时也帮助企业加速了存货周转。由此可见，ZARA快速盈利模式最主要的财务特征即较高的存货周转率，而这也是其盈利的关键原因所在。

ZARA公司始终执行着"速度第一、成本第二"以及把满足顾客需求作为第一要务的战略，其开创的"快时尚"商业模式在很多方面具有创新性，这正是ZARA公司遵循价值流管理的结果。为了确保"速度至上"战略的实现和全力满足用户对于时尚的渴望和需求，ZARA每年都要因为设计侵权而支付高额的罚款，由于频繁快速的运输而产生高额运输成本等。

资料来源：刘振华.基于价值流管理的商业模式研究——ZARA公司"快时尚"商业模式案例研究[J].商场现代化，2018.

第三章 运营管理理念

【学习目标】

1. 掌握供应链管理理念的概念和特征;了解供应链网络构建的模型和步骤;掌握供应链管理环境下的采购策略/物流管理方法、供应链信息控制模式和信息系统。
2. 掌握可持续性理念的概念和特征,以及可持续性理念下的运营管理。
3. 掌握持续改进理念的概念和特征,以及持续改进理念下的运营管理。

开篇案例

ZARA 还是优衣库?——凡客的供应链之路

凡客诚品是中国知名互联网快时尚品牌,2013年1月21日,凡客时尚女装频道上线。凡客过去的学习对象是日本著名服装零售品牌优衣库,以生产大量的基本款服装为主,而这次女装频道学习的是 H&M、ZARA、TOPSHOP 等国际快时尚女装品牌:设计时尚,反应快速,多款少量,单价也相应提升。凡客试图形成优衣库、H&M 或 ZARA 的模式,在2013年重点打造两条供应链:以基本款服饰生产为主的低成本、大规模供应链,以及以多款少量、快时尚风格服饰生产为主的快速反应供应链。

2012年,线下服装业整体陷入销售停滞且库存多的困境。在集中拜访了安踏、森马和九牧王等传统服装品牌厂商之后,凡客诚品(北京)科技有限公司 CEO、凡客创始人陈年意识到供应链效率优化的重要,迅速将凡客供应商数量从200家减少到100家,优质供应商集中在了杭州、广州、北京三地,并且增加了速度快、成本低的小型供应商。与此同时,凡客正在向传统品牌服装企业的运营思路转变:有效控制供应链,成立数据中心以建立环形的信息反馈机制,以消费为导向,根据数据定产定量,最终让库存周转达到最快。这也是优衣库、H&M 和 ZARA 等规模化时尚服装品牌的成功模式。

2012年,凡客的新模式架构调整,为供应链的快速建立提供了可能。凡客整体库存周转天数从3个月以上降到了不足30天,2012年第四季度达到了16天。国内服装企业的平均库存周转天数为185天,以控制供应链速度著称的 ZARA,完成一个供应链的周转需要15天左右。

2013年,陈年重新对凡客进行品牌定位:时尚、高性价比、服务好。在此基础之上,以高库存周转率为第一诉求,再依据产品特性,形成不同的供应链管理模式。

资料来源:米娜时尚网,2013-02-27。

在竞争日益激烈的今天,企业要想立于不败之地,就必须依据成功的 SWOT、PEST 等战略分析工具,对企业面临的外部机会和威胁、内部的优势和劣势,先制定正确的企业战略,然后确定竞争优势,最后在企业运营管理过程中,在运营系统外部方面,采取供应链管理理念,加强外部联合,共同合作,相互扶持,如以森林之力抵御外部的风沙,而不是单打独斗。在运营系统内部规划和设计上,时刻考虑其可持续性,良好的基础,优秀的柔性,面对顾客的产品/服务和流程等的全面可回收、可重复和无污染等。在运营系统管理和控制过程上,秉持持续改进的理念,以如今快速变化的环境、飞速发展的科技、价格低廉的运输和通信费用、方便快捷的传播等,没有任何一个企业能够依据固定不变的模式和方法,取得长久的优势,成功企业唯一不变的就是其不断的改进,只有这才能使其立于不败之地。

总之,一个企业要想健康成长,首先要有健康的基础,在运营管理系统的基础设计和规划上是可持续的,其次要有外部环境的优良性,采用供应链管理理念,不断合作,追求共赢,最后是在成长的过程中,要有持续改进的理念,动态地适应市场和顾客的变化,这样才能保证一个企业的健康发展。

第一节 供应链管理理念

一、供应链管理产生的必然性

(一)供应链管理概述

1. 供应链管理的概念

供应链是围绕核心企业,通过对信息流、物流、资金流的控制,从采购原材料开始,制成中间产品以及最终产品,最后由销售网络把产品送到消费者手中的将供应商、制造商、分销商、零售商直到最终用户连成一个整体的功能网链结构模式。供应链管理就是使供应链运作达到最优化,以最低的成本和最好的服务水平,通过协调供应链成员的业务流程,使供应链从采购开始到满足最终顾客的所有过程,包括工作流、物料流、资金流和信息流等均能高效地运作,把合适的产品以合理的价格及时准确地送到消费者手中。

2. 供应链管理的特征

供应链管理的目标是使整个供应链的资源得到最佳配置,为供应链企业赢得竞争优势和提高收益率,为客户创造价值。因此,供应链管理是以满足客户需求为根本出发点、以共同的价值观为战略基础、以提升供应链竞争能力为主要竞争方式、以广泛应用信息技术为主要手段和以物流的一体化管理为突破口的管理方式。由此可见,供应链管理可以减少不确定因素,降低库存,加强企业的核心竞争力,快速响应市场,增加用户满意度。

3. 供应链管理的核心

按照供应链管理的理念,企业将与供应商和用户进行有效的合作,作为运营系统的组成部分,如图 3-1 所示。由此可见,供应链管理的核心是战略合作。

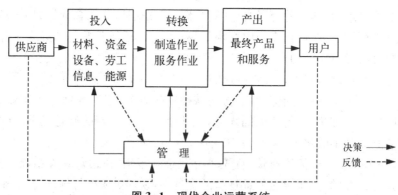

图 3-1 现代企业运营系统

该系统由 6 个部分组成,即供应商、用户(客户)、投入、转换、产出和管理等。后面 4 个部分已在前面描述,下面对供应商和用户的作用分别加以说明。

1. 供应商的作用

供应商是生产要素的生产者和供应者。以前,企业与供应商之间是以价格或合同为基础的委托与被委托关系,甚至让众多的供应商进行竞争,企业从中选择能提供低价格、高质量资源的供应商。被选择的供应商十分清楚,这一次被选择,并不意味着下一次也被选择,因此,他们不会在与企业的合作方面投资,企业的供应也不会有保证。在当今的企业环境下,供应商的交货时间和交货质量对企业来讲至关重要。因此,现在企业都把供应商视为生产运作系统的一部分,并与之建立相互信赖、利益共享的长期合作伙伴关系。在这种关系下,供应商按生产厂的日程计划供应物料,甚至参与产品、零部件的开发和设计过程,双方共同努力缩短产品生产周期。

2. 用户的作用

用户在生产与运作系统中的作用是为企业提供产品需求信息。过去,生产厂家按自己的设想来开发产品,往往不符合用户的需要而导致失败。今天,生产厂认识到,用户的输入和反馈对提供用户满意的产品设计和改进设计都是非常重要的。把用户作为生产运作系统的组成部分,使他们参与新产品的试制与开发,企业才能生产出真正受市场欢迎的产品。

(二)供应链管理的合作关系优势

在全球市场竞争条件下,产品生命周期越来越短,产品品种越来越多,交货期越来越短,用户的期望越来越高。在波特价值链理论的启示下,将企业作为一个整体来看很难认清其竞争优势,价值链的各个环节的集成程度对企业的竞争优势起着关键作用,价值链的这种特点启发企业的管理者们形成了供应链管理这一管理新模式。

1. 传统管理模式的弊端

在传统管理模式思想指导下,企业在运作模式上,采用了"高度自制"策略,一个企业囊括了几乎所有零部件的加工、装配活动。不仅如此,还把分销甚至零售环节的业务也纳入自己的业务范围之内,最后形成了无所不包的超级组织。这就是人们说的"大而全""小而全"的"纵向一体化"管理模式,如图 3-2 所示。传统"纵向一体化"的管理模式会增加企业投资负担,存在丧失市场时机的风险,迫使企业从事不擅长的业务活动,在每个业务领域都直接面临众多竞争对手和增大企业的行业风险等主要弊端。

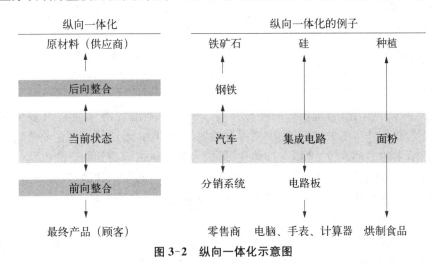

图 3-2 纵向一体化示意图

资料来源:[美]杰伊·海泽,巴里·伦德尔.运作管理原理[M].10 版.北京大学出版社,2012.

2. 企业关系的转变

供应链合作关系是指供应商-制造商关系或者称为卖主-买主关系。供应链合作关系可以定义为供应商与制造商之间在一定时期内共享信息、共担风险、共同获利的协议关系。供应链合作伙伴关系与传统企业间关系的区别很大,在新的竞争环境下,供应链战略合作伙伴关系研究强调直接的、长期的合作,强调共有的计划和共同的解决问题的努力,强调相互之间的信任与合作。这与传统的关系模式有很大的区别。例如:在供应商选择标准方面,在传统供应商关系下,价格是首要考虑的因素;而在供应链战略合作伙伴关系下,是多标准并行考虑的,如交货时间和质量的可靠性等。二者对比如表 3-1 所示。

表 3-1 供应链合作关系与传统供应商关系的比较

比较内容	传统供应商关系	供应链战略合作伙伴关系
相互交换的主体	物料	物料、服务
供应商选择标准	强调价格	多标准并行考虑(交货和质量可靠等)
稳定性	变化频繁	长期、稳定、紧密合作

(续表)

比 较 内 容	传统供应商关系	供应链战略合作伙伴关系
合同性质	单一	开放合同(长期)
供应批量	小	大
供应商数量	大量	小(少而精,可以长期紧密合作)
供应商规模	小	大
供应商的定位	当地	国内国外
信息交流	信息专有	信息共享
技术交流	不提供	提供
质量控制	输入控制信息	质量保证(供应商对产品负全面责任)
选择范围	投标评估	广泛评估可增值的供应商

鉴于"纵向一体化"管理模式的种种弊端,"横向一体化"思想兴起。许多企业将原有的非核心业务外包出去,自己集中资源发展核心竞争力,通过和相关企业结成战略联盟占据竞争中的主动地位。"横向一体化"形成了一条从供应商到制造商再到分销商的贯穿所有企业的"链"——供应链。供应链上的节点企业必须达到同步、协调运行,才有可能使链上的所有企业都能受益,从而产生了供应链管理的理念。

(三) 供应链管理的信息优势

在供应链管理条件下,供应链中各节点企业之间的信息是交互的,容易形成信息优势,加强供应链上企业的沟通。供应链信息流是指整个供应链上信息的流动。它是一种虚拟形态,包括了供应链上的供需信息和管理信息。因此,有效的供应链信息流管理,主要作用在于及时在供应链中传递需求和供给信息,提供准确的管理信息,使得供应链成员都能得到实时信息,以形成统一的计划与执行,从而为最终顾客更好地服务。供应链信息流具有覆盖范围广、获取途径多、信息质量高的特点,如图3-3所示。

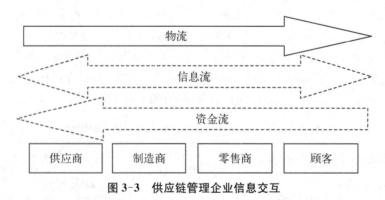

图3-3 供应链管理企业信息交互

1. 信息交互渠道

(1) 零售商与顾客的信息交互。零售商与顾客近距离接触时,可以将商品的功能、特性等信息传递给顾客。同时,采集顾客的需求、偏好的变化以及最新潮流等信息,并利用这些最新动态信息进行市场预测。

(2) 零售商与制造商的信息交互。零售商将需求信息、预测信息和促销计划以及产品改进等信息传递给制造商,制造商就能及时了解顾客需求,快速响应市场需求。制造商也将自己的供货提前期、生产能力、进度安排等信息与下游销售商分享,就能避免制造商供货短缺时上下游博弈而产生抽象需求信息。

(3) 供应商与制造商实现信息交互。供应商掌握了制造商的生产进度安排和库存控制,就可以合理安排自己的长短期生产计划和供货计划,根据制造商的库存水平变化及时准确地安排送货,既节约了制造商的订单发出成本,又使得供应商和制造商的原料库存最低。

2. 信息交互模式

(1) 点对点信息交互模式。最简单的模式就是两个企业之间直接进行信息的交互,信息直接从提供方传送给需求方,不需要经由其他数据转换或存储中心,即信息交互在多个信息系统间进行两两传递。

(2) 文件级间接信息交互模式。文件级间接的信息交互是指企业各自不同的物流应用系统具有的各自独立的数据库、文件系统之间进行的信息交互模式,系统间的信息通过数据标准的交互方式实现。

(3) 公共数据库级信息交互模式。公共数据库级信息交互是将供应链物流中交互的信息集中在一个公共数据库中,各企业根据权限对其进行操作,完成与多个合作伙伴的信息交互。

(4) 综合信息交互模式。在实际供应链物流管理的信息交互实施过程中,上下游企业之间并不是单一地选择某一种模式进行信息交互,他们可以根据自己需要以及交互信息的保密程度综合地使用以上3种模式。综合信息交互模式是在前3种交互模式的基础上,将交互的信息与交互过程集成起来,即实现了信息与过程的集成,从而提高了信息交互的效率。

案例 3-1

日本菱食公司的"配送体系再构筑"

20世纪90年代,连锁商业在日本获得突飞猛进的发展,日本食品批发商菱食公司抓住了这个机遇,按照"供应链物流"的思想,建立了可供"一揽子采购"并提供一系列物流服务的食品供配货网络体系,公司的年销售额也由此突破了330亿日元。菱食公司的战略就是建立由区域性配送中心(regional distribution center,RDC)和前端性配送中心(front distribution center,FDC)结合而成的物流网络体系。FDC是承担整箱商品的配货、配送任务的物流中心,RDC是具备拆零、分包装等流体加工功能的区域性集约化配送中心。

二、供应链管理理念下的运营管理

采购是一个复杂的过程,很难对它进行统一的定义,根据环境的不同它可以有不同的定义。狭义地说,采购是企业购买货物和服务的行为;广义地说,采购是一个企业取得货物和服务的过程。然而,采购的过程并不仅仅是各种活动的机械叠加,它是对一系列跨组织边界活动的成功实施。因此,对采购的定义可以是:用户为取得与自身需求相吻合的货物和服务而必须进行的所有活动。

(一)基于供应链的采购管理

1. 模型

采购管理是供应链管理中的重要一环,是实施供应链管理的基础。基于供应链的采购管理模型如图 3-4 所示。

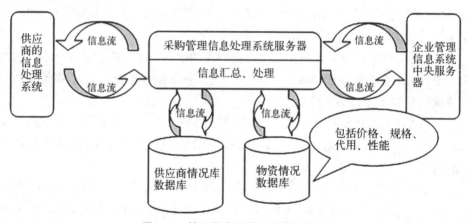

图 3-4 基于供应链的采购管理模型

采购部门负责对整个采购过程进行组织、指挥、协调,它是企业与供应商联系的纽带。生产和技术部门通过企业内部的管理信息系统根据订单编制生产计划和物资需求计划。供应商通过信息交流,处理来自企业的信息,预测企业需求以便备货,当订单到达时按时发货,货物质量由供应商自己控制。这个模型的要点是以信息交流来实现降低库存,以降低库存来推动管理优化,畅通的信息流是实现该模型的必要条件。实现此模型的关键是畅通无阻的信息交流和企业与供应商制定的长期合作契约。

2. 基于供应链管理采购管理和传统采购管理的区别

在供应链管理的环境下,企业的采购方式和传统的采购方式有所不同。这些差异主要体现在如下 3 个方面。

(1)从为库存而采购到为订单而采购的转变。在传统采购模式中,采购目的就是补充库存,即为库存而采购,因而采购过程缺乏主动性,采购部门制定的采购计划很难适应制造需求的变化。在供应链管理模式下,采购活动是以订单驱动方式进行的,制造订单的产生是在用户需求订单的驱动下产生的,制造订单驱动采购订单,采购订单再驱动供应商。这种准时化的订单驱动模式,使供应链系统得以准时响应用户的需求,从而降低了库存成本,提高了物流的速度和库存周转率。

(2) 从采购管理向外部资源管理转变。一方面,在传统的采购模式中,供应商对采购部门的要求不能得到实时的响应;另一方面,关于产品的质量控制也只能进行事后把关,不能进行实时控制,这些缺陷使供应链企业无法实现同步化运作。为此,供应链管理采购模式的第二特点就是实施有效的外部资源管理。实施外部资源管理也是实施精细化生产、零库存生产的要求。

(3) 从一般买卖关系向战略协作伙伴关系转变。在传统的采购模式中,供应商与需求企业之间是一种简单的买卖关系,因而无法解决一些全局性、战略性的供应链问题,而基于战略伙伴关系的采购方式为解决这些问题创造了条件。主要反映在如下5个方面:① 库存问题。在供应链管理模式下,通过双方的合作伙伴关系,供应与需求双方可以共享库存数据,从而减少了需求信息的失真现象,提高供应链的整体效率。② 风险问题。供需双方通过战略性合作关系,可以降低由于不可预测的需求变化带来的风险。③ 通过合作伙伴关系,双方可以为制定战略性的采购供应计划共同协商,不必为日常琐事消耗时间与精力。④ 降低采购成本问题。通过合作伙伴关系,供需双方可以避免许多不必要的手续和谈判过程,信息的共享也避免了信息不对称决策可能造成的成本损失。⑤ 战略性的伙伴关系消除了供应过程的组织障碍,为实现准时化采购创造了条件。

3. 供应链管理环境下的准时采购策略

(1) 准时采购的基本思想。准时采购也叫 JIT 采购法,是一种先进的采购模式。它的基本思想是:在恰当的时间、恰当的地点,以恰当的数量、恰当的质量提供恰当的物品。它是从准时生产发展而来的,是为了消除库存和不必要的浪费而进行的持续性改进。要进行准时化生产必须有准时的供应,因而准时化采购是准时化生产管理模式的必然要求。

(2) 准时化采购的特点。准时化采购和传统的采购方式有许多不同之处,主要表现在如下5个方面。

① 采用较少的供应商,甚至单源供应。传统的采购模式一般是多头采购,供应商的数目相对较多。从理论上讲,采用单供应源比多供应源好:一方面,管理供应商比较方便,也有利于降低采购成本;另一方面,有利于供需之间建立长期稳定的合作关系,质量上比较有保证。但是,采用单一的供应源也有风险,如供应商可能因意外原因中断交货以及供应商缺乏竞争意识等。

② 对供应商的选择标准不同。在传统的采购模式中,供应商是通过价格竞争而选择的。但在准时化采购模式中,供应商和用户是长期的合作关系,供应商的合作能力将影响企业的长期经济利益,因而对供应商的要求就比较高。在选择供应商时,需要对供应商进行综合的评估,在评价供应商时价格不是主要的因素,质量是最重要的标准,这种质量不单指产品的质量,还包括工作质量、交货质量、技术质量等多方面内容。

③ 对交货准时性的要求不同。准时采购的一个重要特点是要求交货准时,这是实施精细生产的前提条件。交货准时取决于供应商的生产与运输条件。作为供应商来说,要使交货准时,可从以下两个方面着手:一方面,不断改进企业的生产条件,提高生

产的可靠性和稳定性,减少延迟交货或误点现象;另一方面,为了提高交货准时性,运输问题不可忽视。

④ 对信息交流的需求不同。准时化采购要求供应与需求双方信息高度共享,保证供应与需求信息的准确性和实时性。由于双方的战略合作关系,企业在生产计划、库存、质量等各方面的信息都可以及时进行交流,以便出现问题时能够及时处理。

⑤ 制定采购批量的策略不同。小批量采购是准时化采购的一个基本特征。准时化采购和传统的采购模式的一个重要不同之处在于,准时化生产需要减少生产批量,因而采购物资也应采用小批量办法。

(二)供应链物流管理

1. 供应链物流管理概述

供应链物流管理是指以供应链核心产品或者核心业务为中心的物流管理体系。前者主要是指以核心产品的制造、分销和原材料供应链为体系而组织起来的供应链的物流管理,后者主要是指以核心物流业务为体系而组织起来的供应链的物流管理。

供应链物流管理是结合供应链的特点,综合采用各种物流手段,实现物流实体的有效移动,既保障供应链正常运行所需的物资需要,又保障整个供应链的总物流费用最省,整体效益最高。

2. 供应链物流管理的方法

(1)联合库存管理(jointly managed inventory,JMI)。所谓联合库存管理,就是建立起整个供应链为核心的库存系统,具体来说,一是要建立起一个合理分布的库存点体系,二是要建立起一个联合库存控制系统。

(2)供应商掌握库存(vendor managed inventory,VMI)。供应商掌握库存就是供应商掌握核心企业库存的一种库存管理模式,是对传统的由核心企业自己从供应商购进物资、自己管理、自己消耗、自负盈亏的模式的一种革命性变动。

(3)供应链运输管理。运输管理的任务,重点就是3个:一是设计规划运输任务;二是找合适的运输承包商;三是运输组织和控制。

(4)连续补充货物(continuous replenishment process,CRP)。连续补充货物就是供应点连续地多频次小批量地向需求点补充货物。它包括配送和准时化供货方式。

(5)分销资源计划(distribution requirement planning,DRP)。分销资源计划技术主要解决分销物资的供应和调度问题。基本目标是合理进行分销物资和资源配置,以达到既满足市场需求又使得配置费用最省的目的。

(6)准时化技术(JIT)。准时化技术包括准时化生产、准时化运输、准时化采购、准时化供货等一整套JIT技术。其思想原理就是在合适的时间将合适的货物按合适的数量送到合适的地点。

(7)快速、有效的响应系统。它是20世纪80年代由美国塞尔蒙公司提出并流行开来的一种供应链管理系统,其主要思想是组织由生产厂家、批发商和零售商等构成的供应链系统在店铺空间安排、商品补充、促销活动和新商品开发与市场投入4个方面相互协调和合作,是以更好、更快并以更低的成本满足消费者需要为目的的供应链管理系统。

第二节 可持续性理念

绿色制造是一种综合考虑环境影响和资源效率的现代制造模式,其目的是使产品在设计、制造、包装、运输、使用到报废处理的整个生命周期中,对环境的影响(副作用)最小,资源效率最高,尽可能少用不可再生资源,使环境的污染最小,能量消耗最少。

一、可持续性界定

可持续性是指一种可以长久维持的过程或状态。人类社会的持续性由生态可持续性、经济可持续性和社会可持续性 3 个相互联系不可分割的部分组成。

发展与环境保护相互联系,构成一个有机整体。《里约环境与发展宣言》指出:"为了可持续发展,环境保护应是发展进程的一个整体部分,不能脱离这一进程来考虑。"可持续发展非常重视环境保护,把环境保护作为它积极追求的最基本目的之一,环境保护是区分可持续发展与传统发展的"分水岭"和"试金石"。可持续发展要求我们坚持以下 6 点。

(1) 可持续发展突出强调的是发展,发展是人类共同的和普遍的权利。发达国家也好,发展中国家也好,都应享有平等的、不容剥夺的发展权,对于发展中国家,发展更为重要。事实说明,发展中国家正经受来自贫穷和生态恶化的双重压力,贫穷导致生态恶化,生态恶化又加剧了贫穷。因此,可持续发展对于发展中国家来说,发展是第一位的,只有发展才能为解决贫富悬殊、人口猛增和生态危机提供必要的技术和资金,最终走向现代化和文明。

(2) 环境保护与可持续发展紧密相连。可持续发展把环境建设作为实现发展的重要内容,因为环境建设不仅可以为发展创造出许多直接或间接的经济效益,而且可为发展保驾护航,向发展提供适宜的环境与资源;可持续发展把环境保护作为衡量发展质量、发展水平和发展程度的客观标准之一,因为现代的发展与现实越来越依靠环境与资源的支撑,人们在没有充分认识可持续发展之前,随传统发展,环境与资源正在急剧地衰退,能为发展提供的支撑越来越有限了,越是高速发展,环境与资源越显得重要;环境保护可以保证可持续发展最终目的实现,因为现代的发展早已不仅仅满足于物质和精神消费,还同时把建设舒适、安全、清洁、优美的环境作为重要目标进行不懈努力。

(3) 可持续发展认为,在环境保护方面,每个人都享有正当的环境权利。环境权利和义务是相对的,对别人是一种权利,对自己则是一种义务,人们的环境权利和环境义务是平等的和统一的。这种权利应当得到他人的尊重和维护。

(4) 可持续发展要求人们放弃传统的生产方式和消费方式,就是要及时坚决地改变传统发展的模式——减少进而消除不能使发展持续的生产方式和消费方式。一方面,它要求人们在生产时尽可能地少投入、多产出;另一方面,它又要求人们在消费时尽可能地多利用、少排放。因此,我们必须纠正过去那种单纯靠增强投入、加大消耗实现发展和以牺牲环境来增加产出的错误做法，从而使发展更少地依赖有限的资源，更多地与环境容量有机地协调。

（5）可持续发展要求加快环境保护新技术的研制和普及解决环境危机、改变传统的生产方式以及消费方式，根本出路在发展科学技术。只有大量地使用先进科技才能使单位生产量的能耗、物耗大幅度下降，才能实现少投入、多产出的发展模式，减少对资源、能源的依赖性，减轻环境的污染负荷。

（6）可持续发展还要求普遍提高人们的环境意识。实施可持续发展的前提，是人们必须改变对自然的传统态度（从功利主义观点出发，为我所用，只要人类需要，就可以随意开发使用），而应树立起一种全新的现代文明观念，即用生态的观点重新调整人与自然的关系，把人类仅仅当作自然界大家庭中一个普通的成员，从而真正建立起人与自然和谐相处的崭新观念，这仅依靠个别人不行，依靠少数人也不行，只有使之成为公众的自觉行为，才能实现可持续发展，因此，要使环境教育适合可持续发展。

可持续性是全人类共同面对的一个问题，它决定着我们未来的生活。只要全人类有共同的保护意识和行动，就会使我们的未来不再变得可怕。

二、可持续性理念下的企业管理

（一）基本内容

1. 绿色设计

其基本思想是企业在设计阶段就将环境因素和预防污染的措施纳入产品设计之中，即在产品及生命周期全过程的设计中，优先考虑产品对资源和环境的影响。

2. 绿色材料

绿色材料主要指在产品的生产准备及生产过程中，能耗低、成本低、易加工、噪声小、易回收、对环境和人无害、丢弃后易于自然降解而回归自然的材料。绿色材料是绿色设计的前提和关键。

3. 绿色生产

绿色生产是指从产品生产的始端就以节能、降耗、减少环境污染为目的，以先进工艺、设备和严格的科学管理为手段，以有效的物质资源循环为核心，使废物产量达到最小化，并尽可能地使废物处理实现资源化和无害化。

4. 绿色营销

绿色营销是指企业以环境保护为经营指导思想、以绿色文化为价值观念、以消费者的绿色消费为中心和出发点的营销观念、营销方式和营销策略。

5. 绿色消费

绿色消费是以保护消费者健康为主旨，符合人的健康和环境保护标准的各种消费行为和消费方式的统称。

6. 绿色回收

绿色回收是绿色供应链的重要组成部分，它和其他部分共同组成一个闭环的绿色供应链系统。

（二）基本途径

1. 绿色采购

采购对环境友好实践具有很大的影响，通过与供应商的良好沟通，企业根据绿色制造工程的需要向供货方提出要求，选择环保材料做原料。

2. 绿色生产

根据制造系统的实际，尽量规划和采用物料和能源消耗少、废弃物少、对环境污染少的工艺方案和工艺路线，要求生产过程所有活动都按照标准生产。

3. 绿色物流

物流过程中减少对环境造成的危害，使物流资源得到充分利用。绿色物流就是在输送、保管、流通加工、包装和装卸过程中注重生态效应。

4. 绿色消费引导

企业在生产过程中，必须了解消费者对绿色消费的态度，并且积极引导消费者进行绿色消费，从而提高企业的形象，增加用户对其产品的忠诚度。

5. 绿色回收

它是生态消费的最后环节。绿色产品回收就是考虑产品及零部件的回收处理成本与回收价值，以最少的成本代价，获得最高的回收价值。

6. 技术支持

绿色供应链管理能够获取优势的基础是要有先进的技术做支撑，同时要紧随技术的发展，加强企业应用和集成技术的能力。

7. 制定企业所需的导向性政策法规

环境法规和标准环保的执行一般造成企业成本的增加，这就需要由法律制定游戏规则。强制性法规是企业实施绿色供应链管理的主要驱动力。

案例 3-2

沃尔玛绿色供应链管理

"环保360"项目是2007年沃尔玛通过的。沃尔玛希望通过这个项目将环保从简单地减少公司本身对环境的损害扩展为员工、供应商、社区和顾客的共同参与及分享利益。带跑供应商是绿色包装行动的关键。沃尔玛为供应商设定了包装记分卡，在记分卡里，沃尔玛可以根据9个可持续度量的标准对产品进行评估。超过6万家沃尔玛的供应商被要求在2007年12个月使用记分卡，以便弄清同类似的供应商相比，他们在包装创新、环境标准、能源效率方面的情况。

三、可持续性下的运营管理

在可持续性理念的引导下，企业在运营管理方面，应该在各个方面坚持可持续性的规划、设计、管理和控制等。从运营管理的角度,可持续性意味着生态的稳定性,即建立一个支持环保和资源再生的生产系统。整个产品的生命周期阶段——从产品的设计到生产、衰退或再循环——提供了资源保护的机会。地球的资源是有限的,我们能够从这些资源中获得更多利用价值。

（一）在产品/服务设计方面

企业输出的产品/服务符合社会所期望的伦理、环保和可持续性发展的要求。通过技术和发明等使得原材料等输入的资源更少,成本更低,或采用可循环的原材料等,如杜邦公司发明的聚酯薄膜,强度更高、更细薄、耐克鞋的可循环材料等;建立环境保护和污染防治项目,在产品/服务生命周期的所有阶段对环境、健康和安全问题进行考虑。例如:百时美施贵宝公司的 Ban Roll-On 产品,更小的包装盒使所用的循环纸板减少了600吨,存放空间减少55%,使污染防治和储运成本得以共同降低;设计的产品可采用可回收材料,使产品在报废阶段回收材料,如汽车产业,每年回收来自1 300万辆报废汽车超过84%的材料,再如宝马公司的环境友好设计,车的大部分材料可回收再利用,包括一些塑料部件。

（二）在流程设计方面

主要应用 4R 理论,即生产流程使用的资源(resources)、生产原料和产品部件的循环再利用(recycling)、适用的规则(regulation)和公司的信誉(reputation),从以上4个领域设计和完善生产流程。

使用的资源领域,主要是减少资源的投入,降低生产成本,有利于可持续发展,如沃尔玛和菲多利减少了生产过程中水和能源的投入量,斯巴鲁印第安纳州工厂平均每辆车的能源投入减少14%,百事可乐的塑料包装瓶重量减少20%,节约资源并削减了运输费用。循环再利用领域,垃圾是放错位置的资源,在垃圾处理上,建立有利于材料拆卸和再利用的流程,如塑料、玻璃、铅等。例如,安海斯布什公司使用再循环的工业废水提供动力,每年在能源和废物处理上节约3 000美元。规则领域,严格遵守相关的温室气体、应对气候变化等国内外法律法规,减少污染和碳足迹,如菲多利公司的食品生产,通过对其原材料供应商和分销商制定目标,两年降低碳足迹7%。信誉领域,企业通过绿色流程的采用,产生良好的信誉,吸引员工、顾客、供应商、经销商和利益相关者的关注,如英国的化妆品公司美体小铺强调环境友好、本杰里公司的节能灯等,在消费者心里建立了良好的信誉。

（三）在绿色制造方面

绿色制造(green manufacturing, GM)也称面向环境的制造。绿色制造有关内容的研究可以追溯到20世纪80年代,但比较系统地提出绿色制造的概念、内涵和主要内容的是美国制造工程师学会(Society of Manufacturing Engineers, SME)于1996年发表的专门蓝皮书《绿色制造》(*Green Manufacturing*)。1998年,SME 又在国际互联网上发表了绿色制造的发展趋势的网上主题报告,对绿色制造研究的重要性和有关问题做了进一步介绍。

1. 绿色制造的内涵

相对于其他制造技术,绿色制造技术具有广泛的内涵特征,包括以下3点。

(1) 绿色制造是3个重要问题领域的交叉：一是制造问题，包括产品生命周期全过程；二是环境保护问题；三是资源优化利用问题。如图3-5所示，绿色制造是这3个部分的交集。

现有的制造技术主要考虑了制造问题，以及如何降低成本，高质量、快速地为客户提供良好的产品和服务，而忽视了制造过程中所消耗的优先资源问题和环境污染问题，从而导致了全球的资源浩劫和生态环境的严重破坏，生态物种严重减少，各种疾病不断出现，危及人类的生存。绿色制造技术是人类对制造业实现可持续发展战略的一种新的探索。

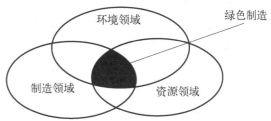

图 3-5　绿色制造的集成

(2) 绿色制造强调源头控制的理念。绿色制造区别于一般意义上的环境保护。传统的环境保护措施是防止和治理，即对污染严重的厂矿进行强制的停产或者高额罚款，或者对已经排放的污染物质进行处理和净化。绿色制造更强调从企业管理和技术制造的层面对制造过程进行创新和改革，以使产品生命周期本身的资源消耗减少，从而实现源头控制策略。

(3) 绿色制造提出了产品生命周期的概念。传统的产品生命周期包括产品的设计、制造、装配、运输、分销和使用阶段，而绿色制造提出了新的产品生命周期概念，进一步考虑产品原材料采掘、材料制备以及产品报废、回收利用，构成一个闭环的生命周期。

2. 绿色制造的特点

(1) 系统性。绿色制造系统与传统制造系统的本质区别在于绿色制造系统除保证一般的制造系统功能外，还要保证污染最小。

(2) 突发预防性。GM是针对产品污染的战略，强调预防为主，通过消减污染源和保证环境安全的回收利用，使废弃物最少化。

(3) 保持合适性。GM必须结合企业产品的特点和工艺要求，使GM目标结合企业生产经营的需要，又不损坏生态环境和自然资源的潜力。

(4) 经济性。通过GM可节省原材料和能源消耗，降低废弃物处理和处置费用，降低生产成本，增强生产竞争力和国际竞争力。

3. 绿色制造的发展趋势

世界上掀起了一股"绿色浪潮"，环境问题已经成为世界各国关注的热点，并列入世界议事日程，制造业将改变传统制造模式，推行绿色制造技术，发展相关的绿色材料、绿色能源和绿色设计数据库、知识库等基础技术，生产出保护环境、提高资源效率的绿色产品，如绿色汽车、绿色冰箱等，并用法律、法规规范企业行为，随着人们环保意识的增强，那些不推行绿色制造技术和不生产绿色产品的企业，将会在市场竞争中淘汰，使发展绿色制造技术势在必行。

(1) 全球化——绿色制造的研究和应用将愈来愈体现全球化的特征和趋势。绿色制造的全球化特征体现在许多方面：① 制造业对环境的影响往往是超越空间的，人类需要团结起来，保护我们共同拥有的唯一的地球。② ISO14000系列标准的陆续出台为绿色制造的全球化研究和应用奠定了很好的基础，但一些标准尚需进一步完善，许多标准还有待研究和制定。③随着全球化市场的形成，绿色产品的市场竞争将是全球化的。④许多国家要求进口产品进行绿色性认定，要有"绿色标志"。特别是有些国家以保护本国环境为由，制定了极为苛刻的产品环境指标来限制国际产品进入本国市场，即设置"绿色贸易壁垒"。绿色制造将为我国企业提高产品绿色性提供技术手段，从而为我国企业消除国际贸易壁垒进入国际市场提供有力的支撑。这也从另外一个角度说明了全球化的特点。

(2) 社会化——绿色制造的社会支撑系统需要形成。首先，绿色制造的研究和实施需要全社会的共同努力和参与，以建立绿色制造所必需的社会支撑系统。绿色制造涉及的社会支撑系统首先是立法和行政规定问题。当前，这方面的法律和行政规定对绿色制造行为还不能形成有力的支持，对相反行为的惩罚力度不够。立法问题现在已愈来愈受到各个国家的重视。其次，政府可制定经济政策，用市场经济的机制对绿色制造实施导向。例如，制定有效的资源价格政策，利用经济手段对不可再生资源和虽可再生但开采后会对环境产生影响的资源（如树木）严加控制，使得企业和人们不得不尽可能减少直接使用这类资源，转而寻求开发替代资源。又如，城市的汽车废气污染是一个十分严重的问题，政府可以在对每辆汽车年检时，测定废气排放水平，收取高额的污染废气排放费。这样，废气排放量大的汽车自然没有销路，市场机制将迫使汽车制造厂生产绿色汽车。企业要真正有效地实施绿色制造，必须考虑产品寿命终结后的处理，这就可能导致企业、产品、用户三者之间的新型集成关系的形成。有人就建议，需要回收处理的主要产品，如汽车、冰箱、空调、电视机等，用户只买了使用权，而企业拥有所有权，有责任进行产品报废后的回收处理。

无论是绿色制造涉及的立法和行政规定以及需要制定的经济政策，还是绿色制造所需要建立的企业、产品、用户三者之间新型的集成关系，均是十分复杂的问题，其中又包含大量的相关技术问题，均有待深入研究，以形成绿色制造所需要的社会支撑系统。这些也是绿色制造今后研究内容的重要组成部分。

(3) 集成化——将更加注重系统技术和集成技术的研究。绿色制造涉及产品生命周期全过程，涉及企业生产经营活动的各个方面，是一个复杂的系统工程问题。因此，要真正有效地实施绿色制造，必须从系统的角度和集成的角度来考虑和研究绿色制造中的有关问题。

绿色制造的集成功能目标体系、产品和工艺设计与材料选择系统的集成、用户需求与产品使用的集成、绿色制造的问题领域集成、绿色制造系统中的信息集成、绿色制造的过程集成等集成技术的研究将成为绿色制造的重要研究内容。绿色制造集成化的另一个方面是绿色制造的实施需要一个集成化的制造系统来进行。为此，提出了绿色集成制造系统的概念，并建立了一种绿色集成制造系统的体系框架：该系统包括管理信息系统、绿色设计系统、制造过程系统、质量保证系统、物能资源系统、环境影响评估系统等6个功能分系统，计算机通信网络系统和数据库/知识库系统等2个支持分系统以及与外部的联系，绿色集成制造技术和绿色集成制造系统将可能成为今后绿色制造研究的热点。

（4）并行化——绿色并行工程将可能成为绿色产品开发的有效模式。绿色设计今后仍将是绿色制造中的关键技术。绿色设计今后的一个重要趋势就是与并行工程的结合，从而形成一种新的产品设计和开发模式绿色并行工程。绿色并行工程又称为绿色并行设计，是现代绿色产品设计和开发的新模式。它是一个系统方法，以集成的、并行的方式设计产品及其生命周期全过程，力求使产品开发人员在设计一开始就考虑到产品整个生命周期中从概念形成到产品报废处理的所有因素，包括质量、成本、进度计划、用户要求、环境影响、资源消耗状况等。

（5）智能化——人工智能和智能制造技术将在绿色制造研究中发挥重要作用。绿色并行工程涉及一系列关键技术，包括绿色并行工程的协同组织模式、协同支撑平台、绿色设计的数据库和知识库、设计过程的评价技术和方法、绿色并行设计的决策支持系统等。许多技术有待今后的深入研究。绿色制造的决策目标体系是现有制造系统TQCS（即产品上市时间 T、产品质量 Q、产品成本 C 和为用户提供的服务 S）目标体系与环境影响 E 和资源消耗 R 的集成，即形成了 TQCSRE 的决策目标体系。要优化这些目标，是一个难以用一般数学方法处理的十分复杂的多目标优化问题，需要用人工智能方法来支撑处理。另外，绿色产品评估指标体系及评估专家系统，均需要人工智能和智能制造技术。基于知识系统、模糊系统和神经网络等的人工智能技术将在绿色制造研究开发中起到重要作用。例如：在制造过程中应用专家系统识别和量化产品设计、材料消耗和废弃物产生之间的关系；应用这些关系来比较产品的设计和制造对环境的影响；使用基于知识的原则来选择实用的材料等。

（6）产业化——绿色制造的实施将导致一批新兴产业的形成。除了目前大家已注意到的废弃物回收处理装备制造业和废弃物回收处理的服务产业外，另有两大类产业值得特别注意：① 绿色产品制造业。制造业不断研究、设计和开发各种绿色产品以取代传统的资源消耗和环境影响较大的产品，将使这方面的产业持续兴旺发展。② 实施绿色制造的软件产业。企业实施绿色制造，需要大量实施工具和软件产品，如绿色设计的支撑软件（计算机辅助绿色产品设计系统、绿色工艺规划系统、绿色制造的决策系统、产品生命周期评估系统、ISO14000 国际认证的支撑系统等），将会推动一类新兴软件产业的形成。

第三节　持续改进理念

一、持续改进的界定

1. 界定

持续改进最初是一个日本管理概念，是指逐渐、连续地增加改进，是日本持续改进之父今井正明在《改进——日本企业成功的关键》一书中提出的。持续改进意味着涉及每一个人、每一环节的连续不断的改进；从最高的管理部门、管理人员到工人。"持续改进"的策略是日本管理部门中最重要的理念,是日本人竞争成功的关键。持续改进实际上是生活方式哲学。它假设,应当经常改进我们的生活的每个方面。

持续改进的关键因素是质量,所有雇员的努力、介入、自愿改变和沟通。持续改进被作为系统层面的一部分来加以应用并进行改进。通过流动和拉式系统来改进交货时间、流程的灵活性和对顾客的响应速度,改进活动从头到尾地改进了公司的进程。

2. 起源

持续改进是指"对企业不同领域或工作位置所做的不断的改进和完善",起源于督导人员训练(training within industries, TWI)和管理培训(management training, MT)。TWI 是第二次世界大战后被美国军火工业广泛采用的"工业内部培训",于20世纪40年代在美国发展起来,TWI 在许多国家被引进,在日本产生的影响最大,至少有一千万日本企业界的领导、专业人员及员工都接受了 TWI 培训,TWI 对日本企业管理的理论和实践有深远的影响。

TWI 标准的培训内容包含 3 个方面:

① 工作指导培训(job instructional training, JIT),让领导者认识到使员工得到足够职业培训的重要性以及怎样进行这些培训;

② 工作改善训练(job methods training, JMT),关于如何获得改进和完善工作方法的思路并将其付诸实践;

③ 工作关系技能训练(job relations training, JRT),关于上下级关系和领导方法。

在日本,这些培训工作由不同的专业组织如日本工业培训协会来完成。同时,许多领先的日本大公司对 TWI 根据需要做适当变动后用来培训自己的潜在领导者。

MT 是美国空军发明的,第二次世界大战后也被日本引进,在日本工业和国际贸易部近 50 年不懈的努力下,截至 1994 年年底,已有 300 多万日本企业界的领导人接受过 MT 的培训,在日本,为了进入企业中上领导层,获得 MT 的培训结业证书几乎是一种必要手段。MT 培训使日本企业界的领导获得以下 3 个方面的知识:认识员工相互之间关系和个人关系的重要性;不断对工艺和产品进行完善和改进的方法及价值;把人和工作方法相结合,科学合理地使用"计划—执行—检查"的益处。总之,日本企业界通过对 TWI 和 MT 的引进、消化和吸收,并结合日本企业的实际情况,先后发展了一些管理理论,如全面质量管理(total quality management, TQM)、准时生产体制(JIT)等,逐渐形成了完整的持续改进体系。

二、持续改进的组件

如果一个企业要想运用持续改进战略来取得成功,则必须导入以下 6 个系统。

(一) 全面质量管理

全面质量管理(TQM)是由全面质量控制(total quality control, TQC)演变而来的;早期的 TQC 只强调各工艺过程中的质量控制享有优先权,即全面的质量控制;而现在的 TQM 则把企业的各个方面都包括了进来。TQC/TQM 不应仅仅被看作控制质量的活动,它还可以通过不断改进各个方面的工作,而被作为企业提升竞争力和盈利潜能的发展战略。TQC/TQM中的"Q"意味着质量——优先权,同时也包含了成本和交货期的控制目标。"T"代表"全面、全员",也就是说企业内的全部员工(从企业最高领导到中层领导,直至生产线操作工人)都要参与进来。另外,供应商、代理商和销售商也都加入。"T"还表示高质量的管理(top management),它要求企业的高层领导对企业内实施TQC/TQM的成功负有管理的责任和义务。"C"代表控制(control),也就是对过程的控制。借助TQC/TQM,人们可以弄清过程的本质,监控并不断完善它,以取得成功的改进。企业领导在TQC/TQM活动中的任务就是借助结果对过程进行评估,这个评估的结果是对过程进行完善的基础,而不是批评员工的理由。TQC/TQM理论包含的工作方法或工具有企业战略重组、质量保证体系、标准化、培训、成本管理和质量小组活动等。

（二）全员生产维修

推行全员生产维修模式(total productive maintenance,TPM)现已渐成风尚。全面质量管理(TQM)的重点从总体上来说是改进企业的效率,具体来说是改进产品质量;而全员生产维修(TPM)则着重于改进设备的效率,TPM的目标就是通过全员的努力,建立以预防为主的设备管理及维护体制,以延长设备寿命并使设备整体效率最大化。TQM要求整个企业的全体员工的参与,而TPM则需要与生产有关的全体员工(包括生产人员和维修人员等)的参与。关于清洁和次序的5S活动(即整顿、整理、清洁、检查、素养)是TPM的基础,单单执行5S就可以给企业带来令人惊喜的效果。

（三）准时生产体制（丰田生产体制）

准时制(JIT)源自日本丰田汽车公司,它的目的是通过消除企业内部每项不能增值的活动而创造一种能够随市场需求变化而灵活应对的扁平化的生产体制。建立准时生产体制所用到的方法或策略包括节拍时间和周期时间的调整、单件流动、"拉"型生产、消除使设备停机的隐患、"U"型生产结构、"广告牌"以及减少装备时间等。

为了实现这种理想的准时生产体制,需要连续不断地推动持续改进并由此消除生产线上所有不能产生增值的工作过程。准时生产体制对企业降低成本成效显著,同时还能保证产品的交货期,并提高企业的盈利水准。

综上所述,为了达到质量、成本和交货期(quality,cost,delivery,简称QCD)的控制目标并使顾客满意,企业必须引进3个基本的系统:全面质量管理(TQM)、全员生产维修(TPM)以及准时制(JIT)。这3种基本的系统各自有自己的侧重点:全面质量管理把总的质量作为主要目标;全员生产维修侧重于机器和设备的运行质量;而准时制以另外两个非常重要的方面即成本和交货期为控制目标。只有当全面质量管理和全员生产维修在一个企业已经实施得卓有成效时,才可以进一步考虑导入准时制生产体制。

（四）企业战略规划

尽管持续改进的目标着重于完善,但如果不对持续改进确定目标而任其发展,那么它的作用也就有限。在进行持续改进活动的过程中,企业领导应积极制定明确目标并承担领导责任,来保证达到预定的目标。在持续改进的导入期应进行周密的准备以及控制。企业的最高领导层必须先规划出一个长期的发展战略,然后再将其细化为中期和年度目标。企业的最高领导层还必须根据其长期发展战略制定出相应的"实施"计划,然后将其通过组织结构自上而下层层细化分解,而逐渐形成行动计划。比如,一个企业的目标如果是"为了保持竞争力,我们必须将成本降低10%",那么可以通过提高生产能力、降低库存和废品率或改进生产流程等实现。没有制定目标的持续改进就像没有目的地的旅行一样。只有大家都向共同的目标努力,而这个目标又得到企业领导的支持,那么持续改进才是最高效的。

（五）合理化建议

合理化建议（proposal）是持续改进战略的组成部分,它可以通过员工的积极参与来提高其职业道德。日本企业界看重合理化建议的原因是它能够提高员工参与持续改进的兴趣,他们鼓励员工尽可能多地提出合理化建议,尽管有时有些建议看起来几乎没有作用。企业领导也不期望每个建议都会给企业带来巨大的利益。对他们重要的是由此培养出积极参与持续改进并有自律性的员工。西方企业界对合理化建议的看法则主要着重于它们所能带来的经济利益。

（六）小组活动

小组活动（activities of groups）一般是指在企业内部为实现一定的目标而由某种具体的工作联系起来的非正式的组织。其中最著名的形式是质量圈（小组）。质量小组不仅仅致力于质量,还有成本、安全以及生产能力。企业领导的首要任务就是保证产品质量——通过建立质量保证体系,员工培训,企业战略目标的规划、制定和执行,各系统互联等,使整个企业达到预定的质量、成本和交货期的目标。如果企业质量小组的活动取得成功,则可以说明企业领导对这种小组活动的支持。

总之,持续改进战略的最终目标就是通过跨部门的计划来同时实现企业质量、成本和交货期等方面要求的控制目标。

三、持续改进的手段

在现场执行时,持续改进以标准化、5S和消除"浪费"来达到企业的QCD目标。标准化、5S以及消除"浪费",这3种活动是企业建立起高效、成功和扁平化的工作现场结构的基础。操作它们并不需要复杂的工艺和特别宽的知识面,所以易于理解和导入。但是,如何使员工树立起自律性并将这些活动不断推向前进却是困难之所在,如图3-6所示。

1. 标准化

为了达到企业的QCD目标,企业必须合理利用一切可用资源。对人员、信息、设备和原材料的使用,每天都须做出计划,利用关于使用这些资源的标准有助于提高计划的效率,如果在计划的执行中出现问题或偏差,企业领导就应及时找出问题的真正原因,并将现有标准修改或完善以避免问题的再次出现,标准是持续改进的固定组成部分,它为进一步完善提供基础。工作领域标准化的含义就是指将工程师的工艺或设计要求转换成工人们每天必须遵守的工作指令。

2. 5S

5S代表了5个日语词,是指整洁、有序,对任何一个加工型的企业来说,如果是一

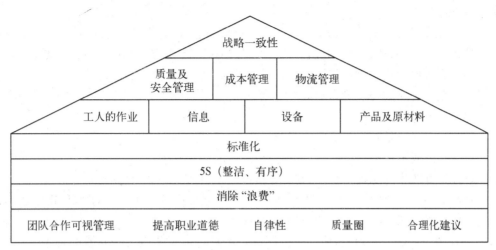

图 3-6 现场管理持续改进结构框架

个负责任的生产商并且想成为世界一流的公司,那么 5S 作为基础是必须实施的,对每个岗位和个人都必须单独确定 5S 规则,制定有关 5S 标准并使之遵守。5S 的内容是:整顿(seiri),即把不必要的东西清除出现场;整理(seiton),即把留下的东西归类;清洁(seiso),即对设备及周围环境进行彻底清洁;检查(seiketsu),即运用上述 3 项原则并注重自身行为;素养(shitsuke),即自觉性。

3. 消除浪费

"浪费"在此另有一层深的含义。工作是由一系列的过程或步骤组成的,从原材料或信息开始,到产成品或服务结束,在每个过程中都应增值,然后进入下一过程,在每个过程中,作为资源的人和设备应当使产品增值,浪费就是指每个没有使产品增值的活动或过程。一般将可能引起浪费的原因划分如下:过量生产、库存、次品/返工、动作(行动)、生产过程、等待和运输过程。

4. 遵循持续改进 5 条"黄金"法则

这 5 条法则如下:如果发生问题,首先去现场;检查发生问题的对象;立刻采取暂时性的措施;查找问题产生的真正原因;使应对措施标准化,以避免类似问题再次发生。实施持续改进时应遵循以下原则:丢掉对工艺原有的僵化的看法;考虑怎样可以做事情,而不是找出不做的理由;不找借口,对现有方法质疑;不要追求完美,马上付诸实施,尽管只达到约定目标的 5%;立即纠正错误;不要为持续改进活动花钱;排除障碍,寻找解决方法;问上 5 次"为什么?",并寻找真正的原因;集合大家的意见而不仅仅是个别人的主意;持续改进的可能性是无穷无尽的。

四、持续改进活动程序

(1) 选择工作任务。先要阐明选择这个项目或工作任务的理由。这些任务通常是根据企业的发展目标确定的,但有时企业的现状也会影响这种选择——依据其重要性、紧迫性或经济性。

（2）弄清当前的情况。在项目开始前必须要弄清项目当前情况的本质，并予以分析。这需要人们去现场了解情况，运用持续改进的5个"黄金"原则，或收集数据。

（3）应对收集到的数据进行深入分析，以便弄清事情的真正背景及原因。

（4）在分析的基础上研究对策。

（5）导入、执行对策。

（6）观察并记录采用对策后的影响。

（7）修改或重新制订标准，以避免类似问题的再次发生。

（8）检查从步骤1到步骤7的整个过程，据以引入下一步的行动。

这种程序也和PDCA循环的原则相一致：步骤1—4主要是计划（P），步骤5是做、执行（D），步骤6是检查（C），步骤7和8是调整（A）。这种程序是一种借助数据分析来解决问题的通用做法。另外，将问题的解决过程进行可视化以及在问题的解决过程中积极交流，并建立起高效的记录文档资料，也有助于持续改进活动的推动。使员工在持续改进活动中产生自律性的方法包括：表彰、奖励微小的进步；记录员工正确完成的工作；（领导）对问题采用开放的态度；创造一种"敢言"的文化；把过程开放，以便于进一步完善标准；进行评估；使客户也参与进来；设立合理化建议；建立质量保证小组；建立奖励机制；使员工明白（领导）的期望；定期检查工艺过程；对检测结果给予反馈；创造一种合作的气氛；发出具体的指令；（领导）参与标准的制定；解释为什么；举例，以事实服人；培训，怎样做，为什么做；将取得的进步可视化；排除障碍；要求积极、认真思考；创造一个宽松的环境（没有威胁）。

用可视化管理手段辅助持续改进活动。可视化管理的目的就是借助图形、表格和绩效数据，使企业领导和员工明白和熟悉用来达到QCD控制目标的各要素——从企业的整体战略一直到生产数据以及最新的合理化建议。引入可视化管理的好处是将问题暴露出来，帮助员工及企业领导，使其一直与现实保持联系。

可视化管理的最基本的原则就是：将问题暴露在聚光灯下。可视化管理的5个要素（5M）是人（man）、设备（machine）、原材料（material）、方法（method）、测量（measurement）；可视化管理中的有力工具（5S）指整顿、整理、清洁、检查和素养；把标准张贴在现场，现场中的所有墙壁都可以被当作可视化管理的工具。为了使大家明白QCD的最新情况，应在墙壁上或工位上公布最新的如下信息：质量方面，公布废品率、趋势以及目标图表等的日、周、月报，典型事故应公之于众，以达到教育大家的目的；成本方面，公布产能、趋势以及目标；工效方面，公布单位产品所耗工时（人数×工作时间÷产量）、每日产量、设备停机时间、趋势以及目标、设备整体效率、合理化建议的数量、质量小组的活动情况等。

可视化管理的另一个功能就是将不断改进、完善的目标视觉化。制定目标的作用之一就是激励员工。可视化管理有助于鉴别现实和目标之间所存在的问题及偏差。它是一种既能使工艺过程保持稳定又能使其不断完善的工具。可视化管理是一种极其有效的激励员工的手段，它在使员工努力实现企业目标的同时也记录下了他们在其中发挥的作用。

复习思考题

1. 何为运营管理的持续改进理念？
2. 运营管理的可持续性理念在未来企业管理中的地位如何？
3. 供应链管理理念是如何演进的？
4. 运营管理理念的包括哪些内容？

案 例 分 析

2019年7月16日，ZARA的母公司、西班牙快时尚巨头Inditex集团董事长兼首席执行官帕布罗·伊斯拉（Pablo Isla）在股东大会上宣布，将继续推进可持续发展战略，计划在2025年全面落实"可持续时尚"，即Inditex届时将实现原材料100%可持续性，所有原材料均为有机、可持续或可回收的棉、亚麻和聚酯纤维。同时，集团活动（包括门店、物流中心和办公室）的可再生能源使用比例将提高至80%。伊斯拉表示："可持续发展是一项艰巨的任务，它需要Inditex每一个人都参与其中，并联合所有供应商，我们希望Inditex能够成为行业可持续发展的引领者。"

为达成这一目标，Inditex计划从绿色建筑、高效节能门店、原材料、绿色包装、环保服饰、旧衣回收、废弃物回收再利用等七大方面逐步实现全面可持续发展，具体部署如下。

（1）绿色建筑：2019年，Inditex集团所有办公大楼及办公室达到最高绿色建筑认证标准。

（2）高效节能门店：2019年，Inditex旗下品牌ZARA所有门店均达到高效节能标准；2020年，旗下所有品牌门店达到高效节能标准。

（3）原材料：到2023年，有机棉、亚麻、聚酯纤维以及粘胶纤维将占集团原材料采购总量的90%。同时，随着供应链的完善，粘胶纤维将实现100%可持续。

（4）绿色包装：Inditex集团旗下品牌如ZARA、ZARA Home、Massimo Dutti、Uterqüe已经开始减少塑料购物袋的使用。2018年，Inditex集团塑料袋使用比例只占购物袋总数的18%。计划到2020年，旗下所有品牌都将不再使用塑料袋，到2023年将彻底淘汰一次性塑料制品。

（5）"Join Life"（"加入生活"）环保服饰系列：采用更可持续的原材料，如有机棉、可回收聚酯纤维和天丝（Tencel）纤维，并优先采用多水型和能源友好型工艺。2018年，"Join Life"系列的服装产量同比增长85%至1.36亿件；2019年，产量增长110%，占集团服装总量25%，争取到2020年实现每4件待售服装中就有1件符合可持续发展战略标准。

（6）旧衣回收：Inditex的旧衣回收计划已覆盖全球24个国家和地区旗下所有门店，从西班牙、中国拓展至巴黎、伦敦和纽约等地，安装了1 382个旧衣回收箱，累计回收3.4万吨鞋服配饰；Inditex计划在2019年9月份之前，将家庭旧衣回收服务拓展至巴黎、伦敦和纽约；同时，Inditex还与麻省理工学院开展合作，投资400万美元解决运营和可持续发展面临的困难和挑战，改善衣物纤维回收再利用的清洁技术。

（7）废弃物回收再利用：Inditex 集团已对集团总部、物流平台和商店的 88% 废弃物进行了回收或再利用。到 2023 年，Inditex 将实现 100% 废弃物回收或再利用。另外，针对包装分销以及服装悬挂操作过程中使用的所有材料（主要是 FSC 认证的纸箱、回收和可回收塑料、警报器和衣架），集团也将进行回收，实现供应链内部再利用或再循环。

资料来源：徐斌. Zara 宣布将从七大方向入手 2025 全面"可持续时尚"[EB/OL]. 腾讯网，2019-07-18.

第四章 产品/服务设计和技术选择

【学习目标】

1. 了解产品设计的必要性、新产品的分类、并行工程关键技术。
2. 理解产品设计的概念、并行工程主要思想。
3. 掌握产品设计与开发过程。

开篇案例

诺基亚是一家创立于1865年的老店,原本从事纸浆业;2000年起,诺基亚手机一步一步打败摩托罗拉、爱立信等大厂,2003—2006年达到高峰,全球市场占有率为72.8%。当时《天下杂志》《时代杂志》杂志皆一一至芬兰取经,想要理解每年51天见不到太阳的冰湖之国,如何"创新"征服世界。诺基亚全盛时期,全芬兰1%人口在诺基亚上班,每年贡献国家1.5%的GDP(国内生产总值)。但是,在2008年,iPhone发行的一年后,诺基亚市值就已被苹果超越;根据《商业周刊》统计,2011年诺基亚市值仅为苹果的7%。2013年,位于中国上海的诺基亚大楼宣布停业。

据专家分析,诺基亚失败的原因主要有两点:一是产品设计无亮点,缺少独特功能,与其他智能机相比,没有竞争优势;二是技术创新滞后,与其合作的微软WP7对企业用户缺少吸引力。

资料来源:诺基亚当年否决触摸屏理由——认为成本太高[EB/OL].和讯网,2011-07-11.

组织赖以生存的基础是面向社会提供的产品或服务。成功的企业关键之一就是有为数不多的拳头产品,如英特尔的芯片,而不成功的产品策略可能会为企业带来灭顶之灾,如开篇案例中的诺基亚。产品设计是企业满足市场需求、保持竞争优势的关键,是实现产品差异化、成本领先、快速响应的基础和必须面对的选择。

第一节 产品设计的必要性

产品设计是将人的某种目的或需要转换为一个具体的物理或工具的过程,把一种计划、规划设想、问题解决的方法,通过具体的载体,以美好的形式表达出来。它包括确定产品的基本结构、性能参数和技术指标,以及产品的制造工艺。

一、新产品/服务开发

新产品是指在技术、性能、功能、结构、材质等方面具有先进性或独创性的产品。

1. 改进型产品

对老产品的改进与完善,创新程度最小的一类新产品。在产品设计与制造流程中稍做改动,投入资源少。目的是保持市场份额,确保近期现金流。

2. 换代产品

产品基本原理不变,因部分采用新技术使产品性能有重大突破。目的是拓宽产品系列,保持市场活力,延长产品系列的生命周期,确保利润增长。

3. 创新产品

采用科学技术的新发明所开发的产品,它是创新程度最高的一类新产品。需要对产品设计或流程进行革命性的变动,有利于企业保持持续的竞争力。

案 例 4-1

互联网重塑中国商业

每一个互联网企业,其实都是其所在行业创新的驱动力量,是整合的工具。新浪整合媒体业,报纸都在说:"我们在给新浪打工。"携程整合订票业,剿灭了不计其数的小代理商。淘宝整合零售业,短短 5 年就成为中国销量第一的卖场。

二、新产品开发的必要性

在新产品的开发、设计过程中,企业会面临很多的选择方案,而最终方案确立的过程中,新产品开发策略最主要的依据还是战略一致性。这一决策是运营系列设计的开端,会对整个系统的设计和管理产生深远的影响。例如:关注成本领先策略的早期格兰仕微波炉,品种较少,款式简单;关注差异化策略的苹果手机,产品新潮,市场领先;关注快速响应的 ZARA,新款服饰的推出速度平均仅为 12 天,而同行业的一般为 120~180 天,产品每年设计 50 000 款,进入市场的仅 12 000 款,时装流行款式最快只需要 7 天便在专卖店见到实物。

因此,为竞争优势的取得和保持、完成战略一致性,企业最先面对的运营系统决策就是新产品的开发设计,具体而言,还有以下两点表现。

(一) 企业面临的压力

1. 产品生命周期

企业依靠产品来谋求生存和发展有两条途径:一是增加原有产品的产量;二是开发新产品。但是,任何产品都具有生命周期,一般经历导入期、成长期、成熟期和衰退期。产品一旦进入衰退期,利润会逐步缩减。因此,一般企业应在原有产品进入成熟期时推出新产品,如此类推,企业在创新产品的前提下,保持一个相对具有竞争力的不断更新的产品组合,才可能保证利润的持续流入。如图 4-1 所示,从 50 年前与现在产品生命周期的对比可见,前者基本是后者的 3 倍以上。产品生命周期的缩短,就意味着企业应该尽快推出新产品,因为在产品生命周期的不同阶段,企业推出同一类型产品所能获得的利润会越来越少,如图 4-2 所示。

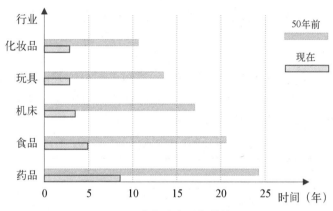

图 4-1　产品生命周期的缩短

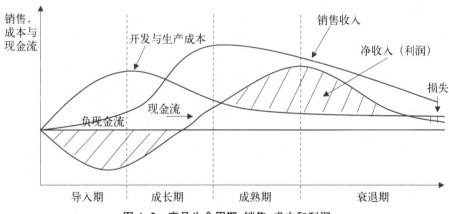

图 4-2　产品生命周期、销售、成本和利润

案 例 4-2

科龙公司的产品开发

科龙公司作为民营企业拥有员工 16 000 人、固定资产 11 亿元,生产的容声冰箱、科龙空调和三洋科龙牌冷柜享誉全国并出口海外。

为了应对国内外竞争,科龙集团首先采取的措施就是加快技术创新和研发步伐,增加产品技术含量,提高产品档次,开发优质新产品,如开发出无氟电冰箱,率先推出全自动除霜功能,首推大圆弧门、太空流线型和热转式的冰箱外观等,使科龙在激烈的市场竞争中获胜。

2. 市场竞争的加剧

企业的竞争优势取决于企业能否向市场提供满足需求的新产品。市场竞争的加剧迫使企业不断开发新产品。企业源源不断地推出领先产品,不仅可以提高市场份额,提高自己产品的价值,还可以积聚超越竞争者的优势,迫使竞争者产品过时,进而淡出或退出市场。

随着技术进步越来越快,高新技术适用范围越拉越大。高新技术不仅节省人力,降低劳动成本,更重要的是提高了产品服务质量,缩短了用户需求的响应时间,使企业获得降低成本和快速响应的双重优势。不同产品更新换代的速度不断加快,如表4-1所示。产品研制到投产的时间也越来越短,如表4-2所示。

表4-1 不同产品更新换代的速度比较

产　　品	更新换代所花时间
机械产品	美国3年更新一轮,中国10.5年
电子产品	6～18个月全部更新一轮
保健品	5～10年更新一轮
通信领域	20世纪80年代产品的寿命为4年,20世纪90年代为1.5年

表4-2 不同时期产品研制、投产周期长短比较

时　　期	产品从构思、设计、试制到商业性投产所花时间
19世纪	70年左右的时间
两次世界大战期间	40年左右的时间
20世纪60年代	20年左右的时间
20世纪70年代后期	5～10年的时间
现在	3年或更短

3. 消费者需求的变化

随着自身的成熟,消费者不仅对品牌的要求愈来愈高,而且其需求也日益呈现出多样化、个性化。这就需要企业既要提高产品质量,又要更快开发更多富有个性的新产品。随着时代的发展,大众知识水平的提高和激烈竞争带给市场的产品越来越多、越来越好。同时,用户的要求和期望也越来越高,消费者的价值观发生着显著变化,需求结构普遍向高层次发展。其具体表现在以下3个方面:一是对产品的品种规格、花色品种、需求数量呈现多样化和个性化要求,而且这种多样化要求具有很高的不确定性;二是对产品的功能、质量和可靠性的要求日益提高,而且这种要求提高的标准又是以不同

用户的满意程度为尺度的,产生了判别标准的不确定性;三是要求在满足个性化需求的同时,产品的价格要像大批量生产的那样低廉。制造商发现,最好的产品不是他们为用户设计的,而是他们和用户一起设计的。全球供应链使得制造商和供货商紧密联系在一起来完成一项任务。这一机制也同样可以把用户结合进来,使得生产的产品真正满足用户的需求和期望。

例如,现在越来越流行的个性化定制,即根据每一顾客的特别要求而定制产品和服务,如潮流鞋耐克专属定制 NIKEID。又如,摩托罗拉在开发新产品中坚持 3 项宗旨:① 要推出让消费者惊讶的新产品,永远在市场上占有一定的份额;② 新产品的开发要注意其时效性和周期性,以保证产品的永不落后;③ 客户为导向,在质量管理上务求完善,将客户的不满降为零。进入中国市场后,该公司发现原有产品不能适应中国消费者新的喜好,遂针对不同群体的消费者量身定做产品,于 1998 年向科技追求型、时间管理型、形象追求型、个人交往型等不同细分的目标消费者,推出了天拓、时梭、心语等新产品。

案例 4-3

格兰仕于 1993 年舍弃年利润 800 多万元、创汇 3 000 万元的毛纺厂及其他业务,集中一切资产、技术、人力资源于微波炉的开发、生产及市场推广,当年销售 1 万台;1994 年销售 10 万台;1995 年销售 25 万台,市场占有率 25.1%,成为行业第一。其后,格兰仕的销量逐年腾飞:1996 年 60 万台,市场占有率 34.7%;1997 年 125 万台,市场占有率 49.6%;1998 年总产量 315 万台,内销 213 万台,市场占有率 61.43%。

(二) 新产品的必然性

1. 实现企业竞争战略

企业利用新型无公害的原材料,生产和开发环保的新产品,可以克服营销观念仅仅满足个别消费者需要而造成资源浪费、环境污染、生态破坏,以至于广大消费者利益受到损害的弊端,做到在满足消费者的需求和取得合理利润的同时,保护环境,减少公害,维持一个健康和谐的社会生存环境,不断提高人类的生活质量。这也是可持续发展的要求。人类只有一个地球! 维持生态平衡和环境保护的呼声越来越高。臭氧层、热带雨林、全球变暖、酸雨、核废料、能源储备、可耕地减少⋯⋯一个又一个的环境保护问题摆在人们面前。在全球制造和国际化经营趋势越来越明显的今天,各国政府将环保问题纳入发展战略,相继制定各种各样的政策法规,以约束本国及外国企业的经营行为。人类在许多资源方面的消耗都在迅速接近地球的极限。随着发展中国家工业化程度的提高,如何在全球范围内减少自然资源的消耗成为全人类能否继续生存和持续发展的大问题。一位销售经理曾说:"过去生产经理常问我该生产什么,现在是我问他能生产什么。"原材料、技术工人、能源、淡水资源、资金及其他资源越来越少,各种资源的短缺对企业的生产形成很大的制约,而且这种影响在将来会越加严重。在市场需求变化莫测、制造资源日益短缺的情况下,企业如何取得长久的经济效益,是企业制定战略必须考虑的问题。

2. 降低企业生产过程成本

据统计,产品设计时间占产品总开发时间的近60%,可见,产品设计与工艺设计影响着新产品的创新速度。同时,研究还表明,制造过程中生产率的70%~80%是在设计和工艺阶段决定的,所有质量问题的40%可以归因于低劣的设计和工艺。目前,国外新产品的研制周期大大缩短。AT&T公司新电话的开发时间从过去的2年缩短到1年;HP公司的新打印机的开发时间从过去的60个月缩短到22个月。

更重要的是,企业在产品设计中应采用许多新的开发手段和方法,以保证在产品开发早期阶段能做出正确的决策,从而提高产品质量、降低产品成本,进一步缩短产品开发周期,如杰弗里·布斯罗伊德(Geoffrey Boothroyd)引用福特汽车公司的报告表明,尽管产品设计和工艺费用占整个产品费用的5%,却影响了总费用的70%以上。又如,波音公司一般产品的成本的83%以上在产品设计阶段被决定,而这一阶段本身所占费用仅为产品全部成本的7%以下。

3. 提高企业竞争力

新产品是企业销售额的源泉,对全球知名企业的调查发现,尤其是各个行业领导型企业的相当一部分销售额(大约50%)都来源于公司推出不到5年的新产品/服务,行业的前3名,一般新产品的销售额占到30%~40%,如图4-3所示;而且实践证明,公司中不到5年的新产品在销售额中所占的百分比越高,公司越可能成为行业的领导者。例如:迪士尼游客的访问项目大多集中于魔幻世界王国、未来世界、迪士尼好莱坞影城和动物主题公园;巨人思科公司增收的大部分来源于非网络产品,它正从路由器和开关等核心业务制造领域,转向计算机服务器本身。

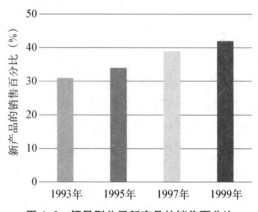

图4-3 领导型公司新产品的销售百分比

因此,产品设计和工艺设计在产品开发中的作用重大,几乎占用了60%的开发时间,决定了70%的成本。企业技术活动是企业快速响应客户要求的瓶颈,是提高企业竞争力的关键。公司获得的大部分利润来源于新产品,所以对产品和服务的开发与设计要持续不断地进行下去。产品不断推陈出新,从固定电话到移动手机,从电报到微信,从台式电脑到个人平板等,公司竞争优势的取得和保持必须有一个新产品/服务的设计理念。

综上所述,新产品开发的关键要把握以下 3 点:第一,新产品开发必须满足技术与市场匹配的原则;第二,新产品开发要建立在了解和确定人类的需求的基础之上;第三,新产品产生的需求是可以通过技术实现的。

第二节 产品设计与开发管理

新产品/服务的设计开发成功的前提是了解客户,许多重要的商业化产品/服务的创意都源于客户而非生产者。持续的成功则需要企业建立一个与顾客顺畅交流、及时了解顾客需求的组织机构,营造创新的组织文化、前沿的研发意识、强有力的领导、正式的激励和恰当的培训等氛围,使了解到的顾客需求信息快速进入新产品/服务的设计论证通道。例如:ZARA 每年有 50 000 款新品设计,其 400 名设计师也被誉为"空中飞人";戴尔的庞大用户调查团队是快速响应优势得以成功的关键。

一、产品设计与开发过程

一般产品开发过程由产品构思阶段、结构设计阶段(总体设计、技术设计、工作图设计等)、工艺设计阶段 3 个阶段构成,如图 4-4 所示。

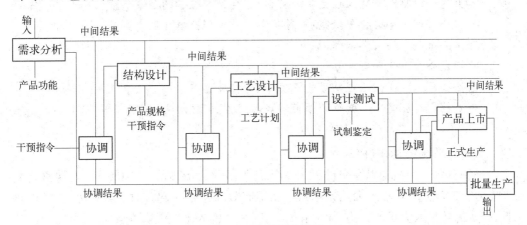

图 4-4 产品设计过程

(一) 产品构思

1. 产品构思的含义

产品构思又称产品设想,是在市场调研的基础上进行的。它是根据社会、自然环境、技术发展动向结合顾客的需要提出来的。开始时可能是一些含糊不清的想法,它可以由企业从事产品开发的技术人员提出来,也可以由企业职工,包括技术管理人员、销售人员、生产工人提出,还可以由顾客直接提出。产品构思的来源如图 4-5 所示。

如沃尔沃(Volvo)汽车的 YCC 概念车,它的构思来源就是对市场需求的分析。YCC 这款概念车的主要目标群是那些走在时尚前沿的用户:独立性强、具有专业精神

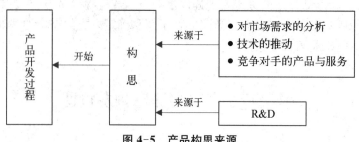

图 4-5 产品构思来源

的女士。女士常携带很多东西,因而车上要装载更多的东西,在YCC上面,挡杆被放在方向盘上,手刹电子控制并集成,而空出来的地方全部给中央贮物箱,该贮物箱有浅层以及深层,可以按需放进一些小饰物或其他物品。

案例 4-4

日本的创意思维方法

资生堂——废除等级观念,内省的哲学。
日本电气——引进奖励体制。
富士通——赋予研究人员更多的自由,与生产率挂钩的报酬制度。
丰田公司——丰田公司研究社,每年举办一次创意奥林匹克竞赛。
日立公司——怪人俱乐部,拥有1 200多名成员。
欧姆龙公司——每月开办紧急学校。
富士公司——高级经理学习非正规知识,拓展思路。
西米柱建筑公司——职员必须玩游戏,用团队精神解决问题。

2. 产品构思的工作内容

一种有效的产品构思在交付正式的产品/服务设计流程前,必须要将产品决策与企业实力、市场动态、产品生命周期和竞争状况有效联系在一起。对于新产品/服务的设计,企业需要投入大量的人力、物力和财力,对公司的未来发展影响重大。因此,产品构思阶段要完成以下3项工作:首先是对来自公司内外部的多个来源的产品创意进行筛选;其次是结合公司实力,分析内外部市场和条件,评估企业是否有能力实施这一创意;最后是对这一创意再次结合顾客的要求,进行修改和完善。为使失败的可能性降至最小,这3项工作内容都要在高度参与的环境下进行反复的评价、反馈与交流。企业需要预先设定自己的筛选和评价标准。

(二) 结构设计过程

产品结构设计过程包括从明确设计任务开始到确定产品的具体结构为止的一系列活动。设计阶段决定了产品的性能、质量和成本,也就决定了产品的生命。产品结构设计一般分为总体设计、技术设计、工作图设计3个阶段,如图4-6所示。

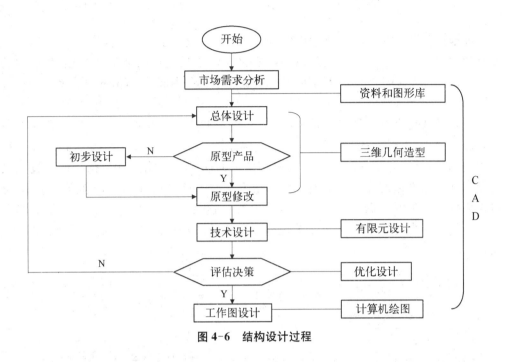

图 4-6 结构设计过程

案例 4-5

技术的推动——苹果 iPad2

苹果公司于 2011 年 3 月 3 日凌晨 2 点在美国旧金山芳草地艺术中心召开特别发布会,发布全新的 iPad2 平板电脑,更轻、更薄,并且前后配置摄像头支持 FaceTime 等功能。乔布斯说:"很多人都想复制我们的成功,但我们未被超越,最近我们出货了第 1 亿部 iPhone。今天我们要谈论的是苹果第三个后 PC 时代重要产品。2001 年我们推出了 iPod,2007 年是 iPhone,2010 年是 iPad,当你们将这些全部连起来,就知道 2011 年将是 iPad2 之年。苹果只靠技术远远不够。后 PC 设备尤其需要把技术与艺术和人文结合起来。平板电脑是后 PC 时代设备,要比 PC 更容易使用,更依赖用户的直觉。"

1. 总体设计(概念开发)

通过市场需求分析,确定产品的性能、设计原则、技术参数,概略计算产品的技术经济指标和进行产品设计方案的经济效果的分析。这一过程有效地回答了新产品/服务的可行性,尤其是其技术的可行性。

2. 技术设计(系统设计)

将技术任务书中确定的基本结构和主要参数具体化,根据技术任务书所规定的原则,进一步确定产品结构和技术经济指标,以总图、系统图、明细表、说明书等总括形式表现出来。这一过程说明了产品是如何工作的,相当于产品的功能说明。

3. 工作图设计（细节设计）

根据技术设计阶段确定的结构布置和主要尺寸，进一步进行结构的细节设计，逐步修改和完善，绘制全套工作图样和编制必要的技术文件，为产品制造和装配提供确定的依据。这一过程说明了产品是如何制造的，相当于企业内部的产品说明书。

（三）工艺设计

工艺设计是指按产品设计要求，安排或规划出把原材料加工成产品所需要的一系列加工过程、工时消耗、设备和工艺装备需求等。工艺设计是结构设计过程和制造过程之间的桥梁，它把产品的结构数据转换为面向制造的指令性数据。这一过程是企业内部产品制造的指令。工艺过程的结果反馈给产品设计用以改进产品设计，也可作为生产实施的依据。工艺过程设计的程序包括：① 产品图纸的工艺分析和审查；② 拟定工艺方案；③ 编制工艺规程；④ 工艺装备的设计与制造。具体如图 4-7 所示。

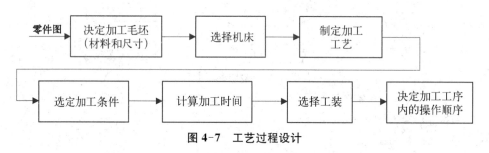

图 4-7　工艺过程设计

二、产品设计的测试

（一）可制造性测试

产品工艺设计完成后，后续很重要的一步即产品测试，这一过程要密切关注，再分析市场需求：第一步，对设计进行评价，说明这些产品的规划是否为满足顾客需求的最好方式，如果不是的话，进行改进，直至企业评估团队认为最好为止；第二步，将产品预引入市场，在小范围内进行测试，论证产品是否符合顾客的预期，只有符合才能进入下一程序，即将产品批量生产，正式引入市场。转向生产这一节点的选择，是企业产品设计阶段的一个重要决策。产品开发人员习惯于追求产品的不断完美化，他们可能永远都不会为这个设计的产品画上休止符。但对于企业而言，产品引入市场的时间越晚，利润空间会越小。这一矛盾的解决，迫使管理层在产品开发与时间方面做出权衡和协调。这段试生产时期也称为可制造性测试。

（二）测试方法

这一过程中，涉及的比较著名的方法和活动有质量功能展开与价值工程活动。价值工程是通过对产品功能的分析，正确处理功能与成本之间的关系来节约资源、降低产品成本的一种有效方法。不论是新产品设计还是老产品改进都离不开技术和经济的组合，价值工程正是抓住了这一关键，在使产品的功能达到最佳状态的条件下，使产品的结构更合理,从而提高企业经济效益。价值工程(value engineering,VE)也称价值分析(value analysis,VA),是指以产品或作业的功能分析为核心,以提高产品或作业的价值为目的,力求以最低寿命周期成本实现产品或作业使用所要求的必要功能的一项有组织的创造性活动,有些人也称其为功能成本分析。价值工程涉及价值、功能和寿命周期成本等3个基本要素。价值工程是一门工程技术理论,其基本思想是以最少的费用换取所需要的功能。这门学科以提高工业企业的经济效益为主要目标,以促进老产品的改进和新产品的开发为核心内容。

1. 价值概念

价值工程中所说的"价值"有其特定的含义,与哲学、政治经济学、经济学等学科关于价值的概念有所不同。价值工程中的"价值"就是一种"评价事物有益程度的尺度"。价值高说明该事物的有益程度高、效益大、好处多;价值低则说明有益程度低、效益差、好处少。例如,人们在购买商品时,总是希望"物美而价廉",即花费最少的代价换取最多、最好的商品。价值工程把"价值"定义为"对象所具有的功能与获得该功能的全部费用之比":

$$V = F/C$$

其中:V 代表"价值";F 代表功能;C 代表成本。价值 V 是指对象具有的必要功能与取得该功能的总成本的比例,即效用或功能与费用之比。功能 F 是指产品或劳务的性能或用途,即所承担的职能,其实质是产品的使用价值。成本 C 是指产品或劳务在全寿命周期内所花费的全部费用,是生产费用与使用费用之和。

2. 功能概念

价值工程认为,功能对于不同的对象有着不同的含义:对于物品来说,功能就是它的用途或效用;对于作业或方法来说,功能就是它所起的作用或要达到的目的;对于人来说,功能就是他应该完成的任务;对于企业来说,功能就是它应为社会提供的产品和效用。总之,功能是对象满足某种需求的一种属性。认真分析一下价值工程所阐述的"功能"内涵,实际上等同于使用价值的内涵,也就是说,功能是使用价值的具体表现形式。任何功能无论是针对机器还是针对工程,最终都是针对人类主体的一定需求目的,都是为了人类主体的生存与发展服务,因而最终将体现为相应的使用价值。因此,价值工程所谓的"功能"实际上就是使用价值的产出量。

3. 成本概念

价值工程所谓的成本是指人力、物力和财力资源的耗费。其中,人力资源实际上就是劳动价值的表现形式,物力和财力资源就是使用价值的表现形式,因此,价值工程所谓的"成本"实际上就是价值资源(劳动价值或使用价值)的投入量。

4. 总体原则

先考虑对企业生产经营有重要影响或对国计民生有重大影响的产品或项目,或在改善价值上有较大潜力,可取得较大经济效益的产品或项目。设计方面选择结构复杂、体大量重、材料昂贵、性能较差的产品。

5. 基本程序

价值工程活动的全过程,实际上是技术经济决策的过程,其基本程序如下。

(1) 选择价值工程对象。选择的具体原则包括:① 从产品构造方面看,选择复杂、笨重、材贵性能差的产品;② 从制造方面看,选择产量大、消耗高、工艺复杂、成品率低以及占用关键设备多的产品;③ 从成本方面看,选择占成本比重大和单位成本高的产品;④ 从销售方面看,选择用户意见大、竞争能力差、利润低的产品;⑤ 从产品发展方面看,选择正在研制将要投放市场的产品。选择的具体方法有重点选择法、百分比法、产品生命周期法等。

(2) 收集有关情报。收集的情报资料包括该企业经营目标、经营方针、生产规模、经营效果的资料,以及各种经济资料和历史性资料,最后进行系统的整理,去粗取精,加以利用,寻找评价和分析的依据。

(3) 进行功能分析。功能分析是对产品,对产品的部件、组件、零件或是对一项工程的细目,系统地分析它们的功能,计算它们的价值,以便进一步确定价值工程活动的方向、重点和目标。功能分析是价值工程的核心和重要手段,主要包括以下5个方面:① 明确对分析对象的要求;② 明确分析对象应具备的功能;③ 进行功能分类,并进一步把功能明确化和具体化;④ 确定功能系统,绘制功能系统图,把功能之间的关系确定下来;⑤ 进行功能评价,以便确定价值工程活动的重点、顺序和目标(即成本降低的期待值)等。

(4) 提出改进设想,拟定改进方案。

(5) 分析与评价方案。常用的方案评价方法有优缺点列举法、打分评价法、成本分析法、综合选择法等。

(6) 可行性试验。一方面,验证方案选择过程中的准确性,发现可能发生的误差,以便进一步修正方案;另一方面,从性能上、工艺上、经济上证明方案实际可行的程度。

(7) 检查实施情况,评价价值工程活动的成果。

三、产品设计的原则和绩效评价

为了满足同一使用目的与要求,可设计多种产品;为实现同一功能,可设计多种结构。由此,可以获得在技术上等效、在经济上不等价的各种方案。因此,要通过对设计方案的技术经济效益分析,进行最佳方案的评价和选择。选择一个真正能为企业带来效益的产品并不容易,关键看产品设计人员是否真正具备市场经济的头脑。一方面,新技术的不断出现对新产品的形成有重要影响;另一方面,主要看企业是否真正把用户放在第一位。产品设计和选择应该遵循以下原则:设计用户需要的产品(服务);设计可制造性和鲁棒性强的绿色产品。

为了使企业保持长久的竞争力,必须不断向市场推出新的产品,为此,企业必须有效响应用户需求,并且能超过竞争对手。抓住机会的能力、快速开发出新产品、用很短的时间将产品推向市场,对一个企业而言是十分重要的,因为产品的市场寿命是有限的。为此,就必须对企业产品设计的绩效进行测量和控制,争取最大的效益。根据企业在市场上的竞争要素,通常以表4-3所列出的内容作为度量产品开发绩效的主要指标。

表 4-3 产品开发的绩效评价指标

绩效指标	评 价 标 准	对竞争力的影响
上市时间	● 新产品引入频率 ● 从新产品构思到上市的时间 ● 构思数量和最终成功数量 ● 实际效果与计划效果的差异 ● 来自新产品的销售比例	● 顾客/竞争对手的响应时间 ● 设计的质量——接近市场的程度 ● 项目的频率——模型的寿命
生产率	● 每一个项目的研究发展周期 ● 每一个项目的材料及工具费用 ● 实际与计划的差异	● 项目数量—新产品设计与开发的频率 ● 项目的频率—开发的经济性
质 量	● 舒适度——使用的可靠性 ● 设计质量——绩效和用户的满意度 ● 生产质量——工厂和车间的反映	● 信誉——用户的忠诚度 ● 对用户的相对吸引力——市场份额 ● 利润率

第三节 产品开发的组织方法

产品开发主要有串行和并行两种组织方法。

一般的新产品开发串行和并行过程对比如图4-8所示。

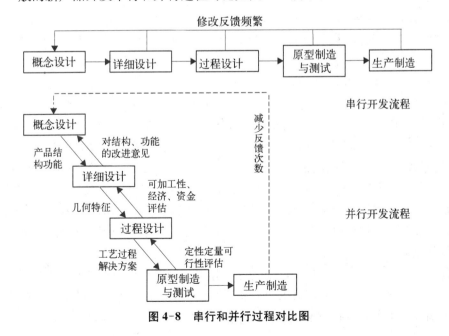

图 4-8 串行和并行过程对比图

一、串行工程方法

串行设计是指从需求分析、产品结构设计、工艺设计一直到加工制造和装配一步步在各部门之间顺序进行。串行的产品开发工作流程如图 4-9 所示。

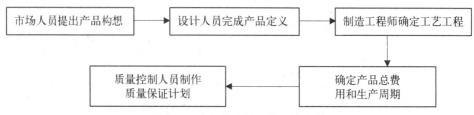

图 4-9　串行的产品开发工作流程

传统的串行产品开发模式如下：产品设计→工艺设计→计划调度→生产制造。在这种模式下，设计工程师与制造工程师之间互相不了解，互相不交往，中间犹如隔了一堵墙。

串行产品开发存在的首要问题是以部门为基础的组织机构严重地妨碍了产品开发的速度和质量。存在的关键问题有：① 各下游开发部门所具有的知识难以加入早期设计，加入设计的阶段越早，降低费用的机会越大；② 各部门对其他部门的需求和能力缺乏理解，目标和评价标准的差异和矛盾降低了产品整体开发过程的效率。

二、并行工程(concurrent engineering, CE)方法

(一) 并行工程的概念

美国国防部先进研究计划局(Defense Advanced Research Projects Agency, DARPA)1987 年 12 月举行并行工程专题研讨会，提出发展并行工程的 DICE 计划(DARPA Initiative in Concurrent Engineering)。美国防御分析研究所(Institute of Defense Analyses, IDA)对并行工程(concurrent engineering, CE)及其用于武器系统的可行性进行调查研究，1988 年公布了著名的 R-388 研究报告，明确提出了并行工程的思想。1988 年，DARPA 发出了并行工程倡议，西弗吉尼亚大学设立了并行工程研究中心，许多大软件公司、计算机公司开始对支持并行工程的工具软件及集成框架进行开发。CE 引起各国的高度重视，其思想被更多的企业及产品开发人员接受和采纳，各国政府也加大支持并行工程技术开发的力度。并行工程已在一批国际著名企业中获得成功应用，如波音、洛克希德、雷诺、通用电气等均采用并行工程技术来开发自己的产品，取得显著效益。

并行工程是对产品及其相关过程(包括制造过程和支持过程)进行并行、一体化设计的一种系统化方法。该方法力图使产品开发者从一开始就考虑产品全生命周期从概念形成到产品报废的所有因素，包括质量、成本、进度和用户需求，如表 4-4 所示。

表 4-4　产品设计考虑的因素

过程	需求阶段	设计阶段	制造阶段	营销阶段	使用阶段	终止阶段
考虑因素	顾客需求产品功能	减低成本提高效率	易制造易装配	竞争力(低成本、标新立异)	可靠性、可维护性、操作方便	环境保护

（二）并行工程设计方法

并行工程是一种强调各阶段领域专家共同参加的系统化产品设计方法,其目的在于将产品的设计和产品的可制造性、可维护性、质量控制等问题同时加以考虑(见图 4-10),以减少产品早期设计阶段的盲目性,尽可能早地避免不合理因素的影响,缩短研制周期。

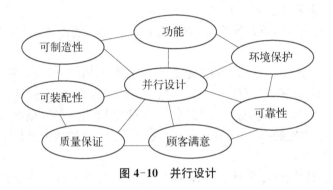

图 4-10　并行设计

（三）并行工程关键技术

并行工程中会涉及多种技术,如表 4-5 所示。但其中较为关键的是过程管理与集成技术、团队、协同工作环境等。

表 4-5　并行过程中的技术选择

过程	需求阶段	设计阶段	制造阶段	营销阶段	使用阶段	停止阶段
采取措施	顾客参与质量功能部署	● 计算机辅助设计(computer aided design, CAD) ● 计算机辅助工艺过程设计(computer aided process planning, CAPP) ● 虚拟现实平台(virtual reality platform) ● 成组技术(group technology)	● 面向装配的设计(design for assembly, DFA) ● 面向制造的设计(design for manufacturing, DFM)	● 价值工程 ● 并行工程(concurrent engineering, CE)	工业工程(industrial engineering, IE)	绿色制造

(1) 过程管理与集成技术。包括过程建模、过程管理、过程评估、过程分析和过程集成。
(2) 团队。由传统部门制或专业组变成项目为主的多功能集成产品开发团队

(integrated product team，IPT)。

（3）协同工作环境。产品开发由分布在异地的采用异种计算机软件工作的多学科小组完成的。具体关键技术包括约束管理技术、冲突仲裁技术、多智能体技术、计算机支持的协同工作（computer supported cooperative work，CSCW）技术等。

（4）DFX(design for X)。DFX 是 CE 的关键技术，X 代表产品生命周期中的各项活动。应用较多的是面向装配设计(design for assembly，DFA)和面向制造设计(design for manufacturability，DFM)。

（5）产品数据管理(product data management，PDM)。集成和管理产品所有相关数据及相关过程。PDM 能在数据的创建、更改及审核的同时跟踪监视数据的存取，确保产品数据的完整性、一致性及正确性，保证每个参与设计的人员都能即时地得到正确数据，使产品设计返回率达到最低。

公司具备一套有效的系统和组织结构进行产品开发，还需要使用以下 3 种重要的产品开发技术。

（1）稳健设计(robust decision)。稳健设计又称柔韧设计，是一种工程学上的方法，通过设计优化的方法来进行产品品质改善的方法。起源于 20 世纪 90 年代，它希望在环境变异的情况下，产品仍能稳健执行其设计之功能。它以信噪比(signal/noise ratio，SN ratio)作为它的指标，信噪比越高，代表所设计产品品质受到周围环境影响的敏感度越小。

著名的稳健设计的方法大体上可分为两类：一类是以经验或半经验设计为基础的传统的稳健设计方法，主要有田口稳健设计法、响应曲面法、双响应曲面法、广义线性模型法等；另一类是以机械工程模型为基础与优化技术相结合的机械稳健优化设计方法，主要有容差多面体法、灵敏度法、变差传递法、随机模型法等。稳健设计就是通过调整设计变量及控制其容差，在可控因素和不可控因素与设计值发生变差时仍能保证产品质量的一种工程方法。换言之，若做出的设计即使在各种因素的干扰下产品质量也是稳定的，或者用廉价的零部件能组装出质量上乘、性能稳定与可靠的产品，则认为该产品的设计是稳健的。

由于发达国家非常重视稳健设计，它已取得了巨大的经济效益。如美国朗讯公司开发的语音放大信号的集成电路，在设计之初，为避免信号强度的变化，电路生产中精度要求很高，成本也很高，在设计测试时发现，降低电路的阻抗，仅因这一微小变化，成本不变而产品的质量提高 40%。

（2）模块设计。模块设计是使用易于分割的组件设计产品，可以提高产品生产和营销的灵活性，满足客户的定制需求，降低成本和改进企业管理。在产品开发和生产中，大量利用已有的经过试验、生产和市场验证的模块，可以降低设计风险，提高产品的可靠性和设计质量，并使问题的发现、设计的改进，以及关注更高层次的设计逻辑变得容易。而且，由于模块具有不同的组合可以配置生成多样化的满足用户需求的产品，同时模块又具有标准的几何连接接口和一致的输入输出接口，如果模块的划分和接口定义符合企业批量化生产中采购、物流、生产和服务的实际情况，这就意味着按照模块化模式配置出来的产品是符合批量化生产的实际情况的，从而使定制化生产和批量化生产这对矛盾得到解决。另外,模块实现了抽象的模块功能与具体模块实现之间的逻辑分离,整个产品结构十分清晰,容易从全局上理解和设计产品,使技术进步造成的越来越复杂的工程管理得到改善。有些公司又将不同的目标市场进行分类,并通过模块化的产品配置,实现对不同目标市场的覆盖,也就形成了所谓的平台化战略和差异化战略。

模块化的产品设计战略已经有很多成功的案例。日本索尼公司在20世纪80年代仅利用4个基础平台的Walkman产品,生产出250余种录音机随身听。这些随身听无论在价位、功能和款式上都有很大的区别,可以满足用户的各种不同需求,但是这4个基础平台却存在着大量的重用模块。德国大众公司Volkswagen/Skoda/SEAT/Audi的4个品牌10余种轿车,分布在德国、斯洛伐克、捷克、比利时、西班牙、波兰和墨西哥等国家的分厂中生产,这些产品可以满足不同市场需求并共享大众公司整体的技术资源和采购资源。日本佳能公司的单镜头反光取景相机所有的镜头卡口标准是完全一致的,同时其庞大的镜头群可以覆盖各种客户需求,这使其产品可以满足从入门的摄影爱好者到职业级的摄影家的巨大客户群的需求。佳能公司的这种技术使数码单反相机可以使用所有佳能的镜头,这对摄影爱好者具有不可抗拒的吸引力。

(3) 计算机辅助设计(CAD)与制造(CAM)。计算机辅助设计就是利用计算机快速的数值计算和强大的图文处理功能来辅助工程师、设计师、建筑师等工程技术人员进行产品设计、工程绘图和数据管理,如制作模型、计算、绘图等。计算机辅助设计对提高设计质量、加快设计速度、节省人力与时间、提高设计工作的自动化程度具有十分重要的意义。现在,它已成为工厂、企业和科研部门提高技术创新能力、加快产品开发速度、促进自身快速发展的一项必不可少的关键技术。

与计算机辅助设计相关的概念还有计算机辅助分析和计算机辅助制造。

计算机辅助分析(computer aided engineering,CAE):把CAD设计或组织好的模型,用计算机辅助分析软件对原设计进行仿真设计成品分析,通过反馈的数据,对原CAD设计或模型进行反复修正,以达到最佳效果。

计算机辅助制造(computer aided manufacture,CAM):把计算机应用到生产制造过程中,以代替人进行生产设备与操作的控制,如计算机数控机床、加工中心等都是计算机辅助制造的例子。CAM不仅能提高产品加工精度、产品质量,还能逐步实现生产自动化,对降低人力成本、缩短生产周期有很大的作用。

把CAD、CAE、CAM结合起来,使得一项产品由概念、设计、生产到成品形成,节省了相当多的时间和投资成本,而且保证了产品质量,尤其对设计阶段做出了巨大贡献(见图4-11)。

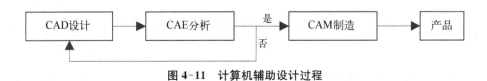

图4-11 计算机辅助设计过程

CAD是一个涵盖范围很广的概念。概括来说,CAD的设计对象最初包括两大类:一类是机械、电子、汽车、航天、轻工和纺织产品等;另一类是工程设计产品等,如工程建筑。如今,CAD技术的应用范围已经延伸到诸如艺术等各行各业,如电影、动画、广告、娱乐和多媒体仿真(如模拟霜冻植被受损的过程)等都属于CAD范畴。

CAD在机械制造行业的应用最早,也最为广泛。采用CAD技术进行产品设计不但可以使设计人员甩掉图板,更新传统的设计思想,实现设计自动化,降低产品的成本,提高企业及其产品在市场上的竞争能力,还可以使企业由原来的串行式作业转变为并行作业,建立一种全新的设计和生产技术管理体制,缩短产品的开发周期,提高劳动生产率。如今世界各大航空、航天及汽车等制造业巨头不但广泛采用CAD/CAM技术进行产品设计,而且投入大量的人力、物力及资金进行CAD/CAM软件的开发,以保持自己技术上的领先地位和国际市场上的优势。如汽车生产企业,利用3D实物造型图和打印机,可以在设计阶段清晰汽车结构等,而不需要等待。

CAD在建筑方面的应用——计算机辅助建筑设计(computer aided architecture design,CAAD),为建筑设计带来了一场真正的革命。随着CAD软件从最初的二维通用绘图软件发展到如今的三维建筑模型软件,CAD技术不但可以提高设计质量,缩短工程周期,还可以节约2%~5%的建设投资。

CAD技术还被用于轻纺及服装行业中。与以前纺织品及服装的花样设计、图案的协调、色彩的变化、图案的分色、描稿及配色等均由人工完成,速度慢、效率低相比,现在国际市场上采用CAD技术后,很好满足了纺织品及服装业批量小、花色多、质量高、交货迅速的要求,如木兰鞋业制作公司的鞋子设计。

如今,CAD技术已进入人们的日常生活,如电影、动画、广告和娱乐等领域,如美国好莱坞电影公司主要利用CAD技术构造布景,不仅节省大量的人力、物力,降低电影的拍摄成本,而且还可以给观众造成一种新奇、古怪和难以想象的环境,获得极大的票房收入。

企业的产品设计广泛采用CAD技术后,CAD数据迅速膨胀,但系统的不兼容和再次使用障碍给遍布全球的部门、工厂和企业之间的合作造成极大的困扰和严重的经济损失。为了解决上述问题,国际标准化组织ISO/TC184/SC4(SC4)工业数据分技术委员从1983年开始着手组织制定一个统一的产品数据交换标准STEP(product data exchange standard),解决制造业中计算机环境下的设计和制造(CAD/CAM)的数据交换和企业数据共享的问题。该标准的基本原理和主要的二维和三维产品建模应用协议已经成为正式的国际标准,在一些发达国家的先进企业中得到应用,如飞机、汽车等制造行业。这使制造商之间很容易进行设计、制造和辅助性流程的集成活动。

狭义的CAM是指从产品设计到加工制造之间的一切生产准备活动,它包括CAPP、数字控制(numerical control,NC)编程、工时定额的计算、生产计划的制定、资源需求计划的制定等。广义的CAM除了包含上述内容外,还包括制造活动中与物流有关的所有过程的监视、控制和管理,被广泛应用于船舶、飞机和各种机械制造业,主要还是用在机械加工上。如最早出现的数控机床,能根据加工要求自动更换刀具,自动进行车、镗、铣、刨,进行复杂零件的加工,可达到要求的精度,保证加工零件的质量,减少废品率,降低成本,缩短生产周期,改善制造人员的工作条件。CAD 与 CAM 有密切的关系,前者的输出结果常常作为后者的输入,两者的区别为 CAD 偏重设计过程,而 CAM 偏重产品生产过程。两者结合起来,在产品质量的保证、设计时间的缩短、生产成本的降低、数据库的可获得性和能力的范围扩展等方面具有很大的优势。其他被广泛使用的还有价值分析和基于 CAD 的虚拟现实技术、成组技术等。

案例 4-6

并行工程的应用实例——波音公司

自 1991 年起,在波音 767-X 系列产品上采用:
① 按飞机部件组成两百多个 IPT;
② 改进产品开发流程;
③ 采用 DFA/DFM 等工具;
④ 利用巨型机支持的 PDM 系统辅助并行设计;
⑤ 大量应用 CAD/CAM 技术,做到无图样生产;
⑥ 仿真技术与虚拟现实技术等 CE 的方法和技术。
获得了以下显著效益:
① 提高设计质量,极大地减少了早期生产中的设计更改;
② 缩短产品研制周期,优化设计过程;
③ 减少报废和返工率,降低制造成本。

案例 4-7

齐齐哈尔车辆厂

自 1998 年起,在铁路货车的生产中:
① 组建产品开发中心,组织设计、工艺、制造团队;
② 实现产品开发过程管理及项目协调管理;
③ 基于 PDM 实现产品数据的集成化管理;
④ 基于 STEP 标准实现 CAD/CAPP 集成;
⑤ 采用结构强度分析、刚度分析及动力学分析工具;
⑥ 建立产品报价系统等 CE 的方法和技术。
获得了以下显著效益:
① 缩短产品开发周期 30%～40%;
② 减少产品试制次数和试制费用,每年可节约 500 万元;
③ 提高产品质量水平,每年可多获利润 1 250 万元。

（四）并行工程的优势

应用并行工程的思想,在产品设计的不同阶段采取不同的措施,可以减少产品设计中出现错误的概率,节省了修补失误所消耗的时间,从而缩短了开发周期,提高响应速度。串行和并行工程的开发时间对比如图 4-12 所示。

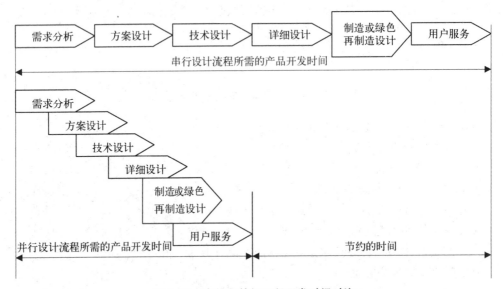

图 4-12　串行和并行工程开发时间对比

并行工程的优势包括以下 3 点：
① 提高设计质量,减少更改；
② 缩短产品研制周期,优化设计过程；
③ 减少报废和返工率,降低制造成本。

案 例 4-8

瑞士 ABB

自 1992 年起,在火车运输系统上采用：
① 支持 CE 的计算机系统；
② 可互操作的网络系统；
③ 组织设计和制造过程的团队；
④ 统一的产品数据定义模型；
⑤ 应用仿真技术等 CE 的方法和技术。

获得效益如下：
① 过去从签订合同到交货需 3~4 年,现在仅用 3~18 个月；
② 对东南亚的用户,能在 12 个月以内交货；
③ 整个产品开发周期缩短 25%~33%。

新产品开发特别强调人的作用,由于产品设计是一项创造性的劳动,离开了人的创造性思维,要设计出创新产品是不可能的。此外,由于技术的复杂性和产品复杂性的增加,产品研究和开发更加依赖多方人员的参与,因而组织和人员之间的沟通、协作显得尤为重要。并行工程要求组织各方面的人员,组建集成产品团队(见图4-13)。

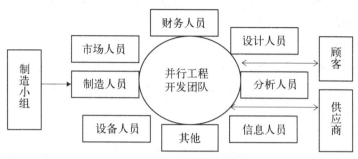

图4-13 并行工程开发团队人员构成

三、现代的产品设计

（一）产品设计的途径选择

由于产品生命周期的缩短,新产品开发的速度十分重要,众多公司的实践证明,新产品上市的时间越早,产品生命周期的利润会越高。因此,企业更关注的是新产品如何更快地推向市场,而较少关注如何使产品设计达到最优或提高产品的生产效率。这是因为,首家推出新产品的企业,在竞争对手开始生产相近或改良的产品之前,产品的价格可以是足够高的垄断性价格,可以在某种程度上弥补低效率的产品设计和生产方法,如柯达首次引入的Ektar镜头,价格比常规镜头高10%～15%,苹果创新的iPod及其新型号在推出5年后仍占有75%的市场份额。但由于技术的复杂性日益提高,产品开发的费用和风险也日益提高,因此,企业为实现新产品开发的快速响应和设计的可靠性,以及风险和利润等之间的均衡,一般有企业内部到联盟等多种实现途径,如图4-14所示。

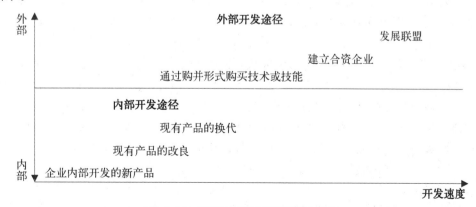

图4-14 产品开发途径与速度的关系

由于在新产品开发时时间竞争的重要性,企业采用多种途径推进新产品的开发速度。在产品内部开发途径中,最慢的企业内部新产品开发,其风险也最高,而且完全由企业自己承担,而产品的改良和换代能够使用组织现有的产品能力进行革新,延长产品的生命周期,开发速度更快,风险也更低,如不断改进的手机、个人电脑和飞机等产品在颜色、尺寸、重量和特征等方面的改变。产品的外部开发途径一般有购买技术、建立合资企业和发展联盟等具体形式。

1. 购买技术

处于技术最前沿的公司往往通过购并已经开发出了与前者使命相一致技术的创业公司来加速产品开发,如微软和思科系统公司,使新产品开发问题变成并购的组织、技术及其产品线和文化适应问题。

2. 合资企业

合资企业通常由两家公司共同拥有所有权,一般适用于开发不属于公司核心使命的特殊产品机会。根据扎耶克(Zajac)的研究,参与合资企业的公司有4个最主要的目标:获得销售渠道和抢占市场(35%);获得新技术以及进入新业务(25%);获得规模经济和纵向一体化(20%);克服法律障碍(20%)。例如,通用汽车公司和丰田汽车公司在北加利福尼亚组建的合资企业——新联合汽车制造公司(NUMMI),生产通用棱镜(Prism)和丰田花冠(Corolla)系列车型,生产两家公司在北美市场的热销产品,同时,丰田学习建造和管理北美企业,通用公司则学习丰田的制造技术。与此类似,富士施乐公司是美国复印机制造商和日本最大的胶片生产商富士组建的合资企业。

3. 企业联盟

企业联盟是指企业个体之间在策略目标的考虑下结成盟友,自主地进行互补性资源交换,各自达成阶段性目标,最后获得长期的市场竞争优势,并形成一个持续而正式的关系。越来越多的跨国公司采用联盟形式,不仅在最终产品市场,在技术、知识市场也形成了寡头结构,尤其在高新技术产业,新产品成为中心任务,资源需求大,技术未知性大、风险高时,公司日益进行联盟,合作开发和生产符合顾客需求的新产品,来维持生存和获得发展。例如,在汽车、半导体、计算机、信息技术、通信、机器人、飞机、生物技术等产业都有大量的联盟存在。赫格特和莫里斯(Hergert&Morries)在对839个合作联盟的研究中发现,大多数联盟协议都集中在高技术产业,包括汽车(23.7%)、航空航天(19.0%)、通信(17.3%)、计算机(14.0%)、其他产业(13.0%)和其他电器(13.0%)。另外,不同经营阶段的联盟倾向差异也较大,依次是联合产品开发(37.7%)、联合生产(23.3%)和联合营销(7.9%)。同时,涉及开发和生产的占16.8%,涉及生产和营销的占5.0%,涉及开发和营销的占2.9%,涉及开发、生产和营销3个阶段的占6.4%。大多数联盟(71.3%)在竞争对手之间进行,如飞利浦公司与松下合作开发数字卡带,两大企业软件巨头甲骨文和微软2013年6月24日宣布将在云计算上结成联盟。

(二)产品设计趋势

1. 绿色再制造

所谓绿色再制造,是指以废旧产品性能提升为目标,以先进技术和产业化生产为手段,以产品全寿命周期理论为指导,以优质、高效、节能、节材、环保为准则,来修复、改造废旧产品的一系列技术措施或工程活动的总称,其重要特征是绿色再制造产品的质量和性能达到甚至超过新品,但成本只是新品的 50%。绿色再制造这一崭新理念的提出,打破了产品传统的"从摇篮到坟墓"的单生命周期形式,实现了废旧产品"从坟墓到新生"的多寿命周期的新形式。

2. 顾客需求驱动的产品服务系统的设计

可持续生产与消费、以顾客为中心的商业模式和产品日趋同质化等因素,促使制造企业从单一产品的设计生产转移到整体解决方案(包含产品与服务)的设计生产。产品服务系统(product service systems,PSS),正是适应制造企业这一战略转移而提出的一个新理念。在产品服务系统方案设计中,顾客立足于所要完成的工程,从施工环境和工程任务角度对需求进行描述。

3. 立体化设计

如果做功能和设计的时候只考虑一个点,那就是二维思维,很容易被复制。做到立体化定位前,一定要把整个产品的定位想清楚。对于应该为大众设计还是为小众设计,为大众做产品还是为小众做产品,争论了很多年。其实,所有产品都是从小众开始传播的。小米是为发烧友而生,发烧友非常少,但可以瞄准贯穿整个需求、具有非常垂直贯穿力的小众用户。例如,猎豹一开始只需要一部分喜欢炫酷、喜欢张扬有感觉的小众用户就可以了。一方面,用户是金字塔结构,找到核心少部分用户群,他们往往是产品的有力传播者;另一方面,传播效应是倒金字塔结构,专家和具有艺术气息的人对社会的影响力比大众强得多。此外,应以简洁为美,如苹果手机只有一个按键,两岁多小孩都可以拿来看动画片。

第四节 服务设计

一、服务设计

服务的一个显著特点就是不能储存(制造业可以在淡季储备库存,以备旺季之需)。因此,服务业要满足市场需求,"目标产能"与其相关的成本便会成为主要问题。

服务设计及开发与典型制造业产品设计及开发的主要不同点在于:服务工艺与服务产品必须同时开发,事实上,在服务中工艺即产品(当然这样说是基于一般的认识,许多制造业正使用 CE 及 DFM 作为设计手段,以实现产品设计与工艺设计更紧密的结合);虽然支持服务的设备和软件受专利和版权保护,但是服务运作过程缺乏像产品生产那样的法律保护;与确定的产品不同,服务包构成了开发过程的主要输出,其许多部分常常用于训练那些未加入服务组织的个体。

(一)服务设计的概念

服务设计是指服务企业根据自身特点和运营目标,对服务运营管理做出的规划和设计,其核心是完整的服务包与服务传递系统的设计。服务包是指在某个环境下提供的一系列产品和服务的组合。服务传递系统则是指服务组织如何将服务从组织的后台传递至前台并提供给顾客的综合系统,其内涵是服务组织的运作和管理过程。

服务设计以为客户设计策划一系列易用、满意、信赖、有效的服务为目标,广泛运用于各项服务业。服务设计既可以是有形的,也可以是无形的;客户体验过程可能在医院、零售商店或是街道上,所有涉及的人和物都为落实一项成功的服务传递起关键作用。服务设计将人与沟通、环境、行为、物料等相互融合,并将以人为本的理念贯穿于始终。

(二)服务设计的特性

由于服务和产品存在本质区别,所以服务设计也具有区别于产品设计的特性。

1. 服务无形,更注重环境因素

与制造业相比,服务是看不见摸不着的无形存在,这会给企业和顾客带来一些问题,如很容易被对手模仿、很难让顾客切实触摸到真正的产品。这一特性促使服务设计更加注重一些不可触摸的因素,更加注重环境因素。

2. 服务的生产和消费同时进行

提供服务与消费服务的过程是同时进行的,使得在服务设计中先于顾客发现和改正服务中的错误更加困难。因此,员工培训、服务流程设计、处理好与顾客的关系就显得特别重要。

3. 服务无法存储,需要更加注重服务系统设计

服务是无形而不能储存的,也不能通过库存进行调节。顾客不足的时候,服务能力过剩,造成机会流失,资源浪费。因此,更加需要重视服务系统的设计来弥补这些缺点。

4. 顾客参与使服务质量难以控制,服务设计需要充分了解顾客心理

在制造业中,顾客是很少参与制造过程的。但是,在服务业中,顾客经常作为参与者出现在服务过程中。顾客的参与要求企业必须注意服务设施的物质环境,因为它会直接影响顾客的消费心理。

(三)服务设计要素

服务设计的一个重要参数就是"我们应该具有什么样的能力"。太多的生产能力导致过度的花费,不足的能力致使顾客流失。在这种情况下,我们要向市场营销寻求帮助。这就是机票打折、旅馆周末提供特别服务等的理由,这也是很难将服务中的作业管理职能从市场营销中分离出来的重要原因。

鉴于这些考虑,服务设计包括6个要素:① 确认目标市场(谁是我们的顾客);② 服务理念(如何提供差异化服务);③ 设计服务策略(服务组合以及服务作业的焦点是什么);④ 构造服务过程系统(采取什么样的过程,使用什么样的员工和设施完成);⑤ 服务信息管理与顾客管理(如何更好地服务顾客);⑥ 服务创新(如何提供创新服务)。

案例 4-9

北京希尔顿酒店

北京希尔顿酒店隶属于著名的希尔顿酒店集团,坐落在北京东三环北路燕莎商务区内,毗邻中国国际展览中心、三里屯使馆区、农展馆,门前有民航大巴直达机场,是理想的商务住所。

(一)细分目标市场,提供多样化产品

1. 采用品牌延伸把一个联号集团区分成不同质量和档次的酒店

"一个尺码难以适合所有的人。"希尔顿在对顾客做了细致分类的基础上,利用各种不同的饭店提供不同档次的服务以满足不同的顾客需求,希尔顿集团的饭店主要分为以下 7 类:① 机场饭店;② 商务酒店;③ 会议酒店;④ 全套间酒店;⑤ 度假区饭店;⑥ 希尔顿假日俱乐部;⑦ 希尔顿花园酒店。

2. 希尔顿采取诸多高接触策略,以使目标市场获得最大便利

针对游客离家在外的种种不习惯与不方便,希尔顿饭店特别推出了 TLC 房间(即 Travel Lifestyle Centers,旅游生活中心)。其目的在于尽可能地缩小游客住宿饭店与住在家里之间的差异,保证客人能够有充足的睡眠、健康的旅游生活方式,以及帮助客人减轻外出旅游时感到的压力。其中的 sleep-tight 客房是希尔顿饭店公司与美国国家睡眠基金会(National Sleep Foundation,NSF)合作推出的。1994 年,他们开始联合进行一项关于睡眠与旅游者的研究,并于 1996 年 10 月推出 25 间 sleep-tight 客房。

3. 希尔顿饭店推出各种特色服务项目

(1) 浪漫一夜:为庆祝周年纪念或新婚的情侣所设置,提供上乘的住宿、免费的香槟欢迎客人的到来,提供到店的第一天免费双人早餐、免费使用健康矿泉及旋涡式按摩水池和延后离店时间的特权。

(2) 轻松周末:以极低的房价为客人提供轻松、舒适、享受的周末。提供每天的欧陆式早餐,客人可早入店和迟离店。

(3) 对老年客人的服务:针对老年客人的特点,为其提供专门的特权、特殊的让利以及体贴周到的照顾。

(二)标准的服务质量监控

康拉德·希尔顿(Conrad Hilton)强调,凡是希尔顿所属的饭店,服务要高效率。饭店所提供的一切服务都要快速敏捷,准确无误,以适应旅游者的快步调活动规律,为此他制定了 3 项基本措施。

1. 服务时间和服务方式

一切服务,如总服务台、客房餐厅、门卫、迎宾、中厅杂役、问讯中心、公共服务、商务服务中心都必须按照规定的服务程序,不准随意更换服务方式,同时每项服务的完成都有时间限制,这也是希尔顿饭店联号的服务质量。

2. 工作分析

饭店的一切工作人员、管理人员、服务人员都要明确自己岗位、职责、权限和具体

任务以及自己工作或服务的连贯性和协调性。希尔顿先生的工作分析就是今天所有饭店联号隶属的饭店普遍采用的岗位责任制,其中规定职务、任务、服务程序、服务质量标准、服务技能等十分清楚的工作准则。

3. 工作标准

希尔顿先生在工作标准方面总是要这样提出质问,使得饭店的每位工作人员服务时都要问自己:"我的岗位在哪里?具体任务是什么?我每天的工作量是多少?我的工作和服务质量标准是什么?"

希尔顿酒店服务调查表

要素	内容
目标市场	享受一流的饭店产品、高档的服务和豪华的饭店设施的商务人员和休闲旅游者
服务理念	微笑服务、宾至如归;建立综合性服务机构
服务策略	温馨舒适的休闲环境;热情周到的服务氛围;个性快捷的定制服务;全面智能的信息系统
服务传递系统	独特的人文环境;培训员工提供高质、贴心服务;酒店如家,培养酒店与顾客的深层互动
顾客信息管理	全球高度集成工具,记录顾客入住时间、地点、特殊喜好等进行个性化智能服务;更高效的服务迎送、服务补救和服务投诉跟踪流程;希尔顿荣誉客会
服务创新	主题服务:浪漫一夜、开心周末等;集成航班服务,会员积分与航空积分共享;推出了TLC房间,以尽可能地缩小游客住宿饭店与住在家里之间的差异

(四)服务策略:核心与优势

服务策略决定服务的性质和重点及其目标市场。这就要求管理者评估一种特殊服务的潜在市场和盈利能力(或者是需要,如果这是一个非营利组织的话),以及组织提供服务的能力。一旦组织做出了服务重点和目标市场的决策,就应该确定目标市场顾客的要求和期望。然后服务设计者根据这些信息设计服务传递系统。

服务设计的两个关键点是服务要求的变化程度与顾客接触并卷入传递系统的程度。这会影响服务的标准化或必须定制的程度。顾客接触程度和服务要求的变化度低,服务能达到的标准化程度就越来越高。没有接触及没有或很少有流程变化的服务设计和产品设计极其类似。相反,高可变性及高顾客接触通常意味着服务必须是高度定制的。

1. 明确作业核心

制定服务策略首先要确定运作核心,即确定那些使得公司在同业竞争中胜出的优势,它们包括:① 友好及善意地对待顾客;② 服务的快速及便利;③ 服务的价格;④ 服务的可变性(必要时采用设站售货的原则);⑤ 作为服务的中心或伴随服务提供有形产品质量;⑥ 构成服务的特殊技能。

2. 整合服务行销与服务设计

在服务中获得竞争优势需要将服务营销与服务过程相结合,从而达到甚至超过顾客的期望。图 4-15 简要地给出了产生服务优势和服务失败的各种因素。正如图 4-15 所示,营销部门有义务向顾客承诺和管理顾客获得的服务。反馈环节表明,如果效果不令人满意或者没有创造服务优势,管理层必须改变服务市场营销策略,或者改变服务系统。在顾客离开这个系统前,需要监督和控制执行,并建立一个补救计划以消除负面影响。

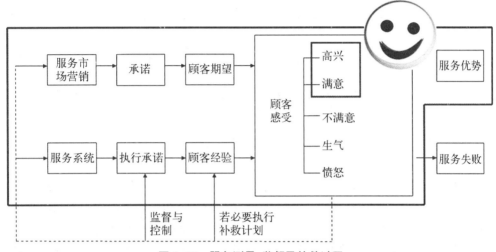

图 4-15　服务测量、监督及补救过程

监督和控制包括重新委派员工以适应短期的需求变化的标准管理;检查顾客与员工之间的交流情况;在很多服务中还要求管理人员随时接待顾客。补救计划包括培训一线员工,使他们具有解决超量预订、丢失行李或者饭菜变质等问题的能力。

一个公司在服务过程中如果不能获得竞争优势,那么至少也应该与它的竞争对手持平。衡量顾客满意度的经济价值的一个途径是调查顾客,要求他们就服务和质量的每一条条款在两个方面进行评估,即重要性和满意度。换言之,把注意力放到顾客认为最重要的因素上来,特别是要着眼于顾客满意度低于重要率的那些因素。

二、服务系统设计方法

服务包是顾客所感知的一系列产品和服务的组合,包括支持性设施、辅助品、显性服务、隐性服务。在设计良好的服务系统中,这些方面更具理想服务包的特点。服务包的定义关键在于设计服务系统自身,这种设计可以通过多种方式实现,包括生产线方式、自助服务方式、个体维护方式(顾客接触方式)和信息授权方式等。

(一)服务系统的设计

1. 生产线方式

以麦当劳为先锋的生产线方式涉及的不仅仅是生产一个巨无霸所需要的步骤,而且正如西奥多·莱维特(Theodore Levitt)所提及的那样,应该将快餐传送当作一个制造过程而不是一个服务过程。麦当劳除了运用市场营销技巧和财务技巧外,还认真地控制着每个输出口核心功能的实施——在一个相当清洁、秩序井然和令人愉快、彬彬有礼的服务环境中,快速地提供统一的高质量食物。系统用设备替代人,并有计划地使用技术,使麦当劳独具魅力,获得了其他任何公司也不能比拟的、为顾客所钟爱的地位。麦当劳的经营理念正是生产线方式的系统设计的典型代表,该系统主要内容如表4-6所示。

表4-6 生产线方式

方式	内容	代表
生产线方式	●将提供产品视为制造程序,而非服务程序 ●关注产生结果的效率,而非个人 ●服务标准化,环境和品质具有一致性 ●使用设备代替人力 ●大量运用防呆措施	麦当劳(首创)

2. 自助服务方式

与生产线方式不同,自助服务方式通过让顾客在服务生产中发挥较大作用来改善服务过程。自动取款机、自动服务加油站、色拉酒吧以及汽车旅馆的室内咖啡机都提高了对顾客的服务水准,这些都是现场技术应用的典型事例。这种方式需要服务组织在销售中使顾客相信自助服务能帮助到顾客的消费。因此,此种方式需要以建立顾客信任,改善成本、速度和便利程度,保证相关程序有效使用为基础。具体内容如表4-7所示。

表4-7 自助服务方式

方式	内容	代表
自助服务方式	●顾客参与服务过程,强化作业,提高生产率 ●使用某种程度的定制来降低成本 ●使用防呆措施,确保服务顺利进行	ATM;移动自助缴费

3. 个体维护方式

个体维护方式让每个员工在每天的工作中,收集并使用与质量相关的数据,从而建立可使用的信息系统。这些系统可以迅速提供一些重要的信息,包括现有顾客个人偏好的资料、无缺陷的产品或服务的数目,以及质量得以改进的机会。具体内容如表4-8所示。

表4-8 个体维护方式

方式	内容	代表
个体维护方式	1. 依赖个体销售人员和顾客之间关系的发展,是一种面对面的定制服务 2. 组织中广泛应用适用于手机和处理顾客反应和满意程度的信息系统。信息包括现有顾客个人偏好的资料、无缺陷的产品或服务数目、质量得以改进的机会等	希尔顿酒店;诺德斯托姆百货

4. 信息授权方式

信息授权方式主要是通过顾客参与公司服务、共享公司信息,提升公司的服务质量。企业通过该功能可授权本企业员工和顾客查看本企业所提供的服务种类等相关信息,他们还拥有对授权进行查询、参与及提供建议等权限。信息授权具体包括两个方面,即员工授权和顾客授权。与信息授权方式相关的内容如表 4-9 所示。

表 4-9 信息授权方式

方　式	内　容	代　表
信息授权	1. 员工授权。IT 技术使员工在授权的情况下,共享组织信息 2. 顾客授权。IT 技术使顾客自由选择适合的服务提供商,也可参与服务,通过网络查询服务过程	自动办公快递

(二)设计优良服务系统的特性

设计优良的服务系统必须具备以下 9 个特性:① 与组织使命一致;② 用户友好;③ 设计稳健,以适应情况的多变性;④ 有可持续性;⑤ 节约成本;⑥ 令顾客看到明显的价值;⑦ 后方运营(即与顾客无接触)和前方运营(即与顾客有接触)之间存在有效的联系;⑧ 有简单、统一的主题(快速);⑨ 有确保可靠的服务和优质的设计的特性与检查措施。

(三)顾客满意度与服务设计评价

1. 顾客满意度

顾客满意度是指顾客对其要求已被满足的程度的感受。顾客满意度是一个综合性的指标,既包括心理需要的满足,也包括具体的使用价值的满足。一般来说,顾客满意度越高,重复购买的可能性越大。因此,一个企业对顾客需求的满足程度决定着企业的获利能力。

在服务功能设计中,应以顾客需求为导向,最大限度地使顾客感到满意。其目的是提高顾客对企业的总体满意程度,营造适合企业生存和发展的良好内外部环境。企业要及时跟踪研究顾客对服务的满意程度,并依此设定改进目标,调整营销措施,在赢得顾客满意度的同时树立良好的企业形象,增强竞争能力。

2. 服务质量

服务质量具有无形、异质性等特性,使服务质量存在有别于产品质量的特点,其中最重要的一点就是服务质量取决于顾客的主观感受。因此,在服务质量管理中,需要研究顾客的主要状况,研究顾客满意程度。

服务质量形成于从市场开发、服务设计到服务提供的全过程。这些过程中的诸多因素都会影响服务质量。需要考虑的因素有:在市场开发阶段,需要对顾客需求进行准确定位,预测顾客需求量;在服务设计阶段,需要策划和编制服务规范、服务提供规范和质量控制规范,明确这些规范与顾客需求之间的关系;在服务提供阶段,需要测定顾客满意度,并对不合格服务采取补救措施。其中,设计过程是服务质量的关键过程,它确定企业所提供的服务和服务提供过程的内在固有质量。

3. 服务设计评价

在进行服务设计时,可以选择恰当的服务质量评价指标对设计的服务质量进行评价。顾客满意具有体验和信任的特征,使得在服务正式提供之前测定顾客满意度的难度更大。为了设计出使顾客满意的服务,在服务设计过程中,企业应该及时地收集顾客信息,倾听顾客对有关问题的反映,并与顾客建立良好关系,吸引顾客参与设计显得尤为重要。

为了更好地进行服务设计,可以采用质量功能展开的方法,将顾客满意转化为可识别和可测量的服务规范。质量功能展开的基本方法在服务设计中的应用与制造业基本相同。

复习思考题

1. 新产品的类型有哪些?
2. 简述企业研究新产品开发的意义。
3. 产品设计的常用技术有哪些?
4. 什么是并行工程?其主要思想是什么?
5. 影响新产品设计的主要因素有哪些?

案 例 分 析

ZARA 的产品开发

ZARA 的开发模式基本是模仿,而不是一般服装企业所强调的原创性设计或开发。ZARA 认为经营服装不一定要自己来创新设计,就如麦肯锡所说不要试图"重新发明一个轮子",可以通过直接整合市场上已有的众多资源,实现更准确的时尚信息搜集、更快速的相应产品开发,节省产品导入时间,形成更多产品组合,大大降低产品开发风险。所以,ZARA 设计师的主要任务不是创造产品而是在艺术指导决策层的指导下重新组合现成产品,诠释流行而不是原创。引入买手运营模式,抛弃原创开发。在创立初期,ZARA 基于传统服装运营模式,发现盈利性较差,因而开始引入全新的企业运营模式——买手运营模式。买手运营模式彻底摒弃了传统服装企业单一固态封闭式的产品设计与组织架构,建立起设计师与买手相互协调的全新开发机制。基于买手运营模式,ZARA 基本上放弃了"原创设计",其设计与开发主要利用以下 4 个方式来整合流行信息。

(1) 追随潮流的"复制"模式:根据服装行业的传统,高档品牌时装公司每年都会在销售季节前提前 6 个月左右发布时尚信息,一般是 3 月份发布秋冬季时装,9 月份发布春夏季时装。这些时装公司会在巴黎、米兰、佛罗伦萨、纽约、伦敦、东京等世界时尚中心发布其新款服装,而 ZARA 的设计师就混在 T 台旁观众中,从这些顶级设计师和顶级品牌的设计中获取灵感。

(2) ZARA 在全球各地都有极富时尚嗅觉的买手,ZARA 首先会对买手进行包括服饰市场运营技能、服饰产品营销陈列与色彩知识、设计知识、采购与信息渠道建立、销售分析等内容的培训,这样买手就可以担当信息供给与产品开发的角色。他们购买当区各高档品牌或主要竞争对手的当季流行产品,并把样品迅速集中返回总部做"逆向工程"。

(3) 现有产品再组合:ZARA 有专人搜集时装展示会、交易会、咖啡馆、餐厅、酒吧、舞厅、街头艺人、大街行人、时尚杂志、影视明星、大学校园等展示的流行元素和服装细节,如 2001 年 6 月麦当娜到西班牙巴塞罗那举行演唱会,为期 3 天的演出还在进行中,就发现台下已经有观众穿着麦当娜在演唱会上穿的衣服同款,之后西班牙大街上更是迅速掀起了一股麦当娜时装热,而这些服装都来自当地 ZARA 店。

(4) ZARA 全球各专卖店通过信息系统返回销售和库存信息,供总部分析畅销/滞销产品的款式、花色、尺码等特征,供完善或设计新款服装时参考。另外,各门店可以把销售过程中顾客的反馈意见或者他们自己对款式、面料或花色的一些想法和建议,甚至光顾 ZARA 商店的顾客们身上穿着的可模仿元素等各种信息反馈给 ZARA 总部。

以上信息被迅速返回总部后,马上会有专业的时装设计师团队分类别(现在主要是分女装、男装和童装,他们分别有一个独立宽敞的开放空间,女装约占销售的 58%,男装 22%,童装 20%)、款式及风格进行改版设计,加入一部分独有的西班牙风情元素,重新组合成新的产品主题系列。

ZARA 公司采用"三位一体"的设计与订单管理模式,总部有一个 260 人的由设计专家、市场分析专家和买手(负责采购样品、面料、外协和生产计划等)组成的专业团队,共同探讨将来可能流行的服装款式、花色、面料等,并讨论大致的成本和零售价等问题,迅速达成共识。然后由设计师快速手工绘出服装样式,再进一步讨论修改。接下来设计师在 CAD 上进行细化和完善,保证款式、面料纹路、花色等搭配得更好,并给出详细尺寸和相应的技术要求。最后团队进一步讨论,确定成本和零售价等问题,约 1/4～1/3 会被决定投产。

综上所述,在产品组织与设计阶段,ZARA 与大多数服装企业不同的是:ZARA 从顾客需求最近的地方出发,并迅速对顾客需求做出反应,始终与时尚保持同步,而不是去预测 6～9 个月以后甚至更长时间的需求;决策团队由设计人员、市场人员、采购和计划调度人员跨职能部门的成员构成,保证了信息快速传递,计划可执行、易执行,并且可以避免服饰掺杂设计师个人风格而保证 ZARA 原有的西班牙品牌风格;市场专家会先估计该设计的生产成本与销售价格,通过与各连锁店经理实时沟通获得市场最新动态的数据信息,有利于整合市场上已有的众多资源,更准确地收集时尚信息,更快速地开发出相应产品,节省产品导入时间,形成更多产品组合,大大降低产品开发风险。设计团队都要参与到包括生产设计的选择、何时生产以及产量标准制定的过程中,生产计划和采购人员开始管理订单,包括制定原材料采购和生产计划、监视库存量、分配生产任务和外包生产、跟踪货源等。该团队不仅负责设计下季度的新产品款式,同时还不断改进当季产品,而且 ZARA 没有设首席设计师一职,整个设计过程是开放的、非正式的,但正式和非正式沟通非常频繁。

资料来源:肖利华,韩永生,佟仁城.ZARA:与时尚保持同步的产品组织与设计——ZARA 全程供应链及运营流程剖析(一)[J].纺织服装周刊,2006(25):32-33.

第五章 流程分析和设计

【学习目标】

1. 了解生产流程的构成和工艺类型。
2. 掌握生产流程的分析方法。
3. 掌握工艺选择的关键问题。
4. 学会工艺选择的决策方法。

开篇案例

玩具小熊

礼品店中出售的玩具小熊,由于外观可爱,加上触动式的发声效果,所以一直是孩子们的最爱。随着儿童节的临近,订单数量一直增加,虽然制作工厂已经进行了一次大规模的扩建,但现在的生产水平仍然无法满足市场的需求。

现在,一切都是不确定的,随着需求淡旺季的变化,市场需求变得越来越难预测。玩具小熊的生产主管没有任何实质性的改进措施,只是说:"保持生产的柔性。我们也许会收到5万件的生产订单,但是如果没有足够的订单,我们既要保持现有人员,又不希望面对持有巨大库存的风险。"基于这种不确定性的市场背景,工厂经理们正在寻求提高流程能力的方法,同时,这些方法的实施绝对不能以牺牲生产柔性和提高生产成本为代价。

玩具小熊通过一个混合批量流水线加工出来。6个填充人员同时工作,把填充材料装进相应的布料中,这样就制造出了小熊身体各个部位的基本形状。由于此作业部门相对分离,故每生产完25套小熊的部件就放在一个箱子内运给下一道工序。在另一个批量作业地,8名操作工人将整块的胚布裁剪成适当大小的布料,然后缝制成小熊的外衣。

接下来的生产流程是由9名工人将填充好的各个肢体部分进行塑形,如身体、头部等,然后将这部分拼凑缝制出完整的小熊。接着,由4名工人为小熊粘贴好嘴巴、眼睛、鼻子和耳朵,并为它们穿好缝制的外衣。经过打扮的小熊都交给3名工人,他们为小熊装入预先准备好的发声设备(含电池)。最后,经过2小时把胶水自然晾干,小熊由2名包装工人放进包装袋中,并把它们装入便于运输的箱子里。

为了分析研究流程能力,经理和生产主管们对玩具小熊的各道加工工序以及转移时间做了估计,估计的时间如表6-1所示。

各工序的加工时间

工　序	加工时间(分)	工　序	加工时间(分)
填充	1.5	粘贴五官	0.8
缝制身体	2.4	添加发声设备	0.75
缝制外衣	1.6	包装	0.33

由于还有一些不可避免的间隔和休息时间,生产主管对一个8小时的班次按7小时计算实际工作时间。

思考：

1. 根据生产主管的方法,一个班次可生产多少个小熊？如果1周生产7天,1天上3班,那么1周能生产多少个小熊？哪项作业是瓶颈作业？
2. 在作业流程的改进上,你能向主管提几条建议吗？

资料来源：任建标.生产与运作管理(第3版)[M].电子工业出版社,2015.

第一节　生产流程分析

生产流程是指将资源转化为产品/服务的组织方法。由于工业化社会对效率的不懈追求,生产流程不断地向专业化和集中化方向发展,对这一复杂性日益增强的生产流程的动态化改进,依靠的就是流程的反复分析和比较。流程观认为,企业运营的好坏取决于流程本身效率以及流程之间的合作效率,加强流程管理、强化流程之间合作,可快速提升绩效。

一、生产流程的构成

虽然生产流程随着生产条件和产品性质的不同而各异,但任何生产流程均由4种不同部分所构成,即作业(加工)、检验、搬运和停滞。生产对象在整个生产流程中,反复经过这4种活动,在形态上、空间上、时间上从原材料转换成目标产品。

1. 作业(加工)

作业或加工是指有目的地改变一个物体的物理或者化学特性,与另一个物体相互装配或将其分拆开来,或为另一个作业(加工)、搬运、检验或库存做安排或做准备,有时也指接发信息、计划或做核算工作等。就机械制造而言,作业或加工有变形、切削、焊接、处理、涂料、装配和包装等辅助作业。

2. 检验

在生产流程中,对加工零件或成品利用一定的手段,对比已定的标准检查,以达到对外保证产品质量,对内减少废品损失的目的。检验的实施方式,根据技术和管理上的要求,一般包括检验项目(为确定检验的工序和检验的内容,分为质的检验和量的检验两种)、检验人员(自觉检验和被动检验)、检验时间(首件检验、中途检验和成品检验等)、检验数量(普遍检验和抽样检验)和检验地点(集中检验与巡回检验)等。

3. 搬运

在生产流程中对生产对象(也包括大量的辅助材料)做空间的转换,即将指定的生产对象在必要的时间内,以经济而安全的方式,运至需要的地方。搬运必须满足安全、及时、经济和保质保量4个方面的要求。搬运的方式很多,选择有效的搬运方式,需要考虑搬运对象的体态、包装、特性和搬运流程、搬运设备等。

4. 停滞

在生产流程中,生产对象的形态或位置并不改变,仅有时间的改变。停滞的发生往往是由生产流程中各个部分之间不平衡或不协调造成的,如加工与搬运能力、工序与工序之间、材料供应与计划加工、零件供应与总装要求等的不平衡或不协调,以及由于设备调整、生产事故、计划变更等原因造成的不平衡或不协调。按性质不同,停滞可分为正式储存和临时堆放(等待)两类。前者具有一定的手续,进入仓库正式储存,如零件入半成品库;后者如因等待检验或下一工序的临时性堆放、机床旁的搁置等。在生产过程中,停滞可以起到稳定生产、调整时间差异的积极缓冲作用,如可以调整前后工序因生产能力不平衡而造成的时间差异,有利于调整设备负荷的不平衡,减少计划变更所造成的影响,使生产管理较为方便。但是,它也有损失时间的副作用,如会使生产时间延长、增加在制品等,这相应增加了空间、时间和生产资金的占用等。在生产上,应尽量将停滞的副作用减至最小。

二、流程图

现代的生产流程是一个复杂的程序,任何个人的直觉都不可能反映出全部生产活动及生产过程相互间的关系,这也是生产低效率存在的原因。流程图是十分有效的工具,是以有限的空间为生产流程提供信息的手段。它可以用来表示工序之间、工艺阶段之间的关系,以及其他类似的因素,如移动距离、操作工序、工作与间断时间、成本、生产数据和时间标准等。流程图可以把问题迅速形象化,以便按逻辑顺序系统地改进工作。

(一) 流程图设计中常用的概念

在流程图中,一般用以下5种符号来表示流程中不同的事件或活动,具体如表5-1所示。

表 5-1 流程图的 5 个通用符号

活动类别	符号	含义
操作	○	在工作过程中使物体发生变形、变质、组合和分解
运输	⇨	移动物体使之改变位置的活动

(续表)

活动类别	符号	含义
检验	□和◇	检查或化验物体在数量上或质量上是否合乎标准
停滞	D	下一活动不能连续进行所发生的停留或等待
储存	▽	有计划、有目的地储存

○代表操作。它是唯一可以使物体增值的活动,如化学搅拌机的搅拌、钻床上钻孔、打字员打字等。

⇒代表运输。运输的现象随处可见,如手工搬运、机械搬运,可以是完全自动化的传输,也可以是携公文呈请签阅等。

□代表数量检验,◇代表质量检验,当同时对这两个方面检验时,使用联合符号,主要的活动记在外层,如 ▤ 即以数量检验为主、质量检验为辅的两种检验同时进行的活动。

D,英文字母 D 正体的大写,表示 Delay(停滞),一般发生在工作地,是由于下一行动未能即刻发生而产生的,不必要也不可控的停留或等待时间,如制品等待电梯、公文放桌上等待存档,以及半成品等待搬运等。

▽代表储存,储存物品必须有一定的存放地,存储行为的取消要经一定程序的认可。例如,物料存入仓库,领料时必须得有关负责人签字,公文存档亦然。

若两种活动同时发生在同一工作地,可以视为同一活动,采用联合符号。如 ▣ 表示操作与检验同时发生(并以检验为主),或因两者不可分开而视为一项活动。

(二) 作业流程图

作业流程图是以产品为对象,运用加工、检验两种符号来对产品生产过程进行的总体分析,目的是了解产品从原料开始到成品形成的整个生产过程。通过作业流程图可以了解生产系统内有哪些生产环节、多少主要工序,经过一个什么样的加工顺序,以便从全局出发来分析问题。

作业流程图是对生产过程进行分拆的特定办法。如机械制图的外形图和装配图一样,只有一个大概的轮廓,常常被人喻为鸟瞰图,是对产品生产过程的简要记录,在图上只用两个符号(操作和检验)来标示全部作业的时序安排,同时也记录了从原材料到产成品的全部生产过程,指出了外购件、自制件的相互关系和装配顺序,并在作业流程图符号旁标明所需时间、地点与距离等内容,如图 5-1 所示。

(1) 零件按进入装配线的先后,由右向左顺序排列,如图 5-1 所示,以先 A、次 B、再 C 的次序依次进入主装线;

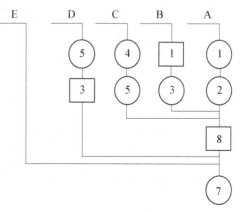

图 5-1 工序图框架

(2) 每个自制部件的生产过程用○与□两个符号由上至下按工艺顺序用短垂线连接;

(3) 外购件用水平线进入主装线,同时在水平线上标注名称、规格数量以及供应来源。

作业流程图绘好之后,再附一个简单的总结表,以便归纳、总结。总结表构造如表5-2所示。

表 5-2 总 结 表

项 目	次 数	时 间
○		
□		

(三) 工艺流程图

工艺流程图是一种详尽的记录方法。它描述产品或单项零件在生产过程中各个工序上的流动状况,所采用的符号多而全,由○、⇨、□、D 和▽这5种符号来表示工序活动。在5种符号所代表的5种事项中,除○和□外,其余3种都是非生产性活动,又是研究与分析的重点,必须有翔实的第一手资料,以便于分析、改进。

工艺流程图绘制方法如下:① 标题栏;② 按时间先后顺序,填写工序内容;③ 在图表的符号栏内,预先画好固定的5种符号,只需要按顺序接符号即可;④ 填写时间及距离;⑤ 填总结表:活动名称、次数、时间和距离。

如图5-2所示是一个物料型的工艺流程图,描述了公共汽车发动机在拆卸、除油以及清洗后送检查过程中所发生的一系列活动。在改进的思考中,着重考查运输、停留和储存等非生产性活动,尽量取消或减少这些活动,旨在节约人力和资源。

工艺流程图和作业流程图有相似的地方,但工艺流程图提供的信息量更大,因为它可用来表示一个流程中所发生的全部加工、搬运、检验、停滞和库存,以及对分析有用的信息,如所需的时间和移动距离。遇到复杂的产品时,则用作业流程图比较简明。

工艺流程图有两种不同的类型,即材料型和人工型。前者用材料上所发生的各种事件作为主体来代表流程,后者用人的活动来表示流程。

工艺流程图主要可用于减少移动距离、缩短库存时间、消灭不必要的作业和搬运,以及改进工厂布局等。

三、生产流程分析方法

在对上述6个方面问题逐个进行考虑后,可以通过取消(elimination)、合并(combination)、重排(rearrangement)、简化(simplification)4项技术对现有方法进行改进,即ECRS技术,如表5-3所示。通常对于目的性的问题,如做什么,可以采用取消与合并;对于时间、地点及操作者的人选问题,可以进行重新安排、优化组合;而对于操作手段不合理的方面要简化。

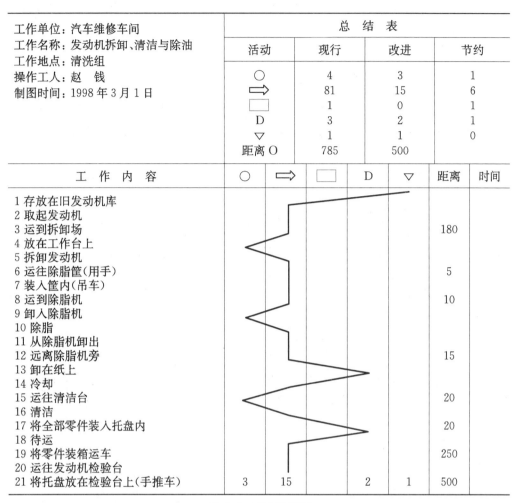

图 5-2　工艺流程图

表 5-3　ECRS 技术的内容

1. 取消。对任何工作首先要问：为什么要干？能否不干？包括： ◆ 取消所有可能的工作、步骤或动作(其中包括身体、四肢和眼的动作)； ◆ 减少工作中的不规则性，如确定工件、工具的固定存放地，形成习惯性机械动作； ◆ 除需要的休息外，取消工作中一切怠工和闲置时间
2. 结合、合并。如果工作不能取消，则考虑是否应与其他工作合并： ◆ 对于多个方向突变的动作合并，形成一个方向的连续动作； ◆ 实现工具的合并、控制的合并、动作的合并
3. 重排：对工作的顺序进行重新排列
4. 简化：指工作内容、步骤方面的简化，亦指动作方面的简化、能量的节省

经过 ECRS 处理后的工作方法可能会有很多，于是就有从中挑选更佳方案的任务，评价新方法的优劣主要需要从经济价值、安全程度和管理方便程度等方面来考虑。通过这样的分析与改进，便可以总结出缩减移动距离多少、节约时间多少、节约操作次数多少等。

第二节 生产流程设计

产品和服务设计确定后,根据产品与服务的特点和企业的运营战略及竞争优势,进行流程设计。

一、生产流程设计

(一) 生产流程类型

生产流程设计对产品的柔性、成本和质量以及企业的战略实施效果影响很大。在选择生产流程时,影响最大的是产品的品种数和产量。图 5-3 给出了不同品种——产量水平下生产流程类型。一般而言,随着图中的 A 点到 F 点的变化,单位产品成本和产品品种柔性都是不断增加的。在 A 点,对应的是单一品种的大量生产,在这种极端的情况下,采用高效自动化专用设备组成的流水线是最佳方案,它的生产效率最高、成本最低,但柔性最差。随着品种的增加及产量的下降(B 点),采用对象专业化形式的成批生产比较适宜,品种可以在有限的范围内变化,系统有一定的柔性,而操作上的难度较大。C 点表示多品种小批量生产,采用成组生产单元和工艺专业化混合形式较好。B 和 C 一般属于模块化生产,使用模块比较合适。另一个极端是 D 点,它对应的是单件生产情况,采用工艺专业化形式较为合适。

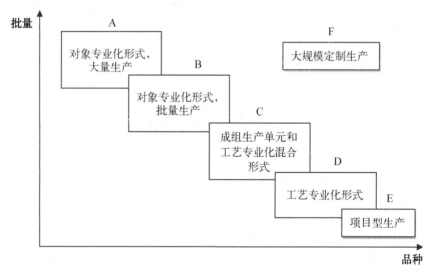

图 5-3 品种-产量变化与生产流程的关系

1. 对象专业化生产

对象专业化生产是以产品或提供的服务为对象,按照生产产品或提供服务的要求,组织相应的生产设备或设施,运行连续式生产流程,一般也称为流水线生产,适用于少品种、大批量的产品,如玻璃、卷纸、灯泡、啤酒等的生产。对象专业化生产需要高度的标准化和有效的质量控制,一般固定成本和设备利用率高(70%~90%),变动成本低,以规模经济为主。

2. 模块化生产

模块化生产是处于对象专业化和工艺专业化之间的生产方式。在一个连续的生产流程里,模块通常是已经预备好的零件或部件,是一种经典的装配线形式,几乎所有的汽车和家用电器生产企业均采用这种生产流程。它比对象专业化更具有柔性,比工艺专业化结构更加复杂,因而兼具了连续性生产的经济优势和小批量、多品种的定制优势。

技术的进步、经济的发展及企业对利润的追求,使生产方式由单件小批生产、批量生产、大批量生产向模块化生产演化。传统生产方式的弊端促使企业不断寻求既能够快速应对市场多样化、个性化需求,又能够低成本为顾客提供定制产品的新的生产方式。在这种背景下,模块化生产方式应运而生。模块化生产是先通过零部件的组合装配出具有不同功能的模块,再根据产品的结构、功能选择满足要求的模块,通过模块的组合生产出满足顾客要求的产品。因此,模块化生产的基本单元是独立的模块。针对顾客需求的多样化、个性化特征,模块化生产方式可采用多品种装配流水线,具有产品结构转换迅速、设备调整时间短、快速响应顾客的多样化需求的优点。

3. 工艺专业化生产

全球75%的生产属于小批量、多品种的产品生产范围,出自单件作业车间。设备与人力等按具体的活动或者说工艺内容组织成一个生产单位,每一个生产单位只能完成相同或相似工艺内容的加工任务。在工厂里,这些具体的活动可能是焊接、打磨、油漆等。对于多品种生产或服务情况,每一种产品的工艺路线都可能不同,因而不能像流水作业那样以产品为对象组织生产流程,只能以所要完成的加工工艺内容为依据来构成生产流程,而不管是何种产品或服务对象。不同的产品有不同的加工路线,它们流经的生产单位取决于产品本身的工艺过程,因而称为工艺专业化形式。当产品间歇性地移动时,这些工艺的组合提供了高度的柔性。每个流程的设计都要考虑提供多种不同的产品/服务,以及频繁的变化,因而也称为间歇性流程,如医院。

工艺专业化设施的变动成本很高,利用率非常低(5%~25%)。如许多餐厅、医院和机械加工车间等,随着计算机数控设备和CAM等的发展,设备的利用率和生产准备时间等有了大幅度的改进。

4. 大规模定制生产

大规模定制生产是指对定制的产品和服务进行个别的大规模生产,是满足不断变化的、独特的客户需求,又力图保持低成本、快速响应的生产流程,力图以对象专业化(标准化的大批量)的低成本生产工艺专业化(个性化的小批量)的多种类型的产品/服务,一般都必须采用模块化的生产方式。因此,大规模定制生产模式兼具了以上3种生产流程的优点,对运营管理者相应提出了更高的挑战,需要建立能够高效使用组织资源快速响应市场的敏捷制造流程。这一高难度的挑战也为企业带来了可观的收益,如率先实行大规模定制的摩托罗拉公司在20世纪90年代开发的全自动制造系统,在全国各地的销售代表用笔记本电脑签下订单的一个半小时之内,就可以制造出2 900万种不同组合的寻呼机中的任何一种。这种方式彻底改变了竞争的本质,使摩托罗拉成为美国仅存的寻呼机制造商,占有全世界市场份额的40%以上。其他例子还有戴尔计算机公司和丰田汽车公司等。

大规模定制生产流程实际是按订单生产产品的大量生产系统。按顾客的订单而不是预测进行生产实现的难度很大,需要满足以下条件:首先,产品设计上,必须快速且充满想象力和多元化的模块化设计。其次,在工艺设计上,必须具有能够适应设计和技术变化的柔性;最后,需要严密控制的库存管理、从设计到交货全程跟踪订单及材料的精密作业计划和有效协作的反应迅速的合作者。因此,也需要企业准确分析量化和尽量降低产品多样化的成本,对产品线进行合理化,削减低利润产品的生产,以极大地提高利润,充分利用宝贵资源,提高生产的柔性程度,促进大规模定制产品的开发;还要通过高度标准化零件、工艺、工具和原材料,降低产品成本,提高加工柔性。再次,要深入实行敏捷制造,在无须生产准备时间和库存的条件下,根据订单进行产品的快速生产,实行敏捷产品开发过程,以实现产品的超速上市,最后,并行地设计产品族和柔性的制造工艺,围绕模块化的结构、通用的零件和模块、标准化的接口和工艺进行敏捷的产品设计,尤其是产品设计模块化、产品制造专业化,以及生产组织和管理网络化等。

5. 项目型生产

对有些任务,如拍一部电影、组织一场音乐会、生产一件产品和盖一座大楼等,每一项任务都没有重复,所有的工序或作业环节都按一定秩序依次进行,有些工序可以并行作业,有些工序又必须顺序作业。

(二) 5种流程类型的比较

从以上描述可见,5种生产流程具有很大的差别。从投入的角度,对象专业化的投入较少,模块化生产投入的是原材料和多种机器设备等模块,工艺专业化和项目型是多种类的投入,而大批量定制生产是多零件和组件的投入;从生产过程的角度,对象专业化是单一流程的连续式生产,模块化生产是相对少量的模块加工过程,工艺专业化和项目型是多部门和路径的间歇式流程,而大批量定制生产是相对少量的模块加工过程;从输出的角度,对象专业化的输出品种较少,只在规格、形状及包装方面有所不同,模块化生产输出的是模块组合成的许多产出,工艺专业化和项目型以及大批量定制生产是多种类的输出。各自的特征比较列于表5-4中。

表5-4 不同生产流程特征比较

特征要素	对象专业化生产	模块化生产	工艺专业化生产	大批量定制生产	项目型生产
输出产品					
产量和品种	产量高、品种少	有选择的标准化产品	产量低、品种多	产量高、品种多	单件生产、品种很多
生产依据	长期的预测	频繁的预测	订单生产	通常根据订单	单一化的订单生产

(续表)

特征要素	对象专业化生产	模块化生产	工艺专业化生产	大批量定制生产	项目型生产
移动速度	典型的流水线快速转移	产品装配以小时和天计	移动缓慢	产品在设施中快速移动	移动很慢
订货类型	批量很大	批量较大	成批生产	大批量	单件、单项定制
输入资源					
技能要求	较少领域技术熟练	需要适度培训	多种技能	培训具有柔性的操作者	多种技能
工作任务	标准化生产、重复性很强	重复性较强	没有固定形式、多种工作指令	定制生产、工作指令很多	任务变化很多、多种工作指令
工资水平	低	一般	高	较高	很高
设备	专用设备，投入高	装配线中专用设备辅助，投入较高	通用设备，投入较低	转换速度快的柔性设备，投入一般	通用设备，投入较低
管理与控制					
生产控制	相对简单，与需求预测相对应	较为复杂，基于多种模块的各种计算机模型	复杂，需要权衡可用的存货、生产能力和顾客服务水平	十分复杂，需要按订单进行生产	复杂，需要具有高度的灵活性
成本控制	固定成本高、变动成本低	固定成本依据设施的柔性而定	固定成本较低、变动成本较高	固定成本较高、变动成本较低	固定成本较低、变动成本很高
质量控制	容易	一般	困难	较为困难	很困难
库存控制	原材料和在制品库存较低、成品库存较高	准时制采购方法和库存管理、成品库存很少	原材料和在制品库存较高，一般无成品库存	原材料库存较低、在制品库存相对较低，一般无成品库存	原材料和在制品库存中等，无成品库存
竞争重点					
柔性	低，大量生产	一般，模块装配	中等	较高，定制生产	高，单件生产
成本	低，规模经济	相对较低	中等	相对较高	高，特色服务
质量	均匀一致	较为标准	变化多	变化一般	变化很多
按期交货程度	高	较高	中等	较高	低

二、流程的选择决策

(一) 工艺选择工具

1. 产品-工艺矩阵定义

产品-工艺矩阵(product-process matrix, PPM)作为一个战略分析工具,由罗伯特·海斯(Robert Hayes)和史蒂文·惠尔莱特(Steven Wheelwright)与1979年提出。通过这个矩阵,可以帮助企业分析产品结构或者产品生命周期,选择与之匹配的工艺结构。PPM是一个二维的矩阵(见图5-4)。横坐标表示产品结构与产品生命周期,产品生命周期方面,沿箭头方向从左往右表示从导入期到成长期、成熟期再到衰退期;纵坐标表示工艺结构与工艺生命周期,工艺生命周期方面,沿箭头方向从上向下表示工艺生命周期的发展。

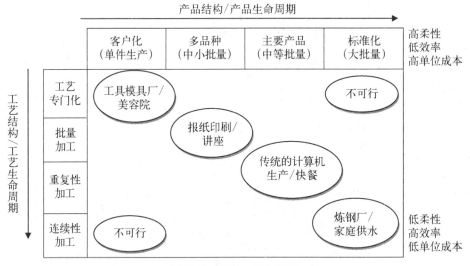

图 5-4 产品—工艺矩阵

2. 产品-工艺矩阵的使用方法

理论上认为,沿着PPM矩阵对角线选择和配置生产运作工艺,可以达到最优的水平。对角线下方损失了柔性和对市场反应的灵活性,对角线上方失去了一定的效率和成本优势。极端的情况是左下角和右下角的选择,此时的工艺选择和产品结构是极端不匹配。然而,很多企业传统的做法是只关注产品结构和生命周期的这一维度,根据市场的变化调整产品结构,但是却忽视了对工艺结构和周期的调整,从而使得企业的策略逐渐偏离对角线,不能获得最佳的效益。但是,在现实中,随着技术的发展,特别是互联网的发展和普及,企业也可以利用一些先进技术适当采用偏离对角线的选择策略,出奇制胜,最终获得竞争优势。

(二) 流程的选择

以上5种生产流程,当产品的数量和品种相匹配时,任何一种都会为特定的公司带来竞争优势。如当产品生产批量很大时,设备利用率高,对象化的连续式生产流程的低成本优势很明显,但当市场产品/服务的需求差异很大,批量很小,个性化很强,柔性要求高时,便应该转向间歇式的工艺专业化生产流程。如果运用得当,如何一种流程都能够获得降低成本、提高响应速度和产品/服务差异化程度等竞争优势。从产量和成本费用的角度进行流程的选择,产量为零时的费用是生产系统的初始投资,形成固定成本,成本线的斜率代表单位产品的变动成本(见图5-5)。从成本费用和产量的角度进行选择:在产量低于10万件时,适合采用工艺专业化生产流程;当产量在10万~25万件时,适合采用模块化生产流程;当产量高于25万件时,适合采用对象专业化生产流程。3种生产流程在各自的产量适合区域内,成本费用是最低的。产量是由市场需求确定的,因此,从一定角度而言,产品的生产流程选择是由目标市场的特性、产品的本质和企业的能力与战略目标所决定的。

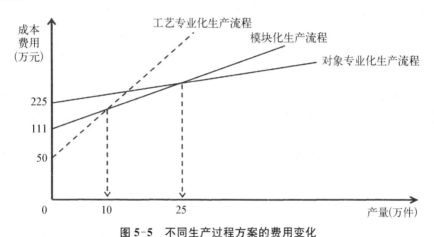

图5-5 不同生产过程方案的费用变化

(三)生产流程设计的基本内容

生产流程设计所需要的信息包括产品信息、运作系统信息和运作战略,在设计过程中应考虑选择生产流程、垂直一体化研究、生产流程研究、设备研究和设施布局研究等方面的基本问题,慎重思考,合理选择,根据企业现状、产品要求合理配置企业资源,高效、优质和低耗地进行生产,有效满足市场需求。

生产流程设计的结果体现为如何进行产品生产的详细文件,对生产运作资源的配置、生产运作过程及方法措施提出明确要求。生产运作流程设计的内容如表5-5所示。

表5-5 生产流程设计的内容

输 入	生产流程设计	输 出
1. 产品/服务信息 产品/服务要求,价格/数量,竞争环境,用户要求,所期望的产品特点	1. 选择生产流程 与生产战略相适应 2. 自制、外购研究 自制、外购决策,供应商的信誉和能力,配套采购决策	1. 生产技术流程 工艺设计方案,工艺流程之间的联系 2. 布置方案 厂房设计方案,

(续表)

输　　入	生产流程设计	输　　出
2. 生产系统信息 　　资源供给,生产经济分析,制造技术,优势与劣势 3. 生产战略 　　战略定位,竞争武器,工厂设置资源配置	3. 生产流程研究 　　主要技术路线,标准化和系列化设计,产品设计的可加工性 4. 设备研究 　　自动化水平,机器之间的连接方式,设备选择,工艺装备 5. 布局研究 　　厂址选择与厂房设计,设备与设施布置	设备、设施布置方案,设备选购方案 3. 人力资源 　　技术水平要求,人员数量,培训计划,管理制度

（四）影响生产流程设计的主要因素

影响生产流程设计的因素很多,其中最主要的是产品(服务)的构成特征,因为生产系统就是为生产产品或提供服务而存在的,离开了用户对产品的需求,生产系统也就失去了存在的意义。

1. 产品/服务需求的性质

生产系统要有足够的能力满足用户需求。最重要的是要了解产品/服务要求的特点,从需求的数量、品种和季节波动性等方面考虑对生产系统能力的影响,从而决定选择哪种类型的生产流程。有的生产流程具有生产批量大、成本低的特点,而有的生产流程具有适应品种变化快的特点,因此,生产流程设计首先要考虑产品/服务特征。

2. 自制-外购决策

从产品成本、质量生产周期、生产能力和生产技术等几方面综合来看,企业通常要考虑构成产品所有零件的自制-外购问题。本企业的生产流程主要受自制件的影响,不仅企业的投资额高,而且生产准备周期长。企业自己加工的零件种类越多,批量越大,对生产系统的能力和规模要求越高。因此,现代企业为了提高生产系统的响应能力,只抓住关键零件的生产和整机产品的装配,而将大部分零件的生产扩散出去,充分利用其他企业的力量。这样,一来可以降低本企业的生产投资,二来可缩短产品设计、开发与生产周期。所以,自制、外购决策影响着企业的生产流程设计。

3. 生产柔性

生产柔性是指生产系统对用户需求变化的响应速度,是对生产系统适应市场变化能力的一种度量,通常从品种柔性和生产柔性两个方面来衡量。所谓品种柔性,是指生产系统从生产一种产品快速地转换为生产另一种产品的能力。在多品种、中小批量生产的情况下,品种柔性具有十分重要的实际意义。为了提高生产系统的品种柔性,生产设备应该具有较大的适应产品品种变化的加工范围。产量柔性是指生产系统快速增加或减少所生产产品产量的能力。在产品需求数量波动较大,或者产品不能依靠库存调节供需矛盾时,产量柔性具有特别重要的意义。在这种情况下,生产流程的设计必须具有快速且低成本地增加或减少产量的能力。

4. 产品/服务质量水平

产品质量是市场竞争的武器,生产流程设计与产品产量水平有着密切关系。生产流程中的每一个加工环节的设计都受到质量水平的约束,不同的质量水平决定应采用什么样的生产设备。

5. 接触顾客的程度

对于绝大多数的服务业企业和某些制造业企业,顾客是生产流程的一个组成部分,因此,顾客对生产的参与程度也影响着生产流程设计。例如,理发店、卫生所和裁缝店的运作过程中,顾客是生产流程的一部分,企业提供的服务就发生在顾客身上。在这种情况下,顾客就成了生产流程设计的中心,营业场所和设备布置都要把方便顾客放在第一位。另外一些服务业企业,如银行、快餐店等,顾客参与程度很低,企业的服务是标准化的,生产流程的设计则应追求标准、简洁和高效。

第三节 服务流程分析及工艺设计

一、服务流程

服务流程就是为顾客提供服务的全过程。包括顾客接触、服务提供过程和售后服务过程等。服务流程实质是服务提供者、服务依附产品和服务接受者结合的过程。所以,在顾客参与服务过程中,服务流程有着重要影响。合适高效的服务流程能提高顾客满意度和形成顾客喜爱。服务流程主要有以下3种类型。

1. 顾客直接参与服务流程

顾客直接参与服务流程,可使顾客对服务环境彻底了解,深刻服务体验。比如,电影院为顾客提供观影服务,在观影过程中,消费者可以全程参与服务过程,从而体验超凡感受。

2. 通过互联网参与服务流程

顾客在家中或办公室通过电子媒介等方式间接参与服务过程。随着互联网的发展和计算机的普及,通过网络提供的服务也日新月异,层出不穷。比如,已普及的快递查询业务,就是允许顾客通过网络查询包裹即时信息,从而跟踪服务过程。

3. 顾客不参与服务流程

有些服务可以在完全没有客户参与的条件下完成。大部分传统服务都不包含顾客参与,如多数的售后服务、维修服务,餐饮店饮食提供过程通常不包括顾客参与。

在服务系统设计中,主要使用的设计工具,有服务接触设计、服务蓝图设计、质量功能展开等3个方面。

二、服务接触设计

(一)服务接触

服务接触是服务情境中供应者与接收者间的面对面互动,也就是客户与服务传递系统间的互动,包括前线员工、客户、实体环境及其他有形因素等对象,对于服务差异、品质控制、传送系统等层面有相当大的影响,而此互动会影响客户对服务质量的评价。

服务接触是客户与服务系统之间互动过程中的"真实瞬间",是影响客户服务感知的直接来源。服务质量很大程度上取决于客户感知,客户感知又以服务接触能力为基础。

（二）服务接触分类

表5-6 服务接触按照接触的主体性质分类

服务接受者	服务提供者	
	人	机器
人	相互信任;态度礼貌;良好沟通;支持体系	友好的用户界面;顾客检查、核对交易安全
机器	容易沟通;快速反应;交易证据;网络服务	硬件软件配套;自动检测、核对交易记录;交易安全

（三）服务接触三元

服务接触为顾客、服务组织及接触顾客的员工三者相互作用形成的三角形。在服务接触过程中,每个参与者都试图控制服务过程,从而产生对灵活性的需求和接触顾客的员工的授权。服务特性之一就是顾客主动参与服务生产过程。每个关键时刻都设计顾客和服务提供者之间的交互作用。图5-6描述了服务接触中的三元组合,反映3个要素中的两两关系,并提出了冲突的可能来源。

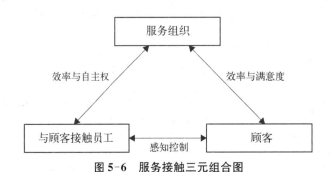

图5-6 服务接触三元组合图

一个以利润为目的的服务组织,其管理人员为了维持边际利润和保持竞争力,会尽可能提高服务传递的效率。非营利性组织可能以其工作效果代替效率,当然,它的工作仍需要控制在预算之内。为了控制传递过程,管理人员常常会利用规定或程序来限制与顾客接触的员工服务顾客时的自主权和判断。这些规定和程序也限制了为顾客提供的服务,导致服务缺乏针对性,从而导致顾客不满。此外,员工和顾客都试图对交互过程实施可感知的控制:员工希望通过控制顾客的行为来使各种管理更轻松自如;而顾客则希望控制服务接触的频率来获得更多的利益。

（四）构建服务平台：服务体系设计矩阵

1. 服务系统设计矩阵

服务平台能够以不同的方式来构建。图5-7中的服务系统设计矩阵给出了6种常见的可选方案。

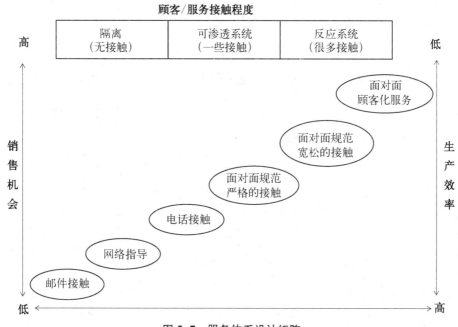

图5-7 服务体系设计矩阵

矩阵的最上端表示顾客与服务接触的程度：隔离系统表示服务与顾客是分离的；渗透系统表示与顾客的接触是利用电话或面对面沟通；反应系统表示既要接受又要回应顾客要求。矩阵的左边表示一个符合逻辑的市场建议，也就是说，与顾客接触越多，卖出商品的机会也就越大。矩阵的右边表示随着顾客对运营施加影响的增加，服务效率的变化情况。

矩阵左端，服务接触是通过电子邮件实现的，顾客与服务系统没有互动。矩阵右端，顾客通过面对面的沟通按要求获得服务。其他4种方式包含不同程度的交流。生产率与服务接触呈负相关，但是，面对面接触提供了更多销售机会，而电子邮件销售产品的机会少得多。

矩阵中某些条目的位置是可以变化的。以矩阵中的"网络指导"项为例。网络公司和顾客之间产生了明显的距离，但是有一些有趣的途径可以为顾客提供相关的信息和服务。因为可以根据客户的需要来设计网站，从而做出智能的反应，所以也能给企业提供大量新的销售机会。此外，当顾客所需要的服务超过了网站程序提供服务的能力时，服务系统会向员工请求帮助。当互联网能够提供传统上只有质优实体公司才能提供的服务时，它就会成为一项具有革命性的技术。

2. 矩阵的扩展——顾客/服务接触程度 vs.员工作业及创新特性

图5-8对服务系统设计矩阵进行了扩展，该图显示，工人、运营和技术革新方面都

随着顾客与服务接触程度的变化而变化。从工人的要求来看,邮件技能与文书技能、互联网技能与辅助技能、电话接听技能与口头表达能力之间的关系是不言而喻的。面对面规范严格的接触特别需要工人有程序技能,因为工人必须遵循一般标准程序。面对面规范宽松的接触则往往要求工人掌握交易技能(银行出纳员、绘图员、餐厅领班、牙医),以此来完成服务的设计。面对面定制化服务要求工人具有专业的判定基准,便于明确顾客的需要和期望。

图 5-8　顾客/服务接触程度 vs.员工作业及创新特性

3. 矩阵使用策略

图 5-8 中的矩阵可以在作业和策略两方面加以应用。作业性应用反映在识别员工要求、作业特点和技术革新上,策略性应用则包括以下 4 个方面。

(1) 集成作业和市场营销策略。对二者进行权衡的要求变得更明确、更重要。至少针对分析目的,主要设计变量具体化了。例如,该矩阵表明,服务公司若计划采取规范严格的接触形式,则在销售方面就可以投入较少的高技能员工。

(2) 明确公司服务组合。当公司将列在对角线上的服务方式进行组合时,生产过程将变得多样化。

(3) 突出竞争优势。可以与其他公司提供的特殊服务项比较,以增加公司的竞争优势。

(4) 了解公司成长过程中服务的演进过程。在制造业的产品过程矩阵中,自然的增长沿着一个方向(随着规模增大,由作业车间转向生产线)。然而,与此不同,服务业的发展可沿着对角线的任一方向,从而权衡销售和效率。

案 例 5-1

空姐,外貌多重要?

在我国的航空业中,航空公司对女性空乘人员要求极高,使得外在条件成为衡量空姐职业素质的一项指标。然而,"白高美"的空姐在国外并不常见。国外女性空乘人员大多年龄偏高,空嫂、空奶十分普遍。由此可见,中外在空乘人员选拔标准上区别较大。究其原因,是航空公司对于空乘人员素质内容重视焦点不同。国内航空公司更关注外在条件,原因在于消费者的趋美心理能够增强航空公司的竞争力,从而争取更多客源。国外公司则注重空乘人员的经验和应变能力,在发生危险情况时,能够正确应对,确保旅客安全。

那么,外貌在航空服务中到底多重要?根据服务的内容和层次划分,空乘人员提供饮料、餐饮等服务是空乘服务的一项基本内容。在发生危险时,保证旅客人身安全,是空乘服务的另一项基本内容。二者共同组成了空乘服务。空乘服务优良与否,不取决于单方面,而取决于二者的结合和应变。偏于一方都不能为顾客提供优质、安全的服务。所以,航空公司在甄选空乘人员时,要兼顾两者,不可偏颇。

三、服务蓝图设计

顾客常常会希望提供服务的企业全面地了解他们同企业之间的关系,但是,服务过程往往是高度分离的,由一系列分散的活动组成,这些活动又是由无数不同的员工完成的,因而顾客在接受服务过程中很容易"迷失",感到没有人知道他们真正需要的是什么。为了使服务企业了解服务过程的性质,有必要把这个过程的每个部分按步骤画出流程图来,这就是服务蓝图。但是,由于服务具有无形性,较难进行沟通和说明,这不但使服务质量的评价在很大程度上依赖我们的感觉和主观判断,更给服务设计带来了挑战。20世纪80年代,美国学者G.林恩·肖斯塔克(G. Lynn Shostack)等人将工业设计、决策学、后勤学和计算机图形学等学科的有关技术应用到服务设计方面,为服务蓝图法的发展做出了开创性的贡献。

(一)服务蓝图

在服务设计过程中需要将服务过程描绘出来,一个常用工具是服务蓝图,正如肖斯塔克的建议,这种方法能描述并且分析一种现有或正在设计中的服务。建筑设计中的建筑图纸称为蓝图,因为这种图纸是用蓝线特别绘制的。蓝图展示了产品的样图和制造过程中的一些具体范围。

服务蓝图是详细描画服务系统的图片或地图,服务过程中涉及的不同人员可以理解并客观使用它,而无论其角色或个人观点如何。服务蓝图的关键要素是服务流程图,下面是绘制服务蓝图的主要步骤。

(1) 划分各道程序的分界线并决定所需要细节的程度。

(2) 确定所包括的步骤并描绘它们,如果这道程序已经存在,可以从已实践的人那里借鉴经验。

(3) 准备主要程序步骤的流程图。

(4) 指出可能出现故障的地方。

(5) 建立执行服务的时间框架,估计程序所需时间的可变性。时间是成本的首要决定因素,因而给服务建立时间标准是重要的。可变性也会影响时间,因此,对可变性的估计也是重要的。

（6）分析利润率。从积极和消极两方面决定哪些因素会影响到利润率,并判断利润率对这些因素的敏感程度。利润和顾客等待时间经常是关键因素。应将设计重点集中于这些关键因素,建立能防止消极影响并使积极影响最大化的设计特性。

服务蓝图是用箭头线把服务过程中的各项作业（用矩阵框或菱形框表示）按其前后顺序连接起来的作业顺序图。纵向上,根据特定的服务项目划分。横向上,把蓝图分为4个层次,即顾客层、前台、后台和支持层。如图5-9所示是一个典型的汽车修理厂的服务蓝图,流程图上所标注的各项作业构成了一个典型的与顾客接触的行为。为了更好地表示出控制这些作业的实体,该图共分为4个层次：第1个层次是由顾客掌握的活动；第2个层次是由接待顾客的服务人员来完成的活动；第3个层次是汽车修理厂里进行的修缮工作；最后一个层次是内部计算工作。完整的4个阶段包括预备工作、问题诊断、修理和付款取车阶段,特别在问题诊断阶段,明确地提出了问题的诊断及查出等预防故障的措施。

服务蓝图直观上同时从以下方面展示服务：描绘服务实施的过程、接待顾客的地点、顾客及雇员的角色以及服务中的可见要素。它提供了一种把服务合理分块的方法,再逐一描述过程的步骤或任务、执行任务的方法和顾客能够感受到的有形展示。制定蓝图在应用领域和技术上都有广泛的应用,包括后勤工业工程、决策理论和计算机系统分析等。

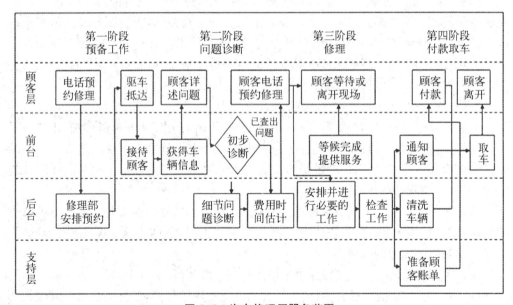

图5-9 汽车修理厂服务蓝图

（二）服务蓝图过程

蓝图包括顾客行为、前台员工行为、后台员工行为和支持过程。绘制服务蓝图的常规并非一成不变,因此,所有的特殊符号、蓝图中分界线的数量,以及蓝图中每一组成部分的名称都可以因其内容和复杂程度而有所不同。当你深刻理解蓝图的目的,并把它当成一个有用工具而不是什么设计服务的条条框框,所有问题就都迎刃而解了。

顾客行为部分包括顾客在购买、消费和评价服务过程中的步骤、选择、行动和互动。这一部分紧紧围绕着顾客在采购、消费和评价服务过程中所采用的技术和评价准则展开。

与顾客行为平行的部分是服务人员行为。那些顾客能看到的服务人员表现出的行为和步骤是前台员工行为,这部分紧紧围绕前台员工与顾客的相互关系展开。那些发生在幕后、支持前台行为的雇员行为称作后台员工行为,它围绕支持前台员工的活动展开。

蓝图中的支持过程部分包括内部服务和支持服务人员履行的服务步骤和互动行为。这一部分覆盖了在传递服务过程中所发生的支持接触员工的各种内部服务、步骤和各种相互作用。

服务蓝图与其他流程图最为显著的区别是包括了顾客及其看待服务过程的观点。实际上,在设计有效的服务蓝图时,值得借鉴的一点是从顾客对过程的观点出发,逆向工作导入实施系统。每个行为部分中的方框图表示出相应水平上执行服务的人员执行或经历服务的步骤。

(三)服务蓝图内容

服务蓝图内容包括服务结构要素和服务管理要素。

服务的结构要素实际上定义了服务传递系统的整体规划,包括服务台的设置、服务能力的规划。

服务的管理要素则明确了服务接触的标准和要求,规定了合理的服务水平、绩效评估指标、服务品质要素等。以此制定符合客户导向的服务传递系统,先要关注识别与理解客户需求,然后对这种需求做出快速响应。介入服务的每个人、每个环节,都必须把客户满意作为自己服务到位的标准。

(四)防呆措施或故障预防

服务蓝图虽然描绘了服务设计的特性,但却没有提供任何直接的保障以使得过程与设计吻合。针对这个问题的改进途径是应用防故障程序,在应用服务蓝图时,可以根据各阶段可能出现的故障提出防范措施。

应用防呆措施是指针对因必然错误导致服务欠缺而采取的防止措施,多应用于工厂,在服务领域也有广泛的应用,大致可分为警示方式、物理的可视的接触方式以及3T方式(task,treatment,tangible features)。麦当劳公司在运作中就采用了多种防呆措施,例如:麦当劳的油锅可一次油炸最佳数量的食物;用一把宽口铲子定量捏取每一种大小不同的油炸食物;储藏空间根据预先规定的已包装和已测量产品的组合来设计;在每个设施的周围提供充足的垃圾箱以保持清洁等。

四、服务质量功能展开

(一)质量功能展开

质量功能展开是日本质量专家赤尾洋二提出的一种面向市场的产品设计与开发的计

划过程。它是一种用于倾听顾客声音的系统化方法,能将顾客的期望恰如其分地翻译成生产计划、产品设计、制造等各阶段的具体技术要求,达到缩短开发周期、提高质量、降低成本的目的。

广义的质量功能展开认为,质量功能展开(quality function deployment,QFD)是一种顾客驱动的产品开发系统化方法,采用系统化的、规范化的方法调查和分析顾客需求,并以矩阵或图表形式将顾客需求转化成产品开发各阶段的工程特征、零部件特征、工艺特征和质量控制参数和方法等产品属性信息,以使产品能真正全面地满足顾客需求。

(二)服务质量功能展开

服务质量功能展开将其理念应用于服务设计、服务传递等阶段。

服务质量 GAP 模型是服务质量功能展开发展阶段中的一个模型。总体思路如下:先对顾客进行调查,确定顾客需求的重要度打分;再用 SERVQUAL 量表确定服务质量差距(GAP=感知质量—预期质量),然后计算顾客的满意得分(满意得分=$GAP \times$ 重要度);最后将顾客的满意得分作为质量屋的权重。GAP 模型中的 GAP1~GAP5 实际上存在一个逻辑循环关系,因此,针对服务质量问题,完全可以考虑按照 GAP 循环进行服务质量功能展开。如图 5-10 所示为服务质量 GAP 模型。

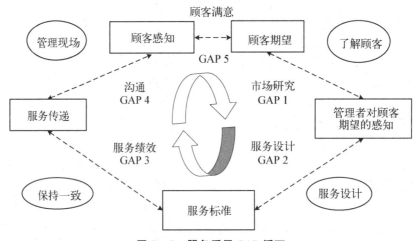

图 5-10 服务质量 GAP 循环

质量功能展开在 1972 年首次应用于三菱重工的神户造船厂,并取得很大的成功。此后该项技术相继被其他日本公司所采用。丰田公司于 20 世纪 70 年代后期使用 QFD,取得了巨大的经济效益,新产品开发启动成本下降了 61%,产品开发周期缩短了 1/3,而质量也得到了改进。

从 20 世纪 80 年代中期开始,QFD 被介绍到欧美,引起了广泛的研究和应用。美国的两家非营利性培训组织美国供应商协会(American Supplier Institute,ASI)和劳伦斯成长机会联盟(Growth Opportunity Alliance of Lawrence,Inc.,GOALIQPC)为 QFD 在美国的推广做了很多的工作,培养了大批的 QFD 人才,使 QFD 技术成为美国企业产品开发的一个强有力的工具,福特汽车公司于 1985 年在美国率先采用 QFD 方法。之后,AT&T、IBM、HP、3M、麦道公司、波音公司等都先后成为该技术成功的尝试者。20世纪80年代中期,QFD传入欧洲并同样得到了广泛的应用。瑞典从1987年开始应用QFD,爱立信、沃尔沃公司等都积极引入这种技术,德国则在20世纪80年代末接触QFD技术,欧洲公司都积极应用QFD技术来建立竞争优势。一些南美和亚洲国家也相继引入QFD并取得了初步成效。

QFD技术于20世纪90年代初被引进我国,并在航天业、兵器工业、核工业等企业得到初步应用。21世纪以来,对QFD的介绍和研究较多,特别是曾在日本学习过的学者,如张晓东、熊伟等人,及国内的一些其他学者,如刘鸿恩、林志航、安景文、岑咏霆、尤建新、朱祖平等人,都对QFD作了引进、介绍和进一步研究,但总体上,这些研究都把重点放在制造产品上。

在服务流程设计中,还需要重点考虑服务商与消费者之间的互动、设施的布置和人力资源的招聘和培训等问题。

复习思考题

1. 生产流程的构成包括哪几部分?
2. 如何对生产流程进行分析?
3. 工艺的类型包括哪些?
4. 如何进行工艺的选择?

案 例 分 析

ZARA的流程管理模式

ZARA的快得益于它垂直整合的采购与生产模式,用时间来衡量距离的物流以及有节奏感的销售和反馈系统。在采购与生产阶段,与大多数服装企业不同的是,ZARA的生产主要安排在欧洲进行,近一半的生产都由它的自有工厂或控股工厂来完成。ZARA在西班牙拥有资本密集型的制造工厂,配置有染色、设计、裁剪和服装加工一条龙的最新设备,通过提前购买白色布料,并保持对染色和加工领域的控制,采用延迟制造策略保障按需生产,为新款及时提供所需面料,而缝合工序选择在邻近地区的小型加工厂进行从而降低成本。正是这种垂直整合模式,使其能够以比竞争对手快得多的速度、小得多的批量进行生产(见图5-11)。

面向大规模定制的服装供应链管理主要有3个关键问题需要解决:一是服装企业内部资源的有效整合和协调;二是利用好外部资源,加以有效整合,与外部建立战略合作伙伴关系;三是准确快速把握消费者需求,建立有效的客户关系管理。ZARA公司之所以在其服装供应链的整合和协调上获得如此成功,与较好地解决了这3个关键问题是分不开的。

一、整合企业内部资源
(一)服装产品的模块化设计,服装产成品零部件的通用化和标准化

ZARA的生产面料仓库中有着通用化面料,根据订单和设计师的要求适时生产,

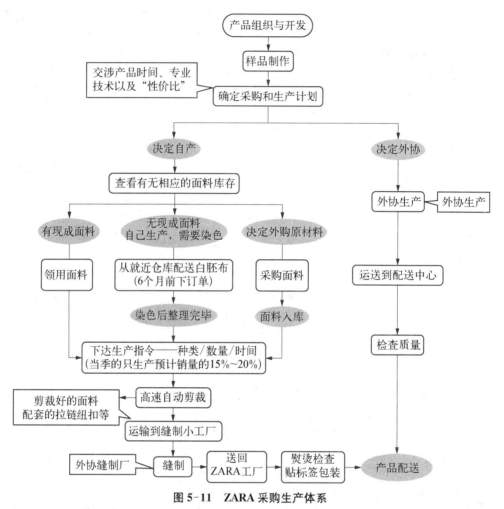

图 5-11 ZARA 采购生产体系

资料来源：杞文楠.快时尚品牌服装产品开发流程优化探析[D].东华大学，2011.

把共性和个性相结合，一方面节约了成本，另一方面也提高了生产速度。

（二）ERP 系统的应用

ZARA 公司将其所有业务流程都视为一个紧密联系的供应链，企业内部不是彼此独立的，而是相互协同作业的子系统，如财务、进销存、生产、维护、服务等，对供应链上所有环节如订单、采购、库存、计划、生产、质量控制、物流、财务等进行综合管理，不仅在范围上而且在深度上都为 ZARA 公司提供了强有力的管理。

（三）内部控制

生产由订单推动，ZARA 为全球各门店经理配备个人数字助理（personal digital assistant，PDA），由各经理根据自己对销售情况的把握和对当地市场的预测将消息反馈给总部，总部的设计人员、市场分析人员和采购人员共同参与设计，向生产工厂发出生产要求。物流配送上，所有服装产成品由位于总部拉科鲁尼亚的物流中心发出，从门店经理通过 PDA 反馈的信息到新服装产品配送到门店上架不会超过一个星期。

二、整合外部资源

(一) 将采购视为战略性行为

在快速时尚业的服装供应链下,采购是至关重要的,已经不再是纯粹操作性或者技术性的行为,而必须上升到战略性层面,因为原材料即面料,以不同的价格,由全球市场敏捷供应,直接影响 ZARA 最终上架服装产品的竞争力和价格优势,以及对消费者的吸引力。ZARA 将采购原料视为一种战略性行为,融入整个公司的战略,不局限于持续的原料和服务供应、降低经营管理费用、减少库存和投资损失的传统采购目标,而是统筹考虑采购的合适地点、面料的数量、质量、时间、价格和供应的整体层面。ZARA 公司为追求和优秀面料供应商的持久性战略性合作,对于供应商的选择有着充分的前期准备,包括收集识别面料供应商的信息、综合评估供应市场状况、选择供应商、持续跟踪评估,而且更多采用电子采购。

(二) 生产业务外包

虽然 ZARA 公司全球超过一半的服装是在欧洲本土生产,而且几乎所有服装产品都是由位于拉科鲁尼亚的物流中心发往全球各门店的,但它将所有供应厂家的制造资源进行统一集成和协调,自身主要从事最核心的设计业务,也将相当一部分生产业务外包,由建立战略合作关系的生产工厂进行,这在欧洲本土以外的市场体现得比较明显。

(三) 科学评价体系

在 ZARA 与基于大规模定制的服装供应链上其他厂商的合作中,有相应的评价体系对供应商和合作商进行整体评价。它的评价指标不仅涉及自己发出的采购、生产要求是否达到或者与之建立合作关系的企业本身的经营状况、信誉之类的问题,而且能够恰当反映供应链运营状况以及上下节点企业之间的运营关系,从供应商和合作商的产品质量、价格、交货期、服务和维护等方面进行综合考虑和评价。某种程度上,ZARA 是使用层次分析法来对供应商进行定性和定量的分析和选择的,比较有效地克服了人为因素的干扰,为 ZARA 提供比较科学、客观的决策依据。

三、有效的客户关系管理

(一) 强调客户参与

良好的供应商和企业之间、企业与客户之间的沟通能够保证更好的服装供应链的管理。大规模定制下的服装供应链以客户中心论为指导理念,不再采用传统的产品中心论,"一对一"的营销、建立网络营销平台以及学习型客户关系都已经提上大规模定制下服装供应链管理的日程。ZARA 与客户关系的良好保持,强调客户参与服装产品的设计及其他业务流程,一方面减少了客户关系管理上的难题,另一方面更好地整合了整条服装供应链。

(二) 重视客户信息反馈

ZARA 的设计师每天收到各个门店经理反馈来的销售和库存信息,再反馈信息给门店经理,这个信息共享过程包括 3 个步骤:观察原始数据,使得原始数据具有意义,测试假设性。当然,原始数据的获得来自定性和定量的方法,销售和补货报告由 ZARA 门店经理每小时检查一次。此外,各个门店的经理向总部发送订购或者补货信息,这过程本身不是依靠从总部发送到各门店的信息,而是各门店经理预测的准确性影响他们的业绩,这使得他们更加敬业和负责。定性数据的收集一部分是目标客户直接反馈给店员的,另一部分是在门店当天营业停止后,门店经理和助理根据当天销售库存状况,整理出信息并且反馈给设计团队。

(三)重视客户体验

ZARA收集到的客户原始数据,由ZARA总部的设计团队、快速成型团队、市场专家和买家坐在一起讨论。讨论的场所是3个有着开放布局和构造的大厅,分别属于男装、女装和童装。基于反馈信息,设计团队做出新的设计、原型和数量及额度的限制,然后根据客户购买意愿的不同结果送到门店进行测试。为了测试新款式和整体的匹配度,从面料、色彩等方面都会在ZARA总部的大型地下设施"时尚街"进行测试,类似米兰、伦敦这样一些城市的街道地下层,街道上的店铺建筑不仅外表很新,而且内部设施、灯光甚至背景音乐都很新颖时尚、前沿。

资料来源:于乐.ZARA公司基于大规模定制的生产运作管理分析[J].商,2016(14):13.

第六章 选址规划与设施的布置

【学习目标】

1. 领会影响选址的环境因素。
2. 掌握企业选址的一般程序和选址方案的评估。
3. 领会设施布置的基本问题和基本类型。
4. 掌握设施布置的方法。

开篇案例

巨人大厦选址的失败

曾经轰动一时的珠海"巨人大厦"只建了个头就一直烂尾至今,这次投资的失利被人们归结为很多的原因:有的人说是因为巨人集团盲目投资不熟悉的行业,而企业能力与目标不匹配;也有人说,是史玉柱的独裁导致企业最终垮掉。但是还有一点很重要,就是大厦选址的错误,导致后患无穷。

珠海著名的"巨人大厦",其项目选址恰好在3条地震断裂带交叉点上,并且其设计方案一变再变,从原来的38层改成48层,继而58层、64层,最后定为72层。在设计为38层时不需要打钢桩,只需要20 m的深水泥桩就可支撑住大厦,工程预算为造价2.2亿人民币;而改为70层时,选址的地质条件决定了必须打65 m深的钢桩,穿过地震断裂带坐在岩层上,整个工程造价便飙升至12亿人民币,造成至今该项目仍未"拔地而起",使这一珠海市的"标志性建筑"成为"标志性遗憾"。

"巨人大厦"的投资失败充分说明了选址的重要性,该项目在选址上缺乏战略性和系统性的指导。

第一节 生产设施选址

一、选址的重要性

在经济快速全球化的今天,选址是企业又一重要决策。对企业未来产品的生产成本、行业地位和市场竞争力等方面会产生深远的影响。

(一)设施选址的含义

设施是指生产运作过程得以进行的硬件手段,它通常由工厂、商店、办公楼、车间、设备或仓库等物质实体构成。设施选址是指运用科学的方法决定设施的地理位置,以便有效、经济地达成企业的经营目标。选址一般只有在企业需要新扩建工厂、增加生产能力或转移厂址时才会发生。

设施选址包含两层含义:选位,即选择什么地区设置设施,是沿海还是内地,是南方还是北方,在当今全球经济一体化的大趋势下,或许还要考虑是国内还是国外;寻址,选定区域后,具体选择在该地区的什么位置放置设施,也就是说,在已选定的地区内确定一个具体地点作为设施的具体位置。

(二)选址的重要性

选址策略的目标是企业利润的最大化,这对于不同类型的组织存在不同的具体实现路径,如工业企业通常考虑成本最小化,服务提供组织一般考虑收入最大化,而仓储等多考虑成本和交付的速度等。

对每一个企业而言,固定设施一般投资较大,而且专业性很强,一旦决策失误,后期改变的难度很大,有很大的不可逆性,而且对以下3个方面会造成很大的影响。

(1)运营成本:设施建成后,对生产费用、工资、税收、租金和原材料的成本,尤其是企业的运输成本影响很大,也很难改变。据统计资料显示,企业的运输费用一般占到产品/服务销售价格的1/4,如果再考虑选址影响的其他成本内容,如生产费用方面的工资、税收、租金等,选址影响的成本比例将达到50%,这也是众多汽车、电脑、家电等跨国集团纷纷在中国建厂的原因,这是工业企业关注的重点。

(2)销售收入:设施建成后,尤其是服务性企业,周围的居民或群体便是其服务的目标客户,这一商圈的性质就决定了企业的收入潜力,正因为如此,肯德基、家乐福、沃尔玛、国美、百货大楼等坐落在城市相对繁华地段,服务型企业更关注的是销售收入最大化。

(3)研发产业链等方面:研发需要的是高素质、专业化的人才和环境,选址确定后,能够吸引到的人才素质、数量和吸引成本,产业链的支撑和相关产业的交流、市场压力等方面,对致力于差异化竞争优势和以创新为主的高端或新兴产业的影响很大。例如,英特尔2007年在美国设厂,而非劳动力较为低廉的亚洲,江西移动和江西电信集团公司将其新建的手游项目研发基地建址于中国的深圳,而非南昌等。

二、制定选址决策的一般程序

(一)企业设施选址决策的步骤

(1)明确企业设施选址的目标,列出评价选址地点优劣的标准。

(2)识别选址决策所要考虑的重要因素。

(3)找出可供选择的设施选址方案,并列出可供选择的地点。

(二)选址方案

(1)扩建现有的系统规模。

(2) 保留现有系统设施的基础上,再新增其他地点。此时,对制造业企业来说,新增加的厂址不能距原地点太远,因为两个厂区之间的业务联系,会增加不必要的运输成本。

(3) 放弃现有厂址,迁移到新的地点。产生的原因包括:迫于环保的压力;原厂址的选择违背了科学规律;由于行业状况、环境条件、政府政策等因素的影响,企业不得不做出迁址的选择。一般按照先选择一般性地区(如中国),再选择具体的地区(如华中地区、华东地区等),最后选择具体的位置(如北京等)的顺序依次进行。

(4) 应用合适的选址方案评价方法,评估几种选址方案,并做出决策。选择合适的方法对选址方案进行评价,常见的方法包括因素评分法、重心法、运输模型及用于服务设施选址的直接推断法等。

三、生产制造业设施选址的影响因素

在设施选址时,由于全球化的发展,决策的顺序是区域从大到小,从国家到地区再到最后的具体位置,而且每一个层次所需考虑的因素和决策的目标有一定的差异性(见表6-1)。

表 6-1 生产设施选址的关键因素

选址步骤	关 键 成 功 因 素
确定国家	① 政治风险、政府法规、态度、激励措施; ② 文化和经济问题; ③ 市场位置; ④ 人才、工作态度、生产率、成本; ⑤ 供应品可获性、通信、能源的可获性; ⑥ 汇率和货币风险
确定地区/社区	① 公司的愿望; ② 地区的吸引力(文化、税收、气候等); ③ 劳动力的可获性、成本,劳动力对工会的态度; ④ 设施的成本和可获性; ⑤ 地区的环保规定; ⑥ 政府的激励措施和财政政策; ⑦ 紧邻原材料和顾客; ⑧ 土地/建筑成本
确定地点	① 场地大小和成本; ② 航空、铁路、公路、水路体系; ③ 城市规划的限制; ④ 所需服务或供应品的就近性; ⑤ 环境影响问题

由表6-1可见,在国家和区域选择中更多出于宏观战略性因素的考虑,如市场、原材料、运输、协作企业、劳动力供应、气候和政策法规等条件;具体地点的选择更多趋于

场所的可扩展性、给排水和土壤条件、公用设施、环境保护和土地开发费用等。具体分国家、地区和场所进行分析和阐述。

(一) 国家方面

在国家选择上，主要考虑的因素包括：国家的政治风险、政府法律法规和态度、激励措施等，如国内政局稳定性，对私人财产、知识产权、城市规划、环境污染的态度等；国家的文化和价值观，如当地的文化素养，对待工作、时间、加班和薪金等的观念，会对公司的工作系统设计、综合计划、作业计划、供应链的绩效，以及诸多不容易量化的企业无形成本产生很大的影响；国家的汇率和货币风险，如大多数国家的汇率是波动的，这样对企业的资金流就会产生一系列风险和不确定性；国家交通、通信、社会和经济等方面的发达程度，这对将来企业运营过程中的设施成本、劳动力成本、材料及其产成品的运输成本等产生很大的影响。

(二) 地区和地点方面

在地区和具体地点的选择上，主要考虑的因素包括：地区的文化、税收、激励措施、财政政策、气候、环境保护的规定等是否对企业具有吸引力；地区的土地、劳动力和能源资源等是否能够为企业的生产提供充足的保证。尤其需要重点考察的是紧邻的市场、供应商和竞争者：紧邻市场，主要从企业输出的产品/服务的角度进行考虑，因为对许多公司而言，尤其是产成品运输费用很高和运输困难的，如生鲜食品、啤酒、可口可乐等饮品和体积庞大的产品，以及需要靠近顾客的服务业企业，如理发店、美容院、餐厅等，这样不仅可以节约运输成本、加快交货速度，也更容易收集顾客资料，实现企业的快速响应；紧邻供应商，主要从企业原材料供应的角度进行考虑，因为一些企业的原材料体积较大、易于变质或运输成本高等，如罐头厂、钢铁厂、海鲜加工厂和木材加工厂等；紧邻竞争者，主要从产业集群的角度考虑，而形成集群的最重要因素是资源的优势，如具有自然资源优势的法国波尔多地区酿酒业集群，具有人才资源和信息资源优势的美国硅谷软件业集群和英国亨廷顿赛车产业集群，具有气候和劳动力资源优势的佛罗里达影视业和娱乐业集群，具有技术和教育资源优势的新加坡和中国台湾计算机软件产业集群，具有专业技术人员优势的堪萨斯飞机制造产业集群等。

从以上分析也可以看出，在选址时考虑的因素可以分为定性和定量两大类，越是宏观、大的区域越倾向于定性因素的评价，越到具体的场馆越倾向于定量的计量，相对应的评价方法也是如此。

四、生产设施选址的评价方法

对选择的方案进行评价是选址程序的最后环节，也是选址程序不可或缺的重要环节，由于选址的导向不同，生产设施选址的评价方法有很多种。

(一) 生产设施选址的导向

产品生产组织的选址主要是成本导向，考虑原材料、产成品的运输成本，能源和公共设施成本，劳动力成本，原材料成本和税收等有形成本，以及社区的态度、生活质量、教育水平和政府的素质等无形成本与未来成本，如表6-2所示。

表 6-2　产品生产设施选址因素

成本导向		研究方法
有形成本	无形成本与未来成本	
• 原材料的运输成本 • 产成品的运输成本 • 能源和公共设施成本 • 劳动力成本、原材料成本、税收等	• 社区的态度 • 生活质量 • 教育水平 • 政府的素质	• 运输模型 • 因素评分法 • 盈亏平衡分析法 • 交叉图
假设 • 选址是成本的主要影响因素 • 每个选址的大多数主要成本可以明确界定 • 较低频率的顾客接触使企业可以将注意力集中在可识别的成本上 • 无形成本是可以评估的		

（二）因素评分法

因素评分法作为一种决策技术，就是对定性的选址影响因素采用主观打分的方法将其量化，再转为采用定量分析方法进行处理，在现实生活中应用很广泛。其实施主要步骤如下：

（1）选择有关因素，如市场位置、原材料供应、社区态度、运输条件、环保法规等重要考虑因素，再如前文所示的每一层次的影响因素，并结合企业的实际进行具体设置。

（2）赋予每个因素一个权重，以此显示这一因素与所有其他因素相比在公司选址目标中的相对重要性（注：不同方案相同要素的权重值一致，而且各权重之和为1）。

（3）给所有因素确定一个统一的评分取值范围（0~10 或 0~100）。

（4）管理层及相关参与人员给每一待选地点的各因素分别评分。

（5）把每一因素的得分与其权重相乘，再把各因素乘积值相加得到待选地点的总分。

（6）选择综合得分最高的方案，给出建议结论，并分析定量计算结果。

【例 6-1】　某企业需要建设 1 个千万吨级的钢铁厂，现有 3 个厂址可供选择：北京、河北、山东。影响钢铁厂建设的主要因素有运输、资源、顾客、环保。利用因素评分法进行分析决策。计算过程如表 6-3 所示。

表 6-3　厂址选择的因素分析方法

影响因素	权数	候选厂址		
		北京	河北	山东
运输	0.4	0.4×7=2.8	0.4×8=3.2	0.4×10=4
资源	0.3	0.3×6=1.8	0.3×10=3	0.3×8=2.4
顾客	0.2	0.2×10=2	0.2×8=1.6	0.2×8=1.6
环保	0.1	0.1×6=0.6	0.1×8=0.8	0.1×9=0.9
总分	1	7.2	8.6	8.9

经计算,显然,山东的总评分高,所以建厂的厂址应该设在山东。

每一种方法都有它的优点和不足,因素评分法的优点是:对每个备选方案的各种相关因素进行综合分析,从而为评判提供了合理的基础,有利于对备选地点进行比较和选择。不足之处在于:决策过程中会或多或少地融入决策者的主观因素,使得这种方法的评判和决策不够客观。

(三) 盈亏平衡法

盈亏平衡分析法是使用成本-产量分析对选址决策进行经济比较的一种方法。通过确定每一个选址的固定成本和变动成本,并用图形予以表示,我们就可以确定哪一个选址的成本最低。选址盈亏平衡分析法可以使用数学法或图形法进行。图形法的优点是可以为每一个选址提供适宜的产量范围。

选址盈亏平衡分析法的3个步骤是:① 确定每个选址的固定成本和变动成本;② 画出每个选址的成本曲线;③ 在期望产量一定的情况下,选择总成本最低的地点。

【例 6-2】 零件制造商的选址:加利福尼亚州的一家汽车零件厂的老板克罗斯需要扩大生产能力,考虑3个地点作为新厂的选址,具体条件如表6-4所示。在每年期望售价 120 美元和产量 2 000 件的情况下,公司希望找出最经济的选址。

表 6-4 各个备选地址的成本

备选地点	固定成本	单位可变成本
阿克伦城	$30 000	$75
鲍灵格林	$60 000	$45
芝加哥	$110 000	$25

解:假设新厂的产量预计为 X 件,则三个备选地点的总成本如下:

$$阿克伦城的总成本 = 30\,000 + 75X$$
$$鲍灵格林的总成本 = 60\,000 + 45X$$
$$芝加哥的总成本 = 110\,000 + 25X$$

画盈亏平衡分析图,如图 6-1 所示。由图可见:产量在 1 000 件以内时,在阿克伦建厂总成本最低;产量在 1 000~2 500 件时,在鲍灵格林建厂总成本最低;产量在 2 500 件以上时,在芝加哥建厂总成本最低。

(四) 运输模型法

运输模型法的目标是:在几个供应点到几个需求点之间,确定最佳的运输模式以使总生产成本和运输成本达到最小。每一个有供需点网络的公司都会面临这样的问题。大众汽车公司复杂的供应网络图(见图 6-2)就是一个例证,由图可知,大众的墨西哥分公司将带装配的汽车和零部件运往尼日利亚分公司,将汽车配件运往巴西分公司,而从德国总部获取零部件和装配件。

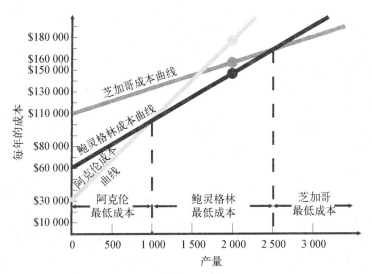

图 6-1　三个备选方案的盈亏平衡分析图

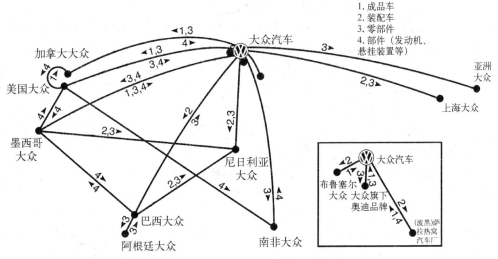

图 6-2　大众汽车公司的供应网络图

虽然可以用线性规划（linear programming，LP）法来解决这类问题，但是人们已经开发了更有效且专门的算法以用于求解运输问题。可以使用运输模型找到初始可行解，然后再一步步地改进，直到找到最优解。

第二节　生产设施的布置

对于设施布置的基本问题，我们主要从对设施布置的定义进行介绍，进一步分析设施布置应该考虑的问题。

一、设施布置的重要性

（一）设施布置的定义

设施布置是指在一个给定的设施范围内,对多个经济活动单元进行位置安排,以确保企业内部的工作(材料或作业或顾客)流畅通。布局需要投入大量的资金和精力,而且具有一定的长期性,因此,企业设施布置合理与否,将会对企业生产运作的成本和效率以及运作战略的实施产生一定的影响。

（二）设施布置的重要性

在决定长期运营效率的决策中,设施布置是关键性的决策之一。设施布置不仅能够造就组织在产能、流程、柔性和成本方面的竞争优势,而且可以造就组织在工作生活质量、消费者接触和组织形象等方面的竞争优势,因此,设备布置具有重大的战略意义。有效的设备布置策略有助于组织的产品差异化战略、成本领先战略和快速响应战略的实施。

（三）设施布置的要求

有效的设施布置需要达到以下 5 个要求。

（1）物料搬运设备。运营经理必须明确使用什么设备对材料进行运输和储存,这些搬运设备包括输送带、起重机、自动化仓库系统和自动货运车。

（2）生产能力和空间要求。只有在已知人员、机器和设备要求的情况下,管理者才能进行生产布置并且为每个零部件提供存放的空间。以办公室布置为例,运营经理必须就每个员工的空间要求做出判断。

（3）环境和美学。设备布置空间问题经常会对窗户、花盆和隔间高度提出要求,其目的是加速空气流通、降低噪声、保护隐私。

（4）信息流。对任何一个组织来讲,沟通都是非常重要的,所以设备的布置必须要方便信息的流动。这个问题不但需要就邻近程度做出决策,还需要在开发的空间、半高的隔间和个人办公室之间做出决策。

（5）在各个工作区间的搬运成本。就材料的搬运或者相邻的某些区域的重要性来说,可能存在一些非常特殊的考虑。

二、设施布置要考虑的因素

设施布置的目的就是将企业内部的各种物质设施进行合理的安排,使它们组合成为一定的空间形式,从而有效地为企业的生产运作服务,以获得更好的经济效果。设施布置在设施位置选定之后进行,它确定组成企业的各个部分的平面或立体位置,并相应地确定物料流程、运输方式和运输路线等。

（1）设施应包括哪些经济活动单元？这个问题取决于企业的产品、工艺设计要求、企业规模、企业的生产专业化水平与协作化水平等多种因素。

（2）各个经济活动单元需要多大空间？运用对比性的说明：空间太大,会影响生产效率,并且工作人员之间的距离拉长,从而产生不必要的疏远感;空间太小,人员的活动展不开,甚至会引起人身事故。

(3) 各个经济活动单元空间的形状如何?活动单元的空间形状会对工作的便利性、员工参与工作的心理感受等诸多方面产生影响。会议桌的布置采用圆形还是传统教室的布置,会从不同的程度影响员工会议过程的参与度。

(4) 各个经济活动单元在设施范围内的什么位置?在设施布置时,要充分分析,综合考虑,合理确定每个经济活动单元的绝对位置和相对位置,既要考虑组织内部运营的便利性,还要考虑内部经济活动与外部的联系。例如,出入口的经济活动单元应该布置在靠近企业的主干道边上。

三、生产设施布置的基本类型

生产设施布置简单地说就是确定机器设备等的最佳位置组合,促进材料、人员和信息在区域内和区域间的流动,并达成生产的目标。根据战略目标、竞争优势、生产设施、生产流程和产品特点等的差异,尤其是生产流程的不同,一般的设施布置有 4 种基本类型:产品专业化布置、工艺专业化布置、定位布置和混合布置。

(一) 产品专业化布置

产品专业化布置主要是针对批量大、相似程度高和变化少的产品或产品族组织生产的,也称装配线布置,是指一种根据产品制造的步骤来安排设备或工程过程的布置方式。产品专业化布置的前提条件包括:企业生产或提供一种或少数几种产品或者服务,标准化水平极高,产量足够大,追求较高的设备利用率,市场需求稳定,原材料和零部件供应充足且质量稳定。布置形式如图 6-3 所示。

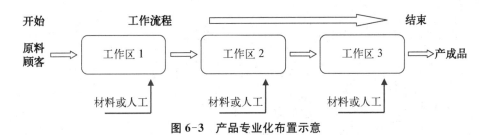

图 6-3 产品专业化布置示意

在这种布置中,最为典型的就是生产线和装配线。加工线就是使用一系列的机器来完成零配件的制造;装配线就是经一系列工作站将准备好的零部件组装在一起。工作被分解成一系列标准化的作业,由专门的按照产品或服务的加工路线或加工顺序排列的人员或设备完成。产品专业化的布置针对的是重复式的生产流程,最主要的就是达到各个工序、各台机器或各个平台的平衡,使加工线或装配线的流量保持平稳和连续,同时使每个工作站或机器的闲置时间最短。产品专业化布置的设备自动化程度很高,优缺点十分明显,下面运用表格进行对比(见表 6-5)。

表 6-5 产品专业化布置优缺点比较

优 点	缺 点
(1) 产品产量大,标准化程度高	(1) 设备投资巨大,产量要求很高
(2) 单位变动成本较低	
(3) 单位物料运输费用和在制品库存低	(2) 系统对产量变化、品种多样或工艺设计变化等方面缺乏柔性
(4) 工人和设备的利用率高	
(5) 劳动高度专业化简化了培训和监督程序,也使管理者管理幅度加大	(3) 个别设备的故障或工人缺勤等,对整个运作流程的影响极大,专业分工过细使得工作单调重复,工人的发展机会较少
(6) 工艺路线选择及进度安排在系统初步设计中就已确定下来,计划工作相对容易	(4) 预防性维护、迅速修理的能力和备用件库存十分重要
(7) 会计、采购与库存控制都高度程序化	

(二) 工艺专业化布置

工艺专业化布置是将相似的设备或功能放在一起的生产布局方式,适合小批量、多品种的生产/服务。医院的布置是工艺原则导向布置的一个经典例子,如图 6-4 所示。为满足不同人员进入医院就诊的不同需要,医院主要通过 3 种渠道来帮助病人实现就诊目标:对于急危重症患者,直接进入急诊室就诊;对于需要住院就诊的病人,先进医院进行挂号,然后前往各科室就诊,需要住院的就去住院收费处办理住院手续,进入病区住院治疗;就诊时,在医生的建议下进行检查,接受治疗时就需要去各层收费处缴费,去相应的医技科室接受检查,需要取药注射的则去各个楼层药房取药接受治疗注射。

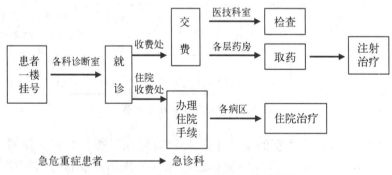

图 6-4 医院工艺专业化布置的示意图

工艺专业化布置的最大优点就是设备和人员安排具有高度柔性,十分适合小批量零部件的制造,尤其是不同规格、不同形式的多种零部件的生产;工艺专业化布置的缺点源于通用设备的使用,要求劳动力技能较高,在制品库存大,设备改变困难,物料搬运成本较高,订单完成时间相对较长。对于工艺专业化布置尤其是大型部门的布置问题,现在可以利用项目管理计算机软件,包括计算机相关设施布置技术(computerized relative allocation of facilities technique,CRAFT)、自动布置设计程序(automated layout design program,ALDEP)、计算机关系布置规划(computerized relationship layout planning,CORELAP)和工厂流量软件(factory flow)等,都能够提供一个好的解决方案,企业相关人员再结合企业的实际情况,进一步寻求最优方案。

(三) 定位布置

定位布置又称固定式布置,是指产品或加工对象保持停留不动,工人、材料和设备向其移动并在该位置作业。这主要是产品重量、体积或其他一些因素使得移动不现实或难度极大,如船舶、桥梁、公路、建筑物和手术台等。这种布置方式主要受空间场地的有限性、物料流动的集聚性和原材料的多样性等因素的影响,为提高生产率,大多数企业选择前置标准化的策略,即将产成品所需的各类零部件尽量在其他地方生产,如现今新建建筑物所需的门、窗、楼梯、墙板和许多附属装置都是以模板的形式预先建造好,有效地提高了现场的流程效率。

(四) 混合布置

混合布置是指企业同时存在两种或两种以上形式的布置。常用的混合布置方法,如一人多机,这种方法的原理是:如果生产量不足以使一人看管一台机器就足够忙,可以设置一个人可看管的小生产线,即由一个人同时看管多台机器。这种形式的布置可以充分地吸取上述设施布置的优点,从而不断地优化设施布置的结构,减少成本,提高管理效率。

(五) 工作单元布置

工作单元将平常分散在各部门的人员和机器重新组合成一组,以便集中于一种单一产品或一组相关产品的制造,如图6-5所示。当生产批量需要机器和设备的特殊安排时,可以使用单元式布置形式。在生产中,成组技术将具有相似特性的产品归

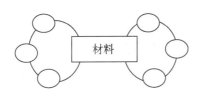

目前的布置形式——工人处于一个较小的、封闭的区域内。

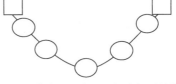

改进的布置形式——经过交叉培训的工人可以彼此提供帮助。如果需要增加产量,可以再增加第三名工人。

目前的工作形式——由于工作不可能均匀进行分配,直线布置很难使作业达到平衡。

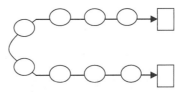

改进的布置形式——在U型布置中,工人接触的机会更多。经过交叉培训的工人人数由4名减少到3名。

图6-5 运用工作单元理念来改进布置形式

在一起,并将它们放在一个特定工作单元中进行加工,广泛应用于金属加工、计算机芯片制造和装配作业。当产品设计或产量发生改变时,这些工作单元也需要相应进行重组。

工作单元的优势包括:① 降低在制品库存,因为工作单元设置的目标就是使机器间实现一个流程的生产;② 减少占地面积,因为机器之间为了适应在制品库存的要求所需要的空间减少;③ 降低原料和制成品库存,减少材料在工作单元间的移动,速度加快;④ 减少直接劳动成本,员工间的交流增加,材料流动的速度加快,而且计划得到改善;⑤ 提高员工在组织和产品管理中的参与感,因为产品质量与员工及其工作单位相关,所以员工承担产品质量的责任感就会提高;⑥ 提高机器和设备的利用率,因为计划得到改善,材料流动的速度加快;⑦ 降低机器和设备投资,设备利用率提高,减少机器和机床设备的使用数量。

四、设施布置方法

设施布置的方法主要有物料流向图法和作业相关图法。

(一) 物料流向图法

按照原材料、在制品以及其他物资在生产过程中的总流动方向来布置工厂的各车间、仓库和其他设施,并绘制物料流向图。

(二) 作业相关图法

作业相关图法就是通过对一些影响设施布置的因素进行分析,确定各部门间的关系和接近程度,然后将这一信息汇集到作业相关图中,并据此进行设施布置。

作业相关图法进行设施布置的程序如下:第一步,绘制作业相关图;第二步,计算相关程度积分;第三步,布置各部门的相互位置。

【例6-3】 某厂有如下9个部门:接收与发运、原材料库、工具机修车间、中间零件库、生产车间、成品库、食堂、管理办公室、车库。根据工厂各组成部分间的关系的密切程度加以布置,得出最优布置方案。

工厂的各组成部分的密切程度一般可以分为6个等级,如表6-6所示。

表6-6 关系密切程度表示及其代号

关系密切程度	代 号	评 分
绝对重要	A	6
特别重要	E	5
重要	I	4
一般	O	3
不重要	U	2
不可接近	X	1

形成密切程度的原因可能是单一的,也可能是综合的,一般可根据表 6-7 所示原因,确定组成部分的关系密切程度。

表 6-7 产生关系的原因

产生关系的原因	代 号	产生关系的原因	代 号
共用记录	1	工作连续	6
共用人员	2	工作类似	7
共用场地	3	共用设备	8
人员接触	4	影响安全	9
文件接触	5		

在应用相对关系布置时,先根据工厂各组成部分制作相互关系表,然后依据此表定出各组成部分的位置。工厂各个组成部分相互关系如图 6-6 所示。

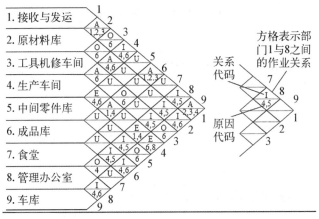

图 6-6 工厂各组成部分相互关系图

该图形进一步解释说明:图表中每一个小格横线上方的字母 I 表示关系代码,即表示关系密切程度的代码。横线下方的数字 4 表示原因代码,即关系密切程度的原因的编号,侧面小图示中指明的小方格表示的含义为单位 1(接收与发运)和单位 8(管理办公室)之间的作业相关关系。该图表示的整体意思就是单位 1(接收与发运)和单位 8(管理办公室)之间的作业相关关系为 I(重要)。

以生产车间为例计算每个部门的关系积分,利用相对关系图,将生产车间与其他单位的相关程度进行综合分析和分类,处于同一关系程度的综合表示出来,如图 6-6 所示,A(2,3,6)表示生产车间与部门 2、部门 3 和部门 6 的关系程度均为 A(绝对重要),相关程度计分=重要程度的评分×与表示相同关系性质的个数,最后对相关程度的积分进行合计。同样,可以计算出其他部门的关系积分值分别如下:接收与发运 33 分,原材料库 29 分,工具机修车间 26 分,中间零件库 22 分,成品库 29 分,食堂 17 分,管理办公室 32 分,车库 30 分,如表 6-8 所示。

表 6-8　生产车间计分计算表

与其他单位相关程度	相关程度积分	与其他单位相关程度	相关程度积分
A(2，3，6)	6×3＝18	U(7)	2×1＝2
E(5，8，9)	5×3＝15	小计：	39
I(1)	4×1＝4		

根据作业关系密切的部门靠近的布置原则，初步确定各部门的位置和面积比例，如图 6-7 所示。

图 6-7　设施布置对比图

布置基本原则如下：积分最高的部门应安排在厂区的中心区域；其他部门的位置应根据它们与中心部门的相关性质以及它们相互之间的关系性质来安排。

第三节　服务设施选址与布置

一、服务业设施选址的影响因素

制造业企业选址决策的重点在于追求成本最小化，而服务业企业选址决策的目标是实现营业收入最大化。因此，服务业企业选址决策的重点则在于确定销售量和销售收入的多少。从服务设施的角度来说，服务可以分为以下 3 种：① 顾客到服务提供者处，如宾馆、商场、理发店等；② 服务提供者到顾客处，如电梯维修、搬家、修剪草坪等；③ 服务提供者与顾客在虚拟空间内完成交易，如网络订票、网上银行等。

与制造业企业的设施选址问题类似，服务业企业的设施选址也包括 2 个层次：① 选择某个地区；② 在该地区选择一个地点，而选择地区和选择地点考虑的因素并不是完全相同的。

对服务型企业而言，选址的决定性因素集中关注交易量和收入的提高，因此，主要考虑的因素就有选址辐射区域的消费者购买力、人口特征、地区的竞争态势及激烈程度和区位的独特性等方面，主要可分为地区选址因素和地点选址因素两个方面。

（一）选择地区的考虑因素

选择地区时应考虑的因素主要有以下 3 个方面：① 该地区的顾客特点：人口密集

度、平均收入水平；② 公用基础设施：道路、水、电等资源的可利用性；③ 与顾客的接近程度以及可以用的劳动力的素质。

值得提出的是，服务行业不同，对于设施选址考虑的因素也会有所不同。如医院、学校、邮局等选址必须考虑接近顾客，而运输、仓储、批发等企业在这方面的约束较少。

（二）选择地点的考虑因素

对于具体的地点进行考虑的因素就更为具体和细致，一般情况下，可以从以下两个方面进行考虑：① 周围的可扩展性（包括停车场）；② 租金以及交通是否方便。

例如，零售业必须考虑有足够的停车场和交通便利，而对租金并不是很敏感，但一些较小的劳动密集型企业通常对低租金更感兴趣。

随着科技的发展，对于很多服务企业，传统服务地点的选择模式已经发生了变化，如购买火车票，不仅设置了更多的火车票代售点，而且增加了选购的方式，如实地购票、电话购票、网络购票，而银行的很多简单服务也被 ATM 机和网上银行所取代。

二、服务业设施选址的评价方法

（一）服务业设施选址的导向

服务业的设施选址是收入导向的，主要的假设是：对服务性行业，选址是收入的主要决定因素，高频率的顾客接触是关键；对给定区域来讲，成本相对稳定，收入函数是关键。收入方面主要考虑交易的数量/收入、区域的物理特性和成本的决定因素等；研究方法主要包括回归模型、因素评分法、跟踪法、交通使用分析、人口统计分析、购买力分析、重心法、地理信息系统和综合分析法等。具体如表6-9所示。

表6-9 服务业设施选址因素

收入导向			研究方法
交易数量/收入	物理特性	成本的决定因素	
● 吸引区域 ● 购买力 ● 竞争情况 ● 广告/定价	● 停车场/入口 ● 安全/照明 ● 外观/形象	● 租金 ● 管理水平 ● 经营方针（工作时间、工资率）	● 确定各种因素重要性的回归模型 ● 因素评分法 ● 跟踪法；交通使用分析；吸引区域的人口统计分析 ● 区域的购买力分析 ● 重心法；地理信息系统；综合分析法
假设			
● 选址是收入的主要决定因素 ● 高频率的顾客接触是关键 ● 对给定区域来讲，成本相对稳定，收入函数是关键			

（二）选址决策的步骤

我们再看一下服务业设施选址的评估方法。零售业应该属于服务业中比较常见和重要的行业，我们主要看一下零售商店选址的评估方法。

零售界最古老的格言之一"位置，位置，还是位置"揭示了零售企业成败的关键因素。零售商店选址决策包括以下4个步骤。

(1) 商圈分析。评价每个地理区域的居民及现有商店的特点，首先要对区域和区域概况进行分析。

(2) 商店位置类型选择。商店位置的基本类型有3种，即孤立商店、无规划商业区和规划的购物中心，通常表现为选择在未规划的商业区内开孤立商店还是在购物中心内开新店，当然这个需要考虑组织的战略目标。

(3) 寻找大体位置。初步地确定零售店的大概位置。

(4) 选定具体位置。在选定的大概位置范围内精准地确定商店的位置。

在确定了零售店的大体位置后，要对每个大体区位以及包含其中的具体店址进行评价。表6-10归纳了评价商店区位/店址的要素清单。在选择商店地址时，零售商应根据所有标准逐个评价可供选择的位置（和具体店址），并对每一个选择做出全面评价。

表6-10 选择的评价要素及内容

评价要素	评价内容
客流	行人的数量、行人的类型
车流	车辆数、车辆类型、交通拥挤程度
停车措施	停车场的数量和质量、停车场到商店的距离
交通条件	大规模公交系统的可获得性、靠近主要高速公路、便于送货
商店构成	商店数目和规模、商店之间的互补性、零售的均衡配置
具体店址	可见度、区域内的布局、商业场地的规模和形状、建筑的规模和形状、场地和建筑的状况和使用年限
占用地条件	自有或租用条款、营运和维护作用、税金、区域规划的限制
全面评价	给出每个位置的总评分、选出最佳位置、选择具体地址

企业在进行全面评价时，某个店址在某些方面可能有优势，而在另外一些方面可能存在劣势，那么企业就要综合考虑，要与企业的目标相一致。

(三) 重心法

重心法主要用于选择配送中心或中转仓库的情形。为了使分销成本降到最低，它把分销成本看作运输距离和运输数量的函数，求得使分销成本最小的位置作为目的地（重心）。重心法是确定物流中心位置的一种方法，如销售中心、中间仓库、超市的配送中心等，用以追求物流成本最小化。

假设前提是：在同一种运输方式下，运输数量不变，运输单价相同。

重心法的具体操作步骤如下：① 建立坐标系，确定各地点在坐标体系中的相对位置；② 运用计算公式，计算出重心的横纵坐标值，并在坐标体系中找到其对应的位置。

基本思路：建立坐标系，并标出各个相关地点的位置，最后利用公式确定重心，即新设施的坐标，如图 6-8 所示。

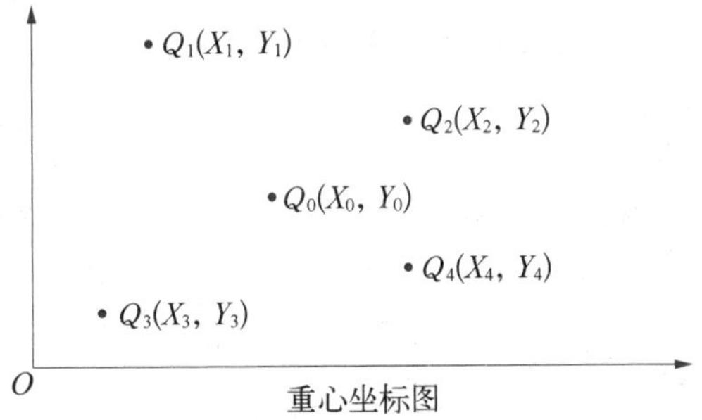

$$X_0 = \sum_{i=1}^{n} Q_i X_i / \sum_{i=1}^{n} Q_i \qquad Y_0 = \sum_{i=1}^{n} Q_i Y_i / \sum_{i=1}^{n} Q_i$$

Q_i：第 i 种材料的年运输量
X_i，Y_i：距中心城市坐标
n：材料供应地（或产品销售地）数

图 6-8　重心法图示

【例 6-4】 需要建一个工厂，各种原材料供应地距中心城市距离和每年运输量如表 6-11 所示，试根据材料运输量和里程，确定合适的厂址（假设吨公里运输费相等）。

表 6-11　重心法实例的相关数据

材料产地及坐标	A （X1，Y1）	B （X2，Y2）	C （X3，Y3）	D （X4，Y4）
距中心城市坐标	（90，500）	（350，400）	（100，120）	（350，200）
年运输量	1 800	1 000	800	2 400

解答过程如下：

$$X_0 = \frac{90 \times 1\,800 + 350 \times 1\,000 + 100 \times 800 + 350 \times 2\,400}{1\,800 + 1\,000 + 800 + 2\,400} = 238.7（公里）$$

$$Y_0 = \frac{500 \times 1\,800 + 400 \times 1\,000 + 120 \times 800 + 200 \times 2\,400}{1\,800 + 1\,000 + 800 + 2\,400} = 312.7（公里）$$

因此，应选距中心城市 X 方向 238.7 公里、Y 方向 312.7 公里的地方。

（四）其他方法

其他主要方法包括：回归模型法，利用统计回归模型确定各个选址的关键影响因素；跟随法，在服务设施选址时，也可以采用跟随法，如肯德基与中国的大娘水饺；还有综合分析法，即综合应用多种方法，如在实际的大型公司服务设施选址时，经常需要同时运用以上多种方法，如肯德基的选址。在店址评估标准和一些成功案例基础上，许多连锁经营店址评估的标准化管理工具已经开发出来，主要由以下表格组成：租赁条件表、商圈及竞争条件表、现场情况表、综合评估表。

案例 6-1

肯德基对快餐店选址非常重视,选址决策采用总部和地方公司两级审批制,选址成功率几乎百分之百,是肯德基的核心竞争力之一。通常,肯德基选址按下述步骤进行。

(一) 商圈的划分与选择

肯德基计划进入某城市,就先通过有关部门或专业调查公司收集这个地区的资料,以便规划商圈。商圈规划按类型、成熟度和稳定度等采取记分方法,把商圈分成几大类,以北京为例,有市级商业型(西单、王府井等)、区级商业型、定点(目标)消费型、还有社区型、社商务两用型、旅游型等。

(二) 聚客点的测算与选择

1. 聚客点的测算

聚客点即最主要的聚集客人的位置。肯德基开店的原则是努力争取在最聚客的地方及其附近开店。这主要与人流动线(人流活动的线路)有关,如对备选店址前、所在人行道、马路中间和马路对面的人流量进行测定,然后输入专用的计算机软件,测算出在此地投资的限额。如果一个商圈没有主要聚客点,则表明这个商圈成熟度不够,便不会在此开店。

2. 竞争对手的位置

人流主要动线确定后,就要确定竞争对手的聚客点不会比肯德基的选址更好,不会将主要客流截住,否则开店效益就会受到影响。

为了规划好商圈,肯德基开发部门投入了巨大努力。如北京肯德基公司开发部人员常年跑遍北京各个角落,已经根据自己调查划分出的商圈,成功开设多家餐厅。

另外,一些小型服务企业的选址主要采用:综合评价法,综合考虑能吸引和留住的人才以及网络发达程度,如网店的后台选址等;人口统计法,如速递公司的选址;区域特征法,如货运物流公司聚集点等。

由于网络和技术的发展,办公室地点的选择不再拘泥于某一个固定的地点,你可以选择在全球的任何地点进行办公,并且配有相应的全套设施,这种虚拟选址平台,即"服务办公室""虚拟办公",起源于欧美,后来也流行于我国上海、北京、广州等大中城市,适合于创业初期的中小企业及个人和驻外办事处及分支机构,服务的基本模式主要是提供以小型办公室和办公位出租为核心的服务包,具体包括商业地址、会客室、经理室、办公桌椅、文件柜、代收信件、传真、代接电话、电话转接、饮用水、员工休息区、客户接待、行政服务等,并且根据客户的实际需要提供各类衍生适用的增值服务包和有经验的创业咨询专家等,如百瑞商务中心选址平台——服务办公室。

服务办公室的发展优势主要体现在以下方面:节省资金,降低成本;节省时间,提高效率;不会放过每一个商业机会;马上拥有高素质的团队及良好的公司形象和有助于业务的高速拓展。

三、服务设施的布置

(一) 仓库布置

仓库布置是指对承担仓储作业流程的各个部分在仓库中的相对位置、物品存放方式及各种设备所做的设计和安排,从而缩短存取货物的时间,降低仓储管理成本,提高仓库利用率。同时,有效的仓库布置也要使物料在仓库内的损毁费用最低。现代仓库的管理在大多数情况下,是使用自动化仓库系统(automated storage and retrieval system,ASRS)的自动化过程。

在仓库布置中,需要遵循的准则包括:尽可能采用单层,这样不仅造价低,而且资产的平均利用率高;货物在出入库时直线或直接流动,以避免逆向操作和低效运作;在物料搬运设备大小、类型、转弯半径的限制下,尽量减少过道所占空间;尽量利用仓库高度;尽量将吞吐量大的货物存放在最容易存取的地方;应将体积大的货物安置在距离运输区域较近的位置,以减少搬运时间;仓库内物质的存储区域应当按照存储货物的周转速度和产品大小来设计。传统的仓库布置如图 6-9 所示。

仓库布置的一个主要因素是如何处理收货/卸货和发货/装货之间的关系,这与货品的类型、运输工具等有很大关系。2012 年以来,为了从源头上节约货物存储的非增值成本,出现了接驳运输和随机存储等多种形式,使仓库的布置有很大的改进。

接驳运输是指当物料运到仓库时,直接进行装运换载,避免了收货、库存和订单分拣等活动,沃尔玛是这一技术的早期倡导者。这一技术能够降低分销成本、加快存货周转和改善顾客服务。据粗略估计:沃尔玛的直接供货量占配送中心库存的 85%,而竞争对手该比例只有 50%~65%;平均补货周期为 2 天,而竞争对手至少需要 5 天;运输成本仅占总成本 3%,而竞争对手这一比例高达 5%。随机存储是在自动识别系统(automatic identification system,AIS)和有效的管理信息系统相结合的条件下,采用条形码形式,人工操作员或自动化仓库系统以随机的形式对位于仓库中任意位置的货物进行装运。准确的存货数量和位置意味着整个工厂都可以得到利用,既增加了设备利用率,又降低了人工成本等。

(二) 办公室布置

在服务业和制造业公司管理部门的办公室中,要搬动的文件的重量通常不是主要的考虑因素。绝大部分办公室工作是涉及信息交换和处理的脑力劳动。某些部门或者小组的办公室必须设在另一部门的办公室附近,因为他们必须面对面交谈、使用同一个硬件拷贝文件或交换原件。信息技术,如可以处理中央数据库的分布式计算机、电子邮件、传真机,以及电子数据交换的采用,大大减少了一些工作必须靠近另一些工作布置的必要性。有些员工,如程序员和分析师,至少可以有一部分时间在家中工作,并用电子远程通信与组织中的其他人员交流信息。但是,在绝大部分情况下,办公室员工的工作是在办公室中进行的,因而必须提供一个较好的办公室布置方案。

办公布置中,有一些布置原则与生产制造系统相同,例如,按照工作流程和能力平衡要求划分工作中心和个人工作站,使办公室布置保持一定的柔性,以便未来的调整与

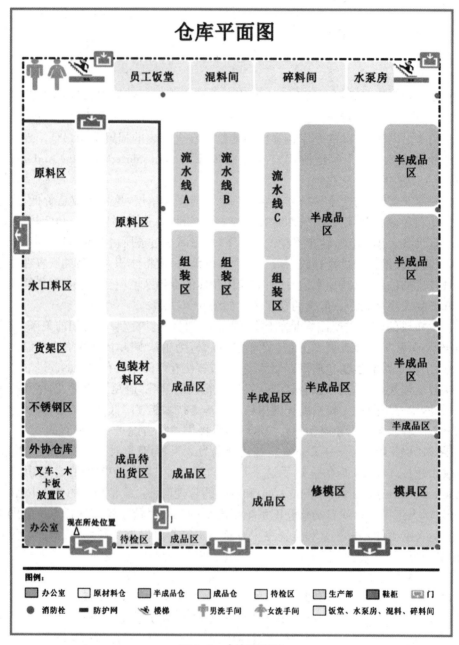

图 6-9　仓库平面图

发展等。但办公室与生产制造系统相比,有许多根本不同的特点:生产制造系统加工处理的对象是有形物品,而办公室则是信息以及组织内外的来访者;办公室的工作效率往往取决于人的工作速度,而生产制造系统与设备速度有相当大的关系;办公室布置中,同一类工作任务可选用的办公室布置有多种;组织结构、各个部门的配置方式、部门之间相互关系和相对位置的要求对办公室布置有更重要的影响。

办公室布置方法一般有以下步骤:首先,根据部门和小组的业务量,预测、确定需要的员工人数,进而定出每个部门和小组需要的空间。其次,根据办公面积加上会议室和其他支撑条件所需要的面积,如休息室、食堂、收发室、维修室和储藏室等的面积,可以求出需要的总面积。最后,可以应用作业相关图法确定每个部门和小组的办公室之间的位置关系。这些步骤和制造业的布置思路是,相同的办公室布置主要考虑信息交换和处理的迅速与方便及办公人员的工作效率,办公室的建造成本、使用成本及日后发展可能发生的改造成本也是必须考虑的。不同的服务业特性有与之适应的办公室形式,常见的办公室形式有以下3种。

1. 封闭式办公室

封闭式办公室将每个办公人员封闭在一个独立的办公环境中,非常适合某些需要安静环境独立工作,才能保证工作效率的服务行业,如高等院校教师、科研院所的科研人员、出版社编辑等。封闭式办公室的独立性也给它带来相应的缺点,如不利于人与人之间的信息交流和传递,使人与人之间产生疏远感,也不利于上下级之间的沟通。封闭式办公室的另一个缺点是其建造成本、使用成本高昂,建成后几乎没有改造的余地。

2. 开放式办公室

开放式办公室是在一间很大的办公室内同时容纳一个或几个部门的几人、十几人甚至上百人共同工作。这种布置形式适合需要协同工作的服务行业,如政府部门、银行、公司管理部门等。开放式办公室不仅方便了同事之间的交流,也方便了部门领导与一般职员的交流,在某种程度上消除了等级的隔阂。其建造和使用成本低,改造也容易。但这种方式的一个弊病是,很多时候工作会互相影响,可能带来职员之间的闲聊。

3. 模块式布置

针对开放式办公室的缺点,现在发展起来的一种布置是带有半截屏风的组合办公模块。矮屏风拉开了人们心理上的距离,使得这种布置既有开放式办公室布置的优点,又在某种程度上避免了开放式布置情况下的相互干扰、闲聊等弊病,比较能保证工作效率。而且,这种模块式布置形式有很大的柔性,可随时根据情况的变化重新调整和布置,办公室的建造和改造成本较低。模块式布置很适合既强调沟通又希望有自己的独立的工作环境,能很好把握竞争和协作之间的关系的现代"白领"工作人员。

现代化的办公室已经变得更加灵活,许多公司采用"开放设计"的概念对大开间的办公室进行模块分隔。这种分隔与一般的采用建筑材料的永久分隔相比,既经济又灵活。要注意的是,采用开放设计概念时,分隔材料必须有很好的吸音性能;否则,不能保证办公室保持合适的噪声水平。

实际上,在很多组织中,封闭式布置和开放式布置都是结合使用的。20世纪80年代,在西方发达国家又出现了一种称为"活动中心"的新型办公室布置。在每一个活动中心,有会议室、讨论间、电视电话、接待处、打字复印、资料室等进行一项完整工作所需的各种设备。楼内有若干个这样的活动中心,每一项相对独立的工作集中在这样一个活动中心进行,工作人员根据工作任务的不同在不同的活动中心之间移动,但每人仍保留有一个小小的传统式个人办公室。显而易见,这是一种比较特殊的布置形式,较适用于项目型的工作。

办公室布置对于办公室工作效率的提高、"白领"人员劳动生产率的提高以及改善

"职业生涯质量"都有重要作用。

（三）零售布置

零售商店（如超级市场）布置的目标，就是争取平均每一平方米的店堂面积或平均每一米的走廊长度的利润最大化。零售商店布局基于的思想是：销售量随展示给顾客的商品量而变化。展示率越高，销售和投资回报率越高。那些把顾客引到商店来的抢手货，应当分散在商店的各处，使顾客在寻找这些抢手货的同时，能看到那些他们在进商店之前没有打算买的商品。将吸引力强和利润高的商品，如家庭用具、装饰物品和香波放在醒目的位置。走廊尽头和店堂出口也是展示率高的位置。容易被偷走的商品应放在非常显眼的地方。走廊的宽度应当便于补充商品并使购物顾客行动自如，将即兴购买力和边际利润率高的商品放在突出的位置。

零售商店的管理者通过改变不同商品的展示空间而提高整个店堂的展示率。每种商品占货架空间的大小应根据商品出售速度而定。根据收款处条码器记入的数据，货架空间可以不断地随上货而重新安排。

现有的许多计算机软件可以帮助经理评估各种商品的可盈利性。其中一种商店劳力和存货管理（store labor and inventory management，SLIM）能够帮助商店的管理者进行货架安排。另外一种软件是超市管理的计算机最优化和模拟模型（computerized optimization and simulation modeling for operating supermarkets，COSMOS），能够给货架安排相应的上货日程表，分配足够的存货空间以减少脱销的情况。

复习思考题

1. 结合国内外的地理环境，试对设施布置的各种方法的适用范围进行讨论。
2. 零售商业企业的商品、货架等设施如何布置才能带来更多的销售收入？

案例分析

论 ZARA 的卖场规划

1975 年，奥特加在西班牙北部的拉科鲁尼亚创办了第一家 ZARA 门店。不过当时的 ZARA 并不是一个快时尚品牌，相反，它采取的是传统的经典风格。然而，这种"廉价的经典"模式很快惨遭滑铁卢，奥特加被迫调整思路，结果却大获成功。现在，ZARA 已在 31 个国家拥有 735 个销售点。

1. 卖场选址

与其他时尚产品相比，ZARA 的市场策略非常独特：廉价时尚，却与奢侈为邻。在店铺的选址方面，ZARA 非常挑剔，只选最好的地段开店，周围全是顶级品牌。与很多时尚品牌不同，ZARA 几乎不打广告，因为 ZARA 认为，自己的门店就是最好的广告。

在纽约选择第五大道，在巴黎选择香榭丽舍大道，在米兰选择艾玛纽大道，在东京选择涩谷（Shibuya）购物区，在上海选择南京西路的平安电影院。因此，它的邻居全是路易•威登（Louis Vuitton）、香奈儿（Chanel）、迪奥（Dior）、普拉达（Prada）、阿玛尼（Amarni）等。而且，ZARA 只选择最好的模特，大大满足了消费者的炫耀心理，并且

ZARA 的每一家专卖店都足够大，几千平方米以上，包括上万种不同款式的服装，使消费者能够享受"一站式"购物环境。

2. 卖场陈列

（1）入口区陈列：ZARA 在入口区总是会有与众不同的陈列，如一组模特穿着最新款的服饰，为顾客进行第一次流行趋势传递，陈列主题明确，富有视觉吸引力且注重细节、标志性强。

（2）橱窗陈列：ZARA 的橱窗比大牌时尚杂志的潮流播报能更快、更精准地预告时尚趋势。很多时装编辑都来不及捕捉和采编的最新流行趋势，ZARA 往往能提前一段时间在橱窗中展示给受众。ZARA 的橱窗模特形态逼真，动作生活化，常常如日常活动中的人物一样，让整个橱窗变得非常有生活气息，搭配推荐款更换也非常频繁，几天一次，在橱窗情景、道具不变的情况下，模特展示的服装会根据上市新款的情况随时更新。

（3）其他方面陈列：ZARA 的通道设计非常巧妙，偌大卖场有疏有密，宽窄结合。在一块特定区域，一定有一个比较宽的主通道，然后是比较窄的副通道，这样，分散人流量，也方便顾客近距离接触产品。在过道处，经常有 ZARA 精美的海报以相当简洁的背景衬托出模特和衣服的整体效果，展现品牌时尚现代的特点，吸引顾客的眼睛，指导时尚消费。在打折时刻，到处都是显眼的打折价格标签。

资料来源：王双.快时尚服装品牌陈列研究——以 ZARA 为例[D].北京服装学院，2012.

思考题： ZARA 卖场成功的选址和设施布置的原因分析。

第七章 工作系统设计与产能规划

【学习目标】
1. 理解工作设计的相关原理。
2. 掌握工作设计的内容和方法。
3. 掌握作业测量的常用方法。
4. 分析工作环境设计时应注意的问题。

开篇案例

沃尔沃汽车公司的团队工作方式

沃尔沃汽车公司的危地马拉厂作为沃尔沃公司重要的生产基地一直深受世界汽车工业界的注目。该厂的每部汽车都是由8～10人的工作小组从头到尾单独完成的，完全不同于传统装配线的流水作业方式。

沃尔沃公司之所以采用这种工作方式，是因为这可以使工人在工作时兴趣盎然，同时使管理方式和工作环境更加人性化。在危地马拉厂的每个工作站中，都有一套独特的设备，可以将车体放在一个可回转的圆轴上，使汽车底部可以倾斜到工作者面前，使一个原本空无所有的汽车底盘，随着燃料系统、电气系统等各种配件，一齐来到小组成员面前等待装配。因此，汽车所有的装配都在这个工作站里进行，工作人员可以亲眼看到一部完整的汽车在自己手中完成。

每个小组是一个自我管理式的团队，有高度的自治权和责任感，可以自己制定暂休和休假计划，当团队中有成员缺席时，可以自己重新分配工作。在这样的自主管理模式和责任制度下，创造出一组人员彼此间很强的凝聚力和休戚与共的团结感。为使员工具备多方面能力，沃尔沃公司专门设计了一个称为"全力以赴"的培训计划，使每个小组成员具备装配整部汽车的生产技术，并知道如何进行生产计划、质量控制、库存管理等工作。公司认为，使员工从工作中得到更大的参与感、喜悦感和成就感，是公司经营成果必不可少的因素。

资料来源：[美]理查德·B.蔡斯.生产运作管理：制造与服务[M].机械工业出版社，1999.

制定正确的生产运营战略、选择合适的产品和作业技术并进行周密的计划，对维持和提高企业的竞争优势是至关重要的。但一个作业系统运行的好坏，归根结底还是取决于控制、操作该系统的人，取决于员工对工作的热情和工作方法。泰勒曾说：高工资和低劳动成本相结合是可能的,这种可能性主要在于第一流的工人在有利的环境下所做的工作量和普通水准工人所做工作量之间的巨大差距。如何造就"第一流的工人"及为工人提供一个理想的工作场所成为包括制造业和服务业在内的各类企业关注的焦点,越来越多的企业从工作设计入手,运用工作研究的原理和方法,寻求更好的作业组织、作业程序和作业方法,以求不断提高生产效率以面对日益激烈的国际化竞争。

第一节 工作设计

一、工作设计概述

（一）定义

所谓工作,是指一个工人承担的一组任务或活动的总称。工作设计则是确定具体的任务和责任、工作环境以及完成任务以实现运营管理目标的方法。也就是说,工作设计是一个根据组织及员工个人需要,规定某个岗位任务、责任、权力及在组织中工作关系过程。

工作设计的目标有两个：一是体现在生产效果方面,完成规定的生产率和质量要求；二是保障工作安全、激励员工并提高其工作满意度。一个良好的工作设计,一方面可以实现生产率和质量的提升、降低成本、缩短生产周期的目标,另一方面可以使员工在工作中疲劳感下降、心情愉快、感到满足,从而促进企业总体目标的达成。

（二）起源

工作设计源于100年前泰勒提出的科学管理方法。泰勒科学管理的基本思想如下：工作方法不能只靠经验,而应当科学地研究,制定正确的工作方法和标准工作量,通过把工作内容分解成单元,观察和研究这些单元的具体任务和工作方法,测定所需要的时间,找到最合理的途径以改善每个人的工作；对经过培训、使用标准工作方法并能够达到标准工作量的人员,给予奖励。泰勒及其追随者创立了许多具有划时代意义的工作设计方法,至今仍为企业在改善作业、提高生产率时采用。但是,泰勒的工作方法和工作设计思想主要是从技术角度出发的,在今天看来,其主要的局限性在于：强调了工作设计的技术性,忽略了人的社会性和精神性；强调了个人工作效率,忽略了团队协作、集体工作的重要性；追求静态的最优方法,忽视了工作方法动态变化性。

（三）工作设计的内容

工作设计的内容包括：明确生产任务的作业过程；通过分工确定工作内容；明确每个操作者的工作责任；以组织形式规定分工后的协调,保证有效的工作设计会为企业带来竞争对手难以复制的核心竞争优势。这些工作设计的内容是在产品结构、技术、设备和流程及设施布置等的约束下,努力寻求个人和团队绩效的不断提高,做出符合企业运营战略和加强竞争优势的决策。具体内容总结如图 7-1 所示。

由图 7-1 的"5W1H"可知,企业的工作设计决策将与人力资源决策（who）、产品决

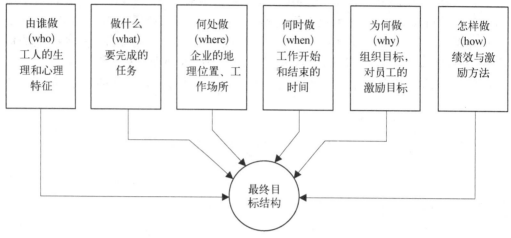

图7-1 工作设计决策内容

策(what)、选址决策(where)、时间安排(when)、竞争战略(why)、流程决策和设施布置(how)等方面的运营规划和设计紧密相连。

这些决策具体受到以下因素的影响：员工工作组成部分的质量控制、适应多种工作技能要求的交叉培训、工作设计与组织的员工参与及团队工作方式、自动化程度、对所有员工提供有意义的工作和奖励工作出色员工的组织承诺，以及远程通信网络和计算机系统的使用等。以上因素主要通过能力、素质和工作质量等改变企业的效率。

二、工作设计方法发展历程

工作设计受到企业战略、员工素质、心理因素、工作环境和社会进步等方面的影响，为获得企业的竞争优势，从1900年以前直至现在，主流的设计方法经历了从劳动分工到团队作业和柔性作业的发展历程。具体如图7-2所示。

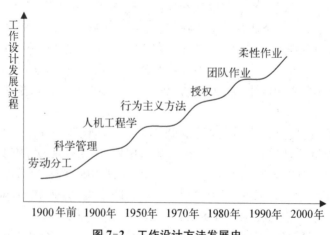

图7-2 工作设计方法发展史

（一）劳动分工

劳动分工是指人们对社会经济活动的划分和独立化、专门化。具体地说,分工是人们在经济活动过程中技术上的联合方式,即劳动的联合方式,简称劳动方式,属于生产力范畴。劳动分工的观点首次出现于亚当·斯密1776年3月出版的《国富论》,他在书中系统全面地阐述了劳动分工对提高劳动生产率和增进国民财富的巨大作用,而在企业方面则更有利于提高工人的学习速度、灵巧性和工作效率。20世纪初,福特运用劳动分工的观念把生产一辆车分成了8 772个工时。由此,分工论成为统治企业管理的主要模式。

企业内部的劳动分工一般有以下3种形式。

(1) 职能分工:企业全体员工按所执行的职能分工,一般分为工人、学徒、工程技术人员、管理人员、服务人员及其他人员。这是劳动组织中最基本的分工,它是研究企业人员结构、合理配备各类人员的基础。

(2) 专业分工:它是职能分工下面第二个层次的分工。专业或工种分工是根据企业各类人员的工作性质的特点所进行的分工。

(3) 技术分工:它是指每一专业和工种内部按业务能力和技术水平高低进行的分工。这种分工有利于发挥员工的技术业务专长,鼓励员工不断提高自己的技术水平。

（二）科学管理

科学管理产生于20世纪初,是以美国泰勒为代表提出的管理阶段、管理理论和制度的统称,又称古典管理理论、传统管理理论。泰勒把科学管理概括如下:科学,而不是单凭经验办事;和谐,而不是合作;合作,而不是个人主义;以最大限度的产出取代有限的产出,每人都发挥最大的工作效率,获得最大的成功,就是提倡用高效率、低成本的生产方式加强劳动力成本控制。工作设计主要是通过时间和动作研究及工作分析来达到这一目标。

科学管理的基本原则包括:① 对人的劳动的每种要素规定一种科学的方法,用以代替陈旧的凭经验管理的方法。② 科学地挑选工人,然后进行训练、教育,发展他们的技能。③ 与工人合作,保证所有工作都能按已发展起来的科学原则来进行。④ 在管理者和工人之间,工作的分配和责任的分担几乎是均等的,管理者当局把自己比工人更胜任的各种工作都承揽下来。

以上两阶段都以劳动专业化或工作专业化为主,实践中最为典型的就是生产流水线或装配线,成就了当时的大规模生产方式,加强了多个企业的低成本竞争优势和快速成长,如汽车业。

（三）人机工程学

人机工程学起源于欧洲,形成和发展于美国。主要研究人在生产或操作过程中合理地、适度地劳动和用力的规律问题。人机工程学在美国被称为"人类工程学"(human engineering)或"人类因素工程学"(human factor engineering),在日本被称为"人间工学"。在我国,所用名称也各不相同,有"人类工程学""人体工程学""工效学""机器设备利用学"和"人机工程学"等,大部分人称其为"人机工程学"。"人机工程学"的确切定义是:把人-机-环境系统作为研究的基本对象,运用生理学、心理学和其他有关学科知识,根据人和机器的条件和特点,合理分配人和机器承担的操作职能,并使之相互适应,从而为人创造出舒适和安全的工作环境,使工效达到最优的科学。这门学科主要是为了突破人的局限性而进行的工作研究,如人对机器的操作,机器通过声、光、电等对人的信息反馈以及外部环境如温度、照明、湿度、空气质量、噪声等对人和机器设备的影响。

（四）行为主义方法

行动主义工作设计方法最早是由德国学者系统提出的,20 世纪 90 年代在英语国家得到完善与补充。该设计方法的理论假设是：工作是目标导向的,其最终目的是生产产品或服务。因此,工作是行动导向的。

行动理论设计有两个要点：一方面,行动过程是从目标、计划、执行到反馈来推进；另一方面,行动是由知觉调控的,包括传感动力水平（很大程度是无意识的过程）、灵活行动类型水平（已经做好的行动项目）、聪慧水平（有意识的问题解决）和启发式水平（自我认知水平）。在实践中,该方法强调"完整的行动",即完成行动过程的所有步骤,使用所有步骤的调动机制。

（五）授权

授权是组织运作的关键,它是以人为对象,将完成某项工作所必需的权力授予部属人员,即主管将用人、用钱、做事、交涉、协调等决策权移转给部属,同时还托付完成该项工作的必要责任。组织中的不同层级有不同的职权,权限则会在不同的层级间流动,因而产生授权的问题。授权是管理者的重要任务之一,有效的授权是一项重要的管理技巧。若授权得当,所有参与者均可受惠。这也是当今非常流行的一种工作丰富化的方式,尤其是将决策权、相应的责任等都授予技术方面的专家。

授权具有 4 个特征：① 其本质是上级对下级的决策权力下放过程,也是职责的再分配过程；② 授权的发生要确保授权者与被授权者之间信息和知识共享的畅通,确保职权的对等和被授权者得到必要的培训；③ 授权也是一种文化；④ 授权是动态变化的。

（六）团队作业

团队作业是指由数人组成一个项目小组,共同完成一项工作的作业方式。相互协助的团队作业,最大的优点是尊重人、信任人,鼓励更多的人参与到工作中,出谋划策,自主管理。

20 世纪 90 年代以后,组织工作的复杂化以及工作负荷与风险的提高使得团队在组织中扮演着越来越重要的角色。可以说,团队是作业变革的产物,是基于使命的,团队成员的工作活动以及他们之间的互动,在很大程度上是由团队作业本身决定的。由此,越来越多的研究者,特别是团队研究者,开始关注团队作业设计。

团队作业不仅可以吸引更多员工关心、理解、支持某项工作,更充分地发挥每一个参与者的特长及能力,而且可以使员工相互了解各个岗位的工作内容,培养员工一专多能；同时,还可培养员工团队合作的习惯,增强团队合作意识。尤其在某一部门内部,有更多的机会和条件开展团队作业,组织全员有意识地参与到与本部门相关的其他工作中去,了解本部门所有岗位的工作内容和信息,掌握相关的工作技能。

（七）柔性作业

柔性作业是指主要依靠有高度柔性的以计算机数控机床为主的制造设备来实现多品种、小批量的生产方式。柔性作业的概念最早由英国的 Molins 公司于 1965 年提出，它是为适应多变的需求和激烈的竞争而产生的市场导向型的按需生产的先进生产方式，其优点是增强制造企业的灵活性和应变能力，缩短产品生产周期，提高设备利用率和员工劳动生产率，改善产品质量，因而是一种具有旺盛需求和强大生命力的生产模式。

三、工作设计的理论基础

（一）工作设计中的社会技术理论

工作设计中的社会技术理论是由英格兰的埃里克·特瑞斯特（Eric Trist）及其研究小组首先提出来的。这种理论认为，在工作设计中应该把技术因素与人的行为、心理因素结合起来考虑。任何一个运营系统都包括两个子系统：技术子系统和社会子系统。如果只强调其中的一个而忽略另一个，就有可能导致整个系统的效率低下，因而应该把运营管理组织看作一个社会技术系统，其中包括人和设备、物料等。生产设备、生产工艺及物流组织与控制方法反映了这个系统的技术性，而人是一种特殊的、具有灵性的投入要素，因而这个系统还应该具有社会性。人与这些物质因素结合的好坏不仅决定着系统的经济效益，还决定着人对工作的满意程度，而后者对于现代人来说是很重要的一个问题。因此，在工作设计中，着眼点与其放在个人工作任务的完成方式上，不如放在整个工作系统的工作方式上。也就是说，工作小组的工作方式应该比个人的工作方式更重要。如图 7-3 所示，最佳的社会技术设计应该在交叉部分。

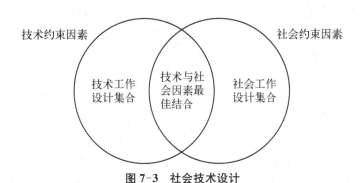

图 7-3　社会技术设计

社会技术设计理论的价值在于它同时强调技术因素与社会变化对工作设计的影响，这与早期工业工程师们过度强调技术性因素对生产效率的影响有很大不同。早期的工业工程师将工人看作机器的一部分，而社会技术设计理论除了考虑技术要素的影响外，还将人的行为因素考虑进来，如把工人调动工作、缺勤、厌倦等与技术选择联系起来。

如果把运营管理组织方式、新技术的选择应用和工作设计联系起来考虑，还应该看到，随着新技术革命和信息时代的到来，以柔性自动化为主的生产模式正在成为主流。但是,这种模式如果没有在工作设计的思想和方法上的深刻变革,是不可能取得成功的。为此,需要把技术引进和工作设计作为一个系统来研究,将技术、生产组织和人的工作方式三者相结合,强调在工作设计中注重促进人的个性发展,注重激发人的积极性和劳动效率。这种理论实际上就奠定了现在所流行的"团队工作"方式的基础。

(二) 工作设计中的行为理论

行为理论的主要内容之一是研究人的工作动机,尤其是心理因素的影响,乔治·梅奥(George Mayo)的霍桑(Hawthorne)实验首次将心理因素引入工作研究。这一理论对于进行工作设计也有直接的参考作用。人们工作的动机有多种,包括经济需要、社会需要以及特殊的个人需要等(感觉到自己的重要性,实现自我价值等)。人的工作动机对人如何进行工作以及工作结果有很大的影响,因此,在工作设计中,必须考虑到人的这些精神因素。当一个人的工作内容和范围较狭窄,或工作的专业化程度较高时,往往无法控制工作速度(如装配线),也难以从工作中感受到成功感和满足感,此外,与他人的交往、沟通较少,进一步升迁的机会也几乎没有(因为只会很单调的工作)。因此,像这样专业化程度高、重复性很强的工作往往容易使人产生单调感,导致人对工作变得淡漠,从而影响工作结果。西方的一些研究表明,这种状况给"蓝领"工人带来的结果是:工人变换工作频繁,缺勤率高,闹情绪,甚至故意制造生产障碍。对于"白领"工人,也有类似的情况。这些问题直接影响着一个运营系统的产出效果,因此,需要在工作设计中考虑这些问题的解决方案,以下是3种可以考虑的方法。

1. 工作专业化

工作专业化是指一个人工作任务范围的宽窄,所需技能的多少。工作专业化程度越高,所包含的工作任务范围就越窄,重复性就越强,相应的所需的工作技能范围就越窄,要求也不高;反过来,工作专业化程度越低,意味着工作任务的范围就越宽,变化就越多,从而也需要有多种技能来完成这些工作。

工作专业化程度高的优点主要表现在:① 工作人员只需要较少的时间就可掌握工作方法和步骤;② 工作速度较快,产出高;③ 对工作人员的技能和受教育程度的要求较低,因而人员来源充分,工资水平也不高。工作专业化程度高的缺点主要表现在:① 工作任务的细分化不容易做得完美,从而会导致工作的不平衡,工作人员忙闲不均;② 由于工作环节增多,不同环节之间要求有更多的协作,物流、信息流都较复杂;③ 工作的重复性强容易导致效率低下、质量降低等不利的行为结果。具体如表 7-1 所示。

表 7-1 工作专业化的缺点和优点

	管 理 方 面	工 人 方 面
优点	● 员工培训简单 ● 易于招到新员工 ● 工作效率较高 ● 员工容易替代,工资较低 ● 工作过程容易控制	● 对产品所承担的责任太少 ● 不需要接受太多教育 ● 比较容易学会干一项工作

(续表)

	管 理 方 面	工 人 方 面
缺点	• 质量控制较难,责任不易分清 • 生产线的柔性有限 • 员工不满导致潜在成本消耗	• 工作单调易疲劳、厌烦 • 工作中难以产生满足感 • 学习机会少,水平不易有提高 • 对生产的控制权少,限制创造性

高的工作专业化程度既可能提高效率,也可能降低效率。因此,看待工作专业化程度高低的问题需要具体情况具体分析,不应一概而论。对于某些企业、某些工作,专业化程度高可能意味着效率;而对于另外一些企业和工作,可能效果恰好相反。对大多数以产品对象专业化为生产组织方式的企业来说,高度工作专业化可能会取得良好的效果;而对于多品种小批量生产组织方式的企业而言,工作专业化程度低才能具有较强的适应性。

从管理者的角度深入分析,工作专业化最主要的局限性是只倾向于利用员工的手工技能,而不能充分发挥他们的才能,尤其是当今社会及管理者所需要的知识技能。

为使员工得到更好的精神激励和物质激励,提高工作兴趣和工作设计的柔性、克服劳动专业化的缺点,提高、强化企业的快速响应优势,工作扩大化、工作丰富化和工作轮换被引入企业的工作设计。

2. 工作扩大化

工作扩大化是指工作的横向扩大,即在现有工作基础上,增加一些技能相似的任务,从而使他们能够完成一项完整工作(例如,制造一个产品或提供给顾客的一项服务)的大部分程序,这样员工可以看到自己的工作对顾客的意义,从而提高工作积极性。进一步,如果顾客对这个产品或这项服务表示十分满意并加以称赞,还会使该员工感受到一种成功的喜悦和满足。工作扩大化通常需要员工有较多的技能和技艺,这对提高员工钻研业务的积极性,使其从中获得一种精神上的满足也有极大帮助。

3. 工作丰富化

1959 年,弗雷德里克·赫茨伯格(Fredrick Herzberg)和他的助手发表了著名的双因素理论,指出内在工作因素(如成就感、责任感、工作本身)是潜在的满意因素,即激励因素,而外在工作因素(如监督、工资、工作条件等)是潜在的不满足因素,即保健因素。满足感和不满足感不是一条直线上的对立面,而是两个范围。满足感的对立面不是不满足,不满足感的对立面不是满足。根据这个原理,改进外在因素如增加工资可能降低不满足感,但不会产生满足感,唯一能使工人感到满足的是工作本身的内在因素。将对工作的满足感与激励联系起来,应该强化内在因素使工作丰富化,这不仅可提高工人的满足感,而且可以提高生产率。

工作丰富化是指工作的纵向扩大,即给予职工更多的责任,更多参与决策、计划和管理的机会。例如,一个生产第一线的工人,可以使他负责若干台机器的操作,检验产品,决定机器何时由何人进行保养。工作丰富化可以给人带来成就感、责任心和得到认可(表彰)的满足感。一般而言,通过学习,当他们掌握了丰富化后的工作内容,会产生成就感;当他们从顾客处得到关于产品/服务的反馈信息时,会产生被认同感;当他们需要自己安排设备的操作、制定保养计划和所需资源计划时,会增强他们的责任心。

理查德·海格曼(Richard Hackman)和格列戈·奥尔德海姆(Greg Oldham)对前人的工作进行总结后,提出了工作设计的合理化特征,即技能多样化、任务完整性和重要性、自主决策性和及时反馈性。其关于实施工作丰富化的一个理论图框架如图7-4所示,这也是一个实施模式。

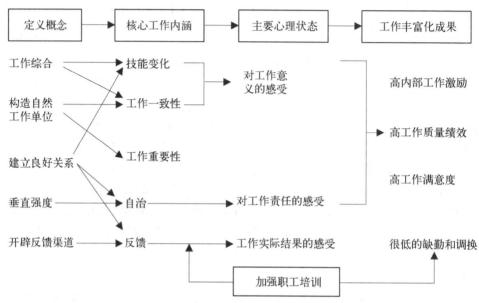

图 7-4 海格曼-奥尔德海姆(Haceman-Oldham)工作丰富化框架

根据这个框架,个人与工作成果是由下列关键心理状态决定的:① 工作意义感受;② 对工作责任心的感受;③ 对工作实际结果的认知。

这3种方法的实施有时是通过"团队"来进行的,这样会使成员之间得到更好的沟通,从而取得更大的工作成就。工作扩大化与工作丰富化的区别如图7-5所示,工作丰

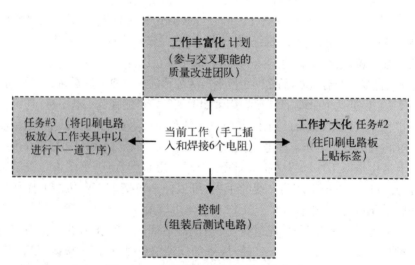

图 7-5 工作扩大化和工作丰富化的区别

富化聚焦于纵向的工作延伸,集中于满足工人更高层次的需要上,而工作扩大化主要是工作在横向的伸展,集中于加入额外的任务,使工人的工作更具多样性。

4. 工作职务轮换

工作职务轮换是指允许员工定期轮换所做的工作,这种定期以小时、天、周或月为单位。这种方法可以给员工提供更丰富、更多样化的工作内容。当不同工作任务的单调性和乏味性不同时,采用这种定期轮换方式很有效。采用这种方式需要员工掌握多种技能,可以通过"在岗培训"来实现。这种方法还增加了工作任务分配的灵活性,如派人顶替缺勤的工人、向瓶颈环节多增派人等。此外,由于员工互相交换工作岗位,可以体会到每一岗位工作的难易,这样比较容易使员工理解他人的不易之处,互相体谅,结果使整个运营系统得到改善。在很多国家的企业中都使用工作职务轮换的方法,但各企业的具体实施方法和实施内容则多种多样。

四、团队工作方式

所谓团队工作方式,是指与以往每个人只负责一项完整工作的一部分(如一道工序、一项业务的某一程序等)不同,由数人组成一个小组,共同负责并完成这项工作。在小组内,每个成员的工作任务、工作方法以及产出速度等都可以自行决定,在有些情况下,小组成员的收入与小组的产出还挂钩。其基本思想是全员参与,从而调动每个人的积极性和创造性,尽可能提高工作效果。这里工作效果是指效率、质量、成本等的综合结果。

团队工作方式与传统的泰勒制工作分工方式的主要区别如表7-2所示。这种工作方式可以追溯到20世纪二三十年代。在现代管理学中,是指20世纪80年代后半期才开始大量研究、应用的一种人力资源管理方法,对工作设计有更直接的参考意义。

表 7-2 泰勒制与团队式工作方式的对比

泰勒制生产方式	团队式生产方式
最大分工和简单工作	工作人员高素质、多技能
最少的智能工作内容	较多的智能工作内容
众多的从属关系	管理层次少、基层自主性强

团队工作方式也可以采取不同的形式,以下是3种常见的方式。

(一)解决问题式团队

解决问题式团队实际上是一种非正式组织,它通常包括7~10名自愿成员,他们可以来自一个部门内的不同班组。成员每周有一次或几次碰头,每次几小时,研究和解决工作中遇到的一些问题,如质量问题,生产率提高问题,操作方法问题,设备、工具的小改造问题(使工具、设备使用起来更方便)等,然后提出具体的建议,提交给管理决策部门。这种团队的最大特点是:他们只提出建议和方案,但没有权力决定所提出的建议方案是否立即被实施。这种团队在日本企业中被广泛采用,并获得了极大的成功,日本的小组就是这种团队的最典型例子,对于提高日本企业的产品质量,改善生产系统,提高生产率和工作人员的积极性,改善职工之间、职工与经营者之间的关系起了很大的作用。这种思想和方法首先被日本企业带到了他们在美国的合资企业中,在当地的美国工人中运用,同样取得了成功,因而其他美国企业也开始效仿,进而又扩展到其他的国家和企业中,并且管理理论也开始对这种方式加以研究和总结。

这种方式有很多优点,但也有其局限性。因为它只能建议,不能决策,又是一种非正式组织,所以,如果团队所提出的建议和方案被采纳的比率很低,该团队就会自生自灭。

(二) 特定目标式团队

特定目标式团队是为了解决某个具体问题、达到一个具体目标而建立的,如一个新产品开发、一项新技术的引进和评价、劳资关系问题等。在这种团队中,其成员既有普通员工,又有与问题相关的经营管理人员。团队中的经营管理人员拥有决策权,也可以直接向最高决策层报告。因此,他们的工作结果、建议或方案可以得到实施,或者他们本身就是在实施一个方案,即进行一项实际的工作。这种团队不是一个常设组织,也不是为了进行日常工作,而通常只是为了一项一次性的工作,实际上类似于一个项目组。这种团队的特点是,容易使一般职工与经营管理层沟通,将一般员工的意见直接反映到决策层。

(三) 自我管理式团队

自我管理式团队是最具完整意义的团队工作方式。为进一步克服工作扩展(工作扩大化、丰富化、轮换和授权)的局限,需要更高的投资成本、培训成本和薪酬成本,但由于工作要求的提高,可能很难招聘到合适的员工,有人不愿意,有人没能力完成这一工作。因此,出现了自我管理团队,由数人(几人至十几人)组成一个小组,共同完成一项相对完整的工作,小组成员自己决定任务分配方式或任务轮换,自己承担管理责任,如制定工作进度计划(人员安排、轮休等)、采购计划、决定工作方法等。在这种团队中,包括两个重要的概念。

(1) 员工授权。把决策的权力和责任层层下放,直至每一个普通员工。如上所述,以往任务分配方式、工作进度计划、人员雇佣计划等是由不同层次、不同部门的管理人员来决定的,现在则将这些权力交给每一个团队成员,与此同时,相应的责任也由他们承担。

(2) 组织重构。这是以上员工授权的必然结果。采取这种工作方式后,原先的班组长、工段长、部门负责人(科室主任、部门经理等)等中间管理层几乎就没有必要存在了,他们的角色由团队成员自行担当,因而整个企业组织的层次更少,更为扁平化。

自我管理式团队工作方式是近几年才开始出现并被采用的,在美国企业中取得了很大成功。当然以上各种工作方式都曾经或正在某个或某些企业中获得成功,只要它们的特质与企业的战略和特质是一致的。对于企业而言,应该选择合适的,而不是考虑先进或流行与否。每一个成功的工作设计的背后一定是一个高度契合的员工激励体系。

第二节 作业测量

有效的人力资源战略的3个必要条件,除上述工作设计外,就是工作标准的确定和工作计划。工作计划是指员工的雇佣政策、工作时间的安排和工作分类与工作守则等,而有效的工作计划的基础是工作设计和工作标准。

一、工作标准

(一)工作标准的概念

所谓标准,是用于比较的一种大家均可接受的基础或尺度,通常作为比较的基础。工作标准是指一个训练有素的人员完成一定工作所需的时间,他完成这样的工作是用预先设定好的方法,用其正常的努力程度和正常的技能(非超常发挥),所以也称为时间标准。20世纪初,泰勒同吉尔布雷斯夫妇的动作研究奠定了现代工作标准设定的基础。虽然人力资源一般只占销售额的10%以下,但工作标准的研究一直延续至今。

制定工作标准的关键是定义"正常"的工作速度、"正常"的技能发挥。例如,要建一条生产线,或者新开办一项事务性的业务,你需要根据需求设计生产能力、雇用适当数量的人员。假定一天的生产量需要达到1500个,你必须根据一个人一天能做多少个来决定人员数量。但是,一个人一天能做的数量是因人而异的,有人精力旺盛、动作敏捷,工作速度快,还有一些人则相反。因此,必须寻找一个能够反映大多数人正常工作能力的标准。这种标准的建立,只凭观察一个人做一个产品的时间显然是不行的,必须观察一定的时间、做一定数量的产品,并观察若干个人,然后用统计学方法得出标准时间。此外,即使经过这样的步骤建立起了工作标准,在实际工作开始以后,也仍要不断地观察、统计,适时地进行修正。可见,工作标准是企业确定人力资源需求的基础。

制定工作标准的关键是确定正常的过程,并必须考虑一些具体的因素:① 选择观察的对象具有代表性,即其精力、效率、经验、技术能代表大多数人的水平;② 考虑到每一作业步骤和休息时间的变化波动;③ 不能把一个人完成任务所需的单位时间作为全体人员的工作标准;④ 制定出的工作标准,要通过有经验的人加以修正。

(二)工作标准的作用

工作标准在工作设计中的作用不仅可以确定员工的需求量,还主要表现在以下4个方面。

第一,制定生产能力规划的基础。根据完成各项工作任务所需的标准时间,企业可以根据市场对产品的需求制定其人员计划和设备计划,包括设备投资和人员招聘的长远计划。也就是说,企业首先根据市场需求决定生产量,然后根据生产量和标准时间可决定每人每天的产出以及所需人数,再根据每人操作的设备数和人员总数决定所需设备数量,在此基础上就可以制定设备和人员计划。此外,标准作业时间还是决定生产周期的重要前提。

第二，进行作业排序和任务分配的依据。根据完成不同工序所需要的人力和时间，合理安排每台设备每个人的单位时间工作任务，以防止忙闲不均、设备闲置、人员闲暇的现象发生，有效地利用资源。

第三，进行运营系统及运营程序设计的依据。工作标准可以用来比较不同的运营系统设计方案以帮助决策，也可以用来选择和评价新的工作方法，评估新设备、新方法的优越性。

第四，员工激励的依据，用工作标准评价员工的工作绩效，并给予相应的奖励和惩罚。

二、作业测量概述

对上述工作标准的设置，主要就是通过作业测量。

(一) 作业测量的定义

作业测量在工业工程中又称为时间研究，是各种时间测定技术的总称，用以制定各项工作或作业的时间标准，确定劳动定额，并通过某种研究方法（如工作抽样）评价现实的工作时间利用情况以及人员工作效率。简言之，作业测量就是在一定的标准测定条件下，确定人们作业活动所需的时间，并制定出时间标准或定额的一种科学管理方法。作业测量是企业制定劳动力需求计划、确定生产能力规划、预测生产成本、制定员工工资及激励等各项工作的依据。

(二) 作业测量的目的

第一，建立合理工作时间定额和劳动力定额。企业要建立合理的劳动时间定额与劳动力定额，就必须有工作时间标准作参照，因而需要对每一个工作岗位的时间进行测量。通过工作时间的测量，为企业建立劳动时间定额与劳动力定额提供依据。

第二，为制定标准工作成本与工资等级提供依据。企业在核定生产作业成本与工资等级的时候，也要依据作业的定额时间，因而工作时间测量是制定作业成本与划分工资等级的重要依据。

第三，为工作绩效的评估与奖励提供依据。员工工作效率的评估最重要的依据就是工作时间，因而通过时间的测量，可以考核不同岗位的工作效率，并为制定奖励方法提供依据。

第四，为生产作业计划与生产控制提供参考。在进行工作分配时，部门管理者需要清楚每个岗位的员工的具体工作能力，为此需要对工作时间进行测量。

三、生产时间消耗结构及工时定额

(一) 生产产品时间消耗的结构

产品在加工过程中的作业总时间包括产品的基本工作时间、设计缺陷的工时消耗、工艺过程缺陷的工时消耗、管理不善而产生的无效时间、工人因素引起的无效时间，如图7-6所示。

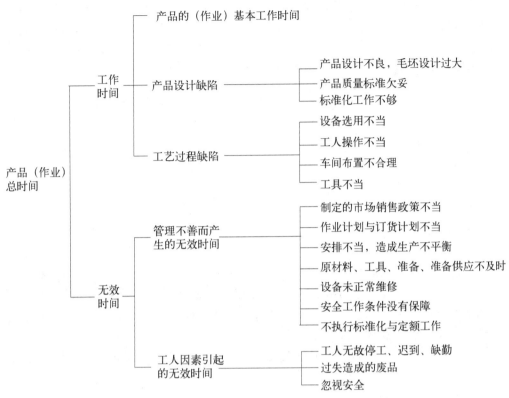

图 7-6 生产产品的时间构成

1. 产品的基本工作时间

产品的基本工作时间也称定额时间,是指在产品设计正确、工艺完善的条件下,制造产品或进行作业所用的时间。

基本工作时间由作业时间与宽放时间构成。所谓宽放时间,是指劳动者在工作过程中,因工作需要、休息与生理需要,需要作业时间中予以考虑的时间。宽放时间一般用宽放率表示:

$$宽放率 = \frac{宽放时间}{作业时间}$$

宽放时间由 3 部分时间组成。

(1) 休息与生理需要时间。由于劳动过程中正常疲劳与生理需要所消耗的时间,如休息、饮水、上厕所所需的时间。

(2) 布置工作地时间。在一个工作班内,生产工人用于照管工作地,使工作地保持正常工作状态和文明生产水平所消耗的时间,如交接班时间、清扫机床时间等。它以一个工作班内所消耗布置工作地时间作为计量单位。

(3) 准备与结束时间。在加工一批产品或进行一项作业之前的技术组织准备和事后结束工作所耗用的时间。不同的生产类型其准备与结束时间不同,准备与结束时间一般可通过工作抽样或工作日写实来确定。

休息与生理需要时间的确定,应进行疲劳研究,即研究劳动者在工作中产生疲劳的原因、劳动精力变化的规律,测量劳动过程中的能量消耗,从而确定恢复体力所需要的时间。

用能量代谢率标度作业过程中能量消耗的程度。能量代谢率的计算如下:

$$能量代谢率(RMR) = \frac{作业时能量消耗量 - 安静时能量消耗量}{基础代谢量}$$

其中:基础代谢量为劳动者在静卧状态下维持生命所需的最低能量消耗量;安静时能量消耗量为劳动者在非工作状态即安静状态的能量消耗,一般按基础代谢量的1.2倍计算。

上述公式中每一项取值都是在同样时间范围内的能量消耗量。

能量代谢率划分为不同级别,按照不同级别的能量代谢率确定相对应的疲劳宽放率。

由于宽放时间直接影响作业者一天的工作量及定额水平的制定,国外对此类时间的研究十分重视,对宽放时间做了更细致的分类。一般地说,宽放时间可分为4类。

① 作业宽放:作业过程中不可避免的作业中断或滞后,如设备维护、刀具更换与磨刃、切屑清理、熟悉图纸,等等。

② 个人宽放:与个人宽放作业无关的个人生理需要所需的时间,如上厕所、饮水等。

③ 疲劳宽放:休息宽放。

④ 管理宽放:非操作者个人过失所造成的无法避免的作业延误,如材料供应不足、等待领取工具等。

2. 无效时间

无效时间是由于管理不善或工人控制范围内的原因,而造成的人力、设备闲置的时间。无效时间造成的浪费十分惊人。以运营管理为例,超过必要数量的人、设备、材料和半成品、成品等的闲置与存放造成浪费,就会使生产成本提高,产生第一次浪费。还有人员过多,生产过程各环节不平衡,工作负荷不一致,导致奖惩不公,引起部分工人不满,进而怠工或生产效率降低等。企业管理者为了解决上述问题,增加管理人员,制定规章制度,最终浪费了人力、物力、财力,消耗了时间,形成恶性循环,这就是第二次浪费。最终会造成劳务费、折旧费和管理费增加,提高了制造成本。这些浪费往往会将企业利润全部吃掉。若能消除上述两次浪费,减少无效劳动所带来的无效时间损失,则十分有意义。在企业产品成本中,材料、人工费、管理费之和约占总成本的50%,减少生产过程中无效劳动的浪费是比较容易做到的,但利润提高10%,就需要营业额提高一倍,这将是十分困难的。因此,减少无效劳动、走挖掘企业内部潜力的道路是运营管理的首要任务。

生产过程中由于无效劳动所带来的浪费可归纳为以下6个方面。

(1) 生产过剩的浪费。整机产品中部分零件生产过多或怕出废品有意下料过多,造成产品的零件不配套,积压原材料,浪费加工工时。

(2) 停工等待的浪费。由于生产作业计划安排不当,工序之间衔接不上,或由于设备突发事故等原因,导致停工等待。

(3) 搬运的浪费。如由于车间布置不当造成产品生产过程中迂回搬运。

(4) 加工的浪费。如加工过程中切削用量不当,引起时间浪费。

(5) 动作的浪费。由于操作工人操作动作不科学,引起时间浪费。

(6) 制造过程中产生的废品的浪费。

减少其至消除无效时间,是工业工程中工作研究探讨的基本内容之一。

(二) 工时定额

工时定额又称标准工作时间,是在标准的工作条件下,操作人员完成单位特定工作所需的时间。这里标准工作条件的含义是指,在合理安排的工作场所和工作环境下,由经过培训的操作人员,按照标准的工作方法,通过正常的努力去完成工作任务。可见,工时定额的制定应当以方法研究和标准工作方法的制定为前提。

工时定额是企业管理的一项基础工作,其作用包括5个方面。

(1) 确定工作所需人员数和确定部门人员编制的依据。

(2) 计划管理和生产控制的重要依据。任何生产计划的编制,都必须将产品出产量转换成所需的资源量,然后与可用的资源量进行比较,以决定计划是否可行,这项工作称为负荷平衡。无论是出产量转换,还是可用资源量的确定,都应当以工时定额为标准,这样的生产计划才具有科学性和可行性。此外,生产进度的控制和生产成果的衡量都是以生产计划为基础的,从而也是以工时定额为依据的。

(3) 控制成本和费用的重要依据。在绝大多数企业中,尤其是服务企业中,人工成本在全部成本中都占有较大的比重。降低人工成本必须降低工时消耗,而工时定额是确定工时消耗的依据,从而也是制定成本计划和控制成本的依据。

(4) 工时定额是提高劳动生产率的有力手段。劳动生产率的提高,意味着生产单位产品或提供特定服务所需的劳动时间的减少。要减少和节约劳动时间,必须设立工时定额,据以衡量实际的劳动时间,找到偏差,采取改进措施。

(5) 制定计件工资和奖金的标准。在实行计件工资的条件下,工时定额(有时换算成小时或每日的工作量或产量)是计算计件工资单价的重要依据,在实行奖金制度条件下,工时定额是核定标准工作量(产量)、计算超额工作量(产量)、考核业绩、计算奖金和进行赏罚的主要依据。

四、作业测量方法

通过作业测量法可以得到科学合理的工时定额。作业测量方法主要有历史经验法、时间研究法、预定时间标准法和工作抽样法。历史经验法是指根据以往完成这一工作的时间进行确定,简单易行,但不易判断其准确性,因而更推荐后3种方法。

(一) 时间研究法

时间研究法是1881年由泰勒首先提出的,用秒表和其他一些计时工具,来实际测量一名经过培训的、有经验的员工完成一件工作所需要的时间。其基本过程分为以下

6个程序。

（1）选择被研究的工作和观测对象。需要研究的工作确定后，就要选择观测对象，被观测的操作者应是一般熟练工人。避免选择非熟练和非常熟练的人员，因为非熟练人员不能很好地完成标准作业，而非常熟练的人员的动作过于灵巧，如果以超出正常作业速度为依据的话，就很难为大多数人所接受。被选定的操作者还应与观测者协作，心理和操作尽量不受观测因素的影响。

（2）划分作业操作要素，分解为细小的动作单元，并确定测量的次数、样本的数量等。制定测时记录表。

（3）记录观察时间，剔除异常值，并计算各项作业要素的平均值。设 t_{ij} 是作业要素 i 第 j 次的观察时间，则作业要素 i 的平均观察时间如下：

$$平均观测时间 = \frac{1}{n} \sum_{j=1}^{n} t_{ij}$$

（4）计算作业的观察时间，即将该作业的各项作业要素平均时间相加。

例如，观测某车床加工某种零件的标准工作时间，根据测时法的基本要求，将该作业分解为5个作业要素进行观测，求出每个作业要素的平均时间，继而相加得出该车床加工某零件的标准工作时间为68.0秒。

置零件于卡盘并压紧	13.2（秒）
开车与进刀	3.0
车削	27.0
关车与退刀	12.0
卸下零件	12.8
作业时间	68.0

（5）确定效率评定因子，计算正常作业时间。效率评定因子是时间研究人员将以上所观测到的操作者的操作速度，与自己理想中的速度（正常速度）做对比。

例如，如果研究人员认为工人是在以115%的效率因子速度工作，也就是比正常速度快15%，研究人员就要将作业时间的观测值调整如下：

$$正常时间 = 68 \times (1 + 0.15) = 78.2（秒）$$

另一种情况，如果研究人员认为工人以90%的效率因子速度工作，比正常速度慢10%，则正常时间计算如下：

$$正常时间 = 68 \times (1 - 0.1) = 61.2（秒）$$

由以上计算可见，效率评定因子的影响较大，在这方面，美国管理促进协会提供了许多视频用于说明专家认可的因子。

（6）考虑宽放时间比率，确定标准作业时间。

由于个人生理需要、不可避免的延迟以及疲劳等引起的效率下降，须对正常时间进行调整，增加适当的宽放时间。

在时间研究中,所需抽取的样本容量的大小,主要是应用统计抽样公式,依据测量要求的精度、置信水平和动作单元的差异程度,进行计算。具体见统计抽样的相关书籍。

例如,通过调查研究发现:个人生理需要时间占正常时间的4%,疲劳时间占正常时间的5%,不可避免的耽搁时间占正常时间的3%,则总的宽放时间系数为(4%+5%+3%)即12%,标准作业时间如下:

$$标准作业时间 = 78.2 \times (1+0.12) = 87.58 (秒)$$

以上的例子是高度简化了的,但从中可以看出用测时法确定标准作业时间的基本过程。

(二) 预定时间标准法

预定时间标准法(predetermined time standard,PTS)把人们所从事的所有作业都分解成基本动作单元,对每一种基本动作都根据它的性质与条件,经过详细观测,制成基本动作的标准时间表。当要确定实际工作时间时,只要把作业分解为这些基本动作,从基本动作的标准时间表查出相应的时间值,累加起来作为正常时间,再适当考虑宽放时间,即得到标准作业时间。

PTS的具体操作形式有多种。常见的有工作要素法、标准时间测量法、基本动作时间研究法等。其中,用得较多的是方法时间测量(method time measurement,MTM)。PTS法起源于20世纪30年代,已发展到第三代。第一代PTS主要有动作因素分析法和动作时间测定法,这两种方法很复杂,动作分类很细,不易掌握,目前国外仍在使用。第二代PTS有简易动作因素分析和动作时间测定法Ⅱ(MTM-2)等,是在第一代PTS方法基础上简化而来的。第三代PTS是模特排时法(modular arrangement of predetermined time standard,MOD),是澳大利亚的海德在长期研究第一代与第二代PTS法的基础上创立的,更简便且精度不低于传统PTS的新方法,得到了较为普遍的应用。

(三) 模特法

模特法与上述两种PTS法相比,具有形象直观、动作划分简单、好学易记、使用方便的优点。模特法适用于加工部门、生产技术、设计、管理、服务等方面,可用于制定时间标准、动作分析等。模特法将动作分为四大类,即移动动作、终止动作、身体动作、其他动作,共计21个动作。模特法以MOD为时间单位,1 MOD=0.129 s。

1. 移动动作

移动动作指抓住或挪动物件的动作。移动动作分为以下5种。

(1) 手指动作(M1):用手指第三关节前部分进行的动作,每动作一次时间值为1 MOD。

(2) 手的动作(M2):手腕关节前部分进行的动作,每次时间值定为2 MOD。

(3) 前臂动作(M3):肘关节前部分进行的动作,每次时间值定为3 MOD。

(4) 上臂动作(M4):上臂及前面各部分以自然状态伸出的动作,每次时间值定为4 MOD。

(5) 肩动作(M5):整个胳膊伸出再伸直的动作,每次时间值为5 MOD。

以手拿着工具反复重复上述的移动动作,称为反射动作,可看作移动动作的特殊形式,所用的时间值小于正常移动动作,如手指反射时间值为 0.5 MOD,手反射时间值为 1 MOD,前臂反射时间值为 2 MOD,上臂反射时间值为 3 MOD。

2. 终止动作

终止动作是指在移动动作之后,动作的终结。动作终结时,操作者的手必定作用于目的物。终止动作有下列 6 种。

(1) 触碰动作(G0):用手接触目的物的动作,如摸、碰等动作。它仅仅是移动动作的结束,并未进行新的动作,每次动作的时间值定为 0 MOD。

(2) 简单抓握(G1):在移动动作触及目的物之后,用手指或手掌捏、抓握物体的动作。简单抓握必须保证目的物附近无妨碍物,动作没有迟疑,每次时间值定为 1 MOD。

(3) 复杂抓握(G3):抓握时要注视,抓握前有迟疑,手指超过两次的动作,每次时间值为 3 MOD。

(4) 简单放下(P0):目的物到达目的地之后立即放下的动作,每次时间值为 0 MOD。

(5) 注意放下(P2):注视目的物放到目的地的动作。在放置目的物的过程中只允许一次方向与位置的修正。每次时间值定为 2 MOD。

(6) 特别注意放下(P5):把目的物准确地放置在规定的位置或进行装配的动作,动作有迟疑,眼睛注视,有两次以上的方向、位置的修正动作,时间值定为 5 MOD。

3. 身体动作

身体动作指躯干、下肢的动作,分为下列 4 种类型。

(1) 踏板动作(F3):足颈摆动进行脚踏地的动作,每下踏一次时间值定为 3 MOD,返回一次其时间值也为 3 MOD。因此,往返踏板一次,时间值定为 6 MOD。

(2) 步行动作(W5):步行或转动身体的动作,每动作一次其时间值为 5 MOD。

(3) 向前探身动作(B17):以站立状态弯曲身体、弯腰、单膝跪地,之后再返回站立状态的一个循环过程的动作,每一动作循环时间值定为 17 MOD。

(4) 坐和站起动作(S30):坐在椅上,站起之后再坐下的动作,每一循环过程时间值为 30 MOD。

4. 其他动作

其他动作包括以下 6 个方面的内容。

(1) 校正动作(R2):改变原来抓握物体方式的动作,但只有独立地校正动作时才赋予时间值,每次校正动作其时间值定为 2 MOD。

(2) 施压动作(A4):作用于目的物推、拉、压的动作,推、拉、压的力在 20 N 以上,并为独立的施压动作,其时间值定为 4 MOD。

(3) 曲柄动作(C4):以手腕或肘关节为轴心画圆形轨迹的动作,每次时间值定为 4 MOD。

(4) 眼睛动作(E2):眼睛移动动作或眼睛对准目标的动作,每次动作时间值定为 2 MOD。在正常视界内(距眼睛 40cm 范围内),不赋予眼睛移动时间值。当眼睛注视范围较广时,颈部需要伴随眼球运动而转动时,其时间值定为 6 MOD。

(5) 判断动作(D3):在两个动作之间判断要从事的下一动作所需时间的动作,一般是在前一动作停止时,判断下一个动作如何进行时发生的,时间值定为 3 MOD。

(6) 重量修正(L1):用手搬运时,不同物体重量所耗用的时间需要修正。单手负重,若不足 2 kg 时不做重量修正;每增加 4 kg 重量,单手负重的时间值增加 1 MOD。双手搬运时应换算为单手搬运进行修正。当物体滑动时,手的负重减轻,用有效重量计算,有效重量为实际重量的 1/3;在滚道上滑动时,有效重量为实际重量的 1/10。具体如图 7-7 和表 7-3 所示。

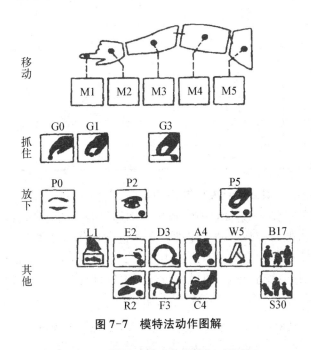

图 7-7 模特法动作图解

表 7-3 模特法的动作分类与时间值

动作分类	动作名称	符 号	时间值(MOD)
移动动作	手指动作	M1	1
	手的动作	M2	2
	前臂动作	M3	3
	上臂动作	M4	4
	肩动作	M5	5
终止动作	触碰动作	G0	0
	简单抓握	G1	1
	复杂抓握	G3	3
	简单放下	P0	0
	注意放下	P2	2
	特别注意放下	P5	5

(续表)

动作分类	动作名称	符号	时间值（MOD）
身体动作	踏板动作	F3	3
	步行动作	W5	5
	向前探身动作	B17	17
	坐和站起动作	S30	30
其他动作	校正动作	R2	2
	施压动作	A4	4
	曲柄动作	C4	4
	眼睛动作	E2	2
	判断动作	D3	3
	重量修正	L1	1

模特法的原理是根据操作时人体动作的部位、动作距离、工作物的重量，通过分析和计算，确定标准的操作方法，并预测完成标准动作所需要的时间。模特法的制定比较科学，使用也十分方便。模特法的实施过程必然包含操作方法的改进和工作场地的合理布置，以方便工人操作。模特法特别适用于手工作业较多的劳动密集型产业，如电子仪表、汽车工业、纺织、食品、建筑、机械等行业。中外合资企业在改造与发展过程中，其有效的手段就是模特法。模特法以 MOD 为时间单位：

1 MOD=0.129 秒；1 秒=7.75 MOD；1 分=465 MOD

按人类工程学原理，以人的最小能量消耗为原则，以手指移动 2.5 cm 所需的平均时间为基本单位，即 1 MOD，其他任何动作时间都是它的倍数。使用模特法进行作业分析，作业时间值计算举例如下：将螺丝刀插入螺钉槽内这一动作排列式为 M2、G1、M2 和 P5，其中，M2 表示开始手的移动时间为 2 MOD，G1 表示简单抓取的时间为 1 MOD，M2 表示第二次手的移动时间为 2 MOD，P5 表示螺丝刀"特别注意放下"插入螺钉槽内的时间为 5 MOD。

动作时间值计算：$(2+1+2+5)\times 0.129=1.29$（秒）

与时间研究法相比，以上两种方法可以在实验环境中预先确定，而且标准相对统一，更利于企业计划的制订和公平性的体现。

（四）工作抽样法

工作抽样法(work sampling method)在作业测量中也是使用很广泛的一种方法，又称间接时间研究，是 20 世纪 30 年代由英国统计学家伦纳德·蒂皮特（Leonard Tippet）开发的，其特点是采取间断性观测的方法，通过大量的随机观察，根据操作者是在工作还是处于空闲状态，按"工作"和"空闲"分类记录发生次数，分析计算百分比，对操作者实际工作时间和空闲时间的百分比做出估计。这种方法的基本原理是，并不关心具体动作所耗费的时间,而是估计人或机器在某种行为中所占用的时间比例。例如,加工产品、提供服务、处理事务、等候指示、等候检修、空闲,这些都可看作为某种"行为",都会占据一定的时间。对这些行为所占用时间的估计是在进行大量观察的基础上做出的。其基本假设是:在样本中观察到的某个行为所占用的时间比例,一般来说是该行为发生时实际所占用的时间比例。在给定的置信度下,样本数的大小将影响估计的精度。

从这样的样本观察中所获得的数据除用于作业测定外,还可以用来估计人或设备的利用率,决定在其他作业研究方法中用到的宽放时间和工作内容,以及估计成本等。

1. 工作抽样法的应用步骤

选择好准备用工作抽样法进行观测的行为或活动后,需要经过以下 7 个步骤来测定其所占用的时间比例。

(1) 设计观测方式。观察被观测对象工作的方式可以有多种,根据将工作划分为不同行为的详略程度和划分方式的不同而不同。

(2) 决定观测的时间长度。样本法中的观测时间长度必须具有代表意义,即在该时间段内,每一行为都应该有发生若干次的机会。例如,某行为一周只发生一次,那么将观测时间设定为一天就毫无意义,在这种情况下,观测的时间也许要几个月。

(3) 决定最初的样本数。通常,研究人员在观测开始之前需要对被观测行为所占用的时间比例进行初步估计,并设定一个所希望的估计精度,在此基础上决定最初的样本数。经观测得出数据后,再进一步考虑是否要增加样本数。

(4) 选择随机的观测时间。观测者去观测现场获取数据的时间应该在选定的时间长度内随机确定,以避免数据失真。例如,假如被观测对象知道观测者每天下午 2:30 来进行观测,他们就有可能在这一时间有意调整他们的行为方式,这样,所获数据就代表不了他们真正的工作方式。

(5) 观察和获取数据。观察并采用一定方式记录下有关数据。

(6) 检查是否需要更多的样本数。

(7) 数据计算、分析与得出结论。

2. 工作抽样法的特点

工作抽样法所具有的主要优点包括以下 4 个方面。

(1) 观测者无须受专门训练(其他方法都需要);

(2) 无须使用秒表等计时装置,因而可同时进行几种行为的观测;

(3) 在工作循环较长的情况下,因为所需的观测时间不多,所以是一种经济的工作研究方法;

(4) 与其他的作业测定方法相比,此程序对实际工作干扰少,被观测人员更喜欢这种方法。

其局限性在于所需观察的样本数较大,需要保证一定的估计精度等。此外,这种方法对于重复性工作的标准时间的制定是不经济的。

(五) 作业测量中人的因素

方法研究和作业测量用来制定工人工作的标准方法和标准时间,它的成功推行离不开工人的认同和合作。工作研究的目的是提高生产率,从根本上和长远角度改善工人的工作条件,满足他们的物质和社会需要。但在实践过程中,工作改进的根本和长远利益往往不能被工人认识到和直接感受到,工人们更关心的是从工作改进中他们可以立刻得到的直接好处是什么。他们会很自然地认为,工作研究会使他们付出过分的努力,受到更多的管制和约束,生产率的提高会使他们中的一些人失去工作甚至失业。在服务企业或政府机构中,当开展工作研究时常会听到这样的议论,"我们的工作无法计划""你们怎么能用秒表来测定我们",其实这并不奇怪。

方法研究和作业测量不应当成为一种榨取工人的手段,也决不应当以牺牲一部分人的利益作为提高生产率的代价。减轻工人的劳动强度,以同样的付出获取更多报偿,或是以额外的付出获取加倍的报偿,在组织和其成员之间公平地分配工作改进的成果,这些既是工作研究追求的目标,也是工作研究取得成功的保证。

在研究人员与工人之间建立起良好的沟通和信任关系,是工作研究取得成功的关键。管理学发展史上著名的霍桑工厂实验雄辩地证明了这一点。正如乔治·梅奥所提出的,解释霍桑秘密的关键因素是小组中精神状态的一种巨大改变,实验室中的工人因为受到实验者越来越多的关心而高兴,并培养出一种参与实验计划的感觉。实验者对实验小组的真正影响,在于改造了其全部工作情境。霍桑实验得出的结论,不是要低估方法研究与作业测量的作用,而是要提醒工作研究人员,在专注于工作研究过程的技术细节时,别忘了担任工作的人们。

第三节 人机工程

一、人-机-环境系统

生产过程也是人与机器和环境发生交互作用的过程,几次产业革命的结果使得这种关系变得更加广泛与复杂。现在无论是要提高效率还是退一步要保证系统安全或正常运行,都必须处理好人、机器和环境三者之间的关系。

在生产过程中,工人为了完成生产任务必须操纵设备、控制机器,而控制的前提是首先要利用人的感官系统从机器上的显示系统中获取机器运行状态信息,然后再根据人的判断指挥操作系统对机器的控制系统施加影响,机器受到其控制系统作用后产生响应并重新在显示系统中反映出状态信息。这便是一个人-机系统在运行过程中会发生的交互作用过程,但还应注意的是,机器与人之间是依靠环境来沟通的,环境既是媒体也是干扰源,有时会阻断人与机器的联系,或使人犯错误,对机器施加不正确的影响而使系统失效,因此,研究人与机器的关系不可能脱离环境的影响,平时所说的人-机系统实际上也是包含着环境因素在内的。

人机工程以人-机系统为对象,研究其内部相互作用与结合的规律,使设计的机器和环境系统更适合人的生理和心理特点,达到生产中安全、健康、舒适和高效率的目的。

人机工程在不同的国家有不同的称呼，英国称其为"ergonomics"，可译作"人类工程学"；美国称其为"human engineering"，"人机工程"实际由此转译而来，日本称其为"人间工学"，在我国也有人根据其目的直称为"工效学"。这门学科之所以有这么多的名称，一是由于它经历了漫长而曲折的发展过程，很多国家都注意到该问题的重要性并由基层相对独立地进行研究，二是因为这门学科是在几个基础性学科的交叉点上生长出来的，不同背景的人或研究侧重点不一样的人也会导致命名的差异。然而不管其名称何其多，它们的目标却都是一致的。

由于人-机系统由三大要素构成，人机工程也围绕着它们进行了深入的探讨。在人的方面，人机工程主要在感官神经系统和人体构造与测量学等方面，对人接收信息、进行判断、做出反应这一过程的机制、素质及极限能力进行了研究，并对人体机体特征、动作的生物力学特性等方面也进行了研究，并形成人因工程（human factor engineering）的专门分支；在机器方面，人机工程主要结合人的特性探讨了机器显示、控制、空间布置、作业地设计等方面的专门问题。由于以上两方面的研究涉及较多医学、生理、心理学等方面的内容，属于工业工程师较深的知识层次，故在此不做介绍，而本节仅就人-机系统中环境因素的影响作简单介绍。

二、人-机系统的类型

根据功能行使方式的不同，有3种典型的人-机系统：手工操作系统、半自动化系统和自动化系统（见图7-8）。

在手工操作系统中，人接收信息（工作命令和操作规程）并储存信息（大脑记忆或记录下来），使用辅助机械（无动力源的机械）和手工工具将输入（原材料或零部件）转换（加工或装配）为输出（零件、部件或最终产品）。当感觉器官（眼、耳、鼻、手）发现输出与储存的信息产生差距时，就会通过调整输入或转换过程进行修正。因此，在手工操作系统中，人既作为动力来源又是工作过程的控制者。

在半自动化系统中，人主要作为工作过程的控制者。人与机器相互配合，感知工作过程的信息，将其与工作标准进行比较、判断，并操纵控制机构启动或关闭机器或做一些中间调整，动力一般由机器提供。

在自动化系统中，所有的感受、信息处理和行动功能均由机器来完成，人只是充当监视者的角色，即通过显示器或仪表所显示的工作状态参数，协助机器控制工作过程。

半自动化系统包含了工作设计所要研究的人与机器在工作过程中的全部相互关系，即人接收工作信息，操纵工作过程的控制机构，机器对人的控制活动做出反应，并将输入转换为输出。这些关系受到人的工作方法、动作及工作环境的影响。

三、工作环境分析与设计

工作环境是指人操纵机器设备或利用各种工具进行劳动生产时在工作地周围的物理环境因素，它们主要包括气候状况、照明与色彩状况、噪声与振动状况三大类影响因素。

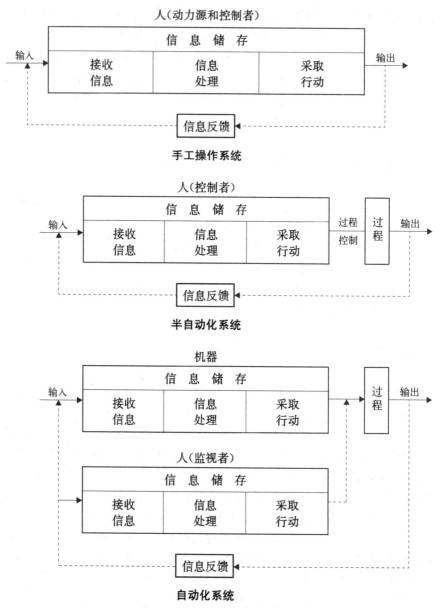

图7-8 3种典型的人机系统

（一）气候分析与设计

工作地和工作用房的气候状况决定于空气的温度、空气的流动速度、气压与大气污染等因素。

1. 温度对人工作的影响

一个有生命的人本身就是一个热源，需要向外散发热量。如果人体产生的热量等于向体外散发的热量，人便处于热平衡状态，此时体温约在36.5℃，人会感到比较舒适；当产生的热量大于散发的热量时，人便会感到发热，相反则会感到发冷。人体无时无刻不在产生和散发着热，研究表明，一位正常男子在休息或静止状态下平均每小时要产生

293 J的热量,而在劳动和激烈运动中,产生的热量可达到正常值的20倍。所以,在工作环境中有适宜的气候条件是获得良好工作能力的前提。室内的温度高会引起瞌睡、疲劳,从而使工作能力降低,增加差错。若室内温度低则会分散注意力。因此,需要确定一个适宜的温度(包括湿度)。但对于冷热的主观感觉不仅依赖于气候条件,而且也与工作人员的体质、年龄、性别、对水土的适应、工作的难易、服装等因素有关。也就是说,对适宜温度的评定是与主观态度有关的,故而所谓最佳温度不是某一固定的数值,而是指某一区域。例如,美国的统计资料规定的最佳温度范围是:脑力劳动15.5~18.3℃;轻劳动12.7~18.3℃;体力劳动10~16.9℃。

我国一般企业对温度控制比较困难,温度控制亦往往多限于冬季供暖。冬季供暖的温度以距地面1.5 m、离墙1 m处的干泡温度为准,如表7-4所示为各种用途建筑物内的最佳温度。

表7-4 我国各种建筑物内的最佳温度范围标准

地 点	最佳温度范围	地 点	最佳温度范围
学校教室	18.3~21.1℃	食堂	18.3℃
医院病房	21.1~22.2℃	工厂车间	12.8~18.3℃
剧院电影院	18.3~20℃	住宅	18.3℃

2. 空气流通对人工作的影响

工作环境中的空气流动情况也会影响劳动效率。实验表明,在温度相同的情况下,保持空气新鲜的工作地要比空气停滞的工作地效率高出约10%。一般认为,在工作人员不多的房间中,空气流动的最佳速度估计约为0.3 m/s,在拥挤的房间中约为0.4 m/s,而当室内温度、湿度都很高时,空气流速最好应达到1~2 m/s。

3. 空气污染对人工作的影响

环境中的空气污染源有两个。第一个来源是人。在人的呼吸过程中会排出二氧化碳,随着劳动强度的增大,二氧化碳的排放量会随之增加,成年男子在不同劳动强度下的二氧化碳呼出量如表7-5所示。与此同时,劳动者汗水的蒸发也会污染空气。第二个空气污染源来自生产过程(包括加工、运输、贮存等)。生产过程中产生的粉尘、烟雾、气体、纤维质、蒸气都会造成对人体各种器官的刺激、损害,这种污染不仅影响效率,更严重的是会损害健康,甚至影响工作安全。因此,保持室内空气清洁,至少把污染限制在许可范围之内是必须的。

表7-5 不同劳动情况下成年男子的二氧化碳呼出量

能量代谢率	劳动强度	二氧化碳呼出量(m^3/h)	计算用量(m^3/h)
0	睡觉	0.011	0.011
0~1	极轻劳动	0.012 9~0.023	0.022
1~2	轻劳动	0.023~0.033	0.028

(续表)

能量代谢率	劳动强度	二氧化碳呼出量(m^3/h)	计算用量(m^3/h)
2~4	中劳动	0.033~0.053 8	0.046
4~7	重劳动	0.053 8~0.084	0.069

(二)照明分析与设计

视觉对人在工作环境中正确定向起着最重要的作用,正常人通过视觉刺激的反应大约可以得到全部信息的80%。眼睛作为接收视觉显示信息的器官,其功能及其效率的发挥依赖于照明条件和显示物的颜色特征。

1. 照明对工作人员的影响

人视觉功能的发挥依赖于周围环境的照明水平和对比度。对比度是指反映观测物体与其背景的亮度差。统计分析表明,照明条件与对比度情况越好,工作中的差错率、事故率越低,而且对于效率提高也有促进作用。

实验表明,照明除对工作人员的效率有一定影响外,在照明不好时人还会更快地疲劳,工作效果更差。如果创造舒适的光线条件,工作人员不仅在从事手工劳动而且在从事要求紧张的记忆、逻辑思维的脑力劳动时,也会提高工作能力。此外,照明对人的自我感觉也有影响,它主要影响工作人员的情绪状态和动机,而这些对工作能力也有影响。一般认为明亮的房间是令人愉快的,而且光应从左侧投射。因此,人选择工作地点时都喜欢比较明亮的地方。在供休息的房间里,多数人都喜欢较暗的区域。

2. 工作场地和厂房的照明

工作场地上必须有适宜的照明,一般在设计照明系统时应考虑工作附近的适当亮度、工作附近的固定照明,工作与背景之间应有适当的亮度差,避免光源或作业区域发出眩光。

根据以上这些因素,并结合科研成果和经验,确定最适当的照明条件(照明要求、照明方式选择、照明方法的确定、照明设备的安装等)。既要避免作业损失和工伤设备事故的发生,又要防止照明上的浪费。因此,合理的工作地照明应是使工作面照度适宜、均匀、稳定,而且无目眩感。良好的照明不仅要明亮,还需要消除黑角暗道,更要避免闪光反射,并不发生过高热量。因此,在进行工作地照明的组织工作时,不仅考虑光源,还要考虑距离及分布,也应考虑操作者视网膜对光线的适应性(见表7-6)。

表7-6 不同工作的照明条件要求

工作分类	举 例	标准照度(lx)	照度范围(lx)
超精密工作	钟表、超精密机械加工、刺绣	1 000	700~1 500
精密工作	排字、汽车和飞机组装	500	300~700
普通工作	机加工、铸造、焊接	200	150~300
粗工作	木工	100	70~150

(续表)

工作分类	举 例	标准照度(lx)	照度范围(lx)
非工作	车间非工作区	50	30~70
	附属生活区及厕所	20	15~30

(三) 色彩分析与设计

由于色彩容易创造形象与气氛，激发心理联想和想象，所以色彩能够比普通照明产生更进一步的效果。许多国家的工业卫生、环境保护专家和劳动心理学家以及医学家证明，厂房、建筑物及工作地装备的色调对工人的劳动情绪、生产效率和作业质量有明显的影响。实践证明，色彩已不是可有可无的装饰，而是一种管理手段，可以为改善劳动环境、提高生产效率服务。

1. 颜色对人的影响

色彩对工作人员的影响表现在两个方面，一方面是对人的机体，另一方面是对人心理的影响。医学家从医学上证实，颜色对人体的机能和生理过程会发生作用，影响内分泌系统、含水量的平衡、血液循环和血压。红色和红的色调会使人各种器官的机能兴奋和不稳定，而蓝色和绿色色调则会使人各种器官的机能稳定。颜色之所以对人的心理会产生影响，是因为色彩与它所属的对象和物品是紧密相连的，所以，颜色对心理的影响受制于生活中积累起来的人与物交往的经验，以及对物的态度。也就是说，色彩能引起某种情绪或改变某种情绪，如"明快"的颜色引起愉快感，"阴郁"的颜色可能是心情不佳的起因。一般情况下，红、橙、黄色给人以温暖感觉，这些颜色为暖色；青、绿、紫色给人以寒冷感觉，这些颜色为冷色。因此，朝北的房间室内温度低时，可用暖色。高温车间必须用冷色。

暖色一般起积极的兴奋的心理作用。红色系列颜色对人在生理上起增加血压及脉搏的作用，在心理上有兴奋作用，并有不安感及紧张神经的副作用，因而一般不广泛使用。橙色系列颜色可以增加食欲，故适合食堂。在暖色中黄色系列颜色的生理反应近于中性，所以可用于一般工作场所，特别是女工作人员为主的场所，用暖色为宜。冷色一般起消极的镇静的心理作用。青色系列颜色对人在生理上起降低血压及脉搏的作用，在心理上有镇静作用，有清洁感，但大面积使用会给人荒凉的感觉，所以只能配套使用。在冷色中，绿色系列颜色的生理反应近于中性，可给人以平静感。

明色调与暗色调，由反射决定的色彩亮度可能影响人的情绪。例如，明色调会使人产生轻松、自在、舒畅的感觉，暗色调会使人产生压抑和不安的感觉。色彩的选择除了上述的一般情况外，还与人的个别特点如年龄、性别、生活经验等有关。例如，儿童喜欢鲜艳的色调，如红色或黄色，成年人往往喜欢蓝色、绿色和红色。有统计调查得出成人所喜爱的色调顺序：蓝、红、绿、黄、橙、紫、褐、灰、黑、白与粉色。

2. 生产环境与设备的色彩调节

对于生产用房，一般不主张把房间涂成单一的颜色或者一种色调占主要地位。因为单一的颜色会使视觉疲劳，把表面涂成对比色是有效的。具体颜色还要适合房间的用途,例如:普通生产用房应采用明快的色调;温度很高的房间最好涂上冷色调;俱乐部和休息室应采用使人感到舒适的暖色调;会客室则可涂上暗色调。通常天花板要具有较大的反射值;而墙与地板的反射值应较小。

设备不论规模大小,大体上可分为主机、辅机和动力来源,以及控制盘、座面和工作台等。对这些进行色彩装饰时,要考虑生产用房的环境色和工作内容才能确定设备本体的色调。一般来说,设备使用中性色的绿色系列和没有刺激的灰色系列较佳,因为这种色彩能予人以静感而可使工作人员眼睛不会过度疲劳。因此,要将生产用房的环境色、机械色、作业时的材料色结合在一起考虑。此外,对于需要卫生管理的食品、饮料工厂的设备,则采用白色或近于白色最佳。对于搬运设备如堆高机、手推车等尽量避免深色,而使用较明快的色彩为好。

(四)噪声分析与设计

人-机工程对噪声的理解是:它对生产者形成了干扰,是使其感到不快、不安或者有伤害的一切声音信号,它主要包括城市交通噪声、工厂噪声、建筑施工噪声以及商业、体育和娱乐场所的人群喧闹声等。

1. 噪声对工作效率的影响

噪声直接或间接影响工作效率。在嘈杂的环境里,人们心情烦躁,工作容易疲劳,反应迟钝,注意力不容易集中等,都直接影响操作效率、质量和安全,尤其对一些非重复性的劳动影响更为明显。通过许多实验得知,在高噪声下工作,心算速度降低,遗漏和错误增加,反应时间延长,总体效率降低。降低噪声给人带来舒适感,精神轻松,工作失误减少,精确度提高。

噪声干扰对人的脑力劳动会有消极影响,使人的精力分散。例如,让一组脑力劳动的人记住几组单词,然后复述出来。在安静的环境中他们能按顺序再现出单词,但是随着从安静转入噪声环境,思路遭到破坏,记忆的东西会按另一种顺序排列,所记单词的数量会减少。可见,从事脑力劳动的人对噪声特别敏感。分散注意力的噪声会使劳动生产率下降,可能导致劳动能力的损耗,在从事要求长时间保持紧张注意的工作时,如检查作业、监视控制作业等,噪声干扰会大大降低工作能力。

噪声会分散人们的注意力,高噪声可能遮盖危险、警报信号,容易引起工伤事故。实践证明,在噪声较高的工厂如钢铁厂中,噪声是酿成事故不可忽视的原因。噪声造成的经济上的损失也十分可观。据世界卫生组织估计,仅工业噪声,每年由于低效率、缺勤、工伤事故和听力损失赔偿等,就使美国损失近 40 亿美元。

值得注意的是,声音过小也会成为问题。在一个寂静无声的房间里工作,心理上会产生一种可怕的感觉,使人痛苦,这也必然影响工作。

2. 噪声控制

形成噪声干扰的过程是:声源——传播途径——接收者。因此,噪声控制必须从这 3 个方面研究解决。先考虑降低声源本身的噪声级;如果技术上不可能或经济上不合算,则考虑从传播途径中来降低;如果这种考虑达不到要求或不合算,则可从接收者方面采取个人防护措施。

第一,声源控制。减少机器设备本身的振动和噪声,通过研制和选择低噪声的设备和改进生产加工工艺,提高机械设备精度和安装技术,使发声体不发声或降低发声强度,就可以从根本上解决噪声的污染。工厂中的噪声主要是机械噪声和空气动力性噪声。要选择低噪声机器或对现有声源采取措施,需要了解各种声源的性质和发声机理。目前,我国机械制造部门正在着手制定有关低噪声产品的噪声容许标准,已开始研制和生产低噪声的各种生产设备。

第二,限制噪声传播。在传播途径上阻断和屏蔽声波的传播,或使声源传播的能量随距离衰减,这是控制噪声、限制噪声传播的有效方法。一方面,工厂总体设计布局要合理,预计工厂建成后可能出现的厂区环境噪声情况,在总图设计时通盘予以考虑。例如,将高噪声车间、场所与噪声较低的车间、生活区分开设置,以免互相干扰,特别强烈的噪声源可设在厂区比较边远偏僻的地区,使噪声级最大限度地随距离自然衰减。另一方面,利用天然地形,如山冈土坡、树丛草坪和已有的建筑屏障等有利条件,阻断或屏蔽一部分噪声向接收者传播。在噪声严重的工厂、施工现场或交通道路的两旁设置足够高的围墙或屏障,可以减弱声音的传播。绿化不仅能净化空气、美化环境,而且还可以限制噪声的传播。

第三,接收者的防护。当其他措施不成熟或达不到预期效果时,使用防护用具进行个人防护是一种经济、有效的方法。防护用具常见的有橡胶或塑料制的耳塞、耳罩、防噪声帽以及耳孔内塞防声棉(加上蜡或凡士林)等,可以降低噪声 20～30 db。在噪声强烈的车间,也可以开辟小的隔声间,工人在其中进行仪表控制或休息。

此外,可以从工作组织上采取轮换作业,缩短工人在高噪声环境中的工作时间等方法。

第四节 生产能力规划

一、生产能力的界定

所谓生产能力,即产能,是指一个设施的最大产出率。这里的设施,可以是一个工序、一台设备,也可以是整个企业组织。这里的产能主要是指一个企业的生产能力。从广义上说,是指人员能力、设备能力和管理能力的总和。人员能力是指人员的数量、实际工作时间、出勤率、技术水平等诸因素的组合;设备能力是指设备和生产运作面积的数量、水平、开动率和完好率等诸因素的组合;管理能力包括管理人员经验的熟练程度与应用管理理论、方法的水平和工作态度。从狭义上说,主要是指人员能力和设备能力,在资本集约度较高的制造企业中,尤其是指设备能力。在实际的企业管理中,由于管理能力一般来说只能作定性分析,而人员能力和设备能力是可以定量测算的。所以,生产能力主要是指狭义的能力,即一个企业在一定的运营组织条件下,企业内部各个运营环节综合平衡以后能够产出一定种类产品的最大数量,它是反映企业产出可能性的一种指标。

没有一种度量适用于所有类型的组织。不同的组织根据其具体的情况,需要考虑用不同的度量。一般来说,度量可分为 3 种基本形式。

1. 最大生产能力

所谓最大产能,是指一个设施的最大产出率。一种是技术上"最大"的含义,它是指除设备所需的正常维修、保养时间以外的,设备连续运转时的产出能力。另一种是经济上"最大"的含义,它是指一个组织在使用合理的人员,在合理的时间安排的条件下,设备的最大产出能力。

2. 有效生产能力

在最大生产能力的基础上,考虑到具体的产品组合、一定的生产进度计划方法、设备维修和一定的质量要求等因素,做出相应的扣除而得到的生产能力。有效生产能力是考虑由于产品组合改变的现实性、设备定期维修的需要、午餐或休息时间,以及生产规划和平衡等情况出现问题的生产能力,它通常要小于设计生产能力。

3. 设计生产能力

企业建造期间,设计规划所能达到的生产能力主要是为以后的生产发展规划等提供参考。各种生产能力间的关系如下:

$$有效生产能力 = 利用率 \times 最大生产能力$$
$$实际生产能力 = 效率 \times 有效生产能力$$
$$生产效率 = 实际产出 / 有效生产能力$$
$$生产利用率 = 实际产出 / 设计生产能力$$

二、生产能力规划的决定因素

生产能力的影响因素有多个,如产品、人员、设施、工艺和运作等,如图 7-9 所示。下面就每一个影响因素进行分析。

1. 产品因素

产品设计对生产能力有巨大的影响。如果生产相似产品,作业系统生产这类产品的能力要比后续不同产品的生产能力大。一般来说,产出越相近,其生产方式和材料就越有可能实现标准化,从而达到更大的生产能力。此外,设计的特定产品组合也必须加以考虑,因为不同产品有不同的产量。

2. 人员因素

组成一项工作的任务、涉及活动的各

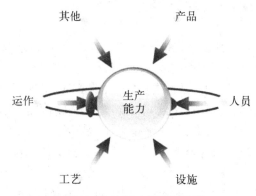

图 7-9　生产能力的影响因素

类人员以及履行一项任务需要的培训、技能和经验对潜在和实际产出有重要的影响。另外,相关人员的动机、缺勤和流动与生产能力也有着直接的联系。

3. 设施因素

生产设施的设计，包括厂房大小以及为扩大规模留有的空间，也是一个关键的影响因素。厂址因素包括运输成本、与市场的距离、劳动供应、能源和扩张空间，也是很重要的因素。同样，工作区的布局也决定着生产作业是否能够平稳执行。

4. 工艺因素

产品工艺设计是决定生产能力的一个明显因素，工艺设计是否合理影响产品质量。如果产品质量不能达到标准，就会增加产品检验和返工工作，从而导致产量下降。

5. 运作因素

一个组织由于存在不同设备生产能力的矛盾或工作要求的矛盾而产生的排程问题、存货储备的决策、发货的推迟、所采购的原材料部件的合意性，以及质量检验与制程控制，都对有效生产能力具有影响。

6. 其他因素

产品标准，特别是产品最低质量标准，能够限制管理人员增加和使用生产能力的选择余地，比如，企业为了达到产品和设备的污染标准，经常会减少有效生产能力。

三、生产能力的计算

要计算生产能力需要，必须先确定生产能力的计量单位。不同类型的企业生产能力计算方式不同。相比之下，机械制造企业的生产能力计算稍微复杂一些，主要原因是这类企业产品的加工环节多，参与加工的设备数量大，设备能力又不是连续变动的，而是呈阶梯式发展的，所以各环节的加工能力是不一致的。计算工作通常从底层开始，自下而上进行，先计算单台设备的能力，然后逐步计算班组（生产线）、车间、工厂的生产能力。生产能力的计算主要有以下 3 种类型：流水线生产类型企业的生产能力计算，成批加工生产类型企业的生产能力计算，以及服务行业的生产能力计算。

在大量生产企业，总装与主要零件生产都采用流水线生产方式，因此，企业生产能力是按每条流水线检查的。先计算各条零件制造流水线的能力，再确定车间的生产能力，最后通过平衡，求出全厂的生产能力。流水线的生产能力取决于每道工序设备的生产能力，所以，计算工作从单台设备开始。

成批加工生产类型的企业，生产单位的组织采用工艺专业化原则。产品的投料与产出有较长的间隔期，有明显的周期性。它们的生产能力计算与工艺专业化原则划分车间和班组有密切关系，具有自己的特点。

（一）生产能力的计量单位

由于企业种类的广泛性，不同企业的产品和生产过程差别很大，在进行生产能力计划以前，必须确定本企业的生产能力计量单位。常见的生产能力计量单位是以产出量为计量单位的。调制型和合成型生产类型的制造企业，生产能力以产出量表示，十分确切明了。例如，钢铁厂、水泥厂都以产品吨位作为生产能力，家电生产厂以产品台数作为生产能力。这类企业，它们的产出数量越大，能力也越大。若厂家生产多种产品，则选择代表企业专业方向、产量与工时定额乘积最大的产品作为代表产品，其他的产品可换算到代表产品。换算系数 k_i 由下式求得：

$$k_i = t_i / t_0$$

其中：k_i 代表 i 产品的换算系数；t_i 代表 i 产品的时间定额；t_0 代表产品的时间定额。

1. 以原料处理量为计量单位

有的企业使用单一的原料生产多种产品，这时以工厂年处理原料的数量作为生产能力的计量单位是比较合理的，如炼油厂以一年加工处理原油的吨位作为它的生产能力。这类企业的生产特征往往是分解型的，使用一种主要原料，分解制造出多种产品。

2. 以投入量为计量单位

有些企业如果以产出量计量它的生产能力，则会使人感到不确切，不易把握。如发电厂，年发电量几十亿度电，巨大的天文数字不易比较判断，还不如用装机容量来计量更方便。这种情况在服务业中更为普遍，例如：航空公司以飞机座位数量为计量单位，而不以运送的客流量为计量单位；医院以病床数而不是以诊疗的病人数计量；零售商店以营业面积，或者标准柜台数来计量，而不能用接受服务的顾客数；电话局以交换机容量表示，而不用接通电话的次数。这类企业的生产能力有一个显著特点，就是能力不能存储，服务业往往属于这种类型。

（二）生产能力的计算

1. 单台设备及流水线生产能力的计算和确定

大量生产企业按流水线组织生产时，生产能力按每条流水线核算。流水线的生产能力决定于承担每道工序的设备的生产能力，因此，生产能力的计算从单台设备开始。单台设备生产能力的计算公式如下：

$$P_0 = F_e / t$$

其中：P_0 代表单台设备生产能力（台/件）；F_e 代表单台计划期（年）内有效工作时间（小时）；t 代表产品的工序时间定额（台时）。

工序由一台设备承担时，单台设备的生产能力即工序生产能力；工序由 S 台设备承担时，工序生产能力为 $P_0 S$。

流水线的生产能力在各道工序的生产能力综合平衡及同期化的基础上确定。

2. 设备组生产能力的计算

在成批生产及单件小批生产企业，当工段按工艺原则或对象原则组织时，生产能力的计算通常从设备组开始，构成设备组的基本条件是它们在生产中的互换性，也就是设备组中的任何设备在大体相同的时间内，可以完成分配给设备组加工的任何相同工序，并能达到规定的质量标准。

金属切削机床分组的标准包括机床的用途（工艺工序种类）、机床的规格尺寸、机床的生产率、机床的动力特征和功率、机床的精度等。锻压设备、铸造设备按设备的种类、用途、加工吨位和生产率等进行分组。

设备组生产能力的计算公式如下：

$$P = F_e \cdot S/t$$

其中：P 代表设备组生产能力；F_e 代表有效工作时间；S 代表设备组的设备数量（台）；t 代表生产单位产品所需该种设备的台时数。

【例7-1】 设生产车间有 A、B、C、D 4 种结构、工艺相似的产品，根据产量及劳动量的大小，选定 B 产品为代表产品，其单位产品在铣床上的台时消耗为 5 小时。设铣床组共有 6 台铣床，每台铣床的全年有效工作时间为 4 650 小时，那么该铣床组的生产能力为多少？

解：
$$P = F_e \cdot S/t = 4\,650 * 6/5 = 5\,580(台)$$

3. 工段（车间）生产能力的计算

在计算设备组生产能力的基础上，确定工段（车间）的生产能力。各设备组的生产能力一般是不相等的，因此，确定工段（车间）的生产能力时要进行综合平衡工作。通常以主要设备组的生产能力作为综合平衡的依据。所谓主要设备组，是指完成劳动量比重最大或者贵重而无代用设备的设备组。生产能力不足的设备组为薄弱环节，要制定消除薄弱环节的措施。

生产能力取决于工段（车间）的生产面积，如地面造型工段、装配工段（车间），其生产能力按生产面积进行计算。

地面造型工段生产能力的计算公式如下：

$$P_x = A_x \cdot \rho$$

其中：P_x 代表造型工段的生产能力（t）；A_x 代表造型生产面积（m²）；ρ 代表单位造型面积合格铸件年产量（t/m²）。

装配工段（车间）的生产能力计算公式如下：

$$P_z = F_s A/at$$

其中：P_z 代表装配工段的生产能力（台）；F_s 代表计划期工作时间（h）；t 代表单位产品装配时间；A 代表装配工段的生产面积（m²）；a 代表单位产品占用的生产面积（米²/台）。

4. 企业生产能力的确定

企业生产能力在各车间生产能力综合平衡的基础上确定。企业生产能力综合平衡的内容主要包括两个方面：一是各基本生产车间生产能力的平衡；二是基本生产车间与辅助生产车间及生产服务部门之间生产能力的平衡。在平衡各基本车间的能力时，首先要确定主要车间，并以主要车间的生产能力作为平衡的依据。在包括各个工艺阶段的机械工业企业中，通常以机械加工车间为主要车间。

基本车间和辅助车间生产能力的平衡，一般以基本车间的生产能力为基准，核对辅助车间生产能力协调配合的情况。

在确定企业生产能力的过程中出现能力不平衡的情况时，必须制定消除薄弱环节的措施，使企业的生产能力达到较先进的水平。

四、生产能力规划

产能规划是提供一种方法来确定由资本密集型资源——设备、工具、设施和总体劳动力规模等——综合形成的总体生产能力的大小,从而为实现企业的长期竞争战略政策提供有力的支持。产能规划所确定的生产能力对企业的市场反应速度、成本结构、库存策略以及企业自身管理和员工制度都将产生重大影响。产能规划具有时效性、层次性和不确定性,是建立在预测基础之上的战略计划。

(一) 产能规划的划分

一般来讲,产能规划分为 3 个时间段。

1. 长期产能规划

通常大于 1 年。生产资料(如建筑物、设备或设施)需要很长时间才能取得或处理,长期产能规划要求高层管理者的参与和审批。长期计划中涉及的生产性资源需要一段较长时间才能获得,也将在一段较长的时间内消耗完毕,如建筑物、设备、物料设施等。长期计划需要高层管理者的参与和批准。长期计划是基于对企业的长远利益的考虑而制定的产能计划。长期计划具有战略性质,对企业的远期利益至关重要。长期计划具有很大的风险,需要谨慎处置,周密考虑。长期计划分为扩展与收缩两类。

2. 中期产能规划

中期产能规划指接下来的 6~18 个月的月产能规划或季产能规划。在此规划中,产能可能会因为雇佣、解雇、新工具的使用、少数设备购买和外包等方面产生变化。

3. 短期产能规划

少于 1 个月。短期产能规划与公司每日或每周的进程密切相关,各种类型的生产能力计划关系到每天或每周的生产调度情况。它涉及如何做出调整以消除计划与实际产出之间的差距。管理者通常会采取如加班、劳动力转移或选择其他的生产路线等方案来解决此问题。

(二) 产能规划的层次

产能规划的层次性是指对于不同层次的企业管理者,生产能力计划的意义不同,具体如下。

1. 公司层级

企业副总经理关心的是企业内部各工厂总体生产能力的大小,因为他(她)要为实现这些总的生产能力而投入大量的资金,那么这些资金需要多少呢?可以通过分析总体生产能力得到答案。财政学的投资预算部分涉及这方面的知识。

2. 工厂层级

工厂的经理则更关心全工厂的生产能力状况,他们必须决定如何以最优方式利用工厂的生产能力以满足预期的需求量。由于一年中需求高峰时的短期需求可能会远远大于计划产量,所以经理必须预测可能出现的需求高峰,并且安排好在什么时候储存多少产品以备急需。

3. 车间层级

更低一层的生产一线主管最为关心的是,在本部门的生产水平基础上,机器设备与人力资源结合的情况如何,生产可达到多大产量,一线主管需要做出详尽具体的工作调度计划以满足每天的工作量。

(三) 产能规划的步骤

不同企业进行产能规划的程序各有不同,但是,一般来说,企业进行产能规划时,都必须遵循以下4个步骤。

1. 估计未来的能力需求

在进行产能规划时,先要进行需求预测。由于能力需求的长期计划不仅与未来的市场需求有关,还与技术变化、竞争关系以及生产率提高等多种因素有关,所以必须综合考虑。还应该注意的是,所预测的时间段越长,预测的误差可能就越大。对市场需求所做的预测必须转变为一种能与能力直接进行比较的度量。在制造业企业中,企业能力经常是以可利用的设备数来表示的,在这种情况下,管理人员必须把市场需求(通常是产品产量)转变为所需的设备数。

2. 计算需求与现有能力之间的差

当预测需求与现有能力之间的差为正数时,很显然,就需要扩大产能,这里要注意的是,当一个运营系统包括多个环节或多个工序时,能力的计划和选择就需要格外谨慎。一个典型的例子是:20世纪70年代,西方发达国家的航空工业呈供不应求的局面,因此,许多航空公司认为,所拥有的飞机座位数越多,就可以赢得越多的顾客,因而竭力购入大型客机。但事实证明,拥有小飞机的公司反而获得了更好的经营绩效。原因是满足需求的关键因素在于航班次数的增加,而不是每一航班所拥有的座位数。也就是说,顾客需求总量可用"座位数×航班次数/年"来表达,只扩大前者而忽视后者就遭遇了失败。在制造企业中,能力扩大同样必须考虑到各工序能力的平衡。当企业的生产环节很多,设备多种多样时,各个环节所拥有的生产能力往往不一致,既有富余环节,又有瓶颈环节。富余环节和瓶颈环节又随着产品品种和制造工艺的改变而变化。从这个意义上来说,企业的整体生产能力是由瓶颈环节的能力所决定的,这是制定能力计划时必须注意的一个关键问题。否则的话,就会形成一种恶性循环,即某瓶颈工序能力紧张——增加该工序能力——未增加能力的其他工序又变为瓶颈工序。

3. 制定候选方案

处理能力与需求之差的方法可有多种。最简单的一种是不考虑能力扩大,任由这部分顾客或订单失去。其他方法包括能力扩大规模和时间的多种方案,包括积极策略、消极策略或中间策略的选择,也包括新设施地点的选择,还包括是否考虑使用加班、外包等临时措施,等等。这些都是制定能力计划方案所要考虑的内容。所考虑的重点不同,就会形成不同的候选方案。一般来说,至少应给出3~5个候选方案。

4. 评价每个方案

评价包括两方面,即定量评价和定性评价。定量评价主要从财务的角度,以所要进行的投资为基准,比较各种方案给企业带来的收益以及投资回收情况。这里,可使用净现值法、盈亏平衡分析法、投资回收率法等不同方法。定性评价主要是考虑不能用财务分析来判断的其他因素,如是否与企业的整体战略相符、与竞争策略的关系、技术变化因素、人员成本等,这些因素的考虑,有些实际上仍可进行定量计算(如人员成本),有些则需要用直观和经验来判断。在进行定性评价时,可对未来进行一系列的假设。例如,可以给出一组最坏的假设,如需求比预测值要小、竞争更激烈、建设费用更高等,也可以给出一组完全相反的假设,即最好的假设,用多组这样的不同假设来考虑投资方案的好坏。

(四) 使用决策树评估产能方案

1. 决策树的概念

决策树一般都是自上而下生成的。每个决策或事件(即自然状态)都可能引出两个或多个事件,导致不同的结果,把这种决策分支画成图形很像一棵树的枝干,故称决策树。其中,方格表示决策点,圆圈表示事件,决策点的分支线表示决策者可能的选择,事件的分支线表示事件发生的概率。

在具体求解中,由后往前看,将每一步骤的期望值计算出来,留下收益最大的分支线,并将这个程序一直进行到第一个决策点。

2. 决策树理论的运用

【例7-2】 H 电脑公司老板在考虑 5 年内应该如何经营。在公司邻近地区计划设立一个大型电器商场,如果准时完工将会带来更多商机。H 公司老板有 3 个可能的选择:一是扩大目前的店;二是迁到一个新地方;三是不做任何改变。扩张和迁移不需要花太多时间,因而不会有收入损失。若第一年不做改变,而市场高度增长,还是可以再考虑扩张。等待时间若超过一年,使竞争者进入,扩张则不可行。

假设条件如下:

(1) 由于电子公司设立,使得使用电脑的人增加,高成长的概率为 55%。

(2) 若迁到新址且高成长,获得的收入为 195 000 美元;若迁到新址且弱成长,则有 115 000 美元的收入。

(3) 扩张且高成长带来的收入为 190 000 美元,扩张且弱成长带来的收入为 100 000 美元。

(4) 继续留在原址且高成长,带来 170 000 美元的收入,若弱成长则带来 105 000 美元。

(5) 原址扩张成本为 87 000 美元,迁址成本为 210 000 美元。

用决策树求解如下:

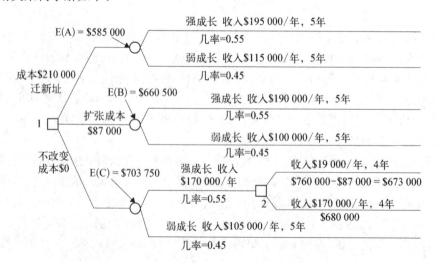

可见,最好的方案是不做改变。

(五) 生产能力柔性

产能柔性是指迅速增加或者减少生产水平的能力,或是将生产能力迅速从一种产品或服务转移到另一种产品或服务的能力。这种柔性通过使用其他组织能力而获得的工厂柔性、制作流程柔性、员工柔性以及战略柔性来实现。越来越多的企业在设计供应链时会考虑到柔性问题。与供应商进行合作时,他们可以将供应商的能力纳入整个系统。

1. 柔性工厂

工厂柔性最理想的状态是实现零转换时间的运作。可移动设备、易拆卸墙壁、易获取且易重新安装的设备都能帮助工厂实现产能的快速转换。

2. 柔性流程

柔性流程是通过两方面来实现的:一方面是柔性制造系统;另一方面是简单易拆装的机器设备。这两项技术方法都可以让企业进行快速、低成本的产品转换,使规模经济成为可能。

3. 柔性工人

柔性工人应掌握多种技能,具有能够轻易地从一个工种转入另一个工种的能力。与专业工作者相比,他们需要接受更广泛的培训,此外还需要得到管理人员和工作人员的配合与支持,便于他们在工作任务中进行快速转换。

第五节 服务能力规划

一、服务业能力规划的影响因素

虽然服务业的能力规划会与制造业能力规划面对许多相同的问题,并且它们确定设施规模的方法也大致相同,但是两者还是存在一些重要的区别。服务业能力规划更多地依赖时间和选址,受需求波动影响较大,产能利用会直接影响到服务质量。

(一) 时间

不像产品,服务不能"生产"出来储存。因此,服务业的管理者必须将时间作为供应中的要素进行考虑。服务能力必须在需要时能够提供服务。例如,目前航班客满,顾客便无法得到已起飞班机的空位。顾客也不可能购买其指定的某一天的航班座位,带回家日后使用。

(二) 选址

企业提供服务时是与顾客面对面的,所以服务能力必须接近消费者。在制造业中,企业可以在一个地方将产品生产出来后通过分销商送到客户手中。然而,服务业中的情况正好相反,服务产能必须第一时间将服务提供给顾客(不管是通过面对面的接触还是某种通信媒介,如电话),这样的服务才算是有效的。一个城市里空出的一间酒店房间或一辆出租车对其他城市的客户是没有多大用处的。服务能力必须靠近客户,在客户需要时随时可用。

(三) 需求的不稳定性

服务系统的需求易变性远远高于制造业生产系统,这主要由3个原因造成。首先,正如刚才提到的,服务不能储存。这意味着服务系统不能像制造系统那样用库存来平滑需求变化。其次,服务系统必须直接与顾客进行交易,而这些客户的需求往往不尽相同,并且在处理过程中会产生不同水平的服务,交易的数量也会变化。这导致处理每个顾客的需求的时间易变性更大,从而导致最低产能需求的可变性增大。最后,服务需求变化受顾客行为的影响。

二、服务生产能力规划的调整

根据服务的这些特点,服务生产能力的规划也要进行相应的调整,主要有如下内容。

首先,对于顾客的多样化需求,有两种方法可以解决。一种是在服务企业建立的时候就考虑到顾客可能的需求,并且根据这些需求配置相应的设施,培训员工适应并且满足多样化的需求。这样的工作对于刚刚起步的服务企业而言比较困难,无论从财力或经验上都无法满足。另外一种方法是让顾客成为服务的直接参与者,顾客自己为自己提供服务,如饭店可以提供多种饭菜,顾客随意选择满足自己要求的饭菜,这种形式就是所谓的"自助餐"。

其次,服务设施的设置往往要在服务高峰的地点附近,而且,在服务高峰的时间可以采用弹性工作时间的方法鼓励员工在高峰时间上班。比如,快餐店、洗衣店就应该设在居民区附近,可以方便居民获得服务,也可以避免服务设施的浪费。

最后,在增加服务网点和提高服务能力之间进行权衡。一般地,如果服务设施附近的集中性需求增加,需要加大这个服务点的服务提供能力,如增加员工、提供多种服务;如果服务需求比较分散,则需要寻找新的需求高峰区,并且建立新的网点。由于新网点的成本一般比较高,所以企业更愿意较多地提高服务能力。

三、服务能力利用率和服务质量

我们强调服务能力的原因在于,由于服务能力的大小与提供服务的质量有着密切的关系,一般地,服务能力利用率在80%左右,可以保持最好的服务质量。如果服务能力利用率超过80%,会造成企业满足服务的能力下降,服务质量也会随之下降。如图7-10所示为座席利用率与服务水平的关系(服务利用率与服务质量之间的关系)。座席利用率通常指话务员用于讲电话的时间多少。如果利用率很高,如100%,那就是说话务员当班时间完全在讲电话,一点空闲也没有;反之,如果利用率很低,就是说话务员大部分时间在"空闲",在等电话,而不是在讲电话。但是,座席利用率也不是越高越好。如果座席利用率过高,表示每当话务员挂断前一个电话,立即会有下一个电话进来。这就意味着,每时每刻总会有顾客在线上等待。这就意味着顾客的感受会变差——等待时间变长,放弃率增高,服务水准下降。

最佳能力利用率有一个非常具体的范围。在不确定性和风险较高的情况下保持低利用率是比较恰当的选择。例如,医院的急诊部门和消防部门应该保持低利用率,因为事件发生概率的不确定性较高,此外,这类事件通常都是性命攸关的,风险较高。比较有预见性的服

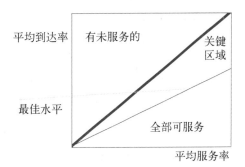

图 7-10 服务质量利用率与服务质量的关系

务,如通勤列车服务或无须与顾客进行直接接触的服务,如邮局信件服务,可以达到接近 100% 的利用率。有趣的是,还有一种服务是需要较高的利用率的。所有运动比赛举办方都期待爆满的场景,不仅仅因为 100% 的边际利润率,还因为人员爆满会产生更热烈的气氛,让观众兴致高涨,也更能激发主场队伍的斗志,从而间接刺激未来的门票销售。

复习思考题

1. 什么是工作设计,进行工作设计的意义是什么?
2. 为什么要进行工作研究和工作设计?
3. 工作扩大化与工作丰富化的区别是什么?
4. 什么是工作标准?如何制定工作标准?
5. 人-机工程可以从哪些方面来帮助提高生产率?

案 例 分 析

ZARA 的团队工作方式

西班牙的知名品牌 ZARA 已经登陆中国上海、北京等大城市,这个让全世界企业都刮目相看的时装品牌的得意之处,在于它拥有集全球各地几十个工作室之力的数量庞大的设计团队。其严密的设计管理和快速反应系统让 ZARA 全世界各个角落的专卖店内无数款式型号的服装不仅在风格上和谐统一,而且总能及时供应。面对强势的设计管理群体带来的巨大效益,人们不得不惊叹设计管理在企业运行中发挥的重要作用。

ZARA 采用的是"三位一体"的开发企划模式,设计师、市场专家、采购专家组成强大的设计开发团队。"市场专家"负责管理连锁店,与一线店长保持良好的关系,通过公司配备的特殊数码专线通话装置,保证店长与"市场专家"之间的动态数据传递。同时,店长根据"市场专家"的信息确定最终的订单数量。"采购专家"负责规划订单的整个完成过程,决定是外包生产还是派发给自己的工厂,是外购原材料还是自己生产,并时刻监控仓库存储量与市场供求需要。设计师则收集各种时尚信息和数据反馈,与市场专家、采购专家讨论分析,确定设计方案。对设计方案进行修改、完善之后,设计团队根据

数据库中的信息共同决定面料种类、颜色、生产量、成本与售价等,最后交付给生产部门。ZARA不借助外部合作伙伴进行设计、仓储、分销和物流,而是由本企业全包全揽,保持整个供应链在完全掌控中,如图7-11所示。

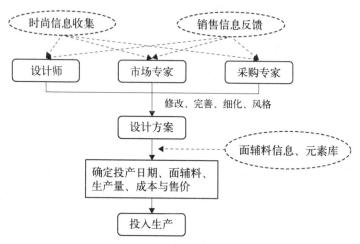

图 7-11 ZARA 开发企划体系

一般来说,订单允许变更的上限为20%,而ZARA可以允许40%~50%。这是因为ZARA的供应链管理不仅能对原材料和产品在流动过程中的每一个环节进行追踪,同时还能够快速地把信息由消费者那里传递给设计师和生产管理人员,从而实现各环节之间快速直接的沟通。

资料来源:杞文楠.快时尚品牌服装产品开发流程优化探析[D].东华大学,2011.

思考题: 是否有比 ZARA 更优的团队?

延伸阅读

工作设计与泰勒主义孰优孰劣?

自1900年以来,工作设计作为一种重要的管理方式得到了学界和实践界的广泛关注。泰勒在1947年提出的科学管理理论中也对工作进行了系统的阐述,根据 Mohr 和 Zoghi 在2006年的研究,在这一理论框架的指导下,专业化的分公司并不鼓励员工采用实验、创新和变化的方式完成工作。随着工业技术的发展,学者们开始致力于工作设计(尤其是工作丰富化)的研究,以求适应工业技术发展的要求,创造出如更高的生产率、较高的工作满意度、较低的员工离职率等更大的价值。

20世纪60年代,工作设计的思想盛行一时,工作丰富化渐渐成为一个全新的概念被人们所接受和推崇。工作丰富化在一定程度上赋予员工更多的自主权和控制权,允许员工设定计划和参与政策的制定,同时也要求他们承担更多的责任。工作丰富化鼓励员工在工作中主动学习和创新,增加了工作本身的激励能力。相应地,受到激励的员工能更加高效地完成任务,以及发现一些被管理者所忽略的生产技术。

虽然有的学者认为工作丰富化具有普遍适用性,然而自20世纪80年代开始,越来越多的学者发现很难设计出适用所有环境和适合所有员工的工作原则。由此引发许多疑问：是否工作丰富化已经真的解决了泰勒时代工作上的问题？是否泰勒的科学管理理论已经过时？

被视为泰勒科学管理理论的替代的工作丰富化，其实际功效开始受到学者们的质疑。

涂红伟、严鸣、周星在2011年通过一个对知识型员工和体力工作者进行对比的差异性的准实验研究，以实证性的研究结果对这一问题进行了探讨。

根据工作性质的不同，可以将员工分为知识型员工和体力工作者。其中，知识型员工通常被称为"白领"，他们利用所学到的观念、思想和理论，在现代企业中发挥着越来越大的作用，同时他们掌握和分享组织知识，代表着企业的智力资本，是组织当前和未来的盈利保证。体力工作者通常被称为"蓝领"，他们在组织中运用手工技能和体力劳动完成工作。实验检验工作丰富化对这两类员工工作满意度和任务绩效的不同影响作用，旨在进一步拓展工作设计的研究，结果表明，工作类型（知识工作和体力工作）在工作丰富化和工作产出之间有着显著的调节作用。换句话说，在相同的工作丰富化水平条件下，知识型员工和体力工作者的反应显著不同。这说明，在管理实践上，不能简单地将工作丰富化适用于所有的员工，而需要区别对待知识型员工和体力工作者的工作设计，以便更好地提升他们的绩效表现。

研究结果表明：知识型员工的工作满意度和工作绩效与工作丰富化之间存在着正向的关系，而体力工作者的工作满意度和工作绩效与工作丰富化之间存在着负向的关系。

该研究从理论的角度重新解释并证明了泰勒科学管理应用于人力资源管理实践的可能性。尽管泰勒在员工行为解释上具有自身的局限性，甚至一度被工作设计理论所替代。然而，关于工作内容的改变是否能促进员工和组织绩效的提高，一直存在着争论。在实际的工作中，我们发现员工流动性、失误率、压力以及不满意的程度有时候并没有因为实施丰富化的工作而减少。一些学者也认为，工作丰富化可能只对特定类型的个体具有正向作用，并不是所有的员工都受益于丰富化的工作。知识型员工将更加受益于工作的丰富化，而体力工作者的工作性质和心理需求决定了泰勒专业化、标准化以及最优化的工作设计方法仍然适用于现代人力资源管理实践。因此，不可简单地说泰勒的科学管理已被工作设计所取代，也不能说两者是相悖的。

第八章 综合计划

【学习目标】
1. 理解计划管理的一般概念。
2. 掌握综合生产计划策略。
3. 掌握备货型及订货型生产企业年度生产计划的制定方法。
4. 领会收入管理。

开篇案例

Force-Master 公司的综合生产计划

Force-Master 公司是一间中型的制造商,主要产品是汽油引擎驱动的家园工具,公司主要生产割草机和除雪机。由于各种产品的相似度高,所以都在同一厂房内生产。Force-Master 的员工都具有多种技能,而且常常轮调工作,公司根据经验与实际量测定,制造一部割草机需要 1.8 人工小时,除雪机则需要 2.5 人工小时,两种产品的市场需求几乎是相反的。

在年度最后阶段,Force-Master 公司准备拟定下一年度的综合生产计划,此计划以两个月为一期,一月与二月为第一期,以此类推。公司有 350 名员工,每个员工每期约工作 300 小时,平均薪资约为 $6 000,加班的薪资为每小时 $28,但公司规定每个员工每期加班时数不得超过 60 小时。员工每期的自动离职率约为 2%,各级法律与劳资合约规定,员工被解雇时应领取相当于两个月薪资的遣散费($6 000),而雇佣新员工时需要付出广告、面试、训练等成本,每人约 $2 000。另外,新进员工在第一期的平均生产力是熟练员工的一半,故而可以假设新进员工有效的工作时数只有一半。

Force-Master 公司预估在本年度结束时,库存将有 4 500 部除雪机与 500 部割草机,割草机每期的库存成本大约是 $8,除雪机每期的库存成本大约是 $10。下一年度割草机的制造成本估计为 $95,除雪机的制造成本为 $110,割草机的预定出货价格为 $210,除雪机则为 $250,业务部门据此价格与过去的销售量估计下一年度各期的需求量如表 8-1 所示。

Force-Master 公司向来采取保守的人事策略,需求增加时先加班,再考虑增聘员工,而且尽量不解雇员工。生管主任根据这个策略规划出下年度的综合生产计划,如表 8-2 所示。

表 8-1　下年度各期预估销售量

期　别	割　草　机	除　雪　机
1—2	12 000	16 000
3—4	85 000	4 000
5—6	80 000	0
7—8	32 000	5 000
9—10	8 000	35 000
11—12	3 000	45 000

表 8-2　下年度各期预估销售量

期别	员工人数			加班时数	割草机		除雪机	
	熟练	新聘	解雇		制造	库存	制造	库存
11—12	350					500		4 500
1—2	343	0	0	0	41 194	29 694	11 500	0
3—4	336	27	0	21 780	64 344	9 038	4 000	0
5—6	356	0	0	20 932	70 962	0	0	0
7—8	349	0	0	0	32 000	0	18 840	13 840
9—10	342	0	0	0	8 000	0	35 280	14 120
11—12	335	0	0	0	3 500	500	37 680	6 800
合计	2 061			42 712	220 000	39 232	107 300	34 760

计划的成本如下：

薪　　资：(2 061+27)×\$6 000＝\$12 528 000

加 班 费：42 712×\$28＝\$1 195 936

雇佣成本：27×\$2 000＝\$54 000

制造成本：220 000×\$95＝\$20 900 000　　104 500×\$110＝\$11 495 000

库存成本：39 232×\$8＝\$313 856　　34 760×\$10＝\$347 600

总　　计：\$46 834 392

问　　题：分析计划的合理性，如果你有更合适的计划，请给出一个新的综合生产计划。

要求：

1. 分析该综合生产计划的优缺点，要求有理有据，用数据和相关对比图表来进行分析说明。

2. 指出新制定的综合生产计划的特点，并和上述生产计划进行数据对比分析。

计划是管理的首要职能。没有计划,企业内部一切活动都会陷入混乱。在一个好的计划指导下,水平一般的下属也会使工作发挥成效;在一个差的计划指导下,能力很强的下属也会把工作弄糟。现代工业生产是社会化大生产,企业内部分工十分精细,协作非常严密,任何一部分生产活动都不能离开其他部门而单独进行。因此,需要统一的计划来指挥企业各部分的活动。企业里没有计划,好比一个交响乐队没有乐谱,是无法进行任何生产经营活动的。

第一节 综合计划概述

综合计划是指企业通过调整劳动生产率、劳动力数量、库存水平、加班和外包等,力求以最低的成本满足顾客的需求,是提高设备利用率、降低成本、产生竞争优势的重要管理方式。

综合计划又称总进度计划,是指确定企业中期(通常提前 3～18 个月)生产数量和生产时间的一种方法,对制造业企业而言,综合计划将企业的总体战略目标和生产计划联系起来,而对服务业来说,综合计划则将公司的战略目标和用人计划联系起来。

一、企业计划的层次和职能计划之间的关系

（一）计划的层次

企业里有各种各样的计划,这些计划是分层次的,一般可以分成战略计划、战术层计划与作业层计划 3 个层次,如图 8-1 所示。

战略层计划涉及企业发展战略、产品设计、生产能力、企业投资,新生产设备的建造等,涉及企业资源的获取,如研发计划、新产品计划、投资计划、选址、扩张计划等,由企业的高层管理人员负责,是长期计划,时间至少 1 年以上。

战术层计划是确定在现有资源条件下所从事的生产经营活动应该达到的目标,如产量、品种、产值和利润,它是中期计划,如综合生产计划、销售计划、产品出产计划、人员招聘计划等,时间为 3～18 个月,主要目标是产能和波动的市场需求相匹配。这些计划必须与长期计划保持一致,并满足战略决策的约束。综合计划的制定是中期计划编制完成的标志。

图 8-1 计划的层次

作业层计划是确定日常生产经营活动的安排,如生产作业计划、采购计划、工作分配等,属于短期计划,涉及任务分配、订货、排程、调度、加班和临时招聘等内容。

3 个层次的计划有不同的特点,如表 8-3 所示,从战略层到作业层,计划期越来越短,计划的时间单位越来越小,覆盖空间范围越来越小,计划内容越来越详细,计划中的确定性越来越高。

表 8-3 不同层次计划的特点

	战略层计划	战术层计划	作业层计划
计划期	长（≥1 年）	中（3～18 个月）	短（月，旬，周）
计划的单位时间	粗（年）	中（月，季）	细（工作日，班次，小时）
空间范围	企业，公司	工厂	车间，工段
运营计划类别	产能规划	综合计划	作业计划
计划内容和工作	研发计划、新产品计划、投资计划、选址/扩张计划	销售计划、生产计划和预算、人员招聘计划、库存管理、外包计划	任务分配、订货、排程、调度、加班、临时招聘
详细程度	高度综合	综合	详细
不确定性	高	中	低
特点	涉及资源获取	资源利用	日常活动处理
管理层次	企业高层管理者	中层，部门经理，运营经理	监督人员，班组长

由以上分析可见，综合计划意味着在一段时期内（或者整个时期）内合理配置资源。在已知需求预测、设备能力、库存水平、员工数量以及其他相关输入条件下，计划者必须考虑企业未来 3～18 个月的产品出产数量。这些计划既适用于制造企业，如惠而浦公司，又适用于医院、高校或者出版组织。

（二）综合计划与其他计划的关系

企业战略层计划主要是企业长远发展规划，长远发展规划是一种十分重要的计划，它关系到企业的兴衰。"人无远虑，必有近忧"，可见古人已懂得长远考虑与日常工作的关系。作为企业的高层领导，必须站得高，才能看得远。只看到眼前的领导者，称不上领导。战略计划指导全局。战略计划下面最主要的是综合生产计划，也称年度综合计划，再往下是各种职能计划。这些职能计划不是孤立的，它们之间的联系如图 8-2 所示。综合生产计划是实现企业经营目标最重要的计划，是编制生产作业计划、指挥企业生产活动的龙头，又是编制物资供应计划、劳动工资计划和技术组织措施计划的重要依据。各种职能计划又是编制成本计划和财务计划的依据。成本计划和财务计划是编制经营计划的重要依据。

二、生产计划的层次与计划指标体系

（一）生产计划的层次

生产计划是一种战术性计划，包括综合计划、产品出产计划和作业计划。综合生产计划以假定产品为计划对象，产品出产计划以具体产品和工矿配件作为计划对象。具体产品和配件都是企业向市场提供的具体物品。生产作业计划是产品出产计划的执行计划，是指挥企业内部生产活动的计划。对于大型加工装配式企业，生产作业计划一般

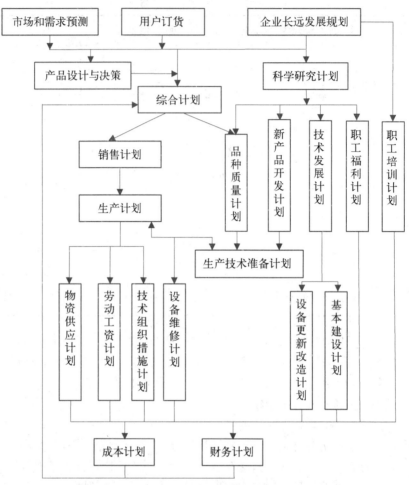

图 8-2 综合生产计划与各种职能计划之间的关系

分成厂级生产作业计划和车间级生产计划两级。厂级生产作业计划的对象为原材料、毛坯和零件,从产品结构的角度来看,也可称作零件级作业计划。车间级生产作业计划的计划对象为工序,故也可称为工序级生产作业计划。表 8-4 列出了生产计划的层次及特征。

表 8-4 生产计划的层次及特征

	计 划 层	执 行 层	操 作 层
计划的形式及种类	综合生产计划 产品出产计划	零部件(毛坯)投入出产计划、原材料(外购件)需求计划等	双日(或周)生产作业计划、关键机床加工计划等
计划对象	产品(假定产品、代表产品、具体产品)、工矿配件	零件(自制件、外购件、外协件)、毛坯、原材料	工序

184

(续表)

	计 划 层	执 行 层	操 作 层
编制计划的基础数据	产品生产周期、成品库存	产品结构、加工制造提前期、零件、原材料、毛坯库存	加工路线、加工时间、在制品库存
计划编制部门	经营计划处(科)	生产处(科)	车间计划科(组)
计划期	一年	一月、一季	双日、周、旬
计划的时间单位	季(细到月)	旬、周、日	工作日、小时、分
计划的空间范围	全厂	车间及有关部门	工段、班组、工作地
采用的优化方法	线性规划、运输问题算法、搜索决策法则、线性决策法则	MRP、批量算法	各种作业排序

(二) 生产计划指标体系

生产计划的主要指标有品种、产量、质量、产值和出产期。

1. 品种指标

品种指标是企业在计划期内出产的产品品名、型号、规格和种类数，它涉及"生产什么"的决策，确定品种指标是编制生产计划的首要问题，关系到企业的生存和发展。

2. 产量指标

产量指标是企业在计划期内出产的合格产品的数量，它涉及"生产多少"的决策，关系到企业能获得多少利润。产量可以用台、件、吨表示。对于品种、规格很多的系列产品，也可用主要技术参数计量，如拖拉机用马力计量，电动机用千瓦计量等。

3. 质量指标

质量指标是企业在计划期内产品质量应达到的水平，常采用统计指标来衡量，如一等品率、合格品率、废品率、返修率等。

4. 产值指标

产值指标是用货币表示的产量指标，能综合反映企业生产经营活动成果，以便不同行业比较。根据具体内容与作用不同，分为商品产值、总产值、净产值3种。

商品产值是企业在计划期内出产的可供销售的产品价值。商品产值的内容包括用本企业自备的原材料生产的成品和半成品的价值、用外单位来料加工的产品加工价值，以及工业劳务的价值。只有完成商品产值指标，才能保证流动资金正常周转。

总产值是企业在计划期内完成的以货币计算的生产活动总成果的数量。总产值包括商品产值、期末期初在制品价值的差额，以及订货者来料加工的材料价值。总产值一般按不变价格计算。

净产值是企业在计划期内通过生产活动新创造的价值。由于扣除了部门间重复计算，它能反映计划期内为社会提供的国民收入。净产值指标有两种算法：生产法和分配法。按生产法：净产值＝总产值－所有转入产品的物化劳动价值。按分配法：净产值＝工资总额＋福利基金＋税金＋利润＋属于国民收入初次分配的其他支出。

5. 出产期

出产期是为了保证按期交货确定的产品出产期限。正确地决定出产期很重要。出产期太紧，保证不了按期交货，会给用户带来损失，也给企业的信誉带来损失；出产期太松，不利于争取顾客，还会造成生产能力浪费。

对于订货型(make to order，MTO)企业，确定交货期和产品价格是主要的决策；对于备货型(make to stock，MTS)企业，主要确定品种和产量。

三、制定计划的一般步骤及滚动式计划

（一）制定计划的一般步骤

制定计划的一般步骤如下。

(1) 确定目标。根据上期计划执行的结果，目标要尽可能具体，如利润指标、市场占有率等。

(2) 评估当前条件。要弄清楚现状与目标有多大差距。当前条件包括外部环境与内部条件。外部环境主要包括市场情况、原料、燃料、动力、工具等供应情况，以及协作关系情况。内部条件包括设备状况、工人状况、劳动状况、新产品研制及生产技术准备状况、各种物资库存情况及在制品占用量等。

(3) 预测未来的环境与条件。根据国内外各种政治因素、经济因素，社会因素和技术因素综合作用的结果，预测未来，把握现状将如何变化，找到达成目标的有利因素及不利因素。

(4) 确定计划方案。包括拟定多个可实现目标的可行计划方案，并从中按一定的标准，选择一个计划方案。

(5) 实施计划，评价结果。检查目标是否达到，如未达到，要找出原因、需要采取什么措施，以及是否需修改计划等。具体如图 8-3 所示。

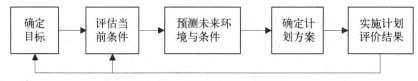

图 8-3 制定计划的一般步骤

（二）滚动式计划的编制方法

编制滚动式计划是一种编制计划的新方法。其编制方法是：在已编制出的计划的基础上，每经过一段固定的时期(如一年或一个季度等，这段固定的时期被称为滚动期)便根据变化了的环境条件和计划的实际执行情况，从确保实现计划目标出发对原计划进行调整。每次调整时，保持原计划期限不变，而将计划期限顺序向前推进一个滚动期。由于长期计划的计划期较长，很难准确地预测到各种影响因素的变化，所以很难确

保长期计划的成功实施。采用滚动式计划方法,就可以根据环境条件变化和实际完成情况,定期地对计划进行修订,使组织始终有一个较为切合实际的长期计划做指导,并使长期计划能够始终与短期计划紧密地衔接在一起。

按编制滚动计划的方法,整个计划期被分为几个时间段,其中第一个时间段的计划为执行计划,后几个时间段的计划为预计计划。执行计划的具体要求按预计计划实施。预计计划比较粗略,每经过一个时间段,根据执行计划的实施情况以及企业内、外条件的变化,对原来的预计计划做出协调与修改,原预计计划中的第一个时间段的计划变成执行计划。

比如,2005年编制"五年计划",计划期为2006—2010年,共5年。若将5年分成5个时间段,则2006年的计划为执行计划,其余4年的计划均为预计计划。当2006年的计划实施之后,又根据当时的条件编制2007—2011年的"五年计划",其中2007年的计划为执行计划,2008—2011年的计划为预计计划,以此类推。修订计划的间隔时间称为滚动期,它通常等于执行计划的计划期,如图8-4所示。

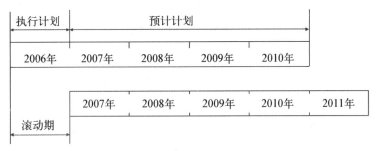

图8-4　编制滚动计划示例

滚动式计划的特点是"分段编制,近细远粗",如图8-5和图8-6所示。

图8-5　滚动式计划详细情况(一)

滚动式计划方法有以下两方面的优点。

(1) 使计划的严肃性和应变性都得到保证。因执行计划与编制计划的时间接近,内外条件会发生很大变化,可以基本保证完成,体现了计划的严肃性;预计计划允许修改,体现了应变性。如果不是采用滚动式计划方法,第一期实施的结果出现偏差,以后各期计划如不做出调整,就会流于形式。

(2) 提高了计划的连续性,逐年滚动,自然形成新的"五年计划"。

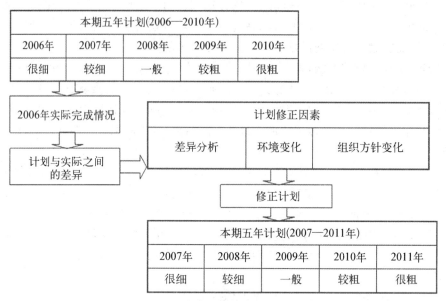

图 8-6　滚动式计划详细情况(二)

四、生产能力

生产能力是指企业的设施在一定时期(年、季、月)内,在先进合理的技术组织条件下所能生产一定种类产品的最大数量。对于流程式生产,生产能力是一个准确而清晰的概念。比如,某化肥厂年产 30 万吨合成氨,这是设备的能力和实际运行时间决定的。对于加工装配式生产,生产能力则是一个模糊的概念。不同的产品组合表现出的生产能力是不一样的。大量生产,品种单一,可用具体产品数量表示生产能力;大批生产,品种数少,可用代表产品数表示生产能力;多品种、中小批量生产,则只能以假定产品的产量来表示生产能力。在纯服务运作中,能力直接与劳动力数量相关。

生产能力有设计能力、查定能力和现实能力之分。设计能力指在设计任务书和有关技术设计文件中所规定的生产能力,是一种潜在能力,一般需要经过一定时间才能达到,也是建厂或扩建后应该达到的最大年产量。查定能力是指老企业重新调查核定的生产能力。当企业有了新的发展,如产品方案、生产工艺和技术组织条件等发生了重大变化,原定的设计能力已不符合企业的实际情况,此时需要重新调查核定企业的生产能力。现实能力为计划年度实际可达到的生产能力,是编制年度生产计划的依据。国外有的人将生产能力分为固定能力和可调整能力两种,前者指固定资产所表示的能力,是生产能力的上限,后者是指以劳动力数量和每天工作时间和班次所表示的能力。这种划分不仅适合制造业,更适合服务业。

(一) 代表产品与假定产品

代表产品是结构和工艺有代表性,而且产量与劳动量乘积最大的产品。在多种生产企业里,产品的结构、工艺、劳动量差别很大,难以确定代表产品,这时可采用假定产品。假定产品是按各种具体产品工作量比重构成的一种实际上不存在的产品。

【例8-1】 设 A、B、C 和 D 共 4 种产品,其计划年产量和各产品的单位产品台式定额如表 8-5 所示,现以产品 C 为代表产品,将各产品的计划年产量折算成代表产品产量。

表 8-5 代表产品和假定产品

产品	计划年产量（台）	单位产品台时定额	折换成代表产品 C 的产量（台）	折换成假定产品的产量（台）
A	50	20	25	27
B	100	30	75	82
C	125	40	125	136
D	25	80	50	55
合计	300	—	275	300

代表产品的计算：
A：$50 \times 20/40 = 25$（台）　　B：$100 \times 30/40 = 75$（台）
C：125（台）　　D：$25 \times 80/40 = 50$（台）

假定产品的计算：
假定产品的加工台时定额：
先计算假定产品的台时定额：

$$t_{ij} = (50 \times 20 + 100 \times 30 + 125 \times 40 + 25 \times 80) \div 300 = 36.67（台时）$$

然后,将各产品的计划产量折算成假定产品产量：
A：$50 \times 20/36.67 = 27$　　B：$100 \times 30/36.67 = 82$
C：$125 \times 40/36.67 = 136$　　D：$25 \times 80/36.67 = 55$

（二）生产能力与生产任务（负荷）的平衡

生产能力与生产任务的平衡包括 3 个方面的内容：将生产任务与生产能力比较；按比较的结果采取措施；计算生产能力利用指标。

比较生产任务与生产能力有 2 种方法：用产品数比较和用台时数比较,后者用得较多。对于单品种生产企业,可用具体产品数进行比较：

设备生产能力＝设备年有效工作小时数/单位产品台时定额
设备年有效工作小时数＝全年工作日数×每天工作小时数×（1－设备停修率）

取最小的设备生产能力（台数）作为生产线或企业的生产能力,将其与计划年产量比较。

对于多品种生产,可用代表产品或假定产品,但计算较复杂,不如用台时数计算方便。

当任务能力不平衡时,一种方法是增加能力,如加班加点,另一种方法是减少、调整任务或转包一部分给其他企业。

生产能力利用指标有多种,其中有代表性的是生产能力综合利用系数,它等于生产任务与生产能力。

第二节 综合计划策略

编制综合生产计划需要解决的一个基本问题是如何处理能力与需求的关系。市场需求的起伏和波动是绝对的,而企业能力又是相对稳定的,要解决这个矛盾,既要研究处理非均匀需求的策略,又要研究影响需求的策略。

一、处理非均匀需求策略

处理非均匀需求有3种纯策略:改变库存水平、改变生产速率和改变工人数量。其内容涉及库存管理、生产速率、人员安排、能力计划和其他可控因素。

(一)改变库存水平

改变库存水平就是通过库存来调节生产,而维持生产率和工人数量不变。如图8-7所示,当需求不足时,由于生产率不变,库存量就会上升。当需求过大时,将消耗库存来满足需求,库存就会减少。这种策略可以不必按最高生产负荷配备生产能力,节约了固定资产投资,是处理非均匀需求常用的策略。成品库存好比水库,可以蓄水和供水,既防旱又防涝,保证水位正常。但是,通过改变库存水平来适应市场的波动会产生维持库存费用;同时,库存也破坏了生产的准时性。对纯劳务性生产,不能采用这种策略。纯劳务性生产只能通过价格折扣等方式来转移需求,使负荷高峰比较平缓,而且这种策略会带来储存费用、保险费、搬运费、陈旧损失、投资损失及资金投入等成本的上升,并且需求超出预期时,可能会造成缺货,使交货提前期延长,服务水平下降。

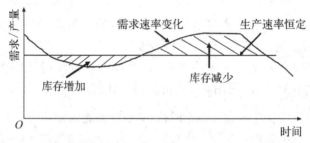

图8-7 通过改变库存水平来吸收需求波动

(二)改变生产速率

改变生产速率就是要使生产速率与需求速率匹配。需要多少就生产多少,这是准时生产制所采用的策略。它可以消除库存,忙时加班加点,闲时把工人调到其他生产单位或做清理工作。但过多加班会影响产品的质量和效率,尤其是需求低迷的闲时,工人的安排难度很大。当任务超出太多时,可以采取转包或变制造为购买的办法。外包或购买能有效地借助外力,扩大生产能力,但成本可能较高,质量难以保证,同时有企业信息和商业秘密泄露的可能,这种策略引起的问题是生产不均衡,同时需要多付加班费和管理费用。

(三) 改变工人数量

改变工人数量就是需求量大时多招聘工人,在需求量小时裁减工人。这种做法多用于服务业,尤其是餐饮、零售、超市等。对技术要求高的工作一般不能采用这种策略,因为技术工人不是随时可以雇到的。另外,工人队伍不稳定会引起产品质量下降和一系列的管理问题,而且新员工培训以及频繁的招新及裁老会引起员工队伍的不稳定,导致低的生产效率。

以上3种纯策略可以任意组合成多种混合策略。比如,可以将改变工人的数量与改变库存水平结合起来。混合策略一般要比纯策略效果好。

二、影响需求的策略

(一) 直接影响需求的策略

当需求低迷时,可以通过广告、促销、人员推销和降价等措施来刺激需求。例如,航空公司和宾馆都在周末和淡季提供价格折扣,通信公司降低在夜间的通话费率,冬季销售空调最便宜,都是在刺激需求。然而,即使进行了广告和促销活动,安排了专门的销售人员并采取了降价措施,可能仍然不能使生产能力和需求水平一直保持一致。

(二) 暂缓交货策略

暂缓交货策略是指企业已经承接的产品或服务订单由于种种原因需要延迟交货。如果客户愿意等待,而且企业的信誉和订单量不会受到任何的损失,那么暂缓交货不失为一种可行的策略。但很多公司采用暂缓交货的策略,结果却常常造成销售机会的丧失。

(三) 反季产品和服务的销售组合策略

在制造业中,一种广泛使用的方法是反季产品的销售组合,如既销售取暖器又销售空调,或者既销售割草机又销售吹雪机。然而采用这种策略的公司,可能会发现它们销售的产品或服务超出了自己的专业领域,或者不在自己的目标市场之内。

究竟采用什么样的策略,可以通过反复试验法确定。

三、制定计划的方法

(一) 反复试验法

反复试验法又称"试错法",可能是在管理实践中应用最广的方法。面对复杂的管理对象,人们很难找到优化的方法来处理,于是通过直觉和经验得出一种方法。将这种方法用于实践,取得经验,发现问题,对方法做出改进,再用于实践……如此反复。虽然不一定能得到最优解,但是一定能得到可行的且大体令人满意的结果。在制定生产计划中,也可采用反复试验法,综合以上6种策略。下面将以一个例子说明如何应用反复试验法。

【例8-2】 某公司将预测的需求转化为生产需求,如表8-6所示。该产品每件需要20小时加工,工人每天工作8小时。招收工人需要广告费、考试费、培训费等,折合一个工人需要300元,裁减一个工人需要解雇费200元。假设无废品和返工,为了应付需求波动,有1 000件产品作为安全库存。单位维持库存费用为6元/(件·月)。设每年需求类型相同,计划年度开始时的工人数等于年度结束时的工人数,库存量也近似相等。现比较以下不同策略下的费用。

表8-6 预测的需求量

月份	预计月生产需求量	累计需求量	每月正常工作日数	累计正常工作日数
4	1 600	1 600	21	21
5	1 400	3 000	22	43
6	1 200	4 200	22	65
7	1 000	5 200	21	86
8	1 500	6 700	23	109
9	2 000	8 700	21	130
10	2 500	11 200	21	151
11	2 500	13 700	20	171
12	3 000	16 700	20	191
1	3 000	19 700	20	211
2	2 500	22 200	19	230
3	2 000	24 200	22	252

1. 仅改变工人的数量

采取这种纯策略需要假定随时可以雇到工人,完全根据计划期内的产量预测,进行招聘和裁减工人来调整员工数量,或通过加班、轮休、外包等调节产量,很多服务型企业较适用,如教育、医疗、建筑业等。这种策略如表8-7所示,总费用为200 000元。

表8-7 仅改变工人数量的策略

(1) 月份	(2) 预计月生产需求量(件)	(3) 所需生产时间(小时)	(4) 月生产天数	(5) 每人每月生产小时	(6) 需要工人数 (3)÷(5)	(7) 月初增加工人数	(8) 月初裁减工人数	(9) 变更费(元)
4	1 600	32 000	21	168	190	—	37	7 400
5	1 400	28 000	22	176	159	—	31	6 200
6	1 200	24 000	22	176	136	—	23	4 600

(续表)

(1)月份	(2)预计月生产需求量(件)	(3)所需生产时间(小时)	(4)月生产天数	(5)每人每月生产小时	(6)需要工人数 (3)÷(5)	(7)月初增加工人数	(8)月初裁减工人数	(9)变更费(元)
7	1 000	20 000	21	168	119	—	17	3 400
8	1 500	30 000	23	184	163	44	—	13 200
9	2 000	40 000	21	168	238	75	—	22 500
10	2 500	50 000	21	168	298	60	—	18 000
11	2 500	50 000	20	160	313	15	—	4 500
12	3 000	60 000	20	160	375	62	—	18 600
1	3 000	60 000	20	160	375	—	—	0
2	2 500	50 000	19	152	329	—	46	9 200
3	2 000	40 000	22	176	227	—	102	20 400
维持1 000件库存费=1 000×6×12=72 000(元)						256	256	128 000
总费用=72 000+128 000=200 000(元)								

2. 仅改变库存水平

在每个计划期内产量保持一致,利用产成品库存缓冲需求和生产之间的差异,如丰田和日产,有利于员工队伍的稳定、产品质量的提升,降低员工的流失率和缺勤率,提高员工忠诚度,而且员工素质更高,水平更稳定,很适合技术要求更高,需求变动相对较小的企业。

这种策略允许暂缓交货。由于252天内要生产24 200件产品,则平均每个工作日生产96.03件,需要1 920.63小时(96.03×20),每天需要工人241人(1 920.63÷8),则每天平均生产96.4件产品(241×8÷20)。仅改变库存水平的策略如表8-8所示,总费用209 253元。

表8-8 仅改变库存水平的策略

月份	累计生产天数	累计产量(件)	累计生产需求(件)	月末库存(件)	维持库存费(元)
4	21	2 024	1 600	1 424	7 272
5	43	4 145	3 000	2 145	10 707
6	65	6 266	4 200	3 066	15 633
7	86	8 290	5 200	4 090	21 468
8	109	10 508	6 700	4 808	26 694
9	130	12 532	8 700	4 832	28 920
10	151	14 556	11 200	4 356	27 564
11	171	16 484	13 700	3 784	24 420

(续表)

月份	累计生产天数	累计产量（件）	累计生产需求（件）	月末库存（件）	维持库存费（元）
12	191	18 412	16 700	2 712	19 488
1	211	20 340	19 700	1 640	13 056
2	230	22 172	22 200	972	7 836
3	252	24 293	24 200	1 093	6 195
总费用= 209 253(元)					209 253

3. 混合策略

对很多企业而言，上述每种策略都不一定很理想，则可以采取以上策略的组合，以使成本最低，服务水平提高。

混合策略可以多种多样，这里仅讲一种（见表8-9）。考虑到需求的变化，在前一段时间采取相对低的均匀生产率，在后一段时间采取相对高的均匀生产率。4月初需要生产1 600件，每天需要生产76.1件。设前一段时间采用每天80件的生产率，则每天需要200个工人（80×20÷8）。生产到8月底，累计109天，生产了8 720件（109×80）。在余下143天（252－109）内，需要生产15 480件产品（24 200－8 720），平均每天生产108.25件（15 480÷143），需要271人（108.25×20÷8）。因此，在9月初要雇71人，每天可生产108.4件产品（271×8÷20），年末再裁减71人。这种混合策略的总费用为179 275元。

表8-9 混 合 策 略

月份	累计生产天数	生产率（%）	累计产量（件）	累计生产需求（件）	月末库存（件）	维持库存费（元）	变更工人数
4	21	80	2 024	1 600	1 080	6 240	71×300= 21 300
5	43	80	4 145	3 000	1 440	7 560	
6	65	80	6 266	4 200	2 000	10 320	
7	86	80	8 290	5 200	2 680	14 040	
8	109	80	10 508	6 700	3 020	17 100	
9	130	108.4	12 532	8 700	3 296	18 948	
10	151	108.4	14 556	11 200	3 073	19 107	71×200= 14 200
11	171	108.4	16 484	13 700	2 741	17 442	
12	191	108.4	18 412	16 700	1 909	13 950	
1	211	108.4	20 340	19 700	1 077	8 958	
2	230	108.4	22 172	22 200	636	5 139	
3	252	108.4	24 293	24 200	1 021	4 971	
总费用=143 775 + 35 500=179 275(元)						143 775	35 500

反复试验法不能保证获得最优策略,但可以不断改善所采取的策略。也可以试着改变混合策略,以减少总费用。

(二) 数学方法

在运营管理的综合计划制定中,有许多数学方法可以使用,如线性规划中的运输问题法,可以在一定条件下计算出正常产量、加班产量、外包数量、加班的时间以及库存量等。鲍曼的管理系数模型是关于管理人员经验和业绩的正规决策模型,主要通过回归分析进行计算模拟。另外,在现实过程中使用的还有线性决策法则和仿真模型等。

以上的多种方法中:反复实验法应用的是图表技术,简单易懂,应用方便,但结果不具有唯一性和最优性;优化求解的线性规划中的运输问题法已经有成熟的计算机软件,并可以进行敏感性分析,但许多复杂的实际情况难以进行精确的建模;启发式的管理系数模型简单实用,使用回归分析模拟管理者的决策过程;变参数的仿真模型非常复杂,对于一般的管理者难度较大,但精确度较高。

第三节 年度综合计划的制定

一、MTS企业综合计划的制定

备货型生产企业编制年度生产计划的核心内容是确定品种和产量,因为有了品种和产量就可以计算产值。备货型生产无交货期设置问题,因为顾客可直接从成品库提货。大批和中批生产一般是备货型生产。

(一) 品种与产量的确定

1. 品种的确定

对于大量大批生产来说,生产的产品品种数很少,而且既然是大量大批生产,所生产的产品品种一定是市场需求很大的产品。因此,没有品种选择问题。

对于多品种批量生产,则有品种选择问题。确定生产什么品种是十分重要的决策。

确定品种可以采用象限法和收入利润顺序法。象限法是美国波士顿顾问中心提出的方法,该法是按"市场吸引力"和"企业实力"两大因素对产品进行评价,确定不同产品所应采用的策略,然后从整个企业考虑,确定最佳产品组合。

收入利润顺序法是将生产的多种产品按销售收入和利润排序,并将其绘在收入利润图上,以确定生产何种产品。表8-10展示了8种产品的收入和利润顺序,绘制后如图8-8所示。

表8-10 销售收入和利润次序表

产品代号	A	B	C	D	E	F	G	H
销售收入	1	2	3	4	5	6	7	8
利润	2	3	1	6	5	8	7	4

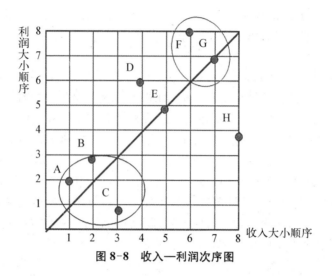

图 8-8 收入—利润次序图

由图 8-8 可以看出,一部分产品恰好在对角线上,一部分产品在对角线上方,还有一部分产品在对角线下方。销售收入高利润也大的产品,即处于图左下角的产品,应该生产。相反,对于销售收入低利润也小(甚至亏损)的产品,即处于图右上角的产品,需要做进一步分析。其中很重要的因素是产品生命周期。如果是新产品,处于导入期,因顾客不了解,销售额低,同时由于设计和工艺未定型,生产率低,成本高,利润少,甚至亏损,此时应该继续生产,并做广告宣传,改进设计和工艺,努力降低成本。如果是老产品,处于衰退期,就不应该继续生产。除了考虑产品生命周期因素以外,还可能有其他因素,如质量不好,则需要提高产品质量。

一般来说,销售收入高的产品利润也高,即产品应在对角线上,对于处于对角线上方的产品,如 D 和 F,说明其利润比正常的少,这就需要考虑是销价低了还是成本高了。反之,处于对角线下方的产品如 C 和 H,利润比正常的高,可能是由于成本低所致。可以考虑增加销售量,以增加销售收入。

2. 产量的确定

品种确定之后,确定每个品种的产量,可以采用线性规划方法。利用线性规划法,可求得在一组资源约束下(生产能力、原材料、动力等)各种产品的产量,使收入最高。

【例 8-3】 已知:

产　品	单　价	单位耗材	单位耗人工
A	4	1	4
B	5	3	2
可供资源	—	10	20

设生产 A 产品 X_1 台,生产 B 产品 X_2 台,则:

$\max Z = 4X_1 + 5X_2 \qquad \text{S.t. } X_1 + 3X_2 \leqslant 10$

$4X_1+2X_2 \leq 20$ $\qquad$ $X_1, X_2 \geq 0$ $\qquad$ 求 X_1 和 X_2。

解：采用线性规划的方法，绘制线性规划图如下：

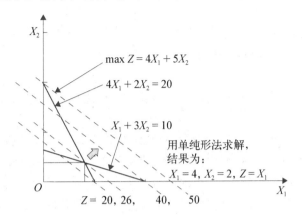

如上图所示，当 $X_1=4, X_2=2$ 时，$Z=26$ 取得最大值。

(二) 产品出产计划的编制

确定了产品品种与产量之后，再安排产品的出产时间，就得到了产品出产计划。预测的需求并不等于生产需求，因为生产出的产品要经过包装、发运才能到批发商的手中，然后又从批发商到零售商，最后才能到顾客手中。因此，生产必须提前一段时间进行，才能满足市场需求。另外，因能力有限，生产并不一定要满足全部市场需求。

由于不同的生产类型有不同的特点，在编制产品出产计划的方法上也有一定的差别。

1. 大量大批生产企业

由于其品种数很少，产量大，生产的重复程度高，大量大批生产是典型的备货型生产，其生产的直接目标是补充成品库存。采用改变库存水平的策略较好，这样可以通过成品库将市场与生产系统隔开，使生产速率均匀，保证生产的节奏性。

有3种方式可用于分配各季各月的产量。

(1) 均匀分配方式。将全年计划产量按平均日产量分配给各月。这种方式适用于需求稳定、生产自动化程度较高的情况。

(2) 均匀递增分配方式。将全年计划产量按劳动生产率每季(或每月)平均增长率分配到各月生产。这种方式适用于需求逐步增长、企业劳动生产率稳步提高的情况。

(3) 抛物线递增分配方式。将全年产量按开始增长较快、以后逐渐缓慢的递增方式分配到各月生产。

2. 成批生产企业

由于品种较多，各种产品产量多少相差较大，不能采用大量大批企业的方式安排生产。具体的方法包括：

(1) 对于有订货合同产品，按合同规定的数量与交货期安排，以减少库存；

(2) 对于产量大、季节性波动小的产品，可按"细水长流"方式安排；

(3) 对于产量小的产品，要权衡库存费用与生产准备费用，确定经济合理的投产批量；

(4) 同一系列、不同规格的产品尽可能安排在同一时期生产,以便集中组织通用件生产。

二、MTO企业综合计划的制定

单件小批生产是典型的订货型生产,其特点是按用户要求,生产规格、质量、价格和交货期不同的专用产品。

单件小批生产方式与大量大批都是典型的生产方式。大量大批生产以其低成本、高效率与高质量取得的优势,使得一般中等批量生产难以与之竞争。但是,单件小批生产的产品因为其创新性与独特性,也能在市场中牢牢地站稳脚跟。其原因主要有3个。

(1) 大量大批生产中使用的各种机械设备都是专用设备,而专用设备是以单件小批生产方式制造。

(2) 随着技术的飞速进步和竞争的日益加剧,产品生命周期越来越短,大量研制新产品成了企业取得竞争优势的关键。新产品即使要进行大量大批生产,但在研究与试制阶段,其结构、性能、规格还要做各种改进,只能以单件小批生产方式试产。

(3) 单件小批生产制造的产品大多为生产资料,如大型船舶、电站锅炉、化工炼油设备、汽车厂的流水线生产设备等,它们为新的生产活动提供手段。

对于单件小批生产,由于订单到达具有随机性,产品往往又是一次性需求,无法事先对计划期内的生产任务作总体安排,也就不能应用线性规划进行品种和产量组合上的优化。但是,单件小批生产仍需要编制生产计划大纲。生产计划大纲可以对计划年度内企业的生产经营和接受订货决策进行指导。一般来讲,编制大纲时,已有部分确定的订货,企业还可以根据历年的情况和市场行情,预测计划年度的任务,然后根据资源的限制进行优化。单件小批生产企业的生产计划大纲只能是指导性的,产品出产计划是按订单做出的。因此,对单件小批生产企业来说,接受订货决策十分重要。

(一) 接受订货决策

当用户订单到达时,企业要做出接不接、接什么、接多少和何时交货的决策。在做出这项决策时不仅要考虑企业所能生产的产品品种,现已接受任务的工作量,生产能力与原材料、燃料、动力供应情况,交货期要求等,而且要考虑订货价格是否能接受。因此,这是一项十分复杂的决策。其决策过程如图8-9所示。从图中看出:较紧的交货期但较高的价格或较松的交货期但较低的价格,均可能成交;符合企业产品优化组合的订单可能在较低的价格下成交,否则,可能在较高的价格下成交。

(二) 品种、价格与交货期的确定

1. 品种的确定

对于订单的处理,除了即时选择的方法之外,有时还可以将一段时间内接到的订单累积起来再进行处理,这样做的好处是可以对订单进行优选。

对于小批生产也可用线性规划方法确定生产的品种与数量。对于单件生产,无所谓产量问题,可采用0-1型整数规划来确定要接受的品种。

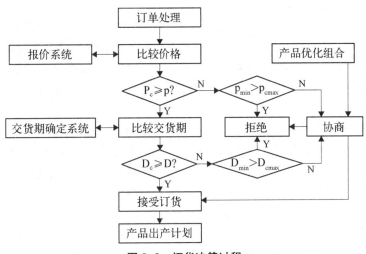

图 8-9　订货决策过程

【例 8-4】 已接到 A、B、C 三种产品的订货,其加工时间和可获利润如表 8-11 所示。

表 8-11　产品订货信息表

产　　品	A	B	C
加工时间	12	8	25
利　　润	10	13	25

采用启发式算法,即优先考虑单位加工时间利润最大的任务:

A：10/12 = 0.83

B：13/8 = 1.63

C：25/25 = 1

顺序为 B—C—A,由于能力工时限制,只能选择 B 和 C。

2. 价格的确定

确定价格可采用成本导向法和市场导向法。成本导向法是以产品成本作为定价的基本依据,加上适当的利润及应纳税金,得出产品价格的一种定价方法。这是从生产厂家的角度出发的定价法,其优点是可以保证所发生的成本得到补偿。但是,这种方法忽视了市场竞争与供求关系的影响,在供求基本平衡的条件下比较适用。

市场导向法是按市场行情定价,然后再推算成本应控制的范围。按市场行情,主要看具有同样功能或类似功能产品的价格分布情况,然后再根据本企业产品的特点,确定顾客可以接受的价格。按此价格来控制成本,使成本不超过某一限度,并尽可能低。

对于单件小批生产的机械产品,一般采用成本导向法。由于单件小批生产的产品的独特性,它们在市场上的同类产品不多。因此,只需要考虑少数几家竞争对手的类似产品的价格即可。而且,大量统计资料表明,机械产品原材料占成本比重的 60%～

70%,按成本定价是比较科学的。

由于很多产品都是第一次生产,而且在用户订货阶段只知道产品的性能、容量上的指标,并没有设计图纸和工艺,所以按原材料和人工的消耗来计算成本是不可能的。因此,往往采取类比的方法来定价,即按过去已产生的类似产品的价格,找出一大类产品价格与性能参数、重量之间的相关关系,以此来确定将接受订货的产品价格。

3. 交货期的确定

出产期与交货期的确定对单件小批生产十分重要。产品出产后,经过发运,才能到顾客手中。交货迅速而准时可以争取顾客。正确设置交货期是保证按期交货的前提条件。交货期设置过松,对顾客没有吸引力,还会增加成品库存;交货期设置过紧,超过了企业的生产能力,造成误期交货,会给企业带来经济损失和信誉损失。

下面介绍常用的交货期设置方法:

(1) CO(constant)法:$d_i = r_i + k$

其中:d_i 为产品的完工期限;r_i 为产品的到达时间或准备就绪时间;k 为固定常量,对所有产品都一样,由经验决定。这种方法建立在所有产品从接受订货后的生产技术准备与生产制造所花的时间都一样假设的基础上。显然,这是一种比较粗略的处理方法。

(2) RAN(random)法:$d_i = r_i + e_i$

其中:e_i 为随机数,其余符号同前。这种方法是指交货期是按顾客要求决定的,因而具有随机性,完全按顾客要求定交货期的情况也比较少。

(3) WK(total work content)法:$d_i = r_i + p_i + k$

其中:k 为系数,由经验决定,一般取 3~8,p_i 为产品的总工作量。这种方法考虑了不同产品的工作量,在实际中用得较多。

(4) SLK(slack)法:$d_i = r_i + k p_i$

其中:k 为固定产量,其余符号意义同前。SLK 法与 CON 法的不同之处是将产品的工作量分离出来,体现了不同产品之间的差别。

(5) NOP(number of operations)法:$d_i = r_i + k n_i$

其中:n_i 为产品(工件)i 的工序数,其余符号意义同前。这种方法实际上认为排队时间是主要的。

对于单件小批量生产来说,设置交货期不仅要考虑产品从投料到出产之间的制造周期,而且还要考虑设计、编制工艺、设计制造工装和采购供应原材料等活动所需的生产技术准备周期。然而,由于产品的独特性,生产技术准备周期、制造周期也难以估计。因此,统计方法一直是最为广泛使用的方法。

第四节 服务业综合计划

服务运营管理的突出特点在于顾客是服务的直接对象,是服务过程的主要构成要素。在服务业综合计划制定时,离不开顾客对服务系统的影响,以及二者之间相互影响和作用。因此，服务系统的分类也可根据系统与顾客之间相互接触程度的强弱来划分。

一、服务业综合计划

服务系统与顾客接触是指顾客出现在服务系统的实际运作过程中。接触程度在这里是指顾客在服务过程中的时间占完成服务运作过程总共需要时间的比重。一般而言，顾客出现在服务系统中的时间愈长，即占整个服务过程所需时间的比重愈大，则服务系统与顾客之间在服务运作过程中的相互影响和相互作用的程度就愈高。可见，从服务运作方面来讲，与顾客高度接触的服务系统相对更为复杂，更不易控制，而对与顾客接触程度较低的服务系统的控制则相对容易一些。这是因为在更多接触的情况下，顾客可以影响服务消费的时间，继而影响服务效率和服务成本。理查德·B.蔡斯（Richard B. Chase）对银行服务系统进行了研究，对高程度顾客接触与低程度顾客接触之间可能存在的差异及其所具有的含义进行了表述，如表 8-12 所示。

表 8-12　服务生产系统中不同顾客接触程度的影响差别

服务生产设计	高程度顾客接触	低程度顾客接触
设施地点	必须在顾客附近运作	运作可以不靠近顾客
设施布局	服务设施必须满足顾客的生理及心理需求	设施应注重生产率
产品设计	环境及有形产品决定了服务的性质	顾客不在服务环境中，这种产品由较少的属性决定
过程设计	顾客对生产过程的各个阶段具有直接迅速的影响	大多数生产顾客基本没有介入
作业进度	作业过程必须适应顾客的需求	顾客关心的是进展情况
综合计划	订单可不存储，均衡的生产流将导致经营的亏损	储备充足及生产流畅是可能的
工人技能	直接的服务人员是服务生产的主要组成部分，必须与公众有良好的交流	直接劳动者仅仅需要技能
质量控制	质量标准常常是由顾客掌握，因而它是变化的	质量标准可测量，是固定的
时间标准	服务时间服从于顾客的需求，因而时间标准是宽松的	工作是在顾客的替代物上进行的，时间标准相对紧张
工资支付	变化的输出要求基于时间的工资体制	固定输出允许基于产量的工资体制
生产能力计划	为了避免脱销，生产能力必须适应高峰的需求	储存输出以便使生产能力保持在某一平均需求水平上

从表 8-12 可以看出，在服务提供过程中，顾客的出现对服务系统的各个方面设计有着直接的影响。由于顾客影响经常有很大的变化，所以，高度接触服务系统内部必须

做出相应的改变。例如,一家银行分支机构既有简单的服务,如提取现金(仅需要几分钟),又有复杂的服务,如申请贷款(准备工作往往超出一个小时)。因此,与低程度顾客接触系统相比,高程度顾客接触系统的服务生产效率要低一些。为了提高服务生产效率,可采用不同的途径,包括:适度减少服务项目品种,如快餐服务设置的可选品种有限;根据接触程度与花费时间长短设置不同的服务项目,如银行针对顾客不同需求设置的各种业务;提供顾客自服务方式,如超市和自选商场;采用自动化服务设施,如自动取款机等。低接触程度的服务业在综合计划制定时,与制造业更为接近,方法基本相同,但更强调需求管理的作用,一般采用混合策略编制综合计划,由于顾客相对更多地影响服务业的运作,所以与顾客接触的员工管理是服务业的关键,实践中更加注重员工的培训,实行灵活的工作时间安排,因此,在服务业综合计划制定中,更加注重以下3个方面:

(1) 精确的工作时间安排:对顾客的需求做出快速响应;

(2) 灵活的劳动力资源:在员工的数量和技能方面强调柔性,不同的工作岗位之间可以很容易地进行人员的调配,以便及时应对需求的意外波动;

(3) 服务输出速率与顾客要求保持一定的同步,以便提高服务水平。

二、收入管理

收入管理(revenue management)最初称收益管理(yield management),是在不同时期,对具有不同需求的顾客采取不同的产品或服务定价,以产生最大收入或收益的综合计划策略。收入管理的历史可以追溯到20世纪70年代末、80年代初,美国政府放弃对机票的定价权,转而让航空公司自己定价。这时,收入管理系统发挥了重大作用。美国航空公司售票系统允许各航空公司根据市场需求情况更改各自的票价,变更飞行航线。系统根据实际的订票量和需求量,实时调整机票价格,使得航空公司能够最大限度地获取利润。20世纪90年代,美国大型航空公司70%~80%的利润来自这个系统。

实施收入管理的公司通过预测市场需求,针对细分市场进行差别性定价,优化资源配置,实施"将座位按不同的票价适时地卖给不同的旅客"的理念,在成本不变的情况下使收入机会最大化,并同时将机会成本和风险降到最低。

公司实施收入管理具有以下的特点:产品或服务可以在消费前进行销售;需求变化比较大;企业生产或服务能力相对固定;市场可以进行细分;变动成本比较低,固定成本比较高。

【例 8-5】 某酒店拥有 100 间客房。以前,该酒店对每间客房收取一样的费用,每晚 150 元。每间客房的变动费用很低,估计每间客房每晚只需要 15 元,包括清洁打扫等费用。客房的平均出售率为 50%。目前,客房收费情况如图 8-10 所示,采用单一价格的净销售收入是每晚 6 750 元。其实,讲阔气的客人原本愿意每晚支付高于 150 元的价格,讲实惠的客人则愿意支付低于 150 元的价格。

如图 8-11 所示,该酒店设置了两种房价。据估计,100 元一间的客房每晚可以销售约 30 间,而 200 元一间的客房每晚也可以销售 30 间。现在总的净销售收入是 8 100

元(其中,100元房价客房的销售收入为2 550元,200元房价客房的销售收入为5 550元),比设置单一价格的收入高1 350元。

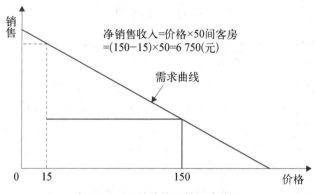

图8-10 一种价格下的酒店收入

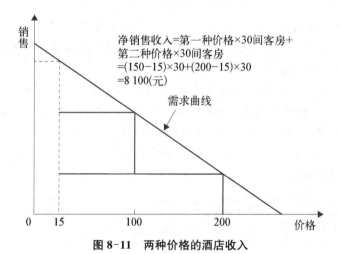

图8-11 两种价格的酒店收入

从数学上分析,设置更多的价格档次,可以带来更多的收入,但实际上,应该考虑下面3点:

(1) 不同层次的价格必须可行,并能使顾客感到公平合理;
(2) 做好资源使用的预测工作并预计所需时间;
(3) 应对需求变化。

复习思考题

1. 什么是计划管理?企业计划的层次如何划分?各种职能计划之间有什么联系?
2. 叙述生产计划的层次及内容。生产计划的主要指标及含义是什么?
3. 何谓滚动式计划方法?它有什么优点?
4. 什么是代表产品?什么是假定产品?如何进行生产任务与生产能力的平衡?
5. MTS企业和MTO企业如何确定产品品种与数量?
6. 处理非均匀需求有哪几种策略?其应用条件及限制如何?

案例分析

综合计划编制

汽车制造厂现有1个6个月的产品生产任务,产品需要在车加工车间生产,每件产品需要5小时加工,有关资料如下。

(1) 车间现有200名工人,每天正常工作8小时,每小时的工资8元。

(2) 如果正常时间不能完成任务可以加班生产,每小时的工资10元,每位工人每月加班时间不得超过60小时。

(3) 工厂可以提供原材料外协加工,每月最多1000件,每件产品的加工费第1—2个月为85元,第3—6月为80元。

(4) 可以延期交货,但6个月的总生产任务必须完成。每件产品延期1个月必须支付延期费用8元。

(5) 已知第1个月月初有300件库存产品,为了预防产品需求量的波动,工厂决定每月月末最少要库存一定数量的产品(安全库存量),每月最大库存量不超过800件,每件产品1个月的储存费为1.2元。

(6) 如果当月工人不够可以雇用新工人,雇用工人除了支付工资外还要额外支付技术培训费800元,如果当月工人有剩余,工厂必须支付每人每月基本生活费400元。

(7) 设备正常生产和加班生产的折旧费均为每小时6元。

(8) 产品月末交货。6个月的需求量、每月正常生产天数、安全存量及每件产品其他费用如表8-13所示。

表 8-13 综合计划表

	1月	2月	3月	4月	5月	6月
各期预测需求量(件)	6 520	8 350	6 420	7 350	8 150	7 000
正常工作日(天)	22	19	21	20	22	21
期末最小存量(安全存量,件)	350	450	400	580	350	400
每件产品的加工燃料消耗(元)	0.8	1	0.8	0.5	0.6	0.7

工厂希望制定6个月总成本最低的生产计划。

要求:

1. 详细安排每个月正常时间生产、加班时间生产、外协生产、延期交货及月末库存的产品数量。
2. 分别画出每月正常时间生产量的柱状统计图和百分比饼图。
3. 求出每月生产工人数、富余工人数及雇佣工人数并画出饼图。
4. 求出总成本及各分项成本。
5. 画出总成本及各分项成本的柱状图和百分比饼图。

第九章　物料需求与资源管理计划

【学习目标】
1. 了解物料需求计划的基本概念。
2. 掌握 MRP 的原理与计算逻辑。
3. 了解 MRP 的技术参数。
4. 了解 MRP 的演变过程与 ERP 概念。

开篇案例

应该如何计算零部件需求

宏宇汽车制造厂专门承接某大型汽车公司不愿意生产的、用户有一定特殊要求的变形汽车,生产批量小,品种较多。2 月份,宏宇接到生产 100 辆某型号轻型卡车的任务。生产科安排生产和采购计划。由于过去宏宇生产过这种车型,经查点,尚余下变速器 2 件、齿轮箱组件 15 件、最大齿轮 7 个以及制造该齿轮的毛坯 46 件。

对比零件清单和图纸,发现 1 辆轻型卡车还包含变速器 1 件,每个变速器包括齿轮箱组件 1 件,每个齿轮箱中有最大齿轮 1 个,而制造这种齿轮需要锻件毛坯 1 个。经员工计算,认为生产 100 辆轻型卡车还需要 98 件变速器(100-2),需要 85 件齿轮箱组件(100-15),需要 93 个大齿轮(100-7),需要 54 件毛坯(100-46)。按量购买后,却发现:"错了!"这是因为这名员工没有掌握物料需求计划。所谓物料需求计划(material requirements planning,MRP),是一种计算物料需求量和需求时间的系统。本章将介绍 MRP 的产生与发展、系统结构、MRPII 及 ERP 的有关问题。

第一节　MRP 概述

物料需求计划(material requirements planning,MRP)是 20 世纪 60 年代发展起来的一种计算物料需求量和需求时间的系统,是对构成产品的各种物料的需求量与需求时间所做的计划,它是企业生产计划管理体系中作业层次的计划。物料需求计划最初只是一种计算物料需求的计算器,是开环的,没有信息反馈,后来发展为闭环物料需求计划。发展至今,许多企业的实践证明,MRP 系统能够提高计划完成率、设备和员工的生产效率以及市场份额,及时完成顾客订单,降低库存水平和资金与场地的占用,并最终加快客户响应速度。

一、MRP 的产生

认识 MRP 的产生背景,应该从库存控制中的订货点法开始。

(一) 订货点法的局限

订货点法是指某种物料或产品由于生产或销售的原因而逐渐减少,当库存量降低到某一预先设定的点时,即开始发出订货单来补充库存,库存量降低到安全库存时,发出的订单所定购的物料刚好到达仓库,补充前一时期的消耗,此一订货的数值点,即称为订货点。订货点法适合具有独立需求特点的物料。然而,在实际生产中,不仅要解决外生的需求库存控制问题,而且要满足相关需求特点的库存控制要求。另外,即使是独立需求的库存控制,也会面临需求波动性的问题。在这种情况下,使用订货点法来处理制造过程中的某些物料便暴露出一些明显的缺陷。

(1) 大量的安全库存。由于需求的不均匀以及对需求情况的不了解,企业不得不保持一个较大数量的安全库存来应付这种需求。靠经常维持库存来保证需要,是由于对需求的数量及时间不了解,造成浪费。

(2) 高库存与低服务水平共存。用订货点法会造成高库存与低服务水平共存的尴尬。这主要是因为由于对需求的情况不了解,只有靠维持高库存来提高服务水平,但大量库存的结构很不合理,常常造成零件积压与短缺共存的局面,使库存水平很高,服务水平却很低。

(3) 形成"块状"需求。采用订货点法的条件是需求均匀。但是,在制造过程中形成的需求一般都是非均匀的:不需要的时候为零,一旦需要就是一批。采用订货点法加剧了这种需求的不均匀性。形成块状需求,如图 9-1 所示。

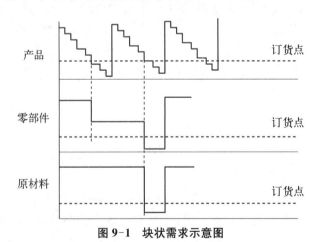

图 9-1 块状需求示意图

(二) MRP 的产生

订货点法之所以有这些缺陷,是因为它没有按照各种物料真正需用的时间来确定订货日期。于是，人们便思考怎样才能在需要的时间，按需要的数量得到真正需用的物料。于是，为了消除盲目性，实现低库存与高服务水平并存，MRP 便应运而生了。最早提出 MRP 的是美国 IBM 公司的约瑟夫·奥里奇（Joseph Orlicky）博士，他在 20 世纪 60 年代设计并组织实施了第一个 MRP 系统。其主要思想是打破产品品种台套之间的界线，把企业生产过程中所涉及的所有产品、零部件、原材料、中间件等，在逻辑上视为相同的物料，再把所有物料分成独立需求和相关需求两种类型，并根据产品的需求时间和需求数量进行展开，按时间段确定不同时期各种物料的需求。两者的对比差异如表 9-1 所示。

表 9-1　MRP 和订货点系统的比较

	订 货 点	MRP
需求	独立性	相关性
订货观念	补充	需要
预测	基于过去的需求	基于生产主进度安排
控制思想	巴雷特分析法（activity based classification，即 ABC 分类法）	控制所有物料
目标	满足顾客需要	满足制造需要
批量大小	经济订货批量模型（economic order quantity，EOQ）	离散的
需求模式	随机	起伏但可预见
存储类型	制成品和备用件	在制品和原材料

由以上对比可见，MRP 在满足相关需求的条件下，要优于库存管理中经典的经济订货批量模型，能更好地协调制造商和分销商，以及应用于服务业。MRP 在企业实践中，对企业存货周转率、交货准备时间等方面所带来的促进作用如表 9-2 所示。

表 9-2　MRP 实施的效果

	使用 MRP 以前的估计	现在的估计	将来的估计
存贮周转率	3.2	4.3	5.3
交货准备时间（天）	71	59	44
实现允许交货时间的百分比	61%	76%	88%
由于没有合适物料，订单流失百分比	32%	19%	9%
加急处理的订单数	10	6	5

由表 9-2 可见，MRP 的实施对企业的诸多方面具有促进和改善的作用，在实施的成本方面，由表 9-3 可见，企业实施 MRP 的效益明显。但在 MRP 实施过程中，应该明确认识到：首先，MRP 不是一个计算机系统，而实际是一个通过计算机来实现的人工系统。计算机只负责打印文件或者在显示屏上显示图像；正是人们对信息的处理才会

使得工厂出现各种情况。其次，MRP 主要对生产和库存控制人员产生影响，目前的制造资源规划是将营销、生产、工程活动都结合在了一起，所有这些活动协调起来，才能使公司获得总体的最佳结果。再次，在 MRP 的实施过程中，安装问题存在于计算机领域，通常是最直接和最简单的。真正的问题在于获取存贮记录、材料记录等足够准确的基本数据支持。MRP 系统要发挥作用，就必须保障这些信息的真实性和准确性。因此，MRP 只是运营管理中一种很有效的工具，成功的秘诀还在于被指导的企业和员工。

表 9-3　MRP 安装的成本估计

	平　　均	标　准　差
现在成本	$375 000	$600 000
最终成本	$618 000	$1 137 000

每年销售款（美元）	MRP 安装的成本（千美元）	
	现在成本	最终成本
$1 000 万以下	93	194
$1 100 万~2 500 万	210	385
$2 600 万~5 000 万	298	560
$5 100 万~1 亿	511	912
$1.01 亿~5 亿	565	800
超过 5 亿	1 633	2 237

二、MRP 的基本思想

（一）MRP 解决的问题

MRP 是主生产计划（master production schedule，MPS）需求的进一步展开，也是实现 MPS 的保证和支持，它根据 MPS、物料清单和物料可用量，计算出企业要生产的全部加工件和采购件的需求量，并按照产品出厂的优先顺序，计算出全部加工件和采购件的需求时间，提出建议性的计划订单。

MRP 的基本原理就是根据产品出产计划倒推出相关物料的需求；围绕物料转化组织制造资源，实现按需要准时生产。指导思想为在需用的时刻所有物料都能配套备齐，而在未到需用的时刻又不过早地积压。MRP 主要解决以下 5 个问题。

（1）要生产（含采购或制造）什么？生产（含采购或制造）多少？（这些数据从 MPS 获得。）

（2）要用到什么？（这些数据根据物料清单表获得。）

（3）已经有了什么？（这些数据根据物料库存信息、即将到货信息或产出信息获得。）

(4) 还缺什么？（这些数据根据 MRP 计算结果获得。）

(5) 何时安排（包括何时开始采购制造、何时完成采购制造）？（这些数据通过 MRP 计算获得。）

物料需求计划的功能可以用图 9-2 来表示。

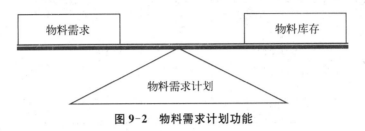

图 9-2　物料需求计划功能

（二）与 MRP 相关的概念

在制定物料需求计划中涉及一些概念，如独立需求与相关需求、时间分段与提前期等。

(1) 独立需求。企业外部决定库存量项目的需求称为独立需求，如产品、成品、样品、备品和备件等。

(2) 相关需求。企业内部物料转化各环节之间所发生的需求称为相关需求，如半成品、零部件和原材料等。

(3) 产品结构或物料清单（bill of materials，BOM）。如图 9-3 所示，其提供了产品全部构成项目以及这些项目相互依赖的隶属关系。

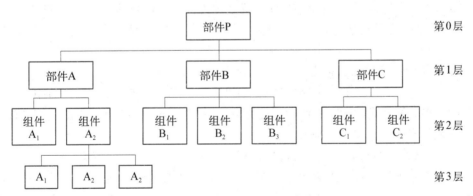

图 9-3　产品结构或物料清单

(4) 时间分段。将连续的时间流划分成一些适当的时间单元，通常以工厂日历（或称计划日历）为依据。由表 9-4 可知，采用时间分段记录库存状态，不但清楚地列明了需求时间，也可大大降低库存。

(5) 提前期。不同类型和类别的库存项目，其提前期的含义是不同的。例如：对于外购件，应定义采购提前期，即物料进货入库日期与订货日期之差；零件制造提前期则是指各工艺阶段比成品出产要提前的时间。MRP 对生产库存的计划与控制就是通过按各相关需求的提前期进行计算实现的。

运营管理

表 9-4 物料需求展开表

时间分段(周)

记录项目	时间分段(周)								
	1	2	3	4	5	6	7	8	9
需求量	40	0	0	70	0	0	0	35	
库存量	60								
计划入库	0	0	0	50	0	0	0	50	
可供货量	20	20	20	0	0	0	0	15	
计划订单下达						50			

因此,MRP 基本理论和方法与传统的订货点法有着明显的不同,它在传统方法的基础上引入了反映产品结构的物料清单,较好地解决了库存管理与生产控制中的难题,即按时按量得到所需的物料。

(三) MRP 的基本思想

1. 根据产品出产计划倒推出相关物料的需求

任何企业的生产活动都是围绕生产客户所需的产品进行的,对于加工装配式生产,其工艺顺序是:将原材料制成各种毛坯,再将毛坯加工成各种零件,零件组装成部件,最后将零件和部件组装成产品。

如果要求按一定的交货时间提供不同数量的各种产品,就必须提前一定时间加工所需数量的各种零件;要加工各种零件,就必须提前一定时间准备所需数量的各种毛坯,直至提前一定时间准备各种原材料。MRP 正是根据这种逻辑来确定物料需求信息的。

2. 围绕物料转化组织制造资源,实现按需要准时生产

从加工装配式生产的工艺顺序来看,如果确定了产品出产数量和出产时间,就可按产品的结构确定产品的所有零件和部件的数量,并可按各种零件和部件的生产周期,反推出它们的出产时间和投入时间。

MRP 思想的提出解决了物料转化过程中的几个关键问题:何时需要,需要什么,需要多少? 它不仅在数量上解决了缺料问题,更关键的是从时间上解决了缺料问题。因此,MRP 一经推出便引起了广泛的关注,并随着计算机技术的推广而不断发展。

3. 解决从独立需求到相关需求的分解问题

在 MRP 系统中,"物料"是一个广义的概念,泛指原材料、在制品、外购件以及产品。所有物料分成独立需求和相关需求两类。对原材料、毛坯、零件、部件的需求来自制造过程,是相关需求,MRP 处理的正是这类相关需求。通过一定的处理过程,MRP 系统可以输出对各种物料的精确需求。

(四) MRP 的逻辑原理

1975 年,美国人奥里奇编写了有关 MRP 的权威性专著,他针对订货点法的应用范围,提出了一些对制造业库存管理有重要影响的新观点,主要包括以下 4 点。

(1) 根据主生产计划确定独立需求产品或备件备品的需求数量和日期。
(2) 依据物料清单自动推导出构成独立需求物料的所有相关需求物料的需求,即毛需求。
(3) 由毛需求以及现有库存量和计划接收量得到每种相关需求的净需求量。
(4) 根据每种相关需求物料的各自提前期(采购或制造)推导出每种相关需求物料开始采购或制造的日期。如图 9-4 所示为 MRP 逻辑图。

净需求量＝毛需求量－计划接收量－现货量(现有库存量)

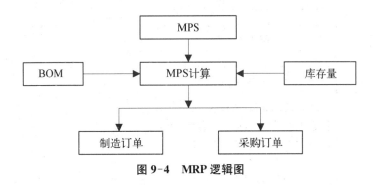

图 9-4　MRP 逻辑图

第二节　MRP 的处理过程

一、MRP 的处理

尽管大多数 MRP 系统都通过计算机系统进行处理,但 MRP 的处理过程却比较直观,可以通过手工完成。

(一) 基本步骤

MRP 的基本处理过程包括 3 个步骤。首先,对主生产计划的需求依物料清单展开,从物料清单的最终产品开始逐层从上往下分解需求,直到最低层次的外购原材料为止。其次,在分解过程中,MRP 系统逐层计算库存项目的毛需求量和净需求量,不够的库存通过编制生产加工计划和采购计划进行补充。最后,在计划周期内的所有最低层次项目的毛需求量和净需求量都计算完毕,MRP 系统最后产生加工计划和采购计划的建议书,经过人工调整后确认加工计划和采购计划,用于指导生产和采购。整体流程如图 9-5 所示。

(二) MRP 计划的编制和需求计算

MRP 计划编制的主要工作是进行需求的计算,包括毛需求和净需求的计算。MRP 的计算基于以下两个原理。

(1) 按照反工艺路线以及主生产计划要求的最终产品数量和交货期,依据物料清

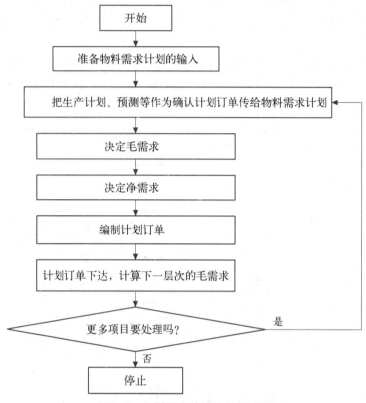

图9-5 物料需求计划的处理过程

单、库存状态文件,从最终产品向下层层分解,计算出每种物料的订购/生产的时间和数量。计算机在处理时依据项目的层次码选择处理的先后顺序,最上层项目首先处理,以后逐层向下分解,逐层计算毛需求和净需求。

(2) 把生产运作过程看作一个不断循环发展的周期性活动,计算时从第一个周期开始不断地向前推进。

(三) MRP的运行方式

MRP有两种运行方式,即重新生成方式与净改变方式。重新生成方式是每隔一定时期,从主生产计划开始,重新计算MRP,重新调整整个厂的进度计划。这种方式适合用于计划比较稳定、需求变化不大的MTS生产。净改变方式是当需求方式变化时,只对发生变化的数据进行处理,计算那些受影响零件的需求变化部分。净改变方式可以随时处理,或者每天结束后进行一次处理。

选择重新生成方式还是净改变方式以及运行频次需要考虑的因素包括产品生产周期的长短、对主生产计划的改变程度、工程更改工作量和难度,以及计算机资源与处理能力等。

(四) MRP的结构

MRP系统的组成一般包括产品出产计划、物料清单、库存和采购记录以及每个零部件的提前期。结构如图9-6所示,主要包括数据文件和输出报告等。

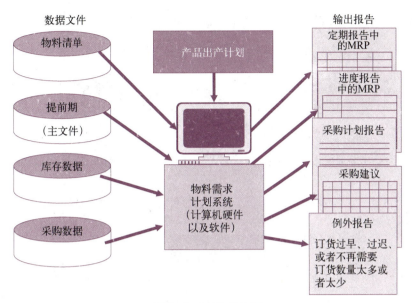

图 9-6　MRP 结构图

二、MRP 的主要输入信息

如图 9-6 所示，MRP 的输入包括 3 个部分：主生产计划（或产品出产计划，MPS）、物料清单（产品结构文件，BOM）和库存状态文件。MRP 与其组成部分以及上一级的综合计划的关系如图 9-7 所示。可见，MRP 在对综合计划具体分解的同时，又可以在计划不可行时，向上及时反馈，使计划更可行，更符合战略一致性。

（一）产品出产计划（MPS）

产品出产计划又称主生产计划，是 MRP 的主要输入，它是 MRP 运行的驱动源。MPS 确定每一具体的最终产品在每一具体时间段内的生产数量，它将综合计划具体化为可操作的实施计划，必须符合综合计划。因此，在企业综合计划确定的基础上，已知产品生产的总量而将其进一步分解为具体的产品、数量以及生产时间，即 MPS，可见 MPS 主要就是确定生产的产品大类、产品组，然后依据各个产品组中的比例把具体产品项目和数量进行计划分解，确立依时间段分布的产品项目和数量。主生产计划示例如表 9-5 所示。它表示：产品 A 的计划出产量为第 5 周 10 件、第 8 周 15 件；产品 B 的计划产量为第 4 周 12 件、第 7 周 14 件；产品 C 计划 1—9 周每周出产 10 件。

表 9-5　主生产计划

周次	1	2	3	4	5	6	7	8	9	10	11
产品 A			10				15				
产品 B				12		14					
产品 C	10	10	10	10	10	10	10	10	10	10	10

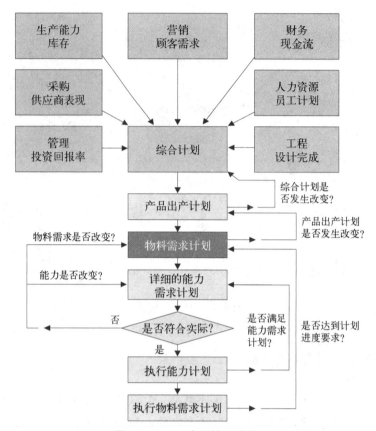

图 9-7　MRP 主要输入信息图

具体不同类型的生产流程,MPS 的表达形式也不同,如图 9-8 所示。

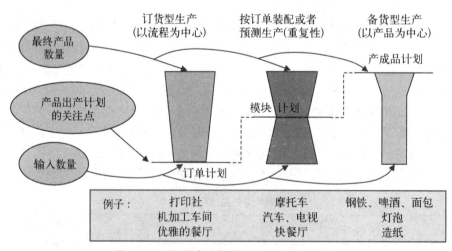

图 9-8　不同生产流程对应的 MRP 输入信息

(二) 物料清单(BOM)

物料清单通常称为产品结构文件或产品结构树。物料清单不仅反映了物料、零部件的数量组成,而且反映了产品的制造顺序。在实践中,很多企业由于急于将产品推向市场,BOM 并不完善,常常会出现产品尺寸、零件数量等错误,发现错误后再下发工程变更通知单(engineering change notice,ECN)。

BOM 表示产品的组成及结构信息,包括所需零部件的清单、产品项目的结构层次、制成最终产品的各个工艺阶段的先后顺序,以及特殊的加工过程等。利用 BOM 可以准确地计算相关需求的信息。其中所包含的物料可分成两类:一类是自制项目;另一类是采购项目(包括所有的原材料、外购件和外协件)。MRP 展开后,自制项目的物料需求计划便形成相应的生产作业计划,采购项目的物料需求计划形成相应的采购供应计划。

在产品结构文件中,各个组件处于不同的层次。每一层次表示制造最终产品的一个阶段。通常,最高层为 0 层,代表最终产品项;1 层代表组成最终产品项的组件;2 层为组成 1 层组件的组件;以此类推。为了形象地说明产品结构文件,以图 9-9 所示的三抽屉文件柜为例,并以图 9-10 所示的产品结构树来说明。

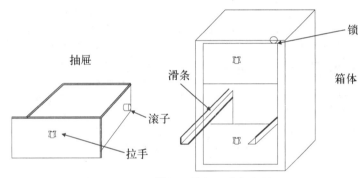

图 9-9　三抽屉文件柜组成示意图

三抽屉文件柜由 1 个箱体、1 把锁和 3 个抽屉组成。1 个箱体由 1 个箱外壳和 6 根滑条装配而成;每个抽屉由 1 个抽屉体、1 个手柄和 2 个滚子组成;锁为外购件。将产品及其组件之间的关系用一种树形图表示出来,称为"产品结构树",如图 9-10 所示。将产品结构树转换成规范的数据文件格式就成为产品结构文件。

图 9-10 中,方框里字母后括号中的数字表示单位上层组件包含的该组件的数量,L 表示加工、装配或采购所花的时间,称为提前期。它相当于通常所说的加工周期、装配周期或订货周期。

实际产品对应多种多样的产品结构树:同一零部件分在同一产品结构树的同层次上、同一零部件分在同产品结构树的同层次上,如图 9-11 所示。这种特点给相关需求的计算带来了困难,一般采用低层码技术来处理。所谓低层码是指在所有产品结构树的所有层次中,位置最低的层次码称为该零件的低层码。如在图 9-11 中,零件 C 的低层码为 2。

(三) 库存状态文件

良好的库存管理、清晰的库存记录是 MRP 成功实施的必要条件,只有企业的库存记录准确率达到 99% 以上,才能使 MRP 顺利运行。库存状态文件保存了每一种物料

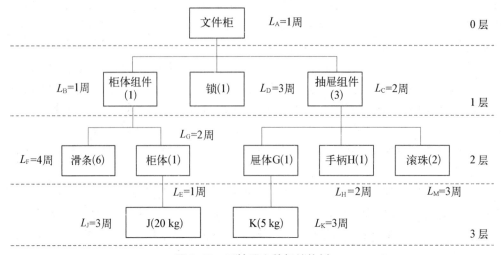

图 9-10 三抽屉文件柜结构树

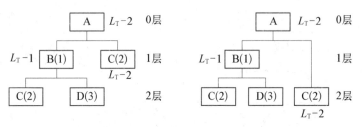

图 9-11 产品 A 的结构树

的有关数据，MRP 系统关于订什么、订多少、何时发出订货等重要信息，都存储在库存状态文件中。产品结构文件是相对稳定的，而库存状态文件却处于不断变动之中。

库存状态文件又称库存记录文件，提供成品、半成品、在制品、原材料等物料项目的订货信息和可用量信息。表 9-6 为部件的库存状态文件的记录。其中，时间是这样规定的：现有数为周末时间数量，其余 4 项为一周开始的数量。数据项可以进行更细的划分，如预计到货量可以细分成不同的来源，现有数可以按不同的库房列出。

表 9-6 库存状态文件

部件 $L_T=2$ 周	周 次										
	1	2	3	4	5	6	7	8	9	10	11
总需要量		100	100					50			100
预计到货量		200									
现有数	20	220	220	220	120	20	20	20	−30	−30	−130
净需要量									180		300
计划订货量								30		100	

一个产品的库存信息包括以下内容。

（1）现有库存量：在企业仓库中实际存放物料的可用库存数量。

（2）计划收到量（在途量）：根据正在执行中的采购订单或生产订单，在未来某个时段物料将要入库或将要完成的数量。已发出订货是采购部门在订单下达后，将订单和预计到货时间等信息通知相关部门，准确的采购到货信息，也是 MPS 和 MRP 顺利运行的前提。

（3）已分配量：尚保存在仓库中但已被分配掉的物料数量。

（4）提前期：执行某项任务由开始到完成所消耗的时间。

（5）订购（生产）批量：在某个时段内向供应商订购或要求生产部门生产某种物料的数量。

（6）安全库存量：为了预防需求或供应方面的不可预测的波动，在仓库中应经常保持最低库存数量作为安全库存量。

根据以上各个数值，可以计算出某项物料的净需求量：净需求量＝毛需求量＋已分配量－计划收到量－现有库存量。

三、MRP 的主要输出信息

物料需求计划的输出内容主要是生产与库存控制计划与报告，不同系统的内容与形式存在差别。MRP 的输出结果主要包括两项：

（1）对各种物料的具体需求（需求量和需求时间）；

（2）订单或生产提料单的发出时间。这些结果被称为措施（或决策）提示信息。

一般来讲，有如下输出内容：① 零部件投入产出计划；② 原材料需求计划；③ 互转件计划；④ 库存状态记录；⑤ 工艺装备机器设备需求计划；⑥ 计划发出订货；⑦ 零部件完工情况统计；⑧ 库存预算报告；⑨ 交货期模拟报告。

四、MRP 技术参数

在整个 MRP 系统中，有一些技术参数对 MRP 非常关键，这些参数包括标识码、提前期、批量、安全库存等。这些参数如何确定、采用什么方法确定，是 MRP 设计与使用过程中必须考虑的技术问题。

(一) 制造/采购标识码

制造/采购标识码属于库存文件中的一个项目，通常用字母 P 或 M 来表示某物料是采购或是制造。当运行 MRP 时，这个码决定是做采购订单还是做制造订单。如果是采购项目，无须产生项目组件的需求；而对于制造项目，就必须利用 BOM 来决定用哪些零件、部件或材料来制造这个项目。

(二) 提前期

提前期是指一个物料项目从投料开始到入库可供使用为止的时间间隔。

采购件的提前期是指从发出采购订单开始，经供应商供货、在途运输、到货验收、入库所需的时间。

自制件提前期是指从订单下达开始,经过准备物料,准备工具、工作地和设备,加工制造,直到检验入库所需的时间。

确定提前期要考虑的因素包括排队时间、运行时间、调整准备时间、等待运输时间、检查时间和运输时间。

当排队等待时间是主要因素时：$L=2N+6$（L 是提前期,以工作日计；N 为工序数）。

当运行时间是主要因素时：$L=k\times T$（k 为系数,可取 1.5～4,T 为工件总加工时间）。

（三）批量政策

在实际生产中,为节省订货费或设备调整准备费,需要确定一个最小批量。也就是说,在 MRP 处理过程中,计算出的计划发出订货量不一定等于净需要量。

增大批量就可以减少加工或采购次数,相应地将减少订货费或设备调整费,但在制品库存会增大,要占用更多的流动资金；批量减少,占用的流动资金减少,但增加了加工或订货费用。因此,必须有一个合理的批量。

产品结构的层次性使得批量的确定十分复杂。各层组件都有批量问题,一般仅在最低层组件订货时考虑批量。

实际计划生产或采购的交付数量和订货数量未必等于净需求量,这是由于在实际生产或订货中,准备加工、订货、运输、包装等都必须按照一定的数量来进行。因此,实际净需求量必须以某种数量来计算,这一定的数量称为生产或订货的批量。

物料需求批量过大,占用的流动资金过多,但加工或采购的费用减少；批量过小,占用流动资金减少,但增加了加工或采购的费用。因此,批量的选择是项重要的工作,物料需求批量的计算方法较多,这里仅介绍 3 种。

1. 逐批确定法

逐批确定法是指净需要量是多少,批量就取多少。该法又称按需订货法,即生产的就是所需的。这种批量的计算方法往往适用于生产或订购数量和时间基本上能给予保证的物料,或者所需要的物料的价值较高,不允许过多地生产或保存的物料。这种方法下没有安全库存,也不考虑未来订单,在频繁订货和 JIT 下这种方法很有效。如果设备调整准备费用很高或非 JIT 模式,这种方法就不太合适。

2. 固定批量法

固定批量法是指每次的加工或订货数量相同,但加工或订货间隔期不一定相同,一般用于订货费用较大的物料。固定批量的大小是根据直观分析和经验判断而决定的,也可以以净需求量的一定倍数作为批量。

3. 动态批量法

如最大零件周期收益(maximum part-period gain，MPG)法、W-W 法等。下面我们详细介绍最大零件周期收益法。MPG 法的思想如下：当把某周(t)的需求 $D(t)$ 合并到相对 t 的第 1 周一起订货时（第 1 周有需求）,可以节省一次订货费(S),但却增加了维持库存费$(t-1)\cdot D(t)\cdot H$,H 为单位维持库存费。

因此,当$(t-1) \cdot D(t) \cdot H < S$ 或 $(t-1) \cdot D(t) < S/H$,就将$D(t)$合并到第1周一起订货。第1周是相对t周而言的。$(t-1) \cdot D(t)$越小,则合并订货越合算。$(t-1) \cdot D(t)$单位为"零件-周期"。将一个零件提前1周订货为一个"零件-周期"。MPG法步骤如下:

(1) 从 MRP 计算出的净需求表中,挑选最小的"零件-周期"对应的净需求;
(2) 将相应的净需求合并到该周前面有净需求的周一起订货;
(3) 合并后,若所有的"零件-周期"值均大于S/H,停止;否则,转步骤1。

【例 9-1】 已知,$S=300$ 元,$H=2$ 元/件·周,零件净需求如表 9-7 所示。计算 $S/H=150$ 件·周。

表 9-7 零件净需求表

周	1	2	3	4	5	6	7	8	9	10	11	12
净需量	10	10	15	20	70	180	250	270	230	40	0	10

用 MPG 法求订货批量的过程如表 9-8 所示。

表 9-8 用 MPG 法求订货批量

移动次数	最小零件周期	周次											
		1	2	3	4	5	6	7	8	9	10	11	12
0	10	10	10	15	20	70	180	250	270	230	40	0	10
1	20	20	0	15	20	70	180	250	270	230	40	0	10
2	20	20	0	35	0	70	180	250	270	240	40	0	10
3	50	20	0	35	0	70	180	250	270	230	50	0	0
4	70	20	0	35	0	70	180	250	270	280	0	0	0
5	180	55	0	0	0	70	180	250	270	280	0	0	0
期初库存 Q_s		55	45	35	20	70	180	250	270	280	50	10	10
期末库存 Q_f		45	35	20	0	0	0	0	0	50	10	10	0

对于本例:

$$CR = 6 \times 300 = 1\,800(元)$$
$$CH = 0.5 \times 2(55+45+45+35+35+20+20+70+180+250$$
$$+270+280+50+50+10+10+10+10) = 1\,445(元)$$
$$CT = 1\,800 + 1\,445 = 3\,245(元)$$

(四) 安全库存

设置安全库存是为了应付不确定性,防止生产过程产生缺料现象,避免造成生产或供应中断。尽管 MRP 处理的是相关需求,仍有不确定性,如不合格品的出现、外购件交货延误、设备故障、停电、缺勤等。因此,相关需求也有安全库存问题。

但 MRP 认为,只有对产品结构中最低层组件或原材料设置安全库存才是必要的,而不必对其他层次组件设置安全库存,这样可以减少在制品占用,降低生产费用。安全库存的引入将对净需要量的计算产生影响,一般可将安全库存从现有数中减去。

随着计划、生产、设计的不断变化,物料清单和物料需求计划也会发生改变。相应地,如果产品出产计划发生改变,各种需求量也会发生改变。MRP 系统可以通过相应调整来反映这些改变,通过这种方式可不断更新计划。

第三节 MRP 的演进

由于企业竞争的加剧以及内部与外部日益协调的信息集成的需要,物料需求计划(MRP)逐步发展为制造资料计划(MPR Ⅱ),又发展到企业资源计划(enterprise resource planning,ERP)。

一、MRP 演进的阶段划分

1. 订货点法阶段

早在 20 世纪 40 年代初期,西方经济学家就推出了订货点方法的理论,并将其用于企业的库存计划管理。订货点方法的理论基础比较简单,即库存物料随着时间的推移而使用和消耗,库存效益逐渐减少,当某一时刻的库存数可供生产使用消耗的时间等于采购此种物料所需要的时间(提前期)时,就要订货以补充库存。决定订货时的数量和时间即订货点。在用订货点法来处理相关需求问题时,渐渐表现出了不合理性、不经济性和效率极低等,很容易导致库存量过大,需要的物料未到、不需要的物料先到,各种所需物料不配套等问题。订货点法尽管有上述不足,但直到 20 世纪 60 年代中期还一直被广泛使用。直至 MRP 法的出现,才基本被取代。

2. 时段式 MRP 阶段

这时的 MRP 仅是一种物料需求计算器,它根据对产品的需求、产品结构和物料库存数据来计算各种物料的需求,将产品出产计划变成零部件投入出产计划和外购件、原材料的需求计划,从而解决了生产过程中需要什么、何时需要、需要多少的问题。它是开环的,没有信息反馈,也谈不上控制。

3. 闭环 MRP 阶段

初期 MRP 将企业的生产能力视为无限,所以并不能保证精心编制出的生产计划是实际可行的。20 世纪 70 年代发展起来的闭环 MRP 理论认为主生产计划与物料需求计划应该是可行的,即考虑能力的约束,或者对能力提出需求计划,在满足能力需求的前提下,才能保证物料需求计划的执行和实现。在这种思想要求下,企业必须对投入与产出进行控制,也就是对企业的能力进行校检、执行和控制。

在原 MRP 的基础上补充了以下功能:编制能力需求计划;建立了信息反馈机制,

使计划部门能及时从供应商、车间作业现场、库房管理员、计划员那里了解计划的实际执行情况;计划调整功能。

4. MRP Ⅱ 阶段

MRP Ⅱ 阶段是在 20 世纪 80 年代开始发展起来的,是一种资源协调系统,代表了一种新的生产管理思想。它把企业作为一个有机整体,把生产活动与财务活动联系起来,将闭环 MRP 与企业经营计划联系起来,使企业各个部门有了一个统一可靠的计划控制工具。它从整体最优的角度出发,通过运用科学方法对企业各种制造资源和产、供、销、财各个环节进行有效的计划、组织和控制,使它们得以协调发展,并充分地发挥作用。将生产活动与财务活动联系起来,实现财务信息与物流信息的集成,是从闭环 MRP 向 MRP Ⅱ 迈出的关键一步,而将闭环 MRP 与企业经营计划联系起来,使企业各个部门有了一个统一可靠的计划控制工具。MRP Ⅱ 是企业级的集成系统,它包括整个生产经营活动,包括销售、生产、生产作业计划与控制、库存、采购供应、财务会计、工程管理等。

5. ERP 阶段

进入 20 世纪 90 年代,MRP Ⅱ 得到了蓬勃发展,其应用也从离散型制造业向流程式制造业发展,不仅应用于汽车、电子等行业,也能用于化工、食品等行业;不仅适用于多品种中小批量生产,而且适用于大量大批生产。不过,MRP Ⅱ 的长处在多品种中小批量生产的加工装配式企业得到了最有效的发挥。随着信息技术的发展,MRP Ⅱ 系统的功能也在不断地增强、完善与扩大,向企业资源计划(ERP)发展。

从 MRP 到 ERP,功能得到了不断地扩展,每一个阶段的区别和进步如图 9-12 所示。

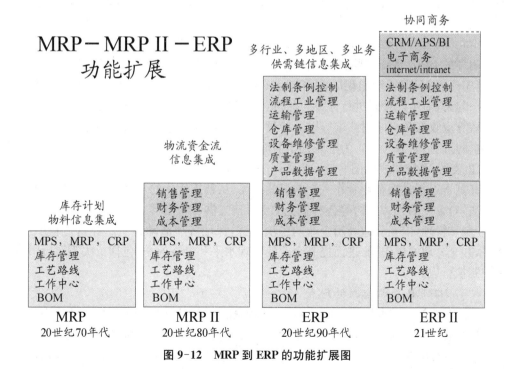

图 9-12　MRP 到 ERP 的功能扩展图

二、从 MRP 到 MRP II 的必然过程

(一) 计划与能力的协调——闭环 MRP

基本的 MRP 系统隐含了这样一个假设：无限能力。由于没有考虑能力约束，计划就很难保证是可行的。能力需求计划(capacity requirements planning,CRP)的出现就是为了弥补这个缺陷，在基本的 MRP 产生的物料需求与企业车间的生产能力之间寻找平衡，以保证计划的有效性，从而在 MRP 基础上，把能力需求计划和执行及控制计划的功能包括进来，形成了一个闭环的回路，如图 9-13 所示。

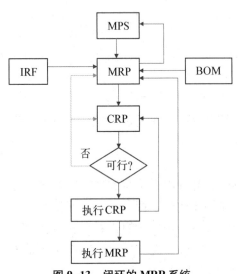

图 9-13 闭环的 MRP 系统

闭环的 MRP 系统体现了两个方面的生产管理思想。一是企业资源的有限性，生产计划必须建立在已有的资源的基础上，闭环的 MRP 除了物料需求计划外，还把能力需求计划与作业计划、采购计划等一起考虑，形成问题的闭环。二是生产计划与控制是一个整体，生产计划必须考虑生产控制的信息，根据控制的结构修订原来的计划或制定未来的计划。这中间就有现有的生产控制信息的反馈问题，因此，闭环的 MRP 把计划执行与计划制定过程形成一个闭环。

(二) 物流与资金流的统一——制造资源计划 MRP II

闭环的 MRP 系统主要还是对物料的管理，企业的生产是物料与资金流的统一，因此，当闭环的 MRP 系统出现后，人们会自然联想到：能否把与生产活动有关的管理过程统一起来，对生产管理进行评价与分析，使企业的经营计划与生产计划保持一致？把成本核算应收账款与应付账款等财务管理有关活动连接起来，形成物流与资金流的统一，这就是制造资源计划。为了区别于前面的物料需求计划，称之为第二代的 MRP，用 MRP II 表示，系统构成如图 9-14 所示。

其基本思想是把企业看作一个有机的整体，从整体优化的角度出发，通过运用科学的方法，对企业的人、财、物等各种制造资源和产、供、销、财等各个环节进行统一的计划、控制和管理，以充分地利用企业的各项资源，保证各项活动在生产经营过程中协调有序，并充分地发挥作用，进而提高企业的管理水平和经济效益，包括了决策层、计划层和控制执行层。

(三) MRP II 管理模式的特点

(1) 引入能力需求计划和反馈调整功能增强了 MRP 计划的可行性和适应性。

(2) 通过与财务系统的集成，实现了物流、资金流与信息流的同步。

(3) 通过与销售分销系统的集成，使得生产计划更好地体现企业的经营计划，增强

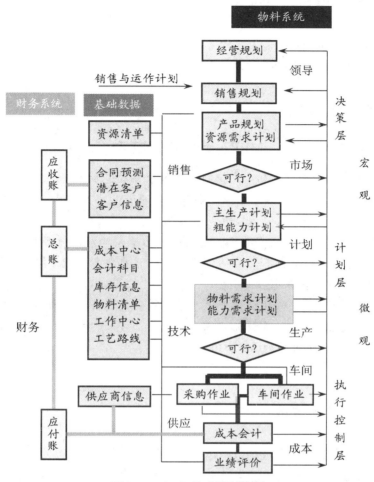

图 9-14 MRP Ⅱ 逻辑流程图

了销售部门的市场预见能力。

(4) MRP Ⅱ 还将 MRP 对物料资源优化的思想，扩充到包括人员、设备、资金、物资等广义资源，涉及企业的整个生产经营活动。

三、从 MRP Ⅱ 到 ERP 的演变与发展

整个 20 世纪 80 年代，MRP Ⅱ 在世界范围内得到了广泛应用，应用企业逐渐从原来的加工装配式企业向流程式企业扩展，MRP Ⅱ 本身在技术和功能上都有了很大的发展。一般认为，ERP 是在 MRP Ⅱ 基础上发展起来的，以供应链管理思想为基础，以先进计算机及网络通信技术为运行平台，能将供应链上合作伙伴之间的物流、资金流、信息流进行全面集成的管理信息系统。ERP 并不是全新的东西，而是 MRP Ⅱ 进一步发展的产物，原 MRP Ⅱ 的内容仍然是 ERP 的核心内容。ERP 对 MRP Ⅱ 的超越主要表现在以下 4 点：

(1) 超越了MRPⅡ范围和集成功能;
(2) 支持混合方式制造;
(3) 支持动态监控能力;
(4) 支持开放的客户机/服务器计算环境。

案例 9-1

MRPⅡ使康柏公司盈利

康柏休斯敦公司的规划和生产控制经理卡尔正在逐步停产某款康柏个人电脑。这时,他被告知康柏公司低估了需求。新的安排要求他再生产10 000台个人电脑。他能做到吗?他面临的问题包括:手头上有哪些零件?要订购哪些零件?可获得哪些劳动力?工厂有能力完成任务吗?卖主有能力购买吗?应对哪些生产线进行重排?传统上,积累这些信息不仅需要MRP报表,还需要各式附加报表。即使那样,也只是在部分信息的基础上做出反应。

一种称为快速MRP的新型软件使卡尔能够查找庞大的数据库,提出相关数据(客户订单、预测、库存和生产能力)以及快速运算。结果是康柏公司有能力进行时程调整,使收入在底线上又增加了数百万美元。

四、ERP的实施策略

ERP扩展了管理信息集成的范围,除财务、分销和生产管理以外,还集成了企业的其他管理功能,如人力资源、质量管理、决策支持等多种功能,其实质是在MRPⅡ基础上进一步发展而成的、面向供应链的管理思想。ERP系统集信息技术与先进的管理思想于一身,成为现代企业的运行模式,反映时代对企业合理调配资源,最大化地创造社会财富的要求,成为企业在信息时代生存、发展的基石。MRPⅡ/ERP除了有效地利用资源、控制资金占用、缩短生产周期、降低成本、提高生产率、实现企业制造资源的整体优化外,还可从人力资源的角度帮助企业解决难题,使管理人员从复杂的事务中解脱出来,真正把精力放在提高管理水平上,解决管理中的实质性问题。因此,ERP是现代企业大型集成化管理信息系统的典型代表,它除了充分体现先进信息技术的综合运用、充分实现信息资源的共享和企业资源的集成外,更重要的是能充分体现现代管理思想与方法的综合运用。

企业可以通过成功实施成熟的ERP软件包来吸取行业的最佳实践和优秀业务流程,以改善企业绩效和增强企业竞争力。然而,ERP的实施是复杂的,涉及公司组织结构、业务流程乃至管理模式的变革,涉及企业的方方面面,将对公司员工的观念产生冲击,这使得实施ERP是一项复杂、艰巨、耗资巨大的工程,其成功实施必须树立正确的应用理念,要有良好的方法论做指导。

ERP 实施的策略有以下 7 点。

(1) 目标明确。通过企业现状分析明确需求,特别要和企业的经营战略结合,确定要解决的问题和达到的目标。只有明确了企业要解决的问题,才能对 ERP 的功能有明确的需求。

(2) 领导重视,全员参与。许多人都说 ERP 是一把手工程,只有高层领导重视,才能使 ERP 实施获得成功。因为领导者决定企业的经营目标,实施 ERP 是为了配合企业经营目标的实现,所以企业经营目标的决策者应该高度重视。只有全体员工都有学习先进管理思想与方法的积极性与对改革的信心,实施 ERP 才有群众基础。

(3) 服务、支持细致,与企业长期密切配合。实施 ERP 需要软件供应商与咨询商细致的服务支持和长期的密切配合。这些服务包括:前期服务,如培训、咨询;实施服务,如实施指导;后续服务,如升级与维护。

(4) 总体规划,分步实施,保证质量。企业在实施过程中必须认真做好如下工作:需求分析与系统功能选择;业务流程重组;选择服务商与软件;实施质量监督;实施评价。

(5) 项目培训。项目培训是 ERP 实施成功的保证,因而在实施的各个阶段都应进行项目的培训。培训内容包括原理培训、实施培训、运行培训,培训对象包括高层管理、项目成员、最终用户。

(6) 完善管理规则与制度。实施 ERP 需要建立新的面向过程的业务流程,包括业务流程规则与制度、系统运行规则与制度、系统维护规则与制度。

(7) 完善基础数据。数据是系统正常运行的保证,为了使系统能够完好运行,数据必须做到完整性、准确性、一致性和及时性。为了提高系统的运行效率,企业对相应的数据应进行合理编码,这样有利于系统的信息跟踪与查询。

第四节 服务业 MRP

发展至今的 MRP Ⅱ/ERP 最显著的效果就是减少库存量和减少物料短缺现象。从这个意义上来说,MRP Ⅱ/ERP 不仅适用于制造行业,也适用于更多的行业,如金融、法律、咨询等服务业。MRP Ⅱ/ERP 不仅是一种工具,更是一种思想,一种解决方案,工具只是思想与方案的载体而已。同时,服务公司也是企业,是企业就有资源需要计划,由于经过 MRP—MRP Ⅱ—ERP 的发展过程,模块功能不断强大,所以,MRP Ⅱ/ERP 完全适合在服务行业使用,而且应该能取得好的效果。纵观 ERP 的核心理念,实际上与服务业的特点是相符的,是可以用于服务业的,并主要从以下 6 个方面入手。

一、服务流程管理

服务业最显著的特点就是靠服务取胜而非靠产品取胜,客户已成为服务业至关重要的商业资源,客户关系的建立、维持和培育应成为服务业最该重视的任务。那么企业靠什么来竞争关键客户呢？这样就要求服务业必须实施好客户关系管理，不能跟以往一样，仅凭员工去了解客户的需求，去服务和呵护客户，而在企业的经营后台没有形成完整和科学的"流程管理"能力，在其业务前台也没有一体的"客户关系管理"能力，这样要竞争到关键客户并为其提供优质的金融服务是没有可能的。服务业实施 MRP Ⅱ/ERP，可以在很大程度上改变这种状况，使服务业真正实现以客户为中心的先进经营理念。当然，服务业用 ERP 不单单是实施客户关系管理（customer relationship management，CRM），还有相应的模块如战略人力资源、协同办公等，它们要相互配合，功能才会更加强大。例如，麦当劳在用了金蝶的战略人力资源之后，相应的管理能力得到提升，成本也大幅下降。还有不少国外银行也使用思爱普（SAP）以及甲骨文（Oracal）的 CRM 系统以及协同办公系统。他们的成绩是有目共睹的。

二、服务业的行业结构

从服务业的行业结构上看，劳动密集型服务业居主导地位，技术和知识密集型服务业所占比重十分低。大量的从业人员加大了服务业的人工成本压力，很多企业想减少人工成本但是没有合适的途径，这样一来，MRP Ⅱ/ERP 的引入不但能解决这个问题，而且还能大大提高工作效率，降低成本，让各业务线配合更加密切，减少责任病毒。同时，由于加快了信息传递的及时性与准确性，企业管理上的一些弊端也可能迎刃而解。

三、网络化的系统应用

某些服务业，如金融业中的银行，需要数据的高度集中与信息的及时传递，实现数据的及时分析，提高经营水平和改善管理风险，以提升银行的竞争力。但是，很多时候银行数据相当丰富，总行或者领导的信息却相当匮乏。对于这些问题，银行显然已经在管理上想尽办法了，但是事实上结果却不那么尽如人意。所以，通过 MRP Ⅱ/ERP 的引入是完全能解决这些问题的。比如，光大银行、民生银行都成功地引入了 MRP Ⅱ/ERP，而且通过 MRP Ⅱ/ERP 的引入取得了不错的成绩。他们先后上线了国际结算业务统计分析系统、对公业务统计分析系统以及信贷风险管理系统。国际知名的花旗银行也成功引入了信息化系统，我国昆明商业银行也引入了一套信息化系统，并且取得了应用上的成功。

四、标准的流程化

有些类型的服务行业，行业专业化要求较高，对于业务的标准流程化显得极为重要。如法律业，无论是给委托方还是给自己的公司做服务，专业化以及流程化都能发挥较大的作用。在法律业可能也有很多时候会同时接几个项目来做。因此，对于项目的时间管理要求较高的法律业来说，MRP Ⅱ/ERP 也是相当有用的。同时，法律业高标准化的要求也可以通过 MRP Ⅱ/ERP 的运用来实现。比如，通过相应的流程设计，在操作上就可以按照标准化来设计,从而减少人为的因素。通过这些方法的实施,法律业的价值也会得到更大的提升。

五、系统集成化的应用

对于完全靠服务取胜的服务行业,如酒店行业,其核心是优质的服务——如何使客户便捷地订到满意的房间,轻松地点到喜欢的菜肴和电影,及时地获得准确信息,快速地入住和结账离开,时刻以客户满意为中心。信息化正是优质服务背后的支撑点:功能强大的数据库、网上预订服务、电脑分房、VOD视频点播、电子门锁、消费一卡通、电子转账与支付等,无一不体现了现代化的经营方式。引入ERP系统对酒店的财务、分销和人力资源进行管理,其强大的功能可以使酒店企业的后台管理更加合理和规范化,并利用各类数据接口与酒店前台管理信息系统CRM、SCM系统形成一个集成系统体系结构,使酒店前台和后台协同运作,提高酒店的信息化水平,获得更多的竞争优势。

六、服务业发展的软件引导

有些服务业起步晚,行业相当混乱,没有形成系统的行业特色;而对于企业来说,它们还没有形成一种规范的、适合自己企业的一套管理体系,在业务上也不够专业和系统,如咨询业。这样的行业特点导致的直接结果就是行业规模小,短期内也不能取得更大的发展。这些行业中,很多规模小、能力差的企业就必然在短期内被淘汰。同时,在传统的咨询业,咨询师主要依靠经验和分析给予企业经营发展的战略性建议,但当面临快速变革的挑战时,仅仅有咨询公司提供的战略是不够的,核心竞争力的加强最终取决于对战略的有效实施,取决于变革管理的能力。时至今日,MRPⅡ/ERP已经成为比较完善的工具了,它在发展过程中不断改进,成为一种成熟的管理体系,此时,MRPⅡ/ERP的引入成了咨询业等服务业迫切需要的工具。这样不但企业的内部流程得以优化,企业生产效率得以提高,而且咨询企业所服务的企业也可以得到更加合理的建议,从而得以真正提升自己企业的核心竞争能力。

综上所述,通过分析MRPⅡ/ERP的特点与它承载着的管理思想,并从服务业的特点出发,我们得出,服务业适合采用MRPⅡ/ERP系统。同时,因为MRPⅡ/ERP是一种工具,是一种管理思想,它完全可以应用于服务业,为服务业的发展助一臂之力。

复习思考题

1. MRP的基本原理是什么?其子系统有哪些?
2. MRP系统有哪些输入与输出?
3. MRP成功实施的条件是什么?
4. MRP和ERP的主要区别有哪些?
5. 服务业ERP的实施途径有哪些?

案例分析

ZARA 在传统服装企业供应链管理基础上,率先实行协同供应链运作模式,即快速的产品组织与设计、按需生产的延迟制造模式、双轨外包的业务模式、高效的物流配送、及时的销售反馈、支撑供应链快速反应的信息化建设。这种运作模式有力保证 ZARA 所有环节都围绕着目标客户运转,整个过程不断滚动循环和优化。

(一) 按需生产的采购与生产系统

1. 采购系统

(1) 采购预测。服装布料对于时尚潮流来说是一个非常重要的因素,款式可以在短时间内千差万别,但面料的流行周期要大于款式设计的周期,因此,对面料的精准预测保证了 ZARA 产品的时尚元素。ZARA 遍布全球的专职买手一年四季不停地穿梭于各秀场、时尚达人聚集地,与各大时尚杂志保持紧密合作,从而能及时掌握当季的潮流趋势并快速反馈给总部,然后 ZARA 结合自建的数据库中众多的面料版式与流行色数据,预测面料采购的种类和数量,从而保障可以快速响应生产需求以及通过原料的预测预防成品失败带来的风险。

(2) 分散采购与半成品采购。ZARA 采取两种采购模式:分散采购与半成品采购。分散采购即向不同的供应商采购,减少对某一特定供应商的依赖,增加 ZARA 在采购中的话语权,鼓励供应商之间的竞争,挑选优质供应商,保障服装原料的生态安全,驱动供应商满足自身需求;半成品采购是指 ZARA 先生产试销,然后根据市场上花色变换的潮流导向以及各门店销售情况,采购原坯布或标准化的半成品再染色生产。

2. 中心向外的生产系统布局,分工明确的生产模式

ZARA 将大部分生产安排在欧洲进行,以西班牙总部为中心,在其周围 200 英里(约 322 km)范围内建立生产基地,其中包括 22 个高度自动化的染色、剪裁中心,这个生产基地周边大约有 500 家工厂和家庭作坊,负责 ZARA 约 50%的产品。ZARA 架设地下传送带网络,所有工作由传送带紧密相连。因此,ZARA 形成了一个由中心基地向外辐射的生产系统,在这个很小的辐射范围内集成了设计、染色、剪裁、缝制等功能,实现无缝生产。另外,ZARA 坚持本土化生产方式,ZARA 将 50%人力密集型的工作外包给外部供应制造商,其中一部分可预测的、工艺简单的、差异性小的交由海外生产商,其余的全部交由在西班牙总部的外协制造商。

(二) 双轨外包调配系统

ZARA 采用双轨外包的业务模式,即把需要大量生产、受时尚影响较轻的服装商品交由海外生产基地,把需要快速做出反应以满足消费者需求的商品外包工作,放在邻近总部的地区。ZARA 近 50%的产品通过位于西班牙总部的 22 家工厂来完成,包揽全部的设计、仓储、分销、物流和近一半的生产,而剩余 50%人力密集型的工作外包给外部供应商制造。这些外部供应商大多分布在欧洲,以此可以满足快速变更的订单需求。物流配送上,ZARA 采用全球调配系统,全球各销售门店的销售产品都由总部发出,以使各专卖店上货保持同步。

(三) 销售体系

1. "一站式购物"的销售管理

ZARA 采取严格的订单时间管理制度，总部每季只生产有限数量的产品，每间连锁店通常一周要向总部发 2 次订单信息，所有连锁店里的产品一周更新 2 次，产品不能存在超过 2 个星期。通过这种方式，ZARA 有效把控因需求低所导致的库存积压、产能闲置或过度供给。在存货方面，ZARA 不会保有超过 20% 存量，远低于服装行业 35% 的平均水平，供应链依靠更加精确的预测和更多更即时的市场信息，反应速度比一般的公司要快得多。

2. 抓住目标群体特征单一性，采用稀缺性销售模式

ZARA 主要目标消费群集中于 18～35 岁人士，这个群体的典型特征是具备高度时尚敏感性和高消费能力，在生活习性和时尚品位上有着趋同的追求，从而 ZARA 可以在全球提供类似的时装，规避地方习俗等文化因素造成的预测与销售风险。另外，ZARA 会根据全球店面的销售反馈情况，针对部分商品执行"缺货"策略，即部分款式一家店只有十几件，专卖店里每种款式的衣服上架时间不超过 3 周，卖完就没有了，以稀缺性来激发消费者的购买欲望，从而减少了高库存风险。未能卖出的产品将会被运到西班牙总部或其他销售市场。

(四) 自主开发信息系统——"大集中"式系统

ZARA 信息系统是由总部的 IT 部门自主开发的，又被称为"大集中"式系统，是 ZARA 在西班牙总部的一套完整的计划、采购、库存、生产、配送、营销和客户关系管理的平台，以及在这个平台基础上的供应链协同系统。ZARA 遍布全球的网络系统都通过该终端平台实现与总部资金流、信息流及物流的相互流转。

1. 收集消费者需求，实现服装信息的标准化

ZARA 自建有高效的数据库，主要收集全球的时尚资讯、各专卖店的消费需求等，通过信息系统建设，实现产品信息的通用性、标准化。设计师们根据当天的发货数量和每天的销售数量，决定具体款式所用布料、剪裁方式以及价格，然后根据数据库中时尚元素对现有的旧款式进行改造，实现创新发明。标准化的库存方式对剪裁给出清晰的生产指令，使 ZARA 能快速、准确地准备设计，为新产品设计和生产提供决策支持。

2. 对产品信息和库存实行焦点管理

ZARA 借助自主开发的信息系统对产品信息和库存信息进行焦点管理，使得 ZARA 的团队能够管理数以千计的布料、各种规格的装饰品、设计清单和库存商品，并为产品设计提供决策信息。ZARA 团队也能通过这个系统提供的信息，以现有的库存面料来设计一款服装，而不必订购新的原料浪费时间。

3. 先进的分销管理

ZARA 的分销系统非常先进，极大地节省了人力资源；地下传送带将商品运到货物配送中心；ZARA 还借用了每小时能分拣超过 60 000 件衣服的读取工具。由于其高速、高效的运作，这个货物配送中心实际上只是一个周转地。

资料来源：马玉.解码 ZARA 创新供应链管理模式[J].现代商业，2018(24)：2.

思考题：简述 ZARA 物料管理系统的独到之处。

第十章 作业计划

【学习目标】
1. 掌握产能规划、综合计划、产品出产计划和作业计划的关系。
2. 理解作业计划的标准。
3. 解作业计划的编制方法。
4. 掌握作业计划的优先规则。

开篇案例

烟厂信息化管理——精益生产作业计划管理

各烟厂以制造执行系统（manufacturing execution system, MES）为核心的生产组织信息平台接收中烟公司的生产计划、产品配方等信息，将生产计划进一步分解到每个班组，并产生制丝、卷包、嘴棒成型、动力能源供应、原辅配送等工单，工单与生产标准绑定后直接下达到生产车间的每个班组，进而完成生产计划接收—生产计划分解—工单生成—单下达—工单反馈等生产全过程的信息化管理，突出了排产调度核心职能，实现了操作层、业务层和管理层的数据链接，达到精益生产的要求。

1. 生产作业计划编制

烟厂根据"拉式"生产方法，当生产需求出现时，依次先后排卷包生产进度计划、制丝生产进度计划。

卷包车间生产进度计划是在生产计划确定的旬生产计划量的基础上，根据各设备的状态顺排，从而确定各个卷包机的生产时间和牌号。卷包计划指定每个机台生产什么牌号、开始时间和结束时间。

制丝车间生产进度计划是根据卷包生产进度计划倒推而来。结合实时柜存信息，按照卷包用丝计划进度，依据各牌号各工段标准生产用时，从制丝环节储丝处理段末道工序开始倒推，依次生成制丝环节9个工艺段（切片回潮、叶片加料、切烘、加香暂存、储丝处理、梗预处理、梗处理、梗丝处理以及烘梗加香工段）的进度计划（包括计划开始时间与结束时间），保证前后加工工艺过程紧密衔接。计划中指定牌号切片、切丝等任务的具体加工单元。

2. 工单下达

根据生产进度计划，生产管理系统根据量化的排产约束条件，按照精细化生产要求向最基本生产单元(如卷接机、制丝线工艺段)和生产辅助单元下发工单,要求这些生产单元必须按工单协调有序执行,并利用系统的监控功能对这些单元的执行情况和效果进行全过程跟踪、监控和评价。各车间只需要根据各自的生产状况执行生产指令,从而形成管理重计划、车间重生产的格局,职责分工明确,各司其职、各尽其力。厂内生产资源配置合理,管理统一协调,各项工作得以连贯,执行到位。

(1) 卷包工单。根据卷包作业计划生成各机台工单(卷接机台、包装机台、装封箱机台、成型发射机台、喂丝口),系统根据机台、牌号绑定在用生产标准一同下发到车间,经车间确认后再下发到现场操作终端。各机台操作人员可以在操作终端实时查询其工单任务,并反馈生产情况。

(2) 制丝工单。根据制丝作业计划生成各生产工段的工单(包括叶片预处理段、叶片段、叶丝段、掺配加香段、梗预处理段、梗处理段、梗丝处理段等各工段),并绑定生产标准下发到制丝中控室,由中控系统分发到各控制段的现场操作终端。各工段操作人员可以实时查询其工单任务,并及时反馈。

在生产工单启动时,生产管理系统根据相应规程,同步给工艺检查人员下达当前工艺检查任务,给质量检验人员下达当前质量检验任务。

在工单执行过程中借助 MES 现场终端设备,以此作为生产看板,各工序严格按照现场终端设备上的工单信息执行生产,并可随时查阅批次工单运行的指标完成情况,如质量、消耗、异常信息等,从而确保在必要时间内生产计划所需产品,为准时化生产提供看板生产信息系统。

资料来源:精智工厂微信公众号,2017-11-14。

作业计划是综合计划工作的继续和具体执行计划。它是协调企业日常生产活动的中心环节。它根据年度综合计划规定的产品品种、数量及大致的交货期的要求对每个生产单位(车间、工段、班组等)在每个具体时期(月、旬、班、小时等)内的生产任务做出详细规定,使年度综合计划得到落实。本章讲述作业计划概念、内容及要求,不同类型企业的作业计划标准,作业计划的编制,作业排序和作业控制。

第一节 作业计划概述

企业为满足客户的要求,需要不断地制定计划、组织生产、调配人员和一切资源等。相关设备计划、工具计划、人员计划等是保障企业完成战略目标和使命、保持竞争优势的一线操作计划。因此,有效的作业计划可以促进资源的高效利用,发挥生产能力,增加生产柔性和交货期的可靠性,能以更低的成本更好地服务顾客,这本身就是一种竞争优势。

一、作业计划概念及内容

作业计划是综合计划的具体执行性计划,把企业的全年生产/服务任务具体地分配到各部门以及每个工人,规定他们每月、旬、周、日乃至轮班和小时内的具体任务,从而保证按品种、质量、数量、期限和成本完成企业的任务。作业计划是在企业的综合计划确定以后,在出产计划的进一步指导下,为了便于组织执行而编制的。因此,4种计划之间的关系如图10-1所示。

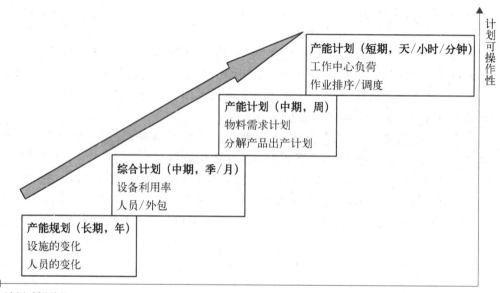

图 10-1 计划关系图

由图10-1可见,4种计划时间越来越短,也越来越具有可操作性:作业计划的制定是从产能规划开始的,一般按年或季度编制;进一步编制综合计划,对设备与库存的使用情况、员工的安排以及是否外包等进行计划决策,一般按月编制,总量划分;再进一步编制产品出产计划,一般按周编制,按产品或产品线划分;最后,进一步编制作业计划,进行作业排序,对企业的一切资源如人员、材料和设备等的具体使用进行安排,并指导生产。

1. 特点

作业计划与综合计划比较具有以下3个特点。

(1) 计划期短。综合计划的计划期常常表现为季、月,而作业计划详细规定月、旬、日和小时的工作任务。

(2) 计划内容具体。综合计划是全企业的计划,而作业计划则把任务落实到产品生产企业的各个车间、工段、班组和工人,以及服务业的服务平台和个人。

(3) 计划单位小。综合计划一般只规定完整产品的进度,而作业计划则详细规定各零部件,甚至工序的进度安排。

2. 编制依据

编制作业计划的主要依据包括:年、季度生产计划和各项订货合同;前期作业计划的预计完成情况;前期在制品周转结存预计;产品劳动定额及其完成情况,现有生产能力及其利用情况;原材料、外购件、工具的库存及供应情况;设计及工艺文件,其他的相关技术资料;产品的作业计划标准及其完成情况。

3. 编制内容

企业作业计划一般应包括作业计划指标、全厂和车间的作业计划、设备和生产面积的负荷核算和平衡、编制作业准备计划、作业排序和作业控制等。

4. 编制要求

企业类型和规模不同,作业计划的编制可能不会完全相同。但一般来说,应满足以下5个基本要求。

(1) 全面性。作业计划应把综合计划所规定的品种、产量、质量和交货期全面安排和落实。

(2) 协调性。使生产过程各阶段、各环节在品种、数量、进度和投入产出等方面都协调配合,紧密衔接。

(3) 可行性。充分考虑企业现有条件和资源,能够保证作业计划的执行。

(4) 经济性。作业计划要有利于提高生产效率和经济效益。

(5) 适应性。作业计划适应企业内、外条件和环境的变化,能及时根据生产条件和外部环境调整、补充和修正。

5. 编制准则

准确制定作业计划的方法取决于订货数量、运作性质、工作的复杂程度以及对以下4项准则的重视程度。

(1) 完成时间最短,通过计算每项作业的平均完成时间得到。

(2) 设备利用率最高,通过单项和综合的设备利用率反映。

(3) 在制品库存最少,一般通过检视系统中的平均工件数来体现,因为平均工件数与在制品库存高度相关。

(4) 顾客等待时间最短,通过平均延迟时间反映。

一个好的作业计划不仅简单明晰、易于操作和执行、具有柔性,而且应该在以上4个原则的基础上,根据不同的生产流程进行编制,因为不同流程的控制关键点不同。适用于单件小批作业的工艺专业化流程和对相似零件族进行集中加工的工作单元,关键是制定顺排计划;而模块化流程的关键是运用传统的装配线平衡方法制定顺排计划;适用于连续作业的产品专业化流程的关键是使用现有固定产能,制定满足稳定需求的顺排计划。

二、作业计划标准

作业计划标准又称期量标准,是指为制造对象在生产期限和生产数量方面所规定的标准数据,它是编制生产作业计划的重要依据。先进合理的作业计划标准是编制生产作业计划的重要依据,是保证生产的配套性、连续性和充分利用设备能力的重要条件。制定合理的作业计划标准,对于准确确定产品的投入和产出时间、做好生产过程各环节的衔接、缩短产品生产周期、节约企业在制品占用都有重要的作用。

作业计划标准就是经过科学分析和计算,对加工对象在生产过程中的运动所规定的一组时间和数量标准。作业计划标准是有关生产期限和生产数量的标准,因而企业的生产类型和生产组织形式不同时,采用的作业计划标准也就不同,具体而言包括以下3个方面。

（1）大量流水线生产的作业计划标准有节拍、流水线工作指示图表和在制品定额等。

（2）成批生产的作业计划标准有批量、生产间隔期、生产周期、生产提前期和在制品定额等。

（3）单件生产的作业计划标准有生产周期、生产提前期等。

作业计划标准随产品品种、生产类型和生产组织形式而有所差别,但制定作业计划标准时都应遵循科学性、合理性和先进性的原则。

（一）产品专业化生产作业计划标准

1. 节拍

节拍是组织大量流水生产的依据,是大量流水生产作业计划标准中最基本的作业计划标准,其实质是反映流水线的生产速度。它是根据计划期内的计划产量和计划期内的有效工作时间确定的。在精益生产方式中,节拍是个可变量,它需要根据月计划产量做调整,这时会涉及生产组织方面的调整和作业标准的改变。

$$R = F_i / Q_i$$

其中:R 代表流水线节拍;F_i 代表第 i 工序看管周期时间长度;Q_i 代表第 i 工序看管周期产量。

2. 流水线标准工作指示图表

在产品专业化生产中,每个工作地都按一定的节拍反复地完成规定的工序。为确保流水线按规定的节拍工作,必须对每个工作地详细规定它的工作制度,编制作业指示图表,协调整个流水线的生产。正确制定流水作业指示图表对提高生产效率、设备利用率和减少在制品起着重要作用。它还是简化作业计划和提高作业计划质量的有效工具。

流水线作业指示图表是根据流水线的节拍和工序时间定额来制定的。流水线作业指示图表的编制随流水线的工序同期化程度不同而不同。连续流水线的工序同期化程度很高,各个工序的节拍基本等于流水线的节拍,因而工作地的负荷率高。这时就不存在工人利用个别设备不工作的时间去兼顾其他设备的问题。因此,连续流水线的作业指示图表比较简单,只要规定每条流水线在轮班内的工作中断次数、中断时刻和中断时间即可。如图 10-2 所示就是连续流水线作业指示图表的一个例子:

由于间断流水线各工序的生产率不一致,所以编制作业指示图表比较复杂,其步骤一般包括确定看管期、确定看管期各工作地产量及负荷、计算看管期内各工作地工作时间长度、确定工作起止时间、确定每个工作地的人员数量及劳动组织形式等。间断流水

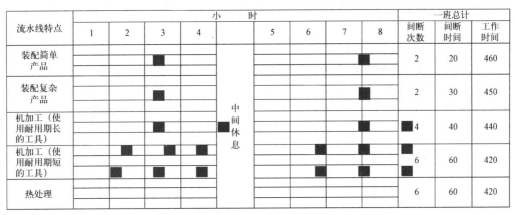

图 10-2 连续流水线作业指示图表

线由于各工序的工序节拍与流水线的节拍不同步,各道工序的生产效率不协调,生产中就会出现停工停料或等停加工的现象。这应事先规定能平衡工序间生产率的时间,通常称为间断流水线的看管期,如图 10-3 所示。

流水线产品名称	班次	日产量（件）	节拍（分）	运输批量（件）	节奏（分）	看管周期（小时）	看管周期产量（件）
××零件	2	300	2	1	2	2	60

工序号	工时定额（分）	工作地号	工人号	劳动组织	每一个看管期（2小时）标准工作进度													看管期产量
					10	20	30	40	50	60	70	80	90	100	110	120	
1	4	01	01	多机床看管													30
		02	01														30
2	2	03	02														60
3	3	04	03	兼管06工作地													40
		05	04														20
4	1	06	04														60
5	2.5	07	05	兼管09工作地													48
		08	06														12
6	1.5	09	06														60
7	2.8	10	07														60

图 10-3 间断流水线工作与中断时间交替程序图

间断流水线的标准指示图中所规定的内容包括以下两个方面。

（1）每个工作地在看管期内的工作延续时间。当只有一个工作地工序,它的工作延续时间 T_s 等于流水线看管期产量 P_L 与单件工时 t_0 乘积,即 $T_s = P_L \cdot t_0$,而看管期产量 $P_L = T_L/R$。本例中,$P_L = 120/6 = 20$(件)。当有多个工作地(S_0)且各工作地的工作时间相等时,它的工作延续时间 $T_s = P_L/S_0 \cdot t$,图 10-2 中,工序 1 有 01、02 两个工作地,$T_s = 20/2 \times 12 = 120$(分)。当有多个工作地且各个工作地时间不等时,可尽可能使负荷集中在一个工作地上,而将剩余的负荷分配给其他工作地。

（2）规定各工作地在看管期内的工作起止时间以及工人任务的分配。对于工作延续时间不足看管期长度的工作地,要根据有否可能使工人兼做其他工序,充分发挥工人在工时利用上的潜力的原则,安排工人的工作起止时间。

3. 在制品占用量定额

在制品占用量定额是指在一定的时间、地点和生产技术组织条件下,为保证生产的连续进行而制定的必要的在制品数量标准。在制品是从原材料投入到产品入库为止,处于生产过程中尚未完工的所有零件、组件、部件和产品的总称。在制品占用量按存放地点分为流水线(车间)内在制品占用量和流水线(车间)间在制品占用量,按性质和用途分为工艺占用量、运输占用量、周转占用量和保险占用量。在制品构成如图10-4所示。

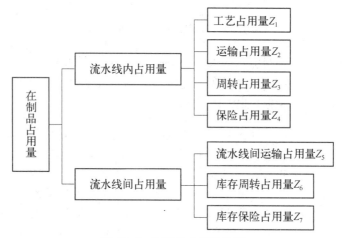

图10-4 在制品分类结构图

大量流水线可分为工艺占用量、运输占用量、流动占用量和保险占用量。

1. 工艺占用量(Z_1)

工艺占用量是指正在流水线各道工序每个工作地上加工、装配或检验的在制品数量。

$$Z_1 = \sum_{i=1}^{m} S_i g_i$$

其中:S_i代表第i道工序的工作地数;m代表流水线的工序数目;g_i代表第i道工序上工作地同时加工的零件数。

2. 运输占用量(Z_2)

运输占用量是指处于运输过程中或放置在运输装置上的在制品占用量。它取决于运输方式、运输批量、运输间隔期、零件体积及存放地的情况等因素。

当采用连续输送装置运送时:

$$Z_2 = \frac{L}{l} \times n_t$$

其中:L代表运输装置的长度(m);l代表相邻两个运输装置的距离;n_t代表运输

批量。

3. 工序间流动占用量(Z_3)

由于平衡前后相邻工序生产率周而复始积存的在制品占用量叫作工序间流动占用量。工序间流动占用量可用分析计算法和图表法结合起来加以确定。

(1) 分析计算法。

$$Z_{\max} = \left(\frac{t_s \times s_i}{t_i} - \frac{t_s \times s_j}{t_j} \right)$$

其中：t_s 代表两相邻工序同时工作时间；i 代表前工序；j 代表后工序；s_i、s_j 代表第 i、j 工序的工作地数；t_i、t_j 代表第 i、j 工序单位工时。t_s 如为正值，表明最大占用量是在同时工作结束时形成的；如为负值，表明最大占用量是在同时工作前形成的。

【例 10-1】 根据图 10-5 中数值,可求：$Z_{\max(1-2)} = 50 \times (2/8 - 1/2) = -12.5$（件）

第二道工序与第三道工序的最大占用量：$Z_{\max(2-3)} = 50 \times (1/2 - 1/4) = 12.5$（件）

第三道工序与第四道工序的最大占用量：$Z_{\max(3-4)} = 50 \times (1/4 - 1/6) = 4.17$（件）

(2) 图解法。根据上述计算结果，并通过对图 10-5 的分析，可以看出：第一道工序有两个工作地，在与第二道工序同时工作的 50 分钟内，共生产 12.5 件；第二道工序有一个工作地，50 分钟内生产 25 件。所以，为了保证第二道工序能不停歇地生产，在同时工作开始前，第一道工序就应给第二道工序准备 12.5 件在制品。如果不这样，03 号工人在第二道工序时做时停，就不可能在后 50 分钟内兼做第四道工序，从而使整个流水线要另外增加一名工人。当第二道工序停止工作，但第一道工序仍然继续生产，在后 50 分钟内为第二道工序准备了 12.5 件的在制品的占用量，如此周而复始，在第一道工序和第二道工序之间，在制品从最大占用量逐渐减少到零，然后再由零逐渐增加到最大占用量，如图 10-5 所示。

流水线名称			工作班次	平均节拍（分）	运输批量（件）	运输节拍（分）	每班看管次数	看管周期（分）		
螺钉流水线			2	4	1	4	4	100		
工序号	看管期任务	时间定额（分）	工作地号	工作地负荷	工人号	工人去处	时间（分) 0　　50　　100		最大占用量	看管期末流动占用量
1	25	8	1 2	100 100	1 2					
2	25	2	3	50	3	6			12.5	12.5
3	25	4	4	100	4				12.5	0
4	25	6	5 6	100 50	5 6				4.17	0

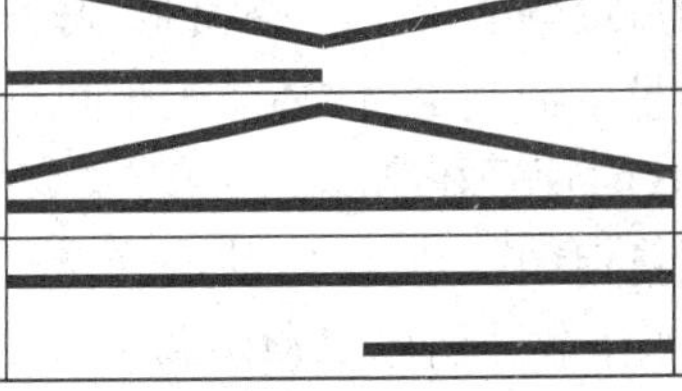

图 10-5　间断流水线工序间流动占用量变化示意图

4. 保险占用量(Z_4)

（1）为整个流水线设置的保险占用量，其常集中在流水线的末端，是用来应对出现废品和出现生产故障，造成零件供应中断而设置的在制品。

（2）为工作地设置专用保险占用量，日常集中于关键的工作地旁边：

$$Z_4 = 消除故障时间/工序单件工时$$

综上所述，车间内部占用量如下：

$$Z_{in} = Z_1 + Z_2 + Z_3 + Z_4$$

5. 库存流动占用量(Z_5)

库存流动占用量是使车间或流水线之间协调工作而占用的零部件或毛坯数量。它是由于前后两车间或流水线之间生产效率不等以及工作制度（班次或起止时间）不同而形成的在制品的占用量。

$$Z_5 = Z_{in}(P_L - P_h)$$

其中：Z_{in}代表生产效率较低的车间或流水线的班产量；P_L代表生产效率较低车间或流水线的班次；P_h代表生产效率较高的车间或流水线的班次。

6. 车间之间库存周转占用量(Z_6)

其与Z_4同。

7. 车间之间库存保险占用量(Z_7)

它是由于供应车间（或流水线）交付延期或出现大量废品，为保证需用车间正常生产而设置的在制品的占用量。

$$Z_7 = T_{in}/R$$

其中：T_{in}代表供应车间（或流水线）的恢复间隔期；R代表供应车间（或流水线）的生产节拍。

由以上可知：$Z_{st} = Z_5 + Z_6 + Z_7$

在确定在制品的占用量时，应该注意以下5个问题。

（1）对不同车间（或流水线）应明确哪种占用量在生产中起主导作用。例如：毛坯车间的在制品占用量有工艺、流动和保险占用量3种，其中流动占用量是主要的；机加工车间有工艺、运输、流动和保险4种，其中工艺占用量是主要的。

（2）占用量定额是按一种零件分别计算的，计算时应考虑生产过程的衔接，结合标准作业计划加以确定。然后按存放地点汇总成分零件的占用量定额表。

（3）占用量定额表由生产科编制，财务科估价和核算占用的流动资金。

（4）占用量定额制定后，必须按车间、班组和仓库细分，并把它交给员工讨论核实，使人人关心，共同管好在制品。

（5）占用量定额一经批准，就成为全厂计划工作中的一种非常重要的作业计划标准，对稳定生产作业计划秩序和协调生产活动有着极重要的作用，应严肃对待，并要注意定额水平的变动情况，定期调整。

（二）成批生产的作业计划标准

成批生产在组织和计划方面的主要特点是：企业按一定时间间隔依次成批生产多种产品。因此，成批生产作业计划要解决的主要问题就是妥善安排生产的轮番，保证有节奏地均衡生产。

1. 批量和生产间隔期

批量是同时投入生产并消耗一次准备结束时间，所制造的同种零件或产品的数量。生产间隔期是指相邻两批相同产品（零件）投入或产出的时间间隔，生产间隔期是批量的时间表示。

$$批量 = 生产间隔期 \times 平均日产量$$

确定批量和生产间隔期的方法有以下两种。

（1）以量定期法。以量定期法是根据提高经济技术效果的要求，确定一个最初的批量，然后相应地计算出生产间隔期。

① 最小批量法。最小批量法是从设备利用和劳动生产率这两个的最佳选择出发考虑的。

即 $\delta \geqslant \dfrac{t_{ad}}{Q_{\min} \times t}$ ∴ $Q_{\min} \geqslant \dfrac{t_{ad}}{\delta \times t}$

其中：δ 代表设备调整时间损失系数；t_{ad} 代表设备调整时间；$Q_{\min}$ 代表最小批量；t 代表单件工序时间。

设备调整系数时间损失系数如表 10-1 所示。

表 10-1　设备调整损失系数 δ

零件名称	生产类型		
	大批	中批	小批
小件	0.03	0.04	0.05
中件	0.04	0.05	0.08
大件	0.05	0.08	0.12

② 经济批量法。经济批量法主要考虑两个因素，即设备调整费用和库存保管费。上述最小批量法规定批量的下限，即仅考虑设备的充分利用和较高的生产效率，而忽略因批量过大造成的在制品资金占用及在制品存储保管费用，如图 10-6 所示。

$$总费用 = \dfrac{Q}{2} \times C \times i + A \times \dfrac{N}{Q}$$

微分得：$Q = \sqrt{\dfrac{2NA}{C \cdot i}}$

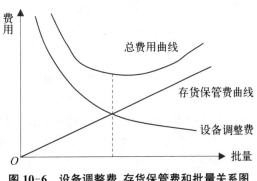

图 10-6　设备调整费、存货保管费和批量关系图

其中：$Q/2$ 代表库存在制品平均存量；A 代表设备一次调整费；C 代表单位产品成本；N 代表年产量；i 代表单位产品库存费用率。

按上述方法计算的批量都只是最初批量，还需要根据生产中的其他条件和因素加以修正。批量大小应使一批在制品各主要工序的加工不少于装修轮班，或在数量上与日产量成倍比关系，这便于在工间休息空隙做好轮换零件的准备工作、调整工作；应考虑批量大小与工具的使用寿命相适应；批量大小应与夹具工作数相适应；应考虑大件小批量、小件大批量；一般毛坯批量应大于零件加工批量，零件加工批量应大于装配批量，它们最好成整倍数；批量大小应和零件占用面积和设备容积相适应。

（2）以期定量法。以期定量法是先确定生产间隔期，然后使批量与之适应。其与经济批量法不同。经济批量法着重考虑经济因素，而以期定量法则是为了便于生产管理。如表 10-2 所示为生产间隔期与批量关系。

表 10-2　标准生产间隔期表

生产间隔期	批　类	批　量	投　入　批　次
1 天	日批	装配平均日产量	每日一次
10 天	旬批	装配旬平均产量	每月三次
半月	半月批	装配半月平均产量	每月两次
1 个月	月批	装配月产量	每月一次
1 季度	季批	装配季产量	每季一次
半年	半年批	装配半年产量	每年两次
1 年	年批	装配年产量	每年一次

生产间隔期批量的种类不宜过多，一般以 6 种以内为宜。超过了可以按照装配需要的顺序、零件结构的工艺特征、外形尺寸和重量大小、工时长短划分为若干组，然后从中选择一个典型零件制定批量和生产间隔期，同一组的零件就可仿此制定批量。

2. 生产周期

生产周期是从原材料投入生产开始，到制成成品出产时为止的整个生产过程所需的日历时间。成批生产中的生产周期是按零件工序、零件加工过程和产品进行计算的，其中，零件工序生产周期是计算产品生产周期的基础。

（1）零件工序生产周期。零件工序生产周期是一批零件在渠道工序上的制造时间。

$$T_{op} = \frac{Q}{SF_e K_t} + T_{se}$$

其中：T_{op} 代表批零件的工序生产周期；F_e 代表有效工作时间总额；K_t 代表工时定额完成系数；S 代表同时完成该工序的工作地数；Q 代表零件批量；T_{se} 代表准备结束时间。

（2）零件加工过程的生产周期。在成批生产中，零件是成批加工的，因此，零件加工过程的生产周期在很大程度上取决于零件工序间的移动方式。通常先按顺序移动方式计算一批零件的生产周期，然后用一个平行系数加以修正。

① 顺序移动方式。

$$T_{顺} = \sum_{i=1}^{m} T_{opi} + (m-1) \times t_{d}$$

其中：$T_{顺}$代表该批零件顺序移动方式计算的加工过程生产周期（分或小时）；T_{opi}代表该批零件在第i道工序加工的工序同期（分或小时）；m代表工序数目；t_{d}代表零件批在工序间转移的平均间隔时间（分或小时）。

② 平行移动方式。考虑平行移动（或部分平行移动）后的零件加工过程的生产周期：

$$T_{平} = K_{p} \times T_{op}$$

其中：K_p代表平行系数。

③ 产品生产周期。在零件加工生产周期确定后，并按此计算毛坯制造、产品装配及其他工艺阶段的生产周期。在此基础上根据装备系统图及工艺阶段的生产同期的平衡衔接关系，编制出生产周期图表，确定产品的生产周期。

3. 生产提前期

生产提前期是产品（毛坯、零件）在各工艺阶段出产（或投入）的日期比成品出产的日期应提前的时间。产品装配出产期是计算提前期的起点，生产周期和生产间隔期是计算提前期的基础。提前期分投入提前期和产出提前期。

（1）投入提前期。投入提前期是指各车间投入的日期比成品出产日期应提前的时间。

某车间投入提前期＝该车间出产提前期＋该车间生产周期

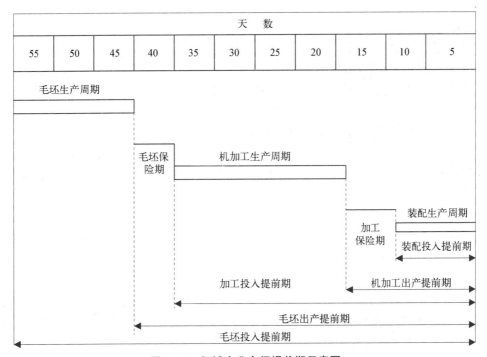

图10-7 机械企业车间提前期示意图

(2)出产提前期。出产提前期是指各车间出产的日期比成品出产日期应提前的时间。

$$某车间出产提前期＝后车间投入提前期＋保险期$$

其计算可按工艺过程及顺序连锁进行,如图 10-7 所示。上述两公式是前后车间批量相等的情况下,提前期的计算方法,实际上,计算生产提前期主要的依据是生产周期,以此为基础,生产周期再加上保险期。如前后车间批量不等,该怎么计算呢?这时不仅要考虑生产周期和保险期,还要考虑生产间隔期。如前后车间批量不等,则上述计算应予以调整。首先,看投入提前期的计算。它的公式不变,因为车间之间的批量不等,不会影响投入提前期的计算。投入提前期算的是本车间的出产提前期加上本车间的生产周期,算的都是车间内部的,而一般来说,车间之间的批量可以不等,而车间内部投入和出产批量相等。所以,如果车间之间的批量不等,不会影响车间的投入提前期的计算。其次,看出产提前期。出产提前期要以后一车间的投入提前期为基础,加上一个保险期。后一车间的批量与本车间的批量不等。计算时,还要加上一个车间的生产间隔期和后车间的生产间隔期之差,即前后车间的生产间隔期之差。由于前后车间的批量不等,所以前后车间的生产间隔期也不等。生产间隔期和批量成正比例。

【例 10-2】 毛坯车间的批量是 500 件,机加工车间的批量是 250 件。每月任务是 500 件,保险期为 2 天,假设一个月 24 个工作日,计算投入出产提前期。

解:由已知条件知,毛坯车间是一个月一批,机加工则是一个月两批,机加工一批工作日是 12 天。

因此:

毛坯投入提前期＝24＋毛坯车间出产提前期

毛坯出产提前期＝机加工车间投入提前期＋保险期＋两车间生产间隔之差

机加工投入提前期＝机加工出产提前期＋机加工出产日期＝0＋12＝12(天)

∴ 毛坯出产提前期＝12＋2＋(24－12)＝26(天)

∴ 毛坯投入提前期＝24＋26＝50(天)

为什么要加上前后车间间隔期之差呢?原因就在于前面生产一批要供后面两批使用,前面毛坯是 500 件,后面需要两批加工,先用一半,隔一段时间再用一半,所以等待的时间要长一些。

4. 在制品占用量

成批生产中的在制品分为车间内部在制品和库存在制品两部分,后者又可分为流动在制品和保险在制品。由于成批生产中在制品占用量是变动的,所以占用量指月末的在制品数量。

(1)车间内部在制品占用量。车间在制品占用量是由于成批投入但尚未完工出产而形成的,它们整批地停留在车间内,所以应计算其批数和总量。成批生产车间内部的各种在制品是在不断变化的,因此,需要分类计算,车间内部在制品储备量只是指月末在制品数量。

$$Z_{in} = T_c \cdot n_d$$

其中：T_c代表批零件生产周期（日）；n_d代表平均每日零件需要量，$n_d = Q/T_{im}$；Q代表零件批量（件）；T_{im}代表生产间隔期（日）。

$$\therefore Z_{in} = Q \cdot T_c / T_{im}$$

由此可看出，车间内部在制品占用量与生产周期同生产间隔之比有关系；这种关系可分为3种情况，如图10-7所示。

① 生产周期小于生产间隔期。此时在制品占用量不超过一批零件的数量，仅仅出现在该零件投入期与产出期之间，其他时间没有在制品。

② 生产周期等于生产间隔期，此时期末在制品占用量经常为一批。

③ 生产周期大于生产间隔期，此时在制品占用量经常为好几批。其批数决定于生产周期与生产间隔之比。

T与R关系	生产周期T（天）	生产间隔期R（天）	T/R	进度 上旬	中旬	下旬	在制品平均占用	在制品期末占用量
$T=R$	10	10	1				一批	一批
$T>R$	20	10	2				二批	二批
$T>R$	25	10	2.5				三批半	三批
$T<R$	5	10	0.5				半批	一批

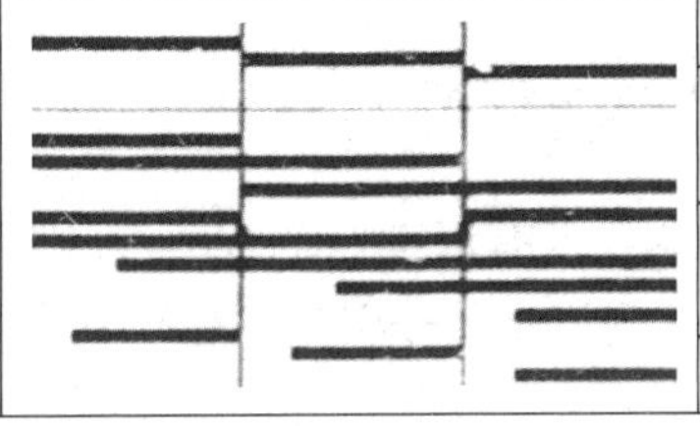

图10-8 成批生产时在制品占用的各种情况

（2）车间之间库存在制品。车间之间库存在制品，它是由于前后车间的批量间隔期不同而形成的。

$$Z_{st} = n_d \cdot D_{st}, D_{st} = (T_{in1} - T_{in2}), n_d = N_2/D, 故 Z_{st} = \frac{N_2}{D} \times (T_{in1} - T_{in2})$$

其中：Z_{st}代表平均库存流动占用量（件）；n_d代表每日平均需求量（件/日）；D_{st}代表库存天数（日）；N_2代表后车间领用批量；D代表两次领用间隔天数；T_{in1}代表前车间的出产间隔期；T_{in2}代表后车间的投入间隔期。

以上是计算平均库存流动占用量，还必须计算期末库存流动占用量。

① 前车间成批出产交库，后车间成批领用。当交库数量与领用数量相等，交库间隔日数与领用间隔日数相等时，期末流动量为零（当后车间已领用而下一批尚未交库时），或者为一批（当已交库而后车间尚未领走时）。

② 前车间成批交库，后车间分批领用。这种情况下，期末流动量很不固定，它取决于交库日期、交库批量和领用批量。

③ 前车间成批交库，后车间连续领用。这种情况和第二种情况基本相似，所不同的是连续领用，库存占用量渐次减少，到下一次前车间交库前，库存占用量为零。

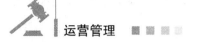

④ 车间之间的库存占用量。它是为了防止意外原因使前后车间生产脱节而设置的。

(三) 工艺专业化生产作业计划标准的制定

单件小批量生产的特点是产品品种多、每种产品的生产数量很少，一般是根据用户要求按订货组织生产的。因此，单件小批生产作业计划所要解决的主要问题是控制好产品的生产流程，按订货要求的交货期交货。其作业计划标准有生产周期、生产提前期等。

第二节 作业计划的编制

作业计划的编制就是把生产计划中所规定的有关任务，按照月、旬、周、日乃至小时轮班，具体地、合理地分配到车间、工段、小组乃至工作地和员工个人，从而保证整个企业生产计划规定的生产任务能够按品种、质量、产量和期限完成。

编制生产作业计划，除了明确一些总的问题(如要求分工、资料、程序等)外，主要是编制分车间的作业计划，而着重解决各车间之间的生产在时间上下的衔接问题，以及编制车间内部的作业计划，即着重解决工段之间的生产在时间上和数量上的衔接问题。

一、编制作业计划的要求及分工

编制作业计划的要求有以下 5 个方面：

(1) 要使生产计划规定的该时期的生产任务在品种、质量、产量和期限方面得到全面落实。

(2) 要使各车间、工段、班组和工作地之间的具体生产任务相互配合紧密衔接。

(3) 要使生产单位的生产任务与生产能力相适应，并能充分利用企业现有生产能力。

(4) 要使各项生产前的准备工作有切实保证。

(5) 要有利于缩短生产周期，节约流动资金，降低生产成本，建立正常的生产和工作秩序，实现均衡生产。

计划编制的分工，主要反映在两个方面：一是计划内容的分工；二是计划单位的选择。计划内容是指生产的品种、数量、投入、出产时间和生产进度；计划单位的选择是指下达计划采用台份单位、成套部件单位、零件组单位和零件单位的选择问题。

二、厂级作业计划的编制

厂级生产作业计划是由厂级生产管理部门编制的。它根据企业年度(季)生产计划编制各车间的月(旬、周)的生产作业计划，包括出产品种、数量(投入量、产出量)、日期(投入期、产出期)和进度(投入进度和产出进度)。为各车间分配生产任务时必须与生产能力相平衡，并且使各车间的任务在时间上和空间上相互衔接，保证按时、按量、配套地完成生产任务。编制厂级生产作业计划分两个步骤，即正确选择计划单位和确定各车间的生产作业任务。

（一）计划单位的选择

计划单位是编制生产作业计划时规定生产任务所用的计算单位。它反映了生产作业计划的详细程度即各级分工关系。流水生产企业中，编制厂级生产作业计划时采用的计划单位有产品、部件、零件组和零件。

(1) 产品为计划单位。产品计划单位是以产品作为编制生产作业计划时分配生产任务的计算单位。采用这种单位规定车间生产任务的特点是不分装配产品需用零件的先后次序，也不论零件生产周期的长短，只统一规定投入产品数、出产产品数和相应日期，不具体规定每个车间生产的零件品种、数量和进度。采用这种计划单位可以简化厂级生产作业计划的编制，便于车间根据自己的实际情况灵活调度；缺点是整个生产的配套性差，生产周期长，在制品占用量大。

(2) 部件为计划单位。部件计划单位是以部件作为分配生产任务的计算单位。采用部件计划单位编制生产作业计划时，根据装配工艺的先后次序和主要部件中主要零件的生产周期，按部件规定投入和产出的品种、数量及时间。采用这种计划单位的优点是生产的配套性较好，车间也具有一定的灵活性，但缺点是编制计划的工作量加大。

(3) 零件组为计划单位。零件组计划单位是以生产中具有共同特征的一组零件作为分配生产任务的计算单位。同一组零件中的各零件加工工艺相似，投入装配的时间相近，生产周期基本相同。如果装配周期比较长，而且各零件的生产周期相差悬殊，这时采用零件组计划单位可以减少零件在各生产阶段中及生产阶段间的搁置时间，从而减少在制品及流动资金占用。采用这种计划单位的优点是生产配套性更好，在制品占用更少；缺点是计划工作量大，不容易划分好零件组，车间灵活性较差。

(4) 零件为计划单位。零件计划单位是以零件作为各车间生产任务的计划单位。采用这种计划单位编制生产作业计划时，先根据生产计划规定的生产任务层层分解，计算出每种零件的投入量、产出量、投入期和产出期要求。然后以零件为单位，为每个生产单位分配生产任务，具体规定每种零件的投入、产出量和投入、产出期。大量流水生产企业中采用这种计划单位比较普遍。它的优点是生产的配套性很好，在制品及流动资金占用最少，生产周期最短。同时，当零件的实际生产与计划有出入时，易于发现问题并调整处理，但缺点是编制计划的工作量很大。由于目前计算机在企业中的广泛应用，尤其是运用制造资源计划（MRPⅡ）后，计划编制工作量大大减少。因此，如果有条件应尽量采用这种计划单位，它的优点很突出而缺点不明显。另外，编制车间内部的生产作业计划时，一般都采用这种计划单位。

上面分别介绍了 4 种计划单位和各自的优缺点，概括起来如表 10-3 所示。

表 10-3　计划单位优缺点比较

计划单位	生产配套性	占 用 量	计划工作量	车间灵活性
产品	差	最大	小	强
部件	较好	较大	较大	较强

(续表)

计划单位	生产配套性	占用量	计划工作量	车间灵活性
零件组	好	较少	大	较强
零件	最好	少	最大	差

一种产品的不同零件可以采用不同的计划单位,如关键零件、主要零件采用零件计划单位,而一般零件则采用产品计划单位。企业应根据自己的生产特点、生产类型、管理水平和产品特点等选择合适的计划单位。

(二) 确定各车间生产任务的方法

编制厂级生产作业计划的主要任务是：根据企业的生产计划,为每个车间正确地规定每一种制品(部件、零件)的出产量和出产期。安排车间生产任务的方法随车间的生产类型和生产组织形式而不同,主要有在制品定额法、累计编号法、生产周期法。

1. 在制品定额法

在制品定额法也叫连锁计算法。它根据在制品定额来确定车间的生产任务,保证各车间生产的衔接。大量流水生产企业中,各车间生产的产品品种较少,生产任务稳定,各车间投入和产出数量及时间之间有密切的配合关系。大量流水生产企业生产作业计划的编制,重点在于解决各车间在生产数量上的协调配合。这是因为同一时间各车间都在完成同一产品的不同工序,这就决定了"期"不是最主要的问题,而"量"是最重要的。在制品定额法正好适合这种特点,这种方法还可以很好地控制住在制品数量。

大批大量生产条件下,车间分工及相互联系稳定,车间之间在生产上的联系主要表现在提供一种或少数几种半成品的数量上。只要前车间的半成品能保证后车间加工的需要和车间之间库存、库存半成品变动的需要,就可以使生产协调和均衡地进行。

因此,大批大量生产条件下,应着重解决各车间在生产数量上的衔接。在制品定额法,就是根据大量大批生产的这一特点,用在制品定额作为调节生产任务数量的标准,以保证车间之间的衔接。也就是运用预先制定的在制品定额,按照工艺反顺序计算方法,调整车间的投入和出产数量,顺次确定各车间的生产任务。

本车间出产量＝后续车间投入量＋本车间半成品外售量
　　　　　　＋(车间之间半成品占用定额－期初预计半成品库存量)

本车间投入量＝本车间出产量＋本车间计划允许废品数
　　　　　　＋(本车间期末在制品定额－本车间期初在制品预计数)

在制品定额计算表如表 10-4 所示。

表 10-4 在制品定额计算表

产品名称	130 汽车	
产品产量	10 000 台	
零件编号	A1-001	A1-012

(续表)

		零件名称	齿轮	轴
		每辆件数	1	4
装配车间	1	出产量	10 000	40 000
	2	废品及损耗	—	—
	3	在制品定额	1 000	5 000
	4	期初预计在制品结存量	600	3 500
	5	投入量(1+2+3−4)	10 400	41 500
零件库	6	半成品外售量	—	2 000
	7	库存半成品定额	900	6 000
	8	期初预计结存量	1 000	7 100
加工车间	9	出产量(5+6+7−8)	10 300	42 400
	10	废品及损耗	100	1 400
	11	在制品定额	1 900	4 500
	12	期初预计在制品结存量	600	3 400
	13	投入量(9+10+11−12)	11 700	44 900
毛坯库	14	半成品外售量	500	6 100
	15	库存半成品定额	2 000	10 000
	16	期初预计结存量	3 000	10 000
毛坯车间	17	出产量(13+14+15−16)	11 200	51 000
	18	废品及损耗	900	—
	19	在制品定额	400	2 500
	20	期初预计在制品结存量	300	1 500
	21	投入量(17+18+19−20)	12 200	52 000

2. 累计编号法

从"期"的衔接达以"量"的衔接。这就是将预先制定的提前期转化为提前量，确定各车间计划期应达到的投入和出产的累计数，减去计划期前已投入和出产的累计数，求得车间计划期应完成的投入和出产数。

提前期的原理就是首先解决车间之间在生产期限上也就是时间上的联系，然后再把这种时间上的联系转化为数量上的联系。

累计编号过程中可以发现两点：第一，前一个车间的累计编号一定大于后一车间的累计编号；第二，各车间累计编号有大有小，各车间累计编号相差数，也就是提前量。

提前量＝提前期×平均日产量
本车间出产累计号数＝最后车间出产累计号＋本车间的出产提前期
　　　　　　　　　×最后车间平均日产量
本车间投入累计号数＝最后车间出产累计号＋本车间投入提前期
　　　　　　　　　×最后车间平均日产量

下面举例说明累计编号法。

【例10-3】 4月份编制5月份的作业计划，就是要计算5月底各车间应达到的累计号数。为此需要几类数据：① 计划期末（5月底）成品出产的累计号应达到多少，这是一个基数，我们假定是195号。假定1—3月的实际产量为100台，即累计编号是100台；另外可以预计4月份产量为35台，根据生产计划要求，5月份要完成50台，这样，5月底成品出产累计号数就应达到185号。② 市场日产量，假定5月份工作日按25天计算，平均日产量为2台(50÷25)。③ 提前期的定额资料，这些资料采用图10-6中所示资料。

解：计算如下：

装配车间出产累计数＝185＋0×2＝185
装配车间投入累计数＝185＋10×2＝205
机加工车间出产累计号＝185＋15×2＝215
机加工车间投入累计号＝185＋35×2＝255
毛坯车间出产累计号＝185＋40×2＝265
毛坯车间投入累计号＝185＋55×2＝295

有了投入和出产累计号数，就可以确定本车间在计划期的出产量或投入量：

计划期车间出产（或投入）量＝计划期末出产（或投入）的累计号数

装配车间计划期末应达到的出产累计号数是195号，计划期初已出产的累计号数可以通过统计得知，假定是125号，两个数字相减是70，这就是装配车间在计划期内（5月份）的出产量，这是用绝对数表示的产量任务。同样道理，用装配车间计划期末应达到的投入累计数205减去通过统计得知的计划期初已达到的投入累计号数（假定为145），就是装配车间在计划期内（5月份）的投入量，计算结果是60。

其余车间：加工车间出产量＝215－150＝65，机加工车间投入量＝255－195＝60，毛坯车间出产量＝265－205＝60，毛坯车间投入量＝295－245＝50。

这种方法的优点包括：① 各个车间可以平衡地编制作业计划；② 不需要预计当月任务完成情况；③ 生产任务可以自动修改；④ 可以用来检查零部件生产的成套性。

3. 生产周期法

这种方法适用于单件小批生产。单件小批生产企业一般按订货来组织生产，因而生产的数量和时间都不稳定。由于此因，所以不能用累计编号法，更不能用在制品定额法。单件小批生产企业编制作业计划要解决的主要问题是各车间在生产时间上的联系，以保证按订货要求如期交货，这一点大量流水线生产及成批生产是不一样的。从这个特点出发,单件小批(大量大批是解决数量上的联系)类型采用的方法是生产周期法,即用计算生产周期的方法来解决车间之间在生产时间上的联系。

生产周期法的具体步骤如下。

(1) 为每一批订货编制一份产品生产周期进度表。这个进度表是单件小批生产编制生产作业计划的依据,实际上也是一种作业计划标准。

(2) 为每一批订货编制订货生产说明书。有了产品生产周期进度表以后,各车间在生产时间上的联系已经可以确定,但是具体的投入和出产日期还没说明,这就要进行推算,如表10-5所示。

表10-5 订货生产说明书

订货编号	交货日期	成套部件编号	工艺路线	投入期	出厂期
302	3月25日	126	铸造车间	1月20日	2月15日
—	—	—	机加工车间	2月25日	3月10日
—	—	—	装配车间	3月15日	—

(3) 把有关资料汇总成各车间的生产作业计划。上述订货生产说明书中,各车间的生产任务都有。现在要给车间下达任务,所以从各订货生产说明书中摘录各车间的任务,按车间分别汇总在一起,这就是车间任务。例如,有100批订货,我们把每一批订货中的铸工车间在2月份的任务都摘下来,汇总在一起,这就是铸工车间2月份的作业任务。

以上3种方法,应根据生产类型的不同,采取不同的方法。大量生产用在制品定额法,成批生产用提前期法(也叫累计编号法),单件小批生产用生产周期法。之所以采用不同方法,是因为生产类型不同,作业计划所要解决的具体问题不同。有的是解决数量上的联系,有的是解决时间上的联系;解决数量联系有的生产比较稳定,有的不太稳定。另外,生产条件也不同,所以要采用不同的方法。

三、车间内部作业计划的编制

车间内部生产作业计划的编制,主要包括车间生产作业计划日常安排、工段(班、组)生产作业计划的编制、工段(班、组)内部生产作业计划的编制等。具体的编制工作由车间及工段计划人员完成。

在大量流水线生产条件下,一条流水线可以完成零件的全部工序或大部分主要工序。工段的生产对象也就是车间的生产对象,这是企业给车间下达的计划所规定的产品品种、数量和进度,这也就是工段的产品品种、数量和进度。若厂级生产作业计划采用的计划单位是零件,则对其略加修改就可作为车间内部的生产作业计划,不必再做计算;若采用的计划单位是产品或部件,则首先需要分解,然后再按零件为单位将任务分配到各流水线(工段)。

(一) 车间内部生产作业计划编制原则

进一步把生产任务落实到工作地和工人,并使之在生产的日期和数量上协调衔接。

其内容包括工段、工作地月度或旬的生产作业计划和工作班的安排。车间内部生产作业计划编制的原则包括以下 4 项：

(1) 保证厂级生产作业计划中各项指标的落实；
(2) 认真进行各工种、设备生产能力的核算和平衡；
(3) 据任务的轻重缓急，安排零件投入、加工和出产进度；
(4) 保证前后工段、前后工序互相协调，紧密衔接。

(二) 大量(大批)生产工段(小组)作业计划的编制方法

对于产品品种少、生产稳定、节拍生产的流水线，车间内部作业计划的编制工作比较简单，一般只需要从厂级月度作业计划中，将有关零件的产量，按日均匀地分配给相应工段(班组)即可。通常用标准计划法来对工段(小组)分配工作地(工人)生产任务，即编制出标准计划指示图标，其把工段(小组)所加工的各种制品的投入出产顺序、期限和数量，以及各工作地的不同制品次序、期限和数量全部制成标准，并固定下来。可见，标准计划就是标准化的生产作业计划。有了它就可以有计划地做好生产前的各项准备工作。严格按标准安排进行生产活动，就不必每日都编制计划，而只需要将每月产量任务做适当调整就可以了。

(三) 成批生产车间内部作业计划的编制方法

成批生产车间内部作业计划的编制方法取决于车间内部化生产组织形式和成批生产的稳定性。如果工段(小组)是按对象原则组成的，各工段(小组)生产的零件也就是车间零件分工表中所规定的零件。因此，工段(小组)月计划任务只要从车间月度生产任务中摘出，无须进行计算。如果工段(小组)是按工艺原则组成的，那么可按在制品定额法或累计编号法，通过在制品定额和提前期定额标准安排任务，并编制相应的生产进度计划。

(四) 单件(小批)生产车间内部作业计划的编制方法

单件小批生产品种多，工艺和生产组织条件不稳定，不能编制零件分工序进度计划。根据单件小批生产特点，对于单个或一次投入一次产出的产品，先对其中主要零件、主要工种安排计划，用以指导生产过程各工序之间的衔接。其余零件可根据产品生产周期表中所规定的各工序阶段提前期类别，或按厂部计划规定的具体时期，以日或周为单位，按各零件的生产周期，规定投入和出产时间。

第三节 作业排序

一、作业计划与作业排序

企业运用物料需求计划(MRP)确定了各项物料的生产、采购计划之后，下一步，还需要把企业加工工件的生产计划转变为每个班组、人员、每台设备的工作任务，即具体地确定每台设备、每个人员每天的工作任务和工件在每台设备上的加工顺序，这一过程就称为作业排序。一般来说,作业计划(scheduling)与作业排序(sequencing)不是同义语。排序只是确定工件在机器上的加工顺序,而作业计划则不仅包括确定工件的加工顺序,而且还包括确定机器加工每个工件的开始时间和完成时间。因此,只有作业计划才能指导每个工人的生产活动。

在编制作业计划时,有时一个工件的某道工序完成之后,执行下一道工序的机器还在加工其他工件,这时,工件要等待一段时间才能开始加工,这种情况称为"工件等待"。有时,一台机器已经完成对某个工件的加工,但随后要加工的工件还未到达,这种情况称为"机器空闲"。由于编制作业计划的关键是要解决各台机器上工件的加工顺序问题,而且在通常情况下都是按最早可能开(完)工时间来编制作业计划,所以当工件的加工顺序确定之后,作业计划也就确定了。因此,人们常常将排序与编制作业计划这两个术语不加区别地使用。

(一) 作业排序的任务和目标

在某机器上或某工作中心决定哪个作业首先开始工作的过程称为排序或优先调度排序。工作中心作业排序的主要目标包括:① 满足交货日期;② 极小化提前期;③ 极小化准备时间或成本;④ 极小化在制品库存;⑤ 极大化设备或劳动力的利用。

具体而言,在作业排序系统的设计中,必须满足各种不同功能活动的要求。有效的作业排序系统应该能够做到:① 对将要做的工作进行优先权设定,以使工作任务按最有效顺序排列;② 针对具体设备分配任务及人力,通常以可利用和所需的能力为基础;③ 以实施为目标分配工作,以使工作任务如期完成;④ 不断监督以确保任务的完成,周期性检查是保证分配的工作如期完成的最常用方法;⑤ 对实施过程中出现的问题或异常情况进行辨识,这些问题或异常情况有可能改变已排序工作的状况,需要探索、运用其他解决问题的方法;⑥ 基于现存状况或订单变化情况对目前的作业排序进行回顾和修改。

(二) 作业排序系统的特征

在工艺专业化情况下,工件需要按规定路线在各个按功能组织的工作中心之间移动。当一个工件到达一个工作中心时,作业排序设计决定工件加工顺序以及分配相应的机器来对这些工件进行加工。

一个作业排序系统区别于另一个作业排序系统的特征是:在进行作业排序时是如何考虑生产能力的。作业排序系统可以假定车间生产能力为无限负荷或有限负荷。无限负荷是指当将工作分配给一个工作中心时,只考虑它需要多少时间,而不直接考虑完成这项工作所需的资源是否足够,也不考虑在该工作中心中,每个资源完成这项工作时的实际顺序。通常仅检查一下关键资源,大体上看看其是否超负荷。具体的做法是:根据各种作业顺序下的调整和加工时间标准来计算出一段时间(通常是一周)内所需的工作量,据此就可以判定。当使用无限负荷系统时,提前期由期望作业时间(调整和运行时间)加上由于材料运输和等待订单执行而引起的期望排队延期时间而估算出。

有限负荷方法实际上使用每一订单所需的调整时间和运行时间对每一种资源详细地计划。实质上,该系统明确规定了在工作日中的每一时刻,每一种资源将做什么。如果由于部件缺货而造成作业延迟,则整个系统会停下来等待,直到可从前面的作业中获得所缺的部件。从理论上说,当运用有限负荷时,所有的计划都是可行的。

区分作业排序系统的另一个特征是看作业排序是基于前向排序还是后向排序,在前向排序和后向排序中,最常用的是前向排序。前向排序指的是系统接受一个订单后对订单所需作业按从前向后的顺序进行排序,前向排序系统能够告诉我们订单能完工的最早日期。相反,后向排序是从未来的某个日期(可能是一个约定交货日期)开始,按从后向前的顺序对所需作业进行排序。后向排序能告诉我们为了按规定日期完成,一个作业必须开始的最晚时间。

(三) 作业排序的主要功能

典型的作业排序和控制功能主要包括下面4个方面的内容。

(1) 分配订单、设备和人员到各工作中心或其他规定的地方。实质上,这是短期能力计划。

(2) 决定订单顺序(即建立订单优先级)。

(3) 对已排序作业开始安排生产,通常称之为调度。

(4) 车间作业控制(或生产作业控制)。包括:① 在作业进行过程中,检查其状态和控制作业的速度;② 加快为期已晚的和关键的业务。

为了便于理解,举例说明。在一天的开始,计划员(即部门的生产控制员)选择和排列将在各个工作站进行的所有的作业。计划员的决策取决于每个作业的方式和规定的工艺顺序要求、每个工作中心上现有作业的状态、每个工作中心前作业的排队情况、作业优先级、材料的可得性、这一天中的较晚发布的作业订单、工作中心资源的能力(劳动力或机器)等因素。

为了有助于组织作业排序,需要利用前一天的作业状态信息和由生产控制中心、工艺技术科等部门提供的有关信息。计划员还将与这个部门的主管协商有关计划的可行性,尤其是生产力和潜在的瓶颈。排序结果可以通过在计算机终端上发布排序表,或用打印机打出来,或在工作的中央区域张贴工作表等方式传达给工人。可视排序版是传送作业优先级和目前作业状态的一种非常有用的方法。

二、作业排序的优先规则

在进行作业排序时,需要用到优先调度规则。这些规则可能很简单,仅需要根据一种数据信息对作业进行排序。这些数据可以是加工时间、交货日期或到达的顺序。其他的规则尽管也同样简单但可能需要更多的信息,通常需要一个指标,如最小松弛时间规则和关键比率规则。还有另外的规则,如约翰逊规则,在一个机器序列上应用作业排序,并需要一个计算程序来规定作业的顺序。下面列出了8个常用的优先调度规则。

(1) 先到先服务(first come, first served, FCFS)法则:按订单送到的先后顺序进行加工。

(2) 最短作业时间(shortest operation time, SOT)法则:所需加工时间最短的作业首先进行,然后是加工时间第二短的,如此等等。

(3) 最早预定交货(earliest due date, EDD)法则:优先选择完工期限紧的工件。

（4）临界比最小（smallest critical ratio, SCR）法则：优先选择临界比最小的工件。临界比为工件允许停留时间与工件余下加工时间之比。

（5）剩余松弛时间（slack time remaining, STR）法则：STR 是交货期前所剩余时间减去剩余的加工时间所得的差值。STR 最短的任务最先进行。

（6）关键比率（critical ratio, CR）法则：关键比率是用交货日期减去当前日期的差值除以剩余的工作日数。关键比率最小的任务先执行。

（7）排队比率（QR）法则：排队比率是用计划中剩余的松弛时间除以计划中剩余的排队时间，排队比率最小的任务先执行。

（8）后到先服务（last come, first served, LCFS）：该规则经常作为缺省规则使用。因为后来的工单放在先来的上面，操作员通常先加工上面的工单。

迄今为止，人们已经提出了 100 多个优先调度规则，上面仅介绍了其中最常见的 8 种。这 8 种优先规则各有特色。有时，运用一个优先规则还不能唯一地确定下一个应选择的工件，这时可使用多个优先规则的组合。当然，还可以用下面一些作业排序标准，确定优先规则的先后次序：① 满足顾客或下一道工序作业的交货期；② 极小化流程时间；③ 极小化在制品库存；④ 极小化设备和人员的闲置时间。

按照这样的优先调度方法，可赋予不同工件不同的优先权，可以使生成的排序方案按预定目标优化。当然，以上这些优先调度规则的简单性掩饰了排序工作的复杂性。实际上，要将数以百计的工件在数以百计的工作地（机器）上的加工顺序决定下来是一件非常复杂的工作，需要大量的信息和熟练的排序技巧。对于每一个准备排序的工件计划人员都需要两大类信息：有关加工要求和现在的状况。加工要求信息包括预定的完工期、工艺路线、标准的作业交换时间、加工时间和各工序的预计等。现状信息包括工件的现在位置（在某台设备前排序等待或正在被加工）、现在完成了多少工序（如果已开始加工）、在每一工序的实际到达时间和离去时间、实际加工时间和作业交换时间、各工序所产生的废品（它可以用来估计重新加工量）以及其他的有关信息。优先顺序规则就是利用这些信息的一部分来为每个工作地决定工件的加工顺序，其余的信息可以用来估计工件按照其加工路线到达下一个工作地的时间、当最初计划使用的机器正在工作时是否可使用替代机器以及是否需要物料搬运设备等。这些信息的大部分在一天中是随时改变的，所以，手动获取这些信息是几乎不可能或效率很低的。从这个意义上来说，计算机是用来进行有效的、优化的作业排序的必要工具。

三、排序问题的分类和表示法

排序问题有不同的分类方法。在制造业领域和服务业领域中，有两种基本形式的作业排序：① 劳动力作业排序，主要是确定人员何时工作；② 生产作业排序，主要是将不同工件安排到不同设备上，或安排不同的人做不同的工作。在制造业和服务业企业中，有时两种作业排序问题都存在。在这种情况下，应该集中精力注意其主要的、占统治地位的方面。在制造业中，生产作业排序是主要的，因为要加工的工件是注意的焦点。许多绩效度量标准，如按时交货率、库存水平、制造周期、成本和质量都直接与排序方法有关。除非企业雇用了大量的非全时人员或者企业一周7天都要运营,否则劳动力排序问题将是次要的。反过来,在服务业中,劳动力作业排序是主要的,因为服务的及时性是影响公司竞争力的主要因素。很多绩效标准,如顾客等待时间、排队长度、设备(或人员)利用情况、成本和服务质量等,都与服务的及时性有关。

在制造业的生产作业排序中,还可进一步按机器、工件和目标函数的特征分类。按照机器的种类和数量不同,可以分为单台机器的排序问题和多台机器的排序问题。对于多台机器的排序问题,按工件加工的路线特征,可以分成单件车间(job-shop)排序问题和流水车间(flow-shop)排序问题。工件的加工路线不同,是单件车间排序问题的基本特征;而所有工件的加工路线完全相同,则是流水车间排序问题的基本特征。

按工件到达车间的情况不同,可以分成静态排序问题和动态排序问题。当进行排序时,所有工件都已到达,可以依次对它们进行排序,这是静态排序问题;若工件陆续到达,要随时安排它们的加工顺序,这是动态排序问题。

按目标函数的性质不同,也可划分不同的排序问题。例如,同是单台设备的排序,目标是使平均流程时间最短和使误期完工的工件数最少,实质上是两种不同的排序问题。按目标函数的情况,还可以划分为单目标排序问题和多目标排序问题。

由此可见,机器、工件和目标函数的不同特征以及其他因素上的差别,构成了多种多样的排序问题及相应的排序方法。

四、作业排序中的甘特图

甘特图是作业排序中最常用的一种工具,最早由亨利·甘特于1917年提出。这种方法是基于作业排序的目的,将活动与时间联系起来的最早尝试之一。有两种基本形式的甘特图:作业进度图和机器图。作业进度图表示一项工作的计划开始日期、计划完成日期以及现在的进度。例如,假设一个汽车制造公司有3项工作在进行中,它们分别是加工汽车零件A、B和C。这些工作的预定计划和现在的完成情况如图10-9所示。

图10-9 某汽车零件公司甘特图

在当前日期(以记号标出的4月21日),这张甘特图显示出,A的完成情况滞后于计划,B在按计划完成,C的完成情况则超前于计划。假设截至4月26日,需要零件A的公司还不能收到订货,其装配线就要停产,那么这种情况就需要新的作业计划并更新甘特图。如果这3项工作都在等待进行磨削加工,之后它们要进行抛光才能最后交货,则图 10-10 表示了 3 种工作在两种不同设备上的所需时间、时间安排和现在的进度。这种形式的甘特图就称为机器图,它描述不同工作在每一台机器上的工作次序,也可被用来管理生产进度。

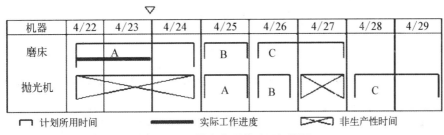

图 10-10　某汽车零件公司机器图

如图 10-10 所示,在 4 月 23 日当天,A 刚好按计划完成,因为实际进度与当今的日期一致,而抛光机是空闲的。与图 10-8 所示的当初的计划交货期相比,图 10-9 显示,3 项工作都将超期才能完成,但需要 A 的公司其装配线却不必停工。这样,生产管理能很容易地从甘特机器图中看到错综复杂的计划的结果。

五、流水线作业排序问题

流水作业排序问题的基本特征是每个工件的加工路线都一致。在流水生产线上制造不同的零件,遇到的就是流水作业排序问题。我们说加工路线一致,是指工件的流向一致,并不要求每个工件必须经过加工路线上每台机器加工。如果某些工件不经某些机器加工,则设相应的加工时间为零。一般说来,对于流水作业排序问题,工件在不同机器上的加工顺序不尽一致。但本节要讨论的是一种特殊情况,即所有工件在各台机器上的加工顺序都相同的情况。这就是排列排序问题。流水作业排列排序问题常被称作"同顺序"排序问题。对于一般情形,排列排序问题的最优解不一定是相应的流水作业排序问题的最优解,但一般是比较好的解;对于仅有 2 台或 3 台机器的特殊情况,可以证明,排列排序问题下的最优解一定是相应流水作业排序问题的最优解。这里只讨论排列排序问题,但对于 2 台机器的排序问题,实际上不限于排列排序问题。

(一) 最长流程时间 F_{max} 的计算

这里所讨论的是 $n/m/P/F_{max}$ 问题,其中:n 为工件数;m 为机器数;P 表示流水线作业排列排序问题;F_{max} 为目标函数。目标函数是使最长流程时间最短,最长流程时间又称加工周期,它是从第一个工件在第一台机器开始加工时算起,到最后一个工件在最后一台机器上完成加工时为止所经过的时间。由于假设所有工件的到达时间都为零($r_i = 0, i = 1, 2, \cdots, n$),所以 F_{max} 等于排在末位加工的工件在车间的停留时间,也等于一批工件的最长完工时间 C_{max}。

设 n 个工件的加工顺序为 $S = (S_1, S_2, S_3, \cdots, S_n)$,其中 S_i 为第 i 位加工的工件的代号。以 C_{ks_i} 表示工件 S_i 在机器 M_k 上的完工时间,$p_{s_i}^k$ 表示工件 S_i 在 M_k 上的加工时

间，$k=1,2,\cdots,m$，$i=1,2,\cdots,n$，则 C_{ks_i} 可按以下公式计算：

$$C_{1s_i} = C_{1s_{i-1}} + p_{s_i}^1$$

$$C_{ks_i} = \max\{C_{(k-1)s_i}, C_{ks_{i-1}}^k\} + p_{s_i}^k, \quad k=2,3,\cdots,m, \quad i=1,2,\cdots,n$$

当 $r_i = 0$，$i=1,2,\cdots,n$ 时，

$$F_{\max} = C_{ms_n}$$

在熟悉以上计算公式之后，可直接在加工时间矩阵上从左向右计算完工时间。下面以一例说明。

【例10-4】 有一个 $6/4/P/F_{\max}$ 问题，其加工时间如表10-6所示。当按顺序 $S=(6,1,5,2,4,3)$ 加工时，求 $F_{\max}$。

表10-6 加工时间矩阵

i	1	2	3	4	5	6
P_{i1}	4	2	3	1	4	2
P_{i2}	4	5	6	7	4	5
P_{i3}	5	8	7	5	5	5
P_{i4}	4	2	4	3	3	1

解：按顺序 $S=(6,1,5,2,4,3)$ 列出加工时间矩阵，如表10-7所示。将每个工件的完工时间标在其加工时间的右上角。对于第一行第一列，只需要把加工时间的数值作为完工时间标在加工时间的右上角。对于第一行的其他元素，只需要从左到右依次将前一列右上角的数字加上计算列的加工时间，将结果填在计算列加工时间的右上角。对于从第二行到第 m 行，第一列的算法相同。只要把上一行右上角的数字和本行的加工时间相加，将结果填在加工时间的右上角；从第2列到第 n 列，则要从本行前一列右上角和本列上一行的右上角数字中取大者，再和本列加工时间相加，将结果填在本列加工时间的右上角。这样计算下去，最后一行的最后一列右上角数字，即 C_{ms_n}，也是 $F_{\max}$。计算结果如表10-7所示。本例中，$F_{\max}=46$。

表10-7 顺序 S 下的加工时间矩阵

i	6	1	5	2	4	3
P_{i1}	2^2	4^6	4^{10}	2^{12}	1^{13}	3^{16}
P_{i2}	5^7	4^{11}	4^{15}	5^{20}	7^{27}	6^{33}
P_{i3}	5^{12}	5^{17}	5^{22}	8^{30}	5^{35}	7^{42}
P_{i4}	1^{13}	4^{21}	3^{25}	2^{32}	3^{38}	4^{46}

（二）$n/2/F/F_{\max}$ 问题的最优算法

对于 $n/2/F/F_{\max}$ 问题，F 表示流水线作业排序问题。著名的约翰逊（Johnson）算

法是塞尔默·约翰逊(Selmer Johnson)于1954年提出的。为了叙述方便,以 a_i 表示 J_i 在 M_1 上的加工时间,以 b_i 表示 J_i 在 M_2 上的加工时间。每个工件都按 $M_1 \to M_2$ 的路线加工。Johnson 算法建立在 Johnson 法则的基础之上。Johnson 法则如下:

如果 $\min(a_i, b_j) < \min(a_j, b_i)$,则 J_i 应该排在 J_j 之前。如果中间为等号,则工件 i 既可排在工件 j 之前,也可以排在它之后。按该式可以确定每两个工件的相对位置,从而可以得到 n 个工件的完整的顺序。但是,这样做比较麻烦。事实上,按 Johnson 法则可以得出比较简单的求解步骤,我们称这些步骤为 Johnson 算法。

(1) 从加工时间矩阵中找出最短的加工时间。

(2) 若最短的加工时间出现在 M_1 上,则对应的工件尽可能往前排;若最短加工时间出现在 M_2 上,则对应工件尽可能往后排。然后,从加工时间矩阵中划去已排序工件的加工时间。若最短加工时间有多个,则任挑一个。

(3) 若所有工件都已排序,停止。否则,转步骤(1)。

【例 10-5】 求表 10-8 所示的 $6/2/F/F_{max}$ 问题的最优解。

表 10-8 加工时间矩阵

i	1	2	3	4	5	6
a_i	5	1	8	5	3	4
b_i	7	2	2	4	7	4

解:应用 Johnson 算法。从加工时间矩阵中找出最短加工时间为 1 个时间单位,它出现在 M_1 上。所以,相应的工件(工件 2)应尽可能往前撑。将工件 2 排在第 1 位;划去工件 2 的加工时间;余下加工时间中最小者为 2,它出现在 M_2 上,相应的工件(工件 3)应尽可能往后排,于是排到最后一位;划去工件 3 的加工时间,继续按 Johnson 算法安排余下工件的加工顺序。求解过程可简单表示如下:

将工件 2 排第 1 位　　2
将工件 3 排第 6 位　　2　　　　　　　　3
将工件 5 排第 2 位　　2　5　　　　　　3
将工件 6 排第 3 位　　2　5　6　　　　3
将工件 4 排第 5 位　　2　5　6　　4　3
将工件 1 排第 4 位　　2　5　6　1　4　3

最优加工顺序为 $S = (2, 5, 6, 1, 4, 3)$。求得最优顺序下的 $F_{max} = 28$。

(三) 一般 $n/m/P/F_{max}$ 问题的启发式算法

对于 3 台机器的流水车间排序问题,只有几种特殊类型的问题找到了有效算法。对于一般的流水车间排列排序问题,可以用运筹学中的分支定界法。用分支定界法可以保证得到一般 $n/m/P/F_{max}$ 问题的最优解。但对于实际生产中规模较大的问题,计算量相当大,甚至用计算机也无法求解。同时,还要考虑经济性。如果为了求最优解付出的代价超过了这个最优解所带来的好处,也是不值得的。

为了解决生产实际中的排序问题,人们提出了各种启发式算法。启发式算法以小的计算量得到足够好的结果,因而比较实用。下面介绍用帕尔默(Palmer)法求一般 $n/m/P/F_{\max}$ 问题近优解的启发式算法。1965 年,帕尔默(D.S. Palmer)提出按斜度指标排列工件的启发式算法,称之为帕尔默法。工件的斜度指标可按下式计算:

$$\lambda_i = \sum_{k=1}^{m} [k-(m+1)/2] \times p_{ik} \qquad k=1,2,\cdots,n$$

其中:m 代表机器数;p_{ik} 代表工件 i 在 M_k 上的加工时间。按照各工件 λ_i 不增的顺序排列工件,可得出令人满意的顺序。

【例 10-6】 有一个 $4/3/F/F_{\max}$ 问题,其加工时间如表 10-9 所示,用 Palmer 法求解。

表 10-9 加工时间矩阵

i	1	2	3	4
P_{i1}	1	2	6	3
P_{i2}	8	4	2	9
P_{i3}	4	5	8	2

解:对于本例:

$$\lambda_i = \sum_{k=1}^{m} [k-(3+1)/2] \times p_{ik} \qquad k=1,2,3$$

$$\lambda_i = -P_{i1} + P_{i3}$$

于是,$\lambda_1 = -P_{11} + P_{13} = -1 + 4 = 3$

$\lambda_2 = -P_{21} + P_{23} = -2 + 5 = 3$

$\lambda_3 = -P_{31} + P_{33} = -6 + 8 = 2$

$\lambda_4 = -P_{41} + P_{43} = -3 + 2 = -1$

按 λ_i 不增的顺序排列工件,得到加工顺序(1,2,3,4)和(2,1,3,4),恰好这两个顺序都是最优顺序。如不是这样,则从中挑选较优者。在最优顺序下,$F_{\max} = 28$。

第四节 作 业 控 制

作业控制是指对生产运作全过程进行监督、检查、调节和控制。它是生产与运作管理的重要职能之一,是实现生产运作主生产计划和生产作业计划的手段。前面所讲的主生产计划和生产作业计划仅仅是对生产运作过程事前的"预测性"安排,在计划执行过程中,注定会出现一些预想不到的情况,管理者必须及时监督、检查,发现出现的偏差,并进行必要的调节和校正,也就是对生产系统进行实时控制,以确保计划的实现。

一、作业控制概述

运作系统是指与实现规定的生产目标有关的生产单位的集合体,是一个人造的、开放的和动态的系统。根据系统理论,生产系统是由物流、信息流和资金流三大部分组成的系统。在这个系统中:物流是指原材料的转变、贮存和运输过程;资金流是指与生产过程有关的资金的筹集与使用过程;信息流是指围绕着生产过程所用到的各种知识、信息和数据的处理、传递、转换和利用过程。为了使生产运作系统能有条不紊地运作,就必须建立计划与控制系统。相关计划方面的问题前面已有介绍,这里仅介绍控制方面的问题。

根据控制理论原理,控制是指施控主体对受控客体的一种能动作用,使受控客体按照施控主体的预定目标而运动,并最终达到系统目标,一般采用自动控制论中的负反馈原理。管理学中所说的"控制"是指:① 核对或验证;② 调节;③ 与某项标准进行比较;④ 行使职权;⑤ 限制或抑制。这种控制作用是通过反馈控制方式和前馈控制方式来实现的。反馈控制是将系统的输出反馈到系统的输入端,借以调整输入,使系统的输出按照施控主体的预定目标方向发展的一种控制方式;前馈控制是指运用一定的方法,及时识别受控客体即将出现的偏差,并采取措施加以预防的控制方式。

作业控制是指在生产过程中,按既定的政策、目标、计划和标准,通过监督和检查生产活动的进展情况、实际成效,及时发现偏差,找出原因,采取措施,以保证目标、计划的实现。生产运作控制的受控客体是生产运作过程,其预定目标是主生产计划与生产作业计划的目标值。为了实现生产运作过程的控制,需要在输出端设置测量机构,以检测输出结果,并把结果反馈给决策机构;决策机构在把收到的输出结果与目标值进行比较后,做出决策,并把决策结果(如即将采取什么措施)传达给执行机构,由执行机构采取实际措施,以实现控制,达到目标。作业控制的过程如图10-11所示。

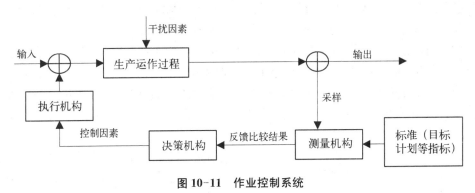

图 10-11 作业控制系统

企业的主生产计划和作业计划虽然对日常生产活动已做了比较周密而具体的安排,但是,在计划的执行过程中,还会出现一些人们预想不到的情况和矛盾(如图10-11中的"干扰因素"),通过及时监督和检查,探索发生偏差的原因,并果断地采取措施,对对象进行调节和校正。这种在主生产计划执行过程中的监督、检查、调节和校正等工作,就称为作业控制工作。作业控制既是生产与运作管理的一项重要职能,又是实现生产与运作管理的目的、完成主生产计划和作业计划的手段。管理一个现代化企业,要协调生产过程各个方面的活动和实现生产活动的预定目标,没有生产运作控制就难以进行有效的生产与运作管理。要搞好企业的生产与运作管理,不仅要对生产过程有科学的计划和组织,而且要有科学的生产运作控制。比如,为了实现生产作业计划任务,就需要以生产作业计划为依据进行进度控制,对生产作业计划的执行及时进行指导和调节;为了实现生产中降低消耗的资源和费用的目标,就必须加强成本控制;为了经常保持适量的原材料、外购件、在制品以降低库存,加快物资和资金的周转,就必须进行有效的库存控制等。

作业控制既要保证生产过程协调地进行,又要保证以最少的人力和物力完成生产任务,所以它又是一种协调性和促进性的管理活动,是生产与运作管理系统的一个重要组成部分。作业控制的目的是提高生产与运作管理的有效性,即通过作业控制,使企业的生产活动既可在严格的计划指导下进行,实现品种、质量、数量和时间进度的要求,又可按各种标准来消耗活劳动和物化劳动,以及减少资金占用,加速物资和资金的周转,实现成本目标,从而取得良好的经济效益。

二、实行作业控制的原因和条件

综合计划和作业计划都是在生产活动发生之前制定的,尽管制定计划时充分考虑了现有的生产能力,但计划在实施过程中由于以下原因,往往造成实施情况与计划要求偏离。

(1) 加工时间估计不准确。对于单件小批量生产类型,很多任务都是第一次碰到,很难将每道工序的加工时间估计得很精确。加工时间是编制作业计划的依据,加工时间不准确,计划也就不准确,实施中就会出现偏离计划的情况。

(2) 随机因素的影响。即使加工时间的估计是精确的,但很多随机因素的影响也会引起偏离计划的情况,如员工的劳动态度和劳动技能的差别、人员缺勤、设备故障和原材料的差异等。这些都会造成实际进度与计划要求不一致。

(3) 加工路线的多样性。调度人员在决定按哪种加工路线加工时,往往有多种加工路线可供选择,不同的加工路线会造成完工时间的偏离。

(4) 企业环境的动态性。尽管制定了一个准确的计划,但第二天可能又来一个更有吸引力的新任务,或者出现关键岗位的员工跳槽、物资不能按时到达、停电停水等情况,这些都使得实际生产难以按计划进行。

实施作业控制有3个条件。一是要有一个标准。标准就是生产计划和生产作业计划,没有标准就无法衡量实际情况是否发生偏离。二是要取得实际生产进度与计划偏离的信息。控制离不开信息,只有取得实际生产进度偏离计划的信息,才知道两者发生了不一致。计算机辅助生产管理信息系统能有效地提供实际生产与计划偏离的信息,通过生产作业统计模块,每天都可以取得各个零部件的实际加工进度和每台机床负荷情况的信息。三是要能采取纠正偏差的行动。纠正偏差是通过调度来实行的。

三、不同生产类型作业控制特点

如表 10-10 所示,在物流、库存、设备和工人几个方面,不同生产类型的作业控制具有不同的特点。

表 10-10 不同生产类型作业控制的特点

项　　目	单件小批生产	大量大批生产
零件的流动	没有主要的流动路线	单一流动路线
瓶颈	经常变动	稳定
设备	通用设备、有柔性	高效专用设备
调整设备费用	低	高
工人操作	多	少
工人工作的范围	宽	窄
工作节奏的控制	由工人自己和工长控制	由机器和工艺控制
在制品库存	高	低
产品库存	很少	较高
供应商	经常变化	稳定
编制作业计划	不稳定性高、变化大	不稳定性低、变化小

1. 单件小批生产

单件小批生产是为顾客生产特定产品或提供特定服务的,因此,产品品种千差万别,零件种类繁多。每一种零件都有其特定的加工路线,整个物流没有什么主流。各种零件都在不同的机器前面排队等待加工,工件的生产提前期各不相同。各个工作地之间的联系不是固定的,有时为了加工某个特定的零件,两个工作地才发生联系,该零件加工完成之后,也许再也不会发生什么联系了。这种复杂的情况使得没有任何一个人能够把握如此众多的零件机器加工情况。为此,需要专门的部门来进行控制。

工件的生产提前期可以分成以下 5 个部分:

(1) 移动时间。移动时间是上道工序加工完成后转送到本工序途中所需时间。这个时间取决于运输工具和运输距离,是相对稳定的。

(2) 排队时间。由于本工序有很多任务件等待加工,新到的工件都需排队等待一段时间才能加工。排队时间的变化最大,单个工件的排队时间是优先权的函数,所有工件的平均排队时间与计划调度的水平有关。

(3) 调整准备时间。调整准备时间是调整准备所花的时间,它与技术和现场组织管理水平有关。

(4) 加工时间。加工时间是按设计和工艺加工要求,改变物料形态所花的时间。

加工时间取决于所采用的加工技术和工人的熟练程度，它与计划调度方法无关。

（5）等待运输时间。等待运输时间是加工完毕，等待转到下一道工序所花的时间，它与计划调度工作有关。

对于单件小批生产，排队时间是主要的，它大约占工件加工提前期的90%～95%。排队时间越长，在制品库存就越多。如果能够控制排队时间，也就控制了工件在车间的停留时间。控制排队时间，实际上是控制排队长度的问题。因此，控制排队长度，是作业控制要解决的主要问题。

2. 大量大批生产

大量大批生产的产品是标准化，通常采用流水线或自动线的组织生产。在流水线或自动线上，每个工件的加工顺序都是确定的，工件在加工过程中没有排队，没有派工问题，也无优先权问题。因此，控制问题比较简单，主要通过改变工作班次、调整工作时间和工人数来控制产量。但是，在组织混流生产时，由于产品型号、规格和花色的变化，也要加强计划性，使生产均衡。

四、作业控制的方法

作业控制的方法也在不断地革新，随着MRPⅡ系统的出现，投入/产出的控制方法和优先控制方法逐渐应用在企业的作业控制中。而且，作业控制的方法不断推陈出新，出现了漏斗模型控制和约束理论的控制方法，这些都是作业控制方法的现代进展。

1. 优先控制方法

MRPⅡ系统的主要功能就是设置和更新各种零件在车间生产过程中订货期（完工要求），管理人员根据MRPⅡ提出的计划，安排零件在生产中的次序。当有若干种零部件需要同时经某一台机床进行加工时，就必须根据交货期信息确定有关零件的优先权，在"作业计划"中已经介绍了确定优先权的多种方法，但是现在还没有适用于一般情况的算法，最常用的是临界比率法。

临界比率法是零部件与计划交货期之间的间隔与零部件到完工时的间隔之比，根据临界比率可以确定哪些零件滞后于计划，哪些零件超前于计划。临界比率大于1，说明零件超前于计划要求的交货期；临界比率等于1，说明零件正好符合计划要求的交货期；临界比率小于1，说明零件滞后于计划要求。因此，临界比率越小，该批零件加工越紧迫，应该将生产资源优先安排在这批零件上。

2. 投入/产出控制方法

如果待加工的工件数量过多，就有可能在后面的生产中产生积压，造成生产的停滞；如果工件产出太多，对于下一道工序就有相当长的等待时间，意味着生产周期的延长和生产资源的浪费，投入/产出控制方法的作用就在于控制在车间里排队等待加工件的数量，并由此控制工序生产周期。投入/产出方法的实施可以保证整个生产过程的平稳进行，没有过多的积压和等待加工时间。

投入/产出的着眼点在于生产工序的两头，对工序中投入量和产出量进行控制，主要内容包括：一方面，将实际投入的数量和计划应当投入的数量进行比较，控制投入某一工序的零部件数量;另一方面,比较实际产出与计划规定产出的数量,控制从某一工序流出的零件数量。

采用这些措施的目的是及时修正由于延期或停顿产生的偏差,使新投入某一工序加工的零件数量不要过多地超过从该工序加工结束待运出零件的数量。当然,对于不同的工序而言,投入的含义是不同的。投入/产出可以控制第一道工序的投入,但是以后每个工序的"投入"其实就是上一道工序的产出,所以,控制投入实际就是控制上一道工序输出量的大小。

3."漏斗"模型

从存量控制的思想出发,20世纪90年代,德国汉诺威大学的贝希特(W. Bechte)和温德尔(H. P. Wiendall)等人提出了"漏斗模型"(funnel model)。所谓"漏斗",是为了方便地研究生产系统而做出的一种形象化描述。一台机床、一个班组、一个车间乃至一个工厂,都可以看作一个"漏斗"。"漏斗"的输入,可以是上道工序转来的加工任务,也可以是来自用户的订货;"漏斗"的输出,可以是某工序完成的加工任务,也可以是企业制成的产品,而"漏斗"中的液体,则表示累积的任务或在制品。液体的量表示在制品量,如图10-12所示。

"漏斗"模型通过分析生产系统工序通过时间和在制品占用量的关系,形成了完整的基于负荷导向的作业控制理论和方法。"漏斗"模型很适合用于多品种中小批量生产系统计划与控制。图10-12(a)中漏斗的开口大小表示生产能力,它是可以调整的。液面高低表示累积任务量的大小。图10-12(b)为输入输出图。该图包括输入曲线和输出曲线,它们分别描述工件的到达情况和完成情况。横坐标为时间,通常以日为单位;纵坐标为工作负荷,通常以小时表示。曲线的垂直段表示某天到达或完成的一个或多个工件所包含的工作量;水平段表示相邻两个到达或完成的任务之间的时间间隔。如果运输时间不变,输入曲线与上道工序的输出曲线相对应。输入曲线和输出曲线表示在一定观察期内任务到达的累积情况和任务完成的累积情况,它们可以从过去任何一天开始构造到现在。实际上,几周时间已足够。两条曲线任一时刻垂直方向的距离表示该时刻在制品占用量(以工作量表示),两条曲线的水平距离表示相应工作任务在该工作地停留的时间。通过对生产负荷的控制调整产出的进度,检测产出的时间,同时对

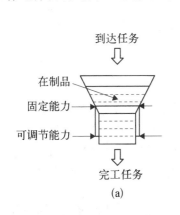
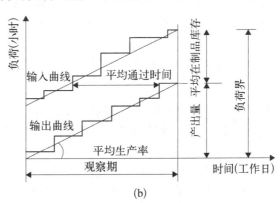

图10-12 漏斗模型

产出进行一定的更正,有效地提高了管理效率。

由于管理所侧重的方面不同,"漏斗"模型在进行作业控制的时候又可以分为3种基本的形式。

(1) 监控车间生产过程。在这种形式中,可以利用"漏斗"模型对整个生产系统进行整体和动态的监控,而不仅仅是传统意义上的对某道工序进行监控,能够从整体上把握整个生产过程的进程。在实施生产系统监控时,主要包括两方面内容:一方面,编制监测流程图,监测生产任务从计划到加工结束期间全过程的情况,进而提高整个生产过程中的管理效率;另一方面,建立相应的生产监控和诊断系统,对各个工序的工作情况,进行定期的跟踪,计算相关指标,根据实际指标和计划指标之间的偏差对生产进行调整。这种调整是渐进的、动态的,直到调整到最优为止。

(2) 按交货期做出加工任务的计划并且进行控制。这也是建立在现代的柔性制造理论基础上的方法。传统的作业控制理论认为,特定时间的特定工序,加工能力是一定的,因而安排计划时尽量排满就可以了。然而,现代柔性制造理论认为,加工能力应该而且能够进行经常性的调整。适时地调整加工能力可以有效地降低库存和在制品的数量,缩短生产的周期,保证按照指定的时间交货。因此,在下达生产任务时,可以用工序通过时间的缓冲时间,找出对该工序能力要求的一定变化范围,确定投料时间,使工序能力始终处于最佳状态。

(3) 根据生产的实际负荷控制生产的投入指令。按照负荷导向型的计划,依负荷释放任务,根据现有的生产任务和加工能力确定任务和原材料的投放数量。首先,根据生产任务的紧急程度进行安排。其次,确定允许投入物料的界限和时间安排。再次,根据交货期的要求,对所有的加工任务进行排序,在此,计划提前期是管理人员预先设定的参数,对交货期界限以外的任务暂不安排加工,防止过早投料。最后,根据排序结果,对交货期紧急的任务优先安排,同时应保证与该生产任务相关工序的负荷不超过其负荷界限。

第五节　服务业作业计划

服务是一种无形的产品,服务作业也与制造性作业有一定的区别,有自己的一些特殊性质。因此,对服务作业的控制方法也与制造业有一定的区别。

一、服务作业的特征

服务业与顾客的关系十分紧密。服务业的生产系统叫作服务交付系统(service delivery system)。服务是通过服务台进行的,在各个服务台工作的员工就像制造业第一线的工人,他们所提供的成套服务就是服务作业,也是经过他们向顾客提供的产品。服务业需要接触顾客且服务无法通过库存调节,给服务作业带来很大的影响。

1. 顾客参与影响服务运作实现标准化和服务效率

顾客直接与服务员工接触,会对服务人员提出各种各样的要求和发出各种各样的指令,使得服务人员不能按预定的程序工作,从而影响服务的效率。顾客参与的程度越高,对效率的影响越大。同时,顾客的口味各异也使得服务时间难以预计,导致所需服务人员的数量难以确定。

2. 顾客的舒适、方便会造成服务能力的浪费

顾客为了与他人分享信息和兴趣,希望与服务人员交谈。为了满足顾客这种需求,就难以控制时间。使顾客感到舒适和有趣的代价是损失了服务人员的时间。

3. 难以获得客观的质量评价

对服务质量的感觉是主观的,服务是无形的,难以获得客观的质量评价。服务质量与顾客的感觉有关。某些顾客如果感到自己不受重视或者某些要求不能得到及时的回应,就会感到不满,尽管他们所得到的服务与其他顾客一样多,也会认为服务质量差。因此,与顾客接触的服务人员必须敏感,善于与顾客交往。

二、服务作业控制

1. 减少顾客参与的影响

由于顾客参与对服务运作的效率造成不利的影响,就要设法减少这种影响。有各种方法使服务运作在提高效率的同时也能提高顾客的满意度。

(1) 通过服务标准化减少服务品种。顾客需求的多样性会造成服务品种无限多,服务品种增加会降低效率,服务标准化可以用有限的服务满足不同的需求。饭馆里的菜单或快餐店食品都是标准化的例子。

(2) 通过自动化减少同顾客的接触。有的服务业通过操作自动化限制同顾客的接触,如银行使用自动柜员机、商店的自动售货机。这种方法不仅降低了劳动力成本,而且限制了顾客的参与。

(3) 将部分操作与顾客分离。提高效率的一个常用策略是将顾客不需要接触的那部分操作与顾客分离。如在酒店,服务员在顾客不在时才清扫房间。这样做不仅避免打扰顾客,而且可以减少顾客的干扰,提高清扫的效率。另一种方法是设置前台和后台,前台直接与顾客打交道,后台专门从事生产运作,不与顾客直接接触。例如,在饭馆,前台服务员接待顾客,为顾客提供点菜服务,后台厨师专门炒菜,不与顾客直接打交道。这样做的好处是既可改善服务质量,又可提高效率。此外,前台服务设施可以建在交通方便、市面繁华的地点。这样可以吸引更多的顾客,是顾客导向。相反,后台设施可以集中建在地价便宜的较为偏僻的地方,以效率为导向。

(4) 设置一定库存量。服务是不能库存的,但很多一般服务仍然可以通过库存来调节生产活动。例如,批发和零售服务,都可以通过库存来调节。

2. 处理非均匀需求的策略

各种转移需求的办法只能缓解需求的不均匀性,不能完全消除不均匀性。因此,需要采取各种处理非均匀需求的策略。

(1) 改善人员班次安排。很多服务是每周7天、每天24小时进行的。其中有些时间是负荷高峰,有些时间是负荷低谷。完全按高峰负荷安排人员,会造成人力资源的浪

费;完全按低谷负荷安排人员,又造成供不应求,丧失顾客。因此,要对每周和每天的负荷进行预测,在不同的班次或时间段安排数量不同的服务人员。这样既保证服务水平,又减少了人员数量。

(2) 利用半时工作人员。在不能采用库存调节的情况下,可以雇佣半时工作人员,采用半时工作人员可以减少全时工作的固定人员的数量。对一天内需求变化大的服务业或者是季节性波动大的服务业,都可以雇佣半时工作人员。在服务业采用半时工作人员来适应服务负荷的变化,如同制造业采用库存调节生产一样。

(3) 让顾客自己选择服务水平。设置不同的服务水平供顾客选择,既可满足顾客的不同需求,又可使不同水平的服务得到不同的收入。如邮寄信件,可采用普通平信或特快专递。顾客希望缩短邮寄时间,就得多花邮费。

(4) 利用外单位的设施和设备。为了减少设施和设备的投资,可以借用其他单位的设施和设备,或者采用半时方式使用其他单位的设施和设备,如机场可以将运输货物的任务交给运输公司去做。

(5) 雇佣多技能员工。相对于单技能员工,多技能员工具有更大的柔韧性。当负荷不均匀时,多技能员工可以到任何高负荷的地方工作,从而较容易地做到负荷能力平衡。

(6) 顾客自我服务。如果能做到顾客自我服务,则需求一旦出现,能力也就有了,不会出现能力与需求的不平衡。自助加油和洗车、超级市场自助购物、自助餐等,都是顾客自我服务的例子。

(7) 采用生产线方法。一些准制造式的服务业,如麦当劳,采用生产线方法来满足顾客需求。在前台,顾客仍可按菜单点他们所需的食品。在后台,则采用流水线生产方式加工不同的食品。然后,按订货型生产(make-to-order)方式将不同的食品组合,供顾客消费。这种方式生产效率非常高,从而做到成本低、高效率和及时服务。

复习思考题

1. 生产作业计划的作用有哪些?
2. 为什么要制定作业计划标准?企业有哪些主要的作业计划标准?
3. 如何确定批量和生产周期?
4. 不同生产类型下,如何编制车间生产作业计划?
5. 怎样正确选择生产批量?
6. 生产中的在制品对企业经济效益有何影响?如何控制在制品的占用量?
7. 为什么要实行生产作业控制?
8. 服务作业有何特征?
9. 如何进行服务作业控制?

案 例 分 析

ZARA 的订单管理模式

在供应链上,常常存在着预测不准确、需求不明确、供给不稳定、企业间合作性与协调性差等问题,造成供应缺乏、生产与运输作业不均衡、库存居高不下、成本过高等现象。引起这些问题的根源有许多,但主要原因之一是"牛鞭效应"(bull-whip effect)。牛鞭效应是指,在一条供应链中,消费市场需求的微小变化被一级级放大到制造商、首级供应商、次级供应商等,越是处于供应链的后端,需求变化幅度越大。从形状而言,这就像西部牛仔挥舞的牛鞭,手腕轻轻一抖,鞭梢便会大幅度抖动,划出一道美丽的圆弧,这也许就是"牛鞭效应"名称的来历。为了控制牛鞭效应以达到供应链的整体最优,需要从需求预测、物流渠道、信息渠道、决策控制等方面进行机制设计。通过准确的需求预测控制牛鞭效应,即加强需求管理。这里的需求管理已不再是营销和计划部门简单的运用软件工具进行的短期预测,而是贯穿于整个供应链、产品开发、技术战略、服务支持和组织设计这一系列领域的长期和短期的需求预测和管理。

以时装业的 ZARA 为例,ZARA 运作模式的成功得益于公司出色的全程供应链管理,以及支撑供应链快速反应的 IT 系统应用,主要包括 3 个方面:管理全程供应链、订货少量多次和 IT 支持业务。通过全程掌控供应链,实际上消除了传统上下游企业之间的委托代理关系,企业内部的信息交流更加顺畅,客户的需求信息更加准确地传达到生产部门,从而控制了牛鞭效应。ZARA 的案例说明,在当今时装业快速变化的背景下,企业整合上下游资源,能大大提高客户反应速度和工作效率,减小牛鞭效应的危害,极大提升竞争力。

第十一章　库存管理与控制

【学习目标】

1. 了解库存及库存管理的定义。
2. 掌握库存控制的3种方式。
3. 掌握单周期库存模型的计算方法。
4. 掌握多周期库存模型的计算方法。
5. 掌握 ABC 分类法的基本原理和实施步骤。

开篇案例

沃尔玛的库存管理

沃尔玛是美国最大的连锁零售集团之一,从一个规模非常有限的区域型企业,快速成长成为一个超级跨国集团。沃尔玛的成功与其独特的供应链体系有着不可分割的密切联系。

首先,沃尔玛建立了实时监控销售的 POS 系统,管理者可以在任何时刻准确地掌握整个集团的所有销售细节,并据此全盘优化订货。其次,沃尔玛建立了自己的运输网络,可以快速地将订到的货物送往遍布世界各地的沃尔玛大型超市,由于货源补充迅速,沃尔玛货场的库存量远远低于同行业平均水平。最后,沃尔玛对少量的销售不畅的库存物资,采用退货或者减价销售的方式快速消化库存,保证整个集团的物资库存处于一个很低的水平。

资料来源:中国大物流网。

库存越来越被企业经营者所重视,库存是有成本的,在很多企业中,库存占用大量的流动资金。减少库存、降低库存成本、追求零库存是库存管理的中心与极点,也是企业"第三利润源泉"的重点所在。

第一节　库存管理与控制概述

库存在许多企业的资产中占比很高,一般为总资产的 50%,每个企业都存在库存管理和控制的问题,也在不断地寻求库存、服务水平和成本等的动态持续均衡。

一、库存的定义及类别

国民经济的各个行业都会遇到库存问题,从狭义上理解,库存即存放在仓库中,暂时未被利用的物品。从广义上理解,库存是具有经济价值的任何物品的停滞与储藏,包括一切暂时闲置的、用于未来的、有经济价值的资源。资源的闲置与这种资源是否存放在仓库中没有关系,与其是否处于运动状态也没有关系。从不同角度,可以对库存进行多种分类。

(一) 按库存物资的存在状态分类

可以将库存分为原材料库存、在制品库存和成品库存,如图11-1所示。

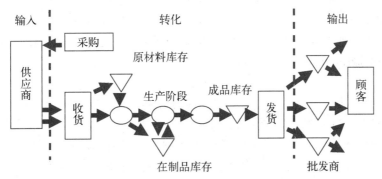

图11-1　生产企业的物料流

1. 原材料库存

原材料库存是指在生产过程中,企业需要持有一定数量的符合企业生产规定要求的原材料。有时,也将外购件库存划归为原材料库存。在生产企业中,原材料库存一般由供应部门来管理控制。

2. 在制品库存

在制品库存包括生产过程中不同阶段的半成品库存。在制品库存一般由生产部门来管理控制。

3. 产成品库存

产成品库存是准备运送给消费者的最终产品。这种库存通常由销售部门或物流部门来管理控制。

4. 维修库存

维修库存包括用于维修与养护的经常消耗的物品或备件,如石油润滑脂和机器零件,但是不包括产成品维护活动所用的物品或备件。维修库存一般由设备维修部门来管理控制。

这几种库存可以存放在一条供应链上的不同位置。原材料库存可以存放在两个位置:供应商或生产商处。原材料进入生产企业后,一次通过不同的工序,每经过一道工序,价值都有所增加,从而成为不同价值水平的在制品。当在制品在最后一道工序被加工完成后,形成产成品。产成品库存可以放在不同的存储点,即生产企业内、配送中心、零售店,直至转移到最终消费者手中。

(二)按库存的作用

1. 周转库存

由周期性的采购所形成的库存就称为周转库存,周转库存的存在是基于这样的思想:采购批量或生产批量越大,单位采购成本或生产成本就越低(节省订货费用,得到数量折扣等)。当总需求一定时,每次订货批量越大,两次订货之间的间隔越长,周转库存量也越大。

2. 安全库存

安全库存是指为了应付需求、生产周期或供应周期等可能发生的无法预测的变化而设置的一定数量的库存。需求变动、采购提前期的变化、供应商的运输延误和生产问题等都会使提前期发生变动,导致企业需要持有超过周转库存的安全库存。虽然消除需求变动和提前期不确定性是不可能的,但是通过采用一定方法预测需求,并选择能够准时交付的运输服务以及具有可靠提前期的供应商等都有可能减少甚至消除安全库存。

3. 调节库存

调节库存是为了调节企业生产中的各种不均衡而设置的,如需求与供应之间、生产速度与供应速度之间、各个生产阶段的投入与产出之间的不均衡。例如,为了保持生产能力的均衡,将淡季生产的产品放置于仓库,形成调节库存,以备旺季需求,即生产能力与需求之间的不均衡形成了调节库存。对于一些季节性需求较强的原材料,或供应商的供应能力不均衡时,也需要设置调节库存。

4. 在途库存

在途库存是处于运输过程中的物品,也可以看作周转库存的一部分。这种库存是客观存在的,大小取决于运输时间及该期间内的平均需求。

二、库存的作用

一般认为,库存可以增加企业运作的柔性,提高企业的服务水平。市场变幻莫测,运营管理系统也会随机出现各种故障,因此,企业为了抵御这些无法控制的因素对生产经营的影响,通常保有一定数量的库存,所有企业(包括实行 JIT 的企业)都持有一定的库存,原因包括以下 4 个方面。

(一)保持运营的独立性

工作中心的原材料库存可以使企业减少生产设备的数量,执行相对独立的生产计划,在装配线的工作地,由于不同的零件加工时间的差异,保持零部件库存作为缓冲是必要的,这样一来,较短的操作时间就可以弥补那些较长的操作时间,使平均产出相对稳定。

(二)适应产品需求的变化

如果能够准确掌握产品需求状况,调节企业生产速率完全同步也许是有可能的(但未必经济)。然而,通常需求是很难准确把握的,必须持有安全库存或缓冲库存以抵消变动,提高服务水平。成品库存将外部需求和内部生产分隔开,像水库一样起着稳定作用。

(三)分离生产流程,防止中断和短缺

在生产过程中维持一定量的在制品库存,使企业的下一个程序不受上一个程序波动的影响。尤其当某道工序的加工设备发生故障时,如果工序间有在制品库存,其后续工序就不会中断。又如,在订货提前期内,原材料订购后,可能由于种种原因发生交货延迟,如运输时间的正常变动、卖方工厂原料不足导致无法完成订单,卖方工厂或个别货运公司出现意外事故,货物丢失或发送错误或原材料不合格等。持有一定数量的库存就可以防止材料短缺。

(四)追求经济效益

一次订货费用一般包括人工、电话、打印、包装等,订货次数越少,订货批量越大,就越节约订货成本。大批量采购一般还可以利用折扣,降低采购成本和运输成本,尤其是预期价格会上涨的物品,可以更好地应对通货膨胀、减少损失等。

尽管库存有着如此重要的作用,但其掩盖了生产经营中的各种矛盾,是应该消除的。同时,库存是需要成本的,我们应该在尽可能低的库存水平下满足需求。

三、库存控制目标

(一)保障生产供应

库存的基本功能是保证企业生产活动的正常进行,保证企业经常维持适度的库存,避免因供应不足而出现非计划性的生产间断。这是传统库存控制的主要目标之一。现代的库存控制理论虽然对此提出了一些不同的看法,但保障生产仍然是库存控制的主要任务。

(二)控制生产系统工作状态

一个精心设计的生产系统均存在一个正常的工作状态,此时,生产按部就班有序地进行,生产系统中的库存情况特别是在制品实际数量与系统设定定额相近;反之,如果一个生产系统的库存失控,该生产系统也很难处于正常的工作状态。因此,现代库存管理理论将库存控制与生产控制结合为一体,通过对库存情况的监控,达到生产系统整体控制的目的。

(三)降低生产成本

无论是生产过程中的物资消耗,还是生产过程中的流动资金占用,均与生产系统的库存控制有关。在工业生产中,通常库存资金占企业流动资金的 $60\%\sim80\%$,物品消耗占产品总成本的 $50\%\sim70\%$。因此,必须通过有效的库存控制方法,使企业在保障生产的同时,减少库存,提高库存周转率。

四、库存管理与控制的衡量指标

管理是从衡量开始的。在库存管理中,管理者也需要用一些指标对库存进行监控和衡量,使其保持一个适当的水平。衡量库存的方法有多种,如库存物品的种类、数量、重量等,但是,在库存管理中具有重要意义的衡量指标有以下 3 个。

(一)平均库存值

平均库存值是指某一时期全部库存物品的价值之和。一般来说,制造企业的库存平均占用资金比例大约是 25%,而批发、零售业的比例可能达到 75%。管理人员可根据历史数据或同行业的平均水平从纵横两方面评价自己企业的这一指标。但是,一个不可忽视的因素是市场需求,也就是说,必须从满足市场需求的角度来考虑库存管理的好坏。为此,下面两个指标可能更重要。

(二)可供应时间

可供应时间是指现有库存能够满足多长时间需求;也可以分别用每种物料的平均库存量除以相应时间段内单位时间的需求量来得到。在有些情况下,后者更具现实意义。例如,在有些企业,根据物料可获性的不同,有些物料的库存量为两周,而另一些物料的库存可能只是两三天的需要量。

(三)库存周转率

库存周转率是年销售额与年平均库存值之比。库存周转率越小,意味着库存占用资金量越大,保管费等各种费用也会大量发生;反之亦然。同时,库存周转率对于企业经营中至关重要的资金周转率指标也有极大的影响。但究竟库存周转率的最优值是多少,难以一概而论,很多西方制造企业周转次数一年为 6~7 次,有的日本企业一年可达 40 次之多,中国企业大多在 4~6 次。

第二节 库存管理与控制的基本方式

不同的库存问题有不同的特点,相应的管理与控制方法和手段也不尽相同,因而首先要了解影响库存问题的环境要素和库存所具有的特征。

一、库存问题的分类

库存控制主要是相关需求和独立需求的多周期需求,以及单周期需求。库存问题基本可以划分为单周期和多周期库存问题,如图 11-2 所示。

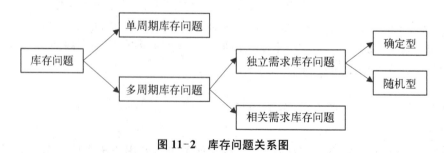

图 11-2 库存问题关系图

(一)单周期库存和多周期库存

根据物料需求的可重复次数,可将库存分为单周期库存和多周期库存。单周期库存也被称作一次性订货问题,即某物品在一定的时间内只能订货一次,消耗完也不再补充订货。单周期库存一般库存时间不长,不存在库存订货点与库存检查器的决策问题,其主要决策变量是订货量。单周期的库存订货量决策具有较大风险,因此,如何优化订货量是单周期库存的核心问题。单周期库存需要解决的两类典型问题是圣诞树问题和报童问题。

> **圣诞树问题**是指偶尔发生的对某种产成品或服务的需求,如某届运动会的纪念章、中秋节的月饼等,类似于圣诞节期间对圣诞树的需求。
>
> **报童问题**是指对于某些易于过期或保质期较短的产成品的需求,如水果、食品、期刊等,类似于读者对日报的需求。
>
> 资料来源:马士华,陈荣秋.生产运作与管理[M].5版.机械工业出版社,2017.

多周期库存又称重复性订货问题,即在足够长的时间里对某种物品的重复的、连续的需求,其库存需要不断的补充。如企业里的原材料、加油站油品库存、超级市场卖出的商品等。因此,多周期问题的决策包括:① 何时订货;② 每次订多少;③ 多长时间检查库存。回答这些问题是多周期库存控制的核心。

(二) 独立需求库存和相关需求库存

独立需求是指对某种物品的需求只受企业外部的市场影响而不受其他种类物品的影响,表现出对这种产品需求的独立性。其本质是需求具有随机性、不确定性,企业自身不能控制。独立需求也来自对企业系统输出的需求,如企业生产的产成品、提供的其他企业继续加工的半成品等。由于需求率受外部环境的影响,所以需求量是不确定的,通常用预测的方法来估算。

相关需求又称非独立需求,是指与其他需求有内在相关性的需求,根据种种相关性,企业可以精确地计算出需求量和需求时间,是一种确定性需求。也是企业内部的物料转化环节之间发生的需求。如自行车车轮和自行车的关系,一辆自行车有两个车轮,如果市场需要1 000辆自行车,则自行车制造厂必须生产2 000个车轮,再加上其他零部件才能装配出1 000辆自行车。市场对自行车的需求是独立需求,而对自行车车轮的需求则是相关需求。相关需求发生在企业内部物料转化过程各个环节之间,只要知道独立需求与相关需求的对应关系,就可以通过一定的方法精确地计算出来。

独立需求库存问题和相关需求库存问题是两类不同的库存问题。另外,当需求率和订货提前期被视为确定时,为确定性的库存问题。现实中,需求率和提前期都是受市场需求影响的随机变量。如果将两者中的任一个看作随机变量,发生在这种情况下的库存就是不确定型库存,也称随机型库存。

由以上分析可见,库存控制要解决3个基本问题:① 确定库存检查周期;② 确定订货量;③ 确定订货点(何时订货)。

根据上面3个基本问题,库存控制系统有3种:连续性检查库存控制系统,即(Q,R)策略;周期性检查策略,即(t,S)策略;连续性检查的固定订货点、最大库存策略,即(R,S)策略。

二、连续性检查库存控制系统，(Q,R) 策略

连续性检查库存控制系统又叫固定量系统，就是订货点和订货量都为固定量的库存控制系统，即 (Q,R) 系统，其中，Q 表示订货量，R 表示订货点(reorder point)。其基本思想是固定一个订货点，连续检查库存，当库存余额降低到订货点以下时，即发出一次订货。当库存降到 R 或以下时，提出订货 Q，经过 LT 一段时间后，订货到达，库存量增加 Q，如图 11-3 所示。

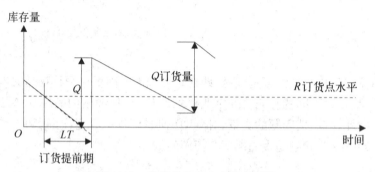

图 11-3　连续性检查库存控制系统

其中：R 代表订货点(提出订货时的库存量)；LT 代表订货提前期，即从发出订货到到货的时间间隔。

其库存管理存在以下两个特点。

(1) 每次订货批量 Q 通常是固定的，批量大小选择时主要考虑总库存成本最低的原则。

(2) 每相邻两次订货的时间间隔通常是变化的，其大小主要取决于需求量的变化情况，需求大则时间间隔短，需求小则时间间隔长。要发现现有库存量是否达到订货点 R，必须随时检查库存量，这就增加了管理工作量，但它使库存量得到严密的控制。因此，该策略适用于需求量大、缺货费用较高、需求波动性很大的产品。

对于以下 3 种情况，可以考虑采用连续性检查库存控制系统。

(1) 所储物资具备进行连续检查的条件。并非所有的物资都能很方便地随时进行检查，这是运用此方法的前提条件。

(2) 价值虽低但需求量大的物资及价格昂贵的物资均是需要严格重点控制的物资，应该考虑采用连续检查控制方式。前者是因为此类物资价格低量大，采用连续检查控制方式的一些较易实施的方案可以简化控制程序，如双仓系统；后者是因为连续检查控制方式可以及时搜集库存信息，较灵活地优化库存管理。

> **双仓系统**是将同一物资分放两仓(或两个容器)，其中一仓使用完之后，库存控制系统发出订货，在发出订货后，就开始使用另一仓的物资，直到下一批订单到货，再将物资按两仓存放。

(3) 市场上易于采购的物资。由于订货的时间无法确定，所以连续检查控制方式适用于市场上随时可以采购到的物资。

三、定期检查库存控制系统，(t,S)策略

定期检查库存控制系统又称固定间隔期系统。其基本思想是：固定一个间隔期，每隔一定时期检查一次库存，并发出一次订货，把现有库存补充到最大库存水平 S，在两次订货的间隔期，库存按照需求不断减少。如果检查时库存量为 L_1，则订货量为 $(S-L_1)$，如图11-4所示。

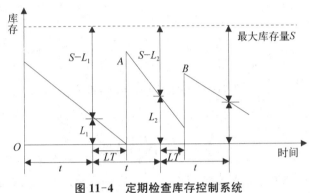

图 11-4 定期检查库存控制系统

定期检查库存控制系统无须随时检查库存；到了固定的间隔期，各种不同的物资可以同时订货，简化了管理，节省了订货费。不同物资的最高水平 S 可以不同。此种控制系统订货时间间隔固定，但订货量通常是变化的，关键是确定订货间隔期。具有以下3个条件的可以考虑采用此种方法。

(1) 需要定期盘点和定期采购、定期生产的物资。这些物资主要是指需要成批生产的各种原材料、配件、毛坯和零配件等。企业在编制上述物资的生产计划或采购计划时，通常都要考虑现有库存的情况，由于计划是定期制定并执行的，所以这些物资需要定期盘点和定期采购。

(2) 具有相同供应来源的物资。具有相同供应来源的物资是指同一供应商生产或产地在同一地区的物资，由于物资来源的相似性，可以采用统一采购策略，这样不仅能够节约订货和运输费用，而且可以获得一定的价格折扣，降低购货成本，定期检查存货可以保证统一采购的顺利进行。

(3) 需要计划控制的物资。价值较高的物资由于占用资金较多，需要通过计划控制库存数量，达到优化库存成本的目的。因此，此类物资的生产与采购通常纳入计划管理，多采用与计划期同步进行的周期检查控制方式进行控制。

四、最大最小系统，(s,S)策略

固定间隔期系统的缺点是不论库存水平 L 降得多还是少，都要按期发出订货，当

L 很高时，订货量很少，为了克服这个缺点，就出现了最大最小系统。最大最小系统仍是一种固定间隔期系统，只不过它需要确定一个最低库存水平点 s，当经过时间间隔 t 时，如果库存降到 s 及以下，则发出订货；否则，再经过时间 t 时再考虑是否发出订货。具体如图 11-5 所示。

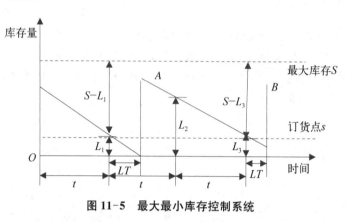

图 11-5 最大最小库存控制系统

家乐福的库存管理

严格的库存管理是家乐福生鲜经营成功的重要基础。对不同的生鲜食品，家乐福明确设定了不同的库存量。一般来说，肉类食品库存控制在 1~2 天，水果为 2 天，蔬菜为 1 天，鱼类可无库存。家乐福每个店都根据电脑反映的销量，以销订货，尽可能减少库存。

因为生鲜食品库存有限，一旦缺货很难快速补齐，这就需要供应商加快物流配送的速度。因此，家乐福尽可能选择当地最优秀的供应商。同时，家乐福尽可能通过加强内部管理来最大限度地减少缺货现象的发生，各个门店都制定了相应的措施，及时反馈缺货信息，并按相应的同期盘点方法，电脑自动统计商品销售量且打出相应的订单，同时，对不同商品的销售及销售速度都有专人监控，掌握存货动态。此外，家乐福还建立了厂商配送时间表，确保安全库存。

资料来源：中国零售企业网。

第三节 单周期和多周期库存模型

库存控制的基本模型包括单周期库存模型和多周期库存模型。对于单周期需求，库存控制的关键在于确定订货量；多周期需求是在较长时间内反复发生的需求，库存需要不断补充以满足反复需求，因此，多周期库存控制的决策问题是如何补货。

一、单周期库存模型

对于单周期库存问题来说,订货量也就是预测的需求量。但预测与实际需求总是有差距的。当订货量大于需求时,未销售出去的物品可能以低于成本的价格出售,甚至可能报废,还要另外支付一笔处理费,这种由于供过于求导致的费用称为超储成本(陈旧成本)。订货量小于需求时,就会失去潜在的销售机会,导致机会损失,发生欠储成本(机会成本)。单周期库存控制主要是在超储成本和欠储成本之间取得平衡。

(一) 期望损失最小法

期望损失最小法就是比较不同订货量下的期望损失,取期望损失最小的订货量作为最佳订货量。库存物品的单位成本为 C,单位售价为 P,实际需求量为 d。若在预定时间内卖不出去,则单价只能降为 S(S 小于 C)卖出。单位超储损失 $C_0 = C - S$;单位机会损失 $C_U = P - C$。订货量为 Q 时的期望损失如下:

$$E_L(Q) = \sum_{d>Q} C_U(d-Q)p(d) + \sum_{d<Q} C_0(Q-d)p(d)$$

其中:$p(d)$ 代表需求量为 d 时的概率。

【例 11-1】 已知,每份挂历进价 $C = 50$ 元,每份售价 $P = 80$ 元。若在一个月内卖不出去,则每份挂历只能按 $S = 30$ 元卖出,求该商店应该进多少挂历好。按过去的记录,新年期间对某商店挂历需求分布率如表 11-1 所示。

表 11-1 某商店挂历需求分布概率

需求 d(份)	0	10	20	30	40	50
概率 $p(d)$	0.05	0.15	0.20	0.25	0.20	0.15

解:设该商店买进 Q 份挂历,则:

当 $d > Q$ 时,将有机会损失,每份机会损失为 $C_U = P - C = 80 - 50 = 30$(元);

当 $d < Q$ 时,有一部分挂历卖不出去,每份超储损失为 $C_0 = C - S = 50 - 30 = 20$(元);

当 $Q = 30$ 时:

$$EL(Q) = [20 \times (30-0) \times 0.05 + 20 \times (30-10) \times 0.15 + 20 \times (30-20) \times 0.20] \\ + [30 \times (40-30) \times 0.20 + 30 \times (50-30) \times 0.15] = 280(元)$$

当 $Q = 10$ 时:

$$EL(Q) = [20 \times (10-0) \times 0.05] + [30 \times (20-10) \times 0.20 + 30 \times (30-10) \\ \times 0.25 + 30 \times (40-10) \times 0.20 + 30 \times (50-10) \times 0.15] = 580(元)$$

当 Q 取其他值时,可按类似方法计算,结果如表 11-2 所示。

表 11-2 期望损失计算表

订货量 Q	实际需求量 d						期望损失 $EL(Q)$
	0	10	20	30	40	50	
	概率 $p(D=d)$						
	0.05	0.15	0.20	0.25	0.20	0.15	
0	0	300	600	900	1 200	1 500	855
10	200	0	300	600	900	1 200	580
20	400	200	0	300	600	900	380
30	600	400	200	0	300	600	280
40	800	600	400	200	0	300	305
50	1 000	800	600	400	200	0	430

由表 11-2 可见，当 Q 等于 30 时，期望损失最小，应采取 30 份为订货量。

（二）期望利润最大法

比较不同订货量下的期望利润，取期望利润最大的订货量作为最佳订货量。设订货量为 Q 时的期望利润 $E_p(Q)$，则：

$$E_p(Q) = \sum_{d<Q}[C_U d - C_0(Q-d)]p(d) + \sum_{d>Q} C_U Q p(d)$$

上例中，$Q=30$ 时：

$$E_p(Q) = [30 \times 0 - 20 \times (30-0)] \times 0.05 + [30 \times 10 - 20 \times (30-10)] \times 0.15$$
$$+ [30 \times 20 - 20(30-20)] \times 0.20 + [30 \times 30] \times 0.25$$
$$+ [30 \times 30 \times 0.20 + 30 \times 30 \times 0.15] = 575(元)$$

当 Q 取其他值时，可按类似方法计算，结果如表 11-3 所示。

表 11-3 期望利润计算表

订货量 Q	实际需求量 d						期望利润 $EL(Q)$
	0	10	20	30	40	50	
	概率 $p(D=d)$						
	0.05	0.15	0.20	0.25	0.20	0.15	
0	0	0	0	0	0	0	0
10	−200	300	300	300	300	300	275
20	−400	100	600	600	600	600	475
30	−600	−100	400	900	900	900	575
40	−800	−300	200	700	1 200	1 200	550
50	−1 000	−500	0	500	1 000	1 500	425

由上表可见,当 Q 等于 30 时,期望利润最大,应取 30 份为订货量。

二、多周期库存模型

在实际生活中,大多数库存问题都是多周期库存问题。按照需求率和订货提前期是否已知,可分为两种:确定型库存控制模型(需求率、订货提前期已知)和随机型库存控制模型(需求率和订货提前期至少有一个未知)。

(一)库存成本的构成

库存成本是在建立库存系统时或采取经营措施所造成的结果。计算库存总成本一般以年为时间单位,年库存成本包括以下 4 项。

(1)存储成本(holding costs,C_H),指为保持库存而发生的成本,包括固定成本和变动成本。固定成本如仓库折旧、保管员固定工资等;变动成本如空间成本、资金成本、库存服务成本以及库存风险成本等。这部分成本与物品价值和平均库存量有关。

(2)订货成本(ordering costs,C_O),指企业为了实现一次订货而进行的各种活动的费用,如分析供应商、来料验收、跟踪订货等各项费用。它只与订货次数有关,一般与一次订货量多少无关。

(3)购入成本(purchasing costs,C_P),指购买或生产物资需要的费用,与物资的单价与数量有关。

(4)缺货成本(shortage loss costs,C_S),指由于库存中断如停产等造成的损失。它反映失去销售机会带来的利润损失和信誉损失等。它与缺货多少、缺货次数有关。

以 C_T 表示年库存总成本,则:

$$C_T = C_H + C_O + C_P + C_S$$

库存管理的目标就是要使库存总成本 C_T 最小。

(二)确定型库存控制模型

确定型库存控制模型主要有经济订货批量模型、经济生成批量模型和价格折扣模型等 3 种。

1. 经济订货批量模型(EOQ)

经济订货批量由哈里斯(F. W. Harris)于 1915 年提出,就是按照库存总成本最小的原则确定的订货批量。它是固定订货批量模型的一种,可以用来确定企业一次订货(外购或自制)的数量。当企业按照经济订货批量订货时,可实现订货成本和存储成本之和最小化。

(1)假设条件。

① 外部对库存系统的需求率为均匀的已知常量。年需求量和单位时间需求率分别以 D 和 d 表示。

② 每次订货量无最大最小限制。

③ 采购、运输均无价格折扣。

④ 订货提前期已知且为常量。

⑤ 单次订货费用与订货批量无关。
⑥ 存储成本是库存量的线性函数。
⑦ 不允许缺货。
⑧ 补充率为无限大,全部订货一次性交付。
⑨ 采用固定量系统。

经济订货批量条件下,随时间变化,库存量 Q 的变化情况如图 11-6 所示,采用的是固定量系统,最大库存量为 Q,最小为 0,而且不存在缺货情况。库存量按固定需求率 d 不断消耗、减少;当库存降到订货点 ROP 时,就发出订货指令;经过固定的订货提前期 LT,库存降为 0 时,新的一批订货 Q 刚好到达,库存量立即补充到 Q,平均库存量为 $Q/2$。

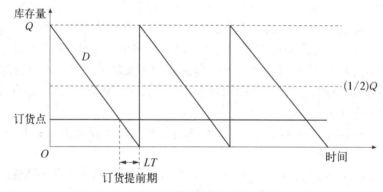

图 11-6　经济订货批量假设条件下的库存变化

(2) 经济订货批量的计算。由于不允许缺货(图中不存在库存小于 0 的情况),缺货成本 C_S 为 0。购入成本 C_P 与订货批量无关(无价格折扣),因此,$C_P = p \times D$(p 为单价,D 为年需求量),为常量。

如图 11-7 所示:

年度总成本＝年存储成本＋年订货成本＋年购入成本

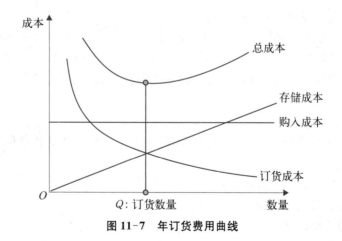

图 11-7　年订货费用曲线

① 年订货成本＝年需求量/订货批量×单位订货成本
② 年存货成本＝订货批量/2×单位存储成本
③ 年购入成本＝单价×年需求量

因此：库存总成本 C_T＝存储成本 C_H＋订货成本 C_O＋购入成本 C_P
$$= H(Q/2) + S(D/Q) + p \times D$$

两边对 Q 求导，并令一阶导数为 0，可得到：

$$Q^* = EOQ = \sqrt{\frac{2SD}{H}}$$

其中：H 代表单位维持库存费用；p 代表单价；D 代表年需求总量；S 代表一次订货费用。

订货点 ROP＝单位时间需求量×订货提前期＝$d \times LT$。

最佳订货批量下：

$$C_O + C_H = S(D/EOQ) + H(EOQ/2) = DS/\sqrt{\frac{2DS}{H}} + \frac{H}{2}\sqrt{\frac{2SD}{H}}$$

$$= \frac{1}{2}\sqrt{2DSH} + \frac{1}{2}\sqrt{2DSH}$$

$$= \sqrt{2DSH}$$

【例 11-2】 A 公司以单价 10 元每年购入某种产品 8 000 件。每次订货费用为 30 元，资金年利息率为 12％，单位维持库存费按所库存货物价值的 18％计算。若每次订货的提前期为 2 周，试求经济生产批量、最低年总成本、年订购次数和订货点。

解：已知单价 p＝10 元/件，年订货量 D 为 8 000 件/年，单位订货费即调整准备费 S 为 30 元/次，单位维持库存费 H 由两部分组成，一是资金利息，二是仓储费用，即 H＝10×12％＋10×18％＝3 元/(件·年)，订货提前期 LT 为 2 周。

经济订货批量 $EOQ = \sqrt{\frac{2SD}{H}} = \sqrt{\frac{2 \times 8\,000 \times 30}{3}} = 400$（件）

最低年总成本：$C_T = H \times (EOQ/2) + S \times (D/EOQ) + P \times D$
$= 3 \times (400/2) + 30 \times (8\,000/400) + 10 \times 800$
$= 81\,200$（元）

年订货次数 $n = D/EOQ = 8\,000/400 = 20$（次）

订货点 $ROP = (D/52) \times LT = 8\,000/52 \times 2 = 307.7$（件）

习题：一家全国性轮胎公司的地区分销商希望每个批次大约售出 9 600 个钢带子午线轮胎。年库存成本是每个轮胎 16 元，订货成本是每次 75 元，订货提前期为 10 天。试求经济订货批量。分销商每年订货几次，订货点是多少？

2. 经济生产批量模型(EPL)

经济生产批量(economic production lot, EPL),或称经济生产量(economic production quantity, EPQ)。实际中,库存是边补充、边消耗的,也就是说当生产率大于需求率时,库存是逐渐增加的。当库存达到一定量时,就停止生产。由于生产系统调整准备时间的存在,在补充成品库存的生产中有一个一次生产多少最经济的问题,这就是经济生产批量问题。

(1) 假设条件。经济生产批量模型的假设条件,除与经济订货批量模型第⑧条假设不一样之外($p>d$),其余都相同。如图 11-8 所示是经济生产批量模型假设下的库存量变化。P 为生产率;d 为需求率($d<P$);T 为生产时间;$I_{\max}$ 为最大库存量;Q 为生产批量;ROP 为订货点;LT 为生产提前期;T_p 为生产时间。

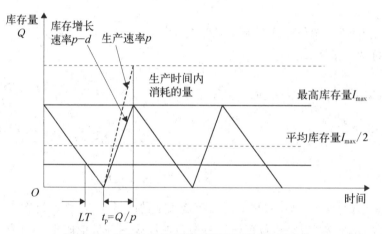

图 11-8 经济生产批量模型假设下的库存量变化

由于生产率 p 大于需求率 d,在生产时间 t_p 内,库存以 $p-d$ 的速率上升,每次生产 Q 件,生产结束时刚好达到最大库存量 $I_{\max}$。$Q-I_{\max}$ 即生产时间 t_p 内的消耗量。达到最高库存量 $I_{\max}$ 时,停止生产,开始消耗库存,库存以需求率 d 的速率开始下降,当库存降为 0 时,又开始新一轮的生产。平均库存量为 $I_{\max}/2$。

(2) 经济生产批量的计算。在 EPL 模型假设条件下,由于补充率不是无限大,所以平均库存量不是 $Q/2$,而是 $I_{\max}/2$。现在问题归结为求 $I_{\max}$。生产时间 $t_p=Q/p$,所以,最大存储量 $I_{\max}=t_p(p-d)=(Q/p)(p-d)=Q(1-d/p)$,根据 EOQ 的总成本公式,可得:

$$\text{库存总成本 } C_T = \text{存储成本 } C_H + \text{订货成本 } C_O + \text{购入成本 } C_P$$
$$= H(I_{\max}/2) + S(D/Q) + p \times D$$

对上式求导,并令一阶导数为 0,可得:

$$Q^* = EPL = \sqrt{\frac{2DS}{H\left(1-\dfrac{d}{p}\right)}} = \sqrt{\frac{2DSp}{H(p-d)}}$$

其中:p 代表生产率(件/天);d 代表需求率(件/天);S 代表设备准备费用(元/

次);D 代表年需求量(件/年);H 代表单位产品年存储费用(元/件·年)。

【例 11-3】 戴安公司是生产氧气瓶的专业厂。该厂年工作日为 220 天,市场对氧气瓶的需求率为 50 瓶/天。氧气瓶的生产率为 200 瓶/天,生产提前期为 4 天。年库存成本为 1 元/瓶,设备调整费用为 35 元/次。求:经济生产批量(EPL);每年生产次数;最大库存水平;订货点;一个周期内的生产时间和纯消耗时间。

解:已知:$S=35$(元/次),$p=200$(瓶/天),$d=50$(瓶/天),$H=1$(元/瓶·年)。

年需求量:$D=50\times 220=11\,000$(瓶)

经济生产批量:

$$Q^* = \sqrt{\frac{2\cdot D\cdot S\cdot p}{H\cdot (p-d)}} = \sqrt{\frac{2\times 11\,000\times 35\times 200}{1\times (200-50)}} = 1\,013$$

每年生产次数:$n=(D/Q^*)=(11\,000/1\,013)=10.86\approx 11$(次)

最大库存水平:$I_{\max}=Q^*(p-d)/p=1\,013\times (200-50)/200=759.75\approx 760$(瓶)

订货点 $ROP=d\times LT=50\times 4=200$(瓶)

生产时间 t_p 和纯消耗时间($t-t_p$):

$$t_p = Q^*/p = 1\,013/200 = 5.065\,(\text{天})$$

$$t - t_p = (Q^*/r) - (Q^*/p) = 1\,013/50 - 1\,013/200$$

$$= 20.56 - 5.065 = 15.02\,(\text{天})$$

> **习题:** 据预测,市场每年对某公司产品的需求量为 20 000 台,一年按 250 个工作日计算。公司生产率为每天 100 台,生产提前期为 4 天。单位产品的生产成本为 50 元,单位产品的年库存费用为 10 元,每次生产的生产准备费用为 20 元。试求经济生产批量、年生产次数、订货点。

3. 价格折扣模型

现实生产中,供应商为了刺激需求,往往根据订货数量向用户提供价格折扣。当用户面临供应商列出的不同订购数量的折扣条件时,企业又该如何通过适合的订购数量,使总成本最低呢?

(1) 假设条件。价格折扣模型的假设条件,除与 EOQ 模型第③条假设不一样之外(允许价格折扣),其余都相同。如图 11-9 所示,订货量为 Q,每年需求为 D,每次订货费为 S,每年每单位库存成本为 H。单位物资的采购价格(以 3 种数量级为例):当 $Q<Q_1$ 时,单价为 P_1;当 $Q_1\leqslant Q<Q_2$ 时,单价为 P_2;当 $Q\geqslant Q_2$ 时,单价为 P_3,其中 $P_1>P_2>P_3$。

(2) 价格折扣模型的计算。不同购买水平会导致不同价格水平,在此情况下总费用就需要考虑购买费用:

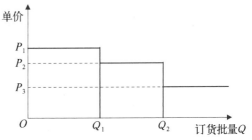

图 11-9 有数量折扣的价格曲线

库存总成本 $C_T =$ 存储成本 $C_H +$ 订货成本 $C_O +$ 购入成本 C_P
$$= H(Q/2) + S(D/Q) + P(Q) \times D$$

C_T 随 Q 的变化所呈的函数图像如图 11-10 所示。由于每种数量折扣的总成本公式只是相差常数 $P \times D$，所以 3 条总成本曲线是相互平行的，其最低点就是对应的经济订货批量，都是相同的。因此，在计算中，完全可以忽略价格 P 的影响，先计算出经济订货批量 Q^*，具体的推导过程此处不再详述，请参考经济订货批量模型推导。但是，Q^* 是否在 Q_1、Q_2 之间是不确定的。因此，这时就需要逐个进行计算。

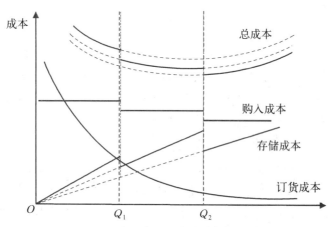

图 11-10 有两个折扣点的价格折扣模型

计算包括以下 3 个步骤。

① 取最低价格代入基本 EOQ 公式求出最佳订货批量 Q^*。若 Q^* 可行（即所求的点在曲线 CT 上），Q^* 即为最优订货批量，停止。否则转步骤②。

② 取次低价格代入基本 EOQ 公式求出 Q^*。如果 Q^* 可行，计算订货量为 Q^* 时的总费用和所有大于 Q^* 的数量折扣点（曲线中断点）所对应的总费用，取其中最小总费用所对应的数量，即最优订货批量，停止。即计算：

$$TC(Q^*) = \frac{1}{2} \times Q^* \times H + \frac{D \times Q^*}{S} + P_2 \times D$$

$$TC(Q_2) = \frac{1}{2} \times Q_2 \times H + \frac{D \times Q_2}{S} + P_3 \times D$$

其中的最小者即结果；否则，转入下一步。

③ 如果 Q^* 不可行，重复步骤②，直到找到一个可行的 EOQ。即计算：

$$TC(Q^*) = \frac{1}{2} \times Q^* \times H + \frac{D \times Q^*}{S} + P_1 \times D$$

$$TC(Q_1) = \frac{1}{2} \times Q_1 \times H + \frac{D \times Q_1}{S} + P_2 \times D$$

$$TC(Q_2) = \frac{1}{2} \times Q_2 \times H + \frac{D \times Q_2}{S} + P_3 \times D$$

其中的最小者即价格折扣模型下的 EOQ。

求得合适的订货批量之后,可以计算每年的订货次数和订货周期:

每年订货次数:$N=[$年需求 $D \div$ 订货批量 $Q]$(取整)

订货周期:$T=365 \div$ 每年订货次数 N(天)

可以看到,包含数量折扣的经济订货批量的计算不是一蹴而就的,但是这种计算方法可以推广到任意多种的数量折扣的计算当中。

总结其简单规律如下:

① 计算经济订货批量 $Q^* = \sqrt{\dfrac{2DS}{H}}$。

② 将 Q^* 代入最高一个数量级,若满足则取 Q^*,否则转入下一步。

③ 将 Q^* 代入任意一个数量级,若 $Q_i \leqslant Q^* \leqslant Q_i+1$,则计算 $TC(Q^*)$,$TC(Q_i+1)$,$TC(Q_i+3)$,$TC(Q_i+5)$……$TC(Q_n)$,其中的最小者即结果;否则,将 Q^* 代入更小的一个数量级进行判断计算。

④ 重复第③步,直到得出结果为止。

【例 11-4】 一家大医院的维修部每年使用大约 816 箱液体清洁剂。订货成本为 12 元,库存成本是每年每箱 4 元,新价目表如表 11-4 所示。请确定最优订货量和总成本。

表 11-4 医院维修部新价目表

数量范围(箱)	1~49	50~79	80~99	100 以上
价格(元)	20	18	17	16

解:① 计算通常的经济订货批量:$Q^* = \sqrt{\dfrac{2DS}{H}} = \sqrt{\dfrac{2 \times 816 \times 12}{4}} = 70$(箱)

② 画出不同的数量折扣的总成本函数图:

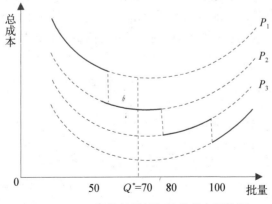

图 11-11 不同的数量折扣的总成本函数图

由于 $Q^* = 70$ 落在 50~79,所以采用公式:

$$TC = \frac{1}{2} \times Q \times H + \frac{D \times Q}{S} + P(Q) \times D$$

③ 计算:

$TC(70) = 70 \times 4 \div 2 + 816 \times 12 \div 70 + 18 \times 816 = 14\,968(元)$
$TC(80) = 80 \times 4 \div 2 + 816 \times 12 \div 80 + 17 \times 816 = 14\,154(元)$
$TC(100) = 100 \times 4 \div 2 + 816 \times 12 \div 100 + 16 \times 816 = 13\,354(元)$

因此,最优的订货批量应该是 100 箱,总成本为 13 354 元。

习题:
某公司预购入 1 200 台 X 产品,供应商的条件如下,试求最优订货批量。
① 订货量大于等于 75 台时,单价为 32.50 元。
② 订货量低于 75 台时,单价为 35 元。每次订货费为 8.00 元,单位年维持库存费用为单价的 12%。

(三) 随机型库存控制模型

当需求量和订货提前期有一个未知时,问题演变成随机库存问题。实际中常用简化的方法,即通过设置一定量的安全库存来进行随机库存控制。在随机型库存模型中,整个库存由两部分组成。

1. 流动库存

用于订货间隔期内的库存消耗,其储备量相当于每次经济订货批量。

2. 安全库存

安全库存是指除保证在正常状态下的库存计划量之外,为了防止由不确定因素引起的缺货而备用的缓冲库存。其储备是预防意外,故安全库存的储备量与现实消耗或订货量无关,而与消耗量的分布特性有关。

提前期内需求近似服从正态分布的情况如图 11-12 所示。即使有安全库存的存在,仍不能确保顾客的每一次需求都能得到保证,因而缺货是不可避免的。服务水平表示提前期内不发生缺货的概率。客户服务水平与安全系数对应关系的常用数据如表 11-5 所示。

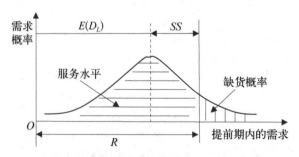

图 11-12 提前期内的需求近似服从正态分布的情况

表 11-5　客户服务水平与安全系数对应关系的常用数据

服务水平	0.999 8	0.99	0.98	0.95	0.90	0.80	0.70
安全系数	3.5	2.33	2.05	1.65	1.29	0.84	0.53

因此，订货点为 $ROP = SS + E(D_L)$

其中：SS 代表安全库存；$E(D_L)$ 代表提前期内需求的期望。对于提前期需求符合正态分布的情形，上式可改写成：

$$ROP = DE + Z \times \sigma$$

其中：Z 为标准正态分布上的百分位点；σ 为提前期内需求量的标准差。

【例 11-5】 某超市的某种食用油平均日需求量为 1 000 瓶，并且食用油的需求情况服从标准差为 20 瓶/天的正态分布，如果提前期是固定常数 5 天，如客户服务水平不低于 95%，计算安全库存。

解： 已知 $\sigma_d = 20$ 瓶/天，$L = 5$ 天，$F(z) = 95\%$，查表知 $z = 1.65$，

$$S = z\sigma_d\sqrt{L} = 1.65 \times 20 \times \sqrt{5} = 74 （瓶）$$

> **习题：** 根据历年资料可知，C 公司在提前期内需求呈正态分布，提前期内平均销售 A 产品 320 台，其标准差为 40 台。订货提前期 1 周，单位订货费 14 元，单位维持库存费用是每台每年 1.68 元，缺货成本是每台 2 元。试确定该公司的库存策略。

三、库存的分类管理——ABC 分类法

（一）ABC 分类法的基本原理

ABC 分类法就是将库存物品按品种和占用资金的多少分为特别重要的库存（A 类）、一般重要的库存（B 类）、不重要的库存（C 类）3 个等级，然后针对不同等级分别进行管理和控制的方法。

按照所控制对象价值的不同或重要程度的不同将其分为 A、B、C 3 类，通常根据年耗用金额（存货价值或数量×成本）将物品分为 3 类。在库存控制中，要从两方面分析因素的重要性：占品种数量的百分比和占用金额的百分比。如表 11-6 所示，A 类是指存货数量占总品种数的 10% 左右，但价值占存货总价值 70% 左右；B 类是指存货数量

表 11-6　ABC 分类标准

类　　别	品种数百分比	金额百分比
A 类物资	约 10%	约 70%
B 类物资	约 20%	约 20%
C 类物资	约 70%	约 10%

占总品种数的 20% 左右,但价值占存货总价值 20% 左右;C 类是指存货数量占总品种数的 70% 左右,但价值占存货总价值 10% 左右。

(二) ABC 分类法的实施步骤

在企业库存年使用量、价格和品类等统计资料齐全的条件下,ABC 分类法的实施步骤如下。

(1) 首先根据企业的库存物资信息,将各库存物资占用资金的情况进行汇总,计算出各库存物品占用资金情况。具体做法是将每一种物品的年使用量乘以单价(见表 11-7)。

表 11-7 ABC 分类法的计算

产品序号	年使用量①	单价(元)②	占用资金③=①×②	占用资金百分比④=③÷10 000	累计百分比	占产品项的百分比	分类
1	10	680	6 800	68.0	68.0	10	A
2	12	100	1 200	12.0	80.0	20	B
3	25	20	500	5.0	85.0	30	B
4	20	20	400	4.0	89.0	40	B
5	20	10	200	2.0	91.0	50	C
6	20	10	200	2.0	93.0	60	C
7	10	20	200	2.0	95.0	70	C
8	20	10	200	2.0	97.0	80	C
9	15	10	150	1.5	98.5	90	C
10	30	5	150	1.5	100	100	C
合计	—	—	10 000	100	—	—	—

(2) 根据占用资金情况,按从多到少的顺序依次排列。

(3) 将各种物资归入相应的类别,完成分类。

(三) ABC 分类法的应用

对库存物品进行 ABC 分类后,企业可以对不同类别的物品采用不同的控制策略,如表 11-8 所示。

1. A 类物品

A 类物品是控制的重点,应尽可能从严控制其库存储备、订货数量、订货时间,保持完整和精确的库存记录,给予最高的处理优先权。在保证需求的前提下,尽可能减少库存,节约流动资金。

2. B 类物品

B 类物品应采取一般控制,保持正常记录,给予较高的处理优先权。在力所能及的范围内,应适度减少 B 类库存,采用经济订货批量法。

3. C 类物品

C 类物品应简单控制,增加订货量,采用大宗采购方式,保持简单记录,给予一般的处理优先权。

表 11-8 不同类别存货的库存控制策略

物资类别	A	B	C
控制程度	重点控制	适当控制	简单控制
采购量的计算	精确计算	粗略计算	一般计算
订货方式	尽可能减少库存	经济批量订货	大宗采购方式
库存检查	经常检查	定期检查	年终检查
安全库存量	低	较高	大量

须注意:ABC 分析法的优点是减轻而不是加重库存控制工作任务,这是因为没有把重点放在占库存物品大多数的 C 类物品上。针对企业的具体情况,可以将存货分为适当的类别,不要求局限于 3 类。对于物流企业经营的物品而言,分类情况并不揭示物品的获利能力,也不反映物品的需求程度。

复习思考题

1. 阐述企业保持库存的作用和目标。
2. 何为零库存?它的主要运行逻辑是什么?
3. 讨论库存控制方法有哪些及其各自的适用条件。
4. 影响库存控制决策的因素有哪些?
5. 数字化给库存管理带来的变化有哪些?

案 例 分 析

ZARA 物流——零库存越库配送

ZARA 从创建之始追求的就是零库存,为实现此目标,所有专卖店都不会配备库存区,库存实行集中管理、统一配送。为了确保仓库向门店的配送过程不会因为任何意外而受影响,一个庞大、高效、快速的物流系统可以说是 ZARA 的制胜法宝。

1. 令对手望尘莫及的周转速度

ZARA 的存货周转速度可以说是令对手望尘莫及的关键,因为没有专门库存区,专卖店的库存一直压在只能满足紧迫需求的水平,最多不超过一个月,服装旺季的时候只有两周。所以专卖店的经理每两周就要下一次新的订单,甚至可能达到一周下两次订单的频率,所以物流速度要求很高。门店经理一般的下单时间是周三和周六下午,而配送时间顺延到周五及周一早上。ZARA 的物流系统可以在接到订单的 24 小时以内把货物运送到欧洲门店,48 小时以内把货物送到美国门店,72 小时以内送到世界任何一个角落。这种极速的物流周转靠的是 ZARA 成熟高效的物流系统。位于拉科鲁尼亚(公司总部)的阿尔泰修仓库群占地超过 50 万平方米,有着连接四周工厂的地下隧道,运送的服装会被放到长达 212 千米的传送带中。在物流中心的核心区域,有负责折叠和打包的专业机器,可以根据颜料种类来区分,一个小时内就可以完成 7 万~8 万件服装的打包与分发工作。随着 ZARA 的发展壮大,仅仅依靠总部的物流中心已经不能满足其配送需求。除了阿尔泰修,2004 年建立了位于西班牙的萨拉戈萨物流中心,萨拉戈萨物流中心是一个占地 12.3 万平方米的运输物流平台(PLAZA),按产品运送目的地进行运输分配,紧邻 a-2 高速公路,四通八达,连接欧洲高速公路,同时附近还有一个军转民用的机场。2006 年建立了马德里 30 千米外的梅科物流中心,占地 16 万平方米,拥有 120 个码头,与萨拉戈萨不同,梅科是按照产品系列的不同分配,梅科还开辟了网络销售业务,网店的产品目录、定价和实体店相同,通过信用卡支付,客户可以在 10 天内收到产品。除了几大物流中心,在墨西哥、巴西等地,集团也拥有一些小规模的配送中心。物流中心通常在接受订单 8 个小时后就可以将产品配送出去,以每周两次的频率,按照地域选择运输方式,欧洲的订单一般选择陆路运输,而欧洲以外的市场,如亚洲的订单则选择航空运输,对 ZARA 来说,速度是第一位,成本是第二位。销售货物和减少库存所带来的利润足以弥补这一成本。所以,集团与 20 多家航空公司签订运输协议,通过空运来降低陆路运输的压力。如集团与法航公司签订协议,租用波音 747 巨无霸客机,每周将萨拉戈萨的产品配送到亚洲和中东的专卖店。

2. 贯穿整个供应链的物流系统

如果认为 ZARA 的物流仅仅只是把产品从仓库送到专卖店,那就大大低估了 ZARA 的物流系统了。ZARA 的物流贯穿于整个垂直一体化的供应链过程中,除了配送产品以外,还包括原材料的配送与折价商品的运送。公司原材料靠全球采购与自主生产来获得,所以采购部门采购原材料后会将原材料交给物流中心,而物流中心则根据订单需求将各工厂所需的原材料以最快速度送达。物流中心还负责各专卖店之间产品调换的二次配送任务,充当着专卖店之间的纽带。对于需要折价清仓的产品,ZARA 则将所有过季库存集中到一个物流中心——莱昂物流中心,再运送至福泰斯进行统一销售,使滞销库存能得到快速有效的处理。ZARA 极速高效的物流系统保证了 72 小时的极限运送时间,这也创造了库存待在仓库里的时间不超过 3 天,而专卖店平均库存时间只有 37 天,旺季平均库存时间甚至不高于 5 天的奇迹。

资料来源:吴双. ZARA 供应链模式下存货管理经验与启示[D].河北大学,2017.

第十二章 质量管理与控制

【学习目标】
1. 了解质量管理的含义与国内外的发展历程。
2. 掌握质量管理的过程与方法。
3. 熟练掌握质量保证的方法。

开篇案例

故意制造出来的不合格品

IBM公司在加拿大安大略省的一家工厂从一家日本制造商订购了一批部件,并提出可接受质量水平为每1 000件有3个不合格品。当这些部件送到安大略工厂时,随它们而来的还有这家供应商的一封信。在信中,供应商表达了对厂方要求同时提供不合格品的迷惑不解,并解释说尽管它发现制造不合格品非常之不易,但经过一番努力,最终还是做到了。这些不合格品(每1 000件3个)已经随同合格品一起运到。同时,为了顾客方便,将这些不合格部件集中起来,进行了单独包装。

资料来源:奈杰尔·斯莱克,斯图尔特·钱伯斯,罗伯特·约翰斯顿.运营管理[M].6版.中国市场出版社,2012:432.

诸多企业的实践表明,质量管理是公司战略成功的基础,如产品差异化、成本领先和快速响应等战略的成功实施,都离不开完善的质量管理系统,因为质量的提高有助于增加销售量和降低成本,进而提高企业的利润。质量的提高可以使企业的市场响应速度、产品的价格和信誉得到有效的提高,而且可以提高劳动生产率,减少返工与废品以及相应的返修成本等。一项研究表明,在同一行业内,按单位时间的产品产量进行测算,产品质量最好的公司是最差公司的生产率的5倍。尤其在考虑企业长期的销售增长潜力、信誉和可持续发展时,在产品/服务100%完美的条件下,总成本就可能处于最低水平。

第一节 质量管理概述

一、质量的界定

质量是经济发展的战略问题,质量水平的高低反映了一个企业、一个地区乃至一个国家和民族的素质。质量管理是兴国之道、治国之策。人类社会自从有了生产活动,特别是以交换为目的的商品生产活动,便产生了质量的活动。围绕质量形成全过程的所有管理活动,都可称为质量管理活动。人类通过劳动增加社会物质财富,不仅表现在数量上,更重要的是表现在质量上。质量是构成社会财富的关键内容。从人们衣、食、住、行,到休闲、工作、医疗、环境等无不与质量息息相关。优良的产品和服务质量能给人们带来便利和愉快,给企业带来效益和发展,给国家带来繁荣和强大,而劣质的产品和服务会给人们带来烦恼甚至灾难。

质量的概念最初仅用于产品,以后逐渐扩展到服务、过程、体系和组织,以及以上几项的组合。

（一）ASQ 关于质量的定义

质量的定义有很多,但就其根本而言,基本与美国质量协会（American Society for Quality,ASQ）的定义相同,即与满足用户明确或隐含要求能力有关的产品或服务的特性的总和。在理解质量的概念时,应注意以下要点。

（1）关于"特性"。特性指"可区分的特征"。有各种类别的特性,如物的特性（如机械性能）、感官的特性（如气味、噪声、色彩等）、行为的特性（如礼貌）、时间的特性（如准时性、可靠性）、人体工效的特性（如生理的特性或有关人身安全的特性）和功能的特性（如飞机的最高速度）。

① 特性可以是固有的或赋予的。"固有的"就是指某事或某物中本来就有的,尤其是那种永久的特性,如螺栓的直径、机器的生产率或接通电话的时间等技术特性。

② 赋予特性不是固有的,不是某事物中本来就有的,而是完成产品后因不同的要求而对产品所增加的特性,如产品的价格、硬件产品的供货时间和运输要求（如运输方式）、售后服务要求（如保修时间）等特性。

③ 产品的固有特性与赋予特性是相对的,某些产品的赋予特性可能是另一些产品的固有特性,例如,供货时间及运输方式对硬件产品而言属于赋予特性,但对运输服务而言,就属于固有特性。

（2）关于"要求"。要求指"明示的、通常隐含的或必须履行的需求或期望"。

① "明示的"可以理解为规定的要求,如在文件中阐明的要求或顾客明确提出的要求。

② "通常隐含的"是指组织、顾客和其他相关方的惯例或一般做法,所考虑的需求或期望是不言而喻的,如化妆品对顾客皮肤的保护性等。一般情况下,顾客或相关方的

文件（如标准）中不会对这类要求给出明确的规定，组织应根据自身产品的用途和特性进行识别，并做出规定。

③ "必须履行的"是指法律法规要求的或有强制性标准要求的，如食品卫生安全法、电网电源供电的家用和类似用途的电子及有关设备的安全要求等，组织在产品的实现过程中必须执行这类标准。

④ 要求可以由不同的相关方提出，不同的相关方对同一产品的要求可能是不相同的。例如，对汽车来说，顾客要求美观、舒适、轻便、省油，但社会要求对环境不产生污染。组织在确定产品要求时，应兼顾顾客及相关方的要求。

要求可以是多方面的，当需要特指时，可以采用修饰词表示，如产品要求、质量管理要求、顾客要求等。从质量的定义中，可以理解到：质量的内涵由一组固有特性组成，并且这些固有特性以满足顾客及其他相关方所要求的能力加以表征。质量具有经济性、广义性、时效性和相对性。

① 质量的经济性。由于要求汇集了价值的表现，价廉物美实际上反映人们的价值取向，物有所值，就是表明质量有经济性的表征。虽然顾客和组织关注质量的角度是不同的，但对经济性的考虑是一样的。高质量意味着以最少的投入获得最大效益的产品。

② 质量的广义性。在质量管理体系所涉及的范畴内，组织的相关方对组织的产品、过程或体系都可能提出要求。产品、过程和体系又都具有固有特性，因此，质量不仅指产品质量，也可指过程和体系的质量。

③ 质量的时效性。组织的顾客和其他相关方对组织和产品、过程和体系的需求和期望是不断变化的，例如，原先被顾客认为质量好的产品会因为顾客要求的提高而不再受到顾客的欢迎。因此，组织应不断地调整对质量的要求。

④ 质量的相对性。组织的顾客和其他相关方可能对同一产品的功能提出不同的需求，也可能对同一产品的同一功能提出不同的需求；需求不同，质量要求也就不同，只有满足需求的产品才会被认为是质量好的产品。

质量的优劣是满足要求程度的一种体现。它须在同一等级基础上做比较，不能与等级混淆。等级是指对功能用途相同但质量要求不同的产品、过程或体系所做的分类或分级。

（二）其他质量的定义

（1）美国著名的质量管理权威约瑟夫·朱兰（Joseph Juran）对质量的定义如下："质量就是适用性"（fitness for use）。

（2）美国质量管理专家戴维·加文（David Garvin）将产品适用性的概念具体分为8个方面的含义：

① 性能（performance）：产品的技术特性和规定的功能；

② 附加功能（features）：为使顾客更加方便、舒适等所增加的功能；

③ 可靠性（reliability）：产品完成规定功能的准确性和概率；

④ 一致性（conformance）：符合产品说明书和服务规定的程度；

⑤ 耐久性（durability）：达到规定使用寿命的概率；

⑥ 维护性（serviceability）：是否容易修理和维护；

⑦ 美学性(aesthetics)：外观是否具有吸引力和艺术性；

⑧ 感觉性(perceived quality)：是否使人产生美好联想甚至妙不可言。

（3）过程质量。包括以下 4 个方面：

① 设计过程质量；

② 制造过程质量；

③ 使用过程质量；

④ 服务过程质量。

（4）工作质量。工作质量决定着产品质量和服务质量。它取决于人的素质，包括工作人员的质量意识、责任心、业务水平。其中，最高管理者(决策层)的工作质量起主导作用，一般管理层和执行层的工作质量起保证和落实的作用。工作质量一般通过产品合格率、废品率和返修率等指标表示。然而，工作质量在许多场合是不能直接量化的，通常采取综合评分的方法来定量评价。

对于生产现场来说，工作质量通常表现为工序质量。所谓工序质量，是指操作者(man)、机器设备(machine)、原材料(material)、工艺方法(method)、检测手段(measure)和环境(environment)等五大因素(即"4M1E")综合起作用的加工过程的质量。要控制这五大因素，保证工序质量，最终保证产品质量。

（三）质量概念的发展

随着经济的发展和社会的进步，人们对质量的需求不断提高，质量的概念也随之不断深化、发展。具有代表性的质量概念主要有"符合性质量""适用性质量"和"广义质量"。

（1）符合性质量。它以"符合"现行标准的程度作为衡量依据。"符合标准"就是合格的产品质量，"符合"的程度反映了产品质量的一致性。这是长期以来人们对质量的定义，认为产品只要符合标准，就满足了顾客需求。"规格"和"标准"有先进和落后之分，过去认为是先进的，现在可能是落后的。落后的标准即使百分之百符合，也不能认为是质量好的产品。同时，"规格"和"标准"不可能将顾客的各种需求和期望都规定出来，特别是隐含的需求与期望。

（2）适用性质量。它以适合顾客需要的程度作为衡量的依据。从使用角度定义产品质量，认为产品的质量就是产品"适用性"，即"产品在使用时能成功地满足顾客需要的程度"。

"适用性"的质量概念，要求人们从"使用要求"和"满足程度"两个方面去理解质量的实质。

质量从"符合性"发展到"适用性"，使人们在对质量的认识上逐渐把顾客的需求放在首位。顾客对他们所消费的产品和服务有不同的需求和期望。这意味着组织需要决定他们想要服务哪类顾客，是否在合理的前提下每一件事都满足顾客的需要和期望。

（3）广义质量。国际标准化组织总结质量的不同概念加以归纳提炼，并逐渐形成人们公认的名词术语，即质量是一组固有特性满足要求的程度。这一定义的含义是十分广泛的，既反映了要符合标准的要求，也反映了要满足顾客的需要，综合了符合性和适用性的含义。

二、质量管理发展

（一）质量管理的界定

1. 质量管理的定义

质量管理是指在质量方面指挥和控制组织的协调的活动。在质量方面的指挥和控制活动,通常包括制定质量方针和质量目标及质量策划、质量控制、质量保证和质量改进。

上述定义可从以下 3 个方面来理解。

① 质量管理是通过建立质量方针和质量目标,并为实现规定的质量目标进行质量策划,实施质量控制和质量保证,开展质量改进等活动予以实现的。

② 组织在整个生产和经营过程中,需要对质量、计划、劳动、人事、设备、财务和环境等各个方面进行有序的管理。由于组织的基本任务是向市场提供符合顾客和其他相关方要求的产品,围绕着产品质量形成的全过程实施质量管理是组织的各项管理的主线。

③ 质量管理涉及组织的各个方面,是否有效地实施质量管理关系到组织的兴衰。组织的最高管理者应正式发布本组织的质量方针,在确立质量目标的基础上,按照质量管理的基本原则,运用管理的系统方法来建立质量管理体系,为实现质量方针和质量目标配备必要的人力和物质资源,开展各项相关的质量活动,这也是各级管理者的职责。所以,组织应采取激励措施激发全体员工积极参与,充分发挥他们的才干和工作热情,造就人人争做贡献的工作环境,确保质量策划、质量控制、质量保证和质量改进活动顺利地进行。

2. 质量方针和质量目标

质量方针是指由组织的最高管理者正式发布的该组织的总体质量宗旨和质量方向。质量方针是企业经营总方针的组成部分,是企业管理者对质量的指导思想和承诺。企业最高管理者应确定质量方针并形成文件。质量方针的基本要求应包括供方的组织目标和顾客的期望和需求,也是供方质量行为的准则。质量目标是组织在质量方面所追求的目的,是组织质量方针的具体体现,目标既要先进又要可行,便于实施和检查。

3. 质量策划

质量策划是质量管理的一部分,致力于制定质量目标并规定必要的运行过程和相关资源以实现质量目标。

质量策划幕后关键是制定质量目标并设法使其实现。质量目标是在质量方面所追求的目的,其通常依据组织的质量方针制定,并且通常对组织的相关职能和层次分别规定质量目标。

4. 质量控制

质量控制是质量管理的一部分,致力于满足质量要求。作为质量管理的一部分,质量控制适用于对组织任何质量的控制,不仅局限于生产领域,还适用于产品的设计、生产原料的采购、服务的提供、市场营销、人力资源的配置,涉及组织内几乎所有的活动。质量控制的目的是保证质量,满足要求。为此,要解决要求(标准)是什么、如何实现(过程)、需要对哪些进行控制等问题。

质量控制是一个设定标准(根据质量要求)、测量结果,判定是否达到了预期要求,对质量问题采取措施进行补救并防止再发生的过程，质量控制不是检验。在生产前对生产过程进行评审和评价的过程也是质量控制的一个组成部分。总之，质量控制是一个确保生产出来的产品满足要求的过程。例如，为了控制采购过程的质量，采取的控制措施包括确定采购文件（规定采购的产品及其质量要求），通过评定选择合格的供货单位，规定对进货质量的验证方法，做好相关质量记录的保管并定期进行业绩分析。为了选择合格的供货单位而采用的评定方法包括评价候选供货单位的质量管理体系、检验其产品样品、小批试用、考察其业绩等。再如，为了控制生产过程，如某一工序的质量，可以通过作业指导书规定生产该工序使用的设备、工艺装备、加工方法、检验方法等，对特殊过程或关键工序还可以采取控制图法监视其质量的波动情况。

5. 质量保证

质量保证是质量管理的一部分，致力于提供质量要求会得到满足的信任。质量保证定义的关键词是"信任"，对达到预期质量要求的能力提供足够的信任。这种信任是在订货前建立起来的，如果顾客对供方没有这种信任则不会与之订货。质量保证不是买到不合格产品以后保修、保换、保退保证质量，满足要求是质量保证的基础和前提，质量管理体系的建立和运行是提供信任的重要手段。质量管理体系对所有影响质量的因素，包括技术、管理和人员方面的，都采取了有效的方法进行控制，因而具有减少、消除特别是预防不合格的机制。

组织规定的质量要求，包括产品的、过程的和体系的要求，必须完全反映顾客的需求，才能得到顾客足够的信任。因此，质量保证要求，即顾客对供方的质量体系要求往往需要证实，以使顾客具有足够的信任。证实的方法可包括供方的合格声明、提供形成文件的基本证据（如质量手册、第三方检验报告）、提供由其他顾客认定的证据、顾客亲自审核、由第三方进行审核、提供经国家认可的认证机构出具的认证证据（如质量体系认证证书或名录）。质量保证在有两方的情况下才存在，由一方向另一方提供信任。由于两方的具体情况不同，质量保证分为内部和外部两种，内部质量保证是组织向自己的管理者提供信任，外部质量保证是组织向顾客或其他方提供信任。

6. 质量改进

质量改进是质量管理的一部分，致力于增强满足质量要求的能力。作为质量管理的一部分，质量改进的目的在于增强组织满足质量要求的能力，由于要求可以是任何方面的，所以质量改进的对象也可能涉及组织的质量管理体系、过程和产品，可能涉及组织的方方面面。同时，由于各方面的要求不同，为确保有效性、效率或可追溯性，组织应注意识别需要改进的项目和关键质量要求，考虑改进所需的过程，以增强组织体系或过程实现产品并使其满足要求的能力。质量改进的步骤本身是一个 PDCA 循环，即计划（plan）、实施（do）、检查（check）、处置（action）4 个阶段。

（二）质量管理的发展

20 世纪，人类跨入了以加工机械化、经营规模化、资本垄断化为特征的工业化时代。在整整一个世纪中，质量管理的发展大致经历了 3 个阶段。

（1）质量检验阶段。20 世纪初，人们对质量管理的理解还只限于质量的检验。质量检验所使用的手段是各种检测设备和仪表，方式是严格把关，进行百分之百的检验。

其间，美国出现了以泰罗为代表的"科学管理运动"。"科学管理"提出了在人员中进行科学分工的要求，并将计划职能与执行职能分开，中间再加一个检验环节，以便监督、检查对计划、设计、产品标准等项目的贯彻执行。这就是说，计划设计、生产操作、检查监督各有专人负责，从而产生了一支专职检查队伍，构成了一个专职的检查部门。这样，质量检验机构就被独立出来了。起初，人们非常强调工长在保证质量方面的作用，将质量管理的责任由操作者转移到工长，故被人称为"工长的质量管理"。

后来，这一职能又由工长转移到专职检验人员，由专职检验部门实施质量检验，称为"检验员的质量管理"。

质量检验是在成品中挑出废品，以保证出厂产品质量。但这种事后检验把关，无法在生产过程中起到预防、控制的作用，而且百分之百的检验会增加检验费用。在大批量生产的情况下，其弊端也就凸显出来。

(2) 统计质量控制阶段。这一阶段的特征是数理统计方法与质量管理的结合。第一次世界大战后期，沃特·休哈特将数理统计的原理运用到质量管理中，并发明了控制图。他认为质量管理不仅要搞事后检验，而且要在发现有废品生产的先兆时就进行分析改进，从而预防废品的产生。控制图就是运用数理统计原理进行这种预防的工具。因此，控制图的出现是质量管理从单纯事后检验进入检验加预防阶段的标志，也是形成一门独立学科的开始。第一本正式出版的质量管理科学专著就是 1931 年休哈特的《工业产品质量的经济控制》。在休哈特创造控制图以后，他的同事在 1929 年发表了《抽样检查方法》。他们都是最早将数理统计方法引入质量管理的，为质量管理科学做出了贡献。

第二次世界大战开始以后，统计质量管理得到了广泛应用。美国军政部门组织一批专家和工程技术人员，于 1941—1942 年先后制定并公布了《质量管理指南》《数据分析用控制图法》和《生产过程质量管理控制图法》，强制生产武器弹药的厂商推行，并收到了显著效果。从此，统计质量管理的方法得到很多厂商的应用，统计质量管理的效果也得到了广泛的承认。

第二次世界大战结束后，美国许多企业扩大了生产规模，除原来生产军火的工厂继续推行质量管理方法以外，许多民用工业也纷纷采用这一方法，美国以外的许多国家也都陆续推行统计质量管理，并取得了成效。

但是，统计质量管理也存在着缺陷，它过分强调质量控制的统计方法，使人们误认为质量管理就是统计方法，是统计专家的事。在计算机和数理统计软件应用不广泛的情况下，许多人感到它高不可攀、难度大。

(3) 全面质量管理阶段。20 世纪 50 年代以来，随着科学技术和工业生产的发展，对质量要求越来越高，要求人们运用"系统工程"的概念，把质量问题作为一个有机整体加以综合分析研究，实施全员、全过程、全企业的管理。20 世纪 60 年代，在管理理论上出现了"行为科学"学派，主张调动人的积极性，注意人在管理中的作用。随着市场竞争尤其国际市场竞争的加剧，各国企业都很重视"产品责任"和"质量保证"问题，加强内部质量管理，确保生产的产品使用安全、可靠。

在上述背景条件下，显然仅仅依赖质量检验和运用统计方法已难以保证和提高产品质量，也不能满足社会进步要求。1961 年，阿曼德·费根堡姆(Armand Feigenbaum)提出了全面质量管理的概念。

所谓全面质量管理,是以质量为中心,以全员参与为基础,旨在通过顾客和所有相关方受益而达到长期成功的一种管理途径。日本在20世纪50年代引进了美国的质量管理方法,并有所发展。最突出的是,他们强调从总经理、技术人员、管理人员到工人,全体人员都参与质量管理。企业对全体职工分层次地进行质量管理知识的教育培训,广泛开展群众性质量管理小组活动,并创造了一些通俗易懂、便于群众参与的管理方法,包括由他们归纳、整理的质量管理的老7种工具(常用7种工具)和新7种工具(补充7种工具),使全面质量管理充实了大量新的内容。质量管理的手段也不再局限于数理统计,而是全面地运用各种管理技术和方法。

全面质量管理以往通常用英文缩写TQC来代表,现在改用TQM来代表。其中"M"是"management"的缩写,更加突出了"管理"。从一定意义上讲,它已经不再局限于质量职能领域,而演变为一套以质量为中心,综合的、全面的管理方式和管理理念。

发达国家组织运用全面质量管理使产品或服务质量获得迅速提高,引起了世界各国的广泛关注。全面质量管理的观点逐渐在全球范围内获得广泛传播,各国都结合自己的实践有所创新发展。目前举世瞩目的ISO9000族质量管理标准、美国波多里奇奖、欧洲质量奖、日本戴明奖等各种质量奖及卓越经营模式、六西格玛管理模式等,都是以全面质量管理的理论和方法为基础的。

第二节 全面质量管理

一、全面质量管理理念

全面质量管理就是一个以质量为中心,以全员参与为基础,目的在于通过让顾客满意和本组织所有成员及社会受益而达到长期成功的管理途径。因此,全面质量管理的基本要求是全员参加的、全过程的、全组织的、全社会推动的质量管理。在全面质量管理的实践活动中,著名质量管理专家,如戴明、朱兰、石川馨等,对质量理念做出了自己的阐释。

(一)戴明的质量理念

爱德华兹·戴明是美国著名的质量专家之一。第二次世界大战后,他应邀赴日本讲学和咨询,为统计质量管理在日本的普及和深化发挥了巨大的作用,后又回到美国传播在日本十分有效的质量管理。戴明的主要观点是,引起效率低下和不良质量的原因主要在公司的管理系统而不在员工。他总结出质量管理14条原则,认为一个公司要想使其产品达到规定的质量水平必须遵循这些原则。戴明的质量管理14条原则包括:

① 建立改进产品和服务的长期目标;② 采用新观念;③ 停止依靠检验来保证质量;④ 结束仅仅依靠价格选择供应商的做法;⑤ 持续地且永无止境地改进生产和服务系统;⑥ 采用现代方法开展岗位培训;⑦ 发挥主管的指导帮助作用;⑧ 排除恐惧;⑨ 消除不同部门之间的壁垒;⑩ 取消面向一般员工的口号、标语和数字目标;⑪ 避免

单纯用量化定额和指标来评价员工；⑫ 消除影响工作完美的障碍；⑬ 开展强有力的教育和自我提高活动；⑭ 使组织中的每个人都行动起来去实现转变。

（二）朱兰的质量理念

像戴明一样，约瑟夫·朱兰作为美国的著名质量专家，曾指导过日本质量管理。他在1951年出版了《质量控制手册》，到1998年已发行到第五版，改名为《朱兰质量手册》，朱兰博士认为质量来源于顾客的需求。在《朱兰质量手册》中，他对质量的定义是：

① 质量是指那些能满足顾客需求，从而使顾客感到满意的"产品特性"。

② 质量意味着无缺陷，也就是说没有造成返工、故障、顾客不满意和顾客投诉等现象。

朱兰博士把质量管理的3个普遍过程（质量策划、质量控制和质量改进）称为构成质量管理的三部曲（即朱兰质量管理三部曲）。

（三）石川馨的质量理念

石川馨（Ishikawa Kaori）是日本著名质量管理专家。他是因果图的发明者，日本质量管理小组（QC小组）的奠基人之一，是将国外先进质量管理理论和方法与本国实践相结合的一位专家。他认为，质量不仅是指产品质量，从广义上说，质量还指工作质量、部门质量、人的质量、体系质量、公司质量、方针质量等。全面质量管理在日本就是全公司范围内的质量管理。具体内容包括：① 所有部门都参加的质量管理，即企业所有部门的人员都学习、参与质量管理。为此，要对各部门人员进行教育，要"始于教育，终于教育"。② 全员参加的质量管理，即企业的经理、董事、部课长、职能人员、工班长、操作人员、推销人员等全体人员都参加质量管理，并进而扩展到外协、流通机构、系列公司。③ 综合性质量管理，即以质量管理为中心，同时推进成本管理（利润、价格管理）、数量管理（产量、销量、存量）、交货期管理。

他认为推行日本的质量管理是经营思想的一次革命，其内容可归纳为6项：① 质量第一；② 面向消费者；③ 下道工序是顾客；④ 用数据、事实说话；⑤ 尊重人的经营；⑥ 机能管理。

二、全面质量管理的原则

（1）以顾客为关注焦点：通过对市场机遇灵活与快速的反应，获得收益和市场份额的提高；提高组织资源利用的有效性以增强顾客满意；增进顾客忠诚，招徕再次业务。

（2）领导作用：使员工理解组织的目标和目的，并激发员工的积极性；以统一的方式来评价、协调和实施活动；使组织的各层次之间互不沟通的情况减至最低程度。

（3）全员参与：组织内的员工受到激励，尽职尽责，勇于参与；为组织目标的进一步实现而改革、创新；员工对自身的表现负责；员工积极参与并为持续改进做出贡献。

（4）过程方法：有效地使用资源以降低成本和缩短周期；获得经过改进、协调一致并可预测的结果；关注重点和优先的改进机会。

（5）管理的系统方法：过程的整合与协调，可以达到最佳的预期结果；具有尽力关注关键过程的能力；使相关方对组织的协调性、有效性和效率建立信心。

（6）持续改进：通过改善组织能力创造业绩；根据组织的战略意图协调各层次的改

进活动；对机遇快速灵活反应。

（7）基于事实的决策方法：做出有信息依据的决策；通过参照实施记录，证明过去决策的有效性以增长能力；增强对各种意见和决定加以评审、质疑和改变的能力。

（8）与供方互利的关系：增强双方创造价值的能力；对市场或顾客的需求和期望的变化，联合做出灵活、快速的反应；成本和资源的优化。

三、全面质量管理的工作程序

TQM工作程序的内容包括4个阶段和7个步骤。

（一）4个阶段的内容

（1）计划阶段：包括制定方针、目标、计划书、管理项目等。

（2）执行阶段：实地去干，落实具体对策。

（3）检查阶段：对策实施后，评价对策的效果。

（4）处理阶段：总结成功的经验，形成标准，以后按标准进行。对于没有解决的问题，转入下一轮PDCA循环解决，为制定下一轮改进计划提供资料。

（二）7个步骤的内容

（1）计划阶段。经过分析研究，确定质量管理目标、项目和拟定相应的措施，其工作内容可分为4个步骤：分析现状，找出存在问题，确定目标；分析影响质量问题的各种原因；从影响质量问题的原因中找出主要原因；针对影响质量的主要原因，拟定措施计划。

（2）执行阶段。根据预定目标和措施计划，落实执行部门和负责人，组织计划的实现，其工作步骤为执行措施和实施计划。

（3）检查阶段。检查计划实施结果，衡量和考察取得的效果，找出问题。其工作步骤为检查效果和发现问题。

（4）处理阶段。总结成功的经验和失败的教训，并纳入有关标准、制度和规定，巩固成绩，防止问题重新出现，同时，将本循环中遗留的问题提出来，以便转入下一个循环加以解决。其工作步骤是总结经验，把成功的经验肯定下来和纳入标准。

四、全面质量管理的基本工作方法——PDCA循环

在质量管理活动中，要求把各项工作按照做出计划、计划实施、检查实施效果、将成功的纳入标准、不成功的留待下一循环去解决的工作方法进行，这就是质量管理的基本工作方法，实际上也是企业管理各项工作的一般规律。这一工作方法简称PDCA循环。P(Plan)是计划阶段，D(Do)是执行阶段，C(Check)是检查阶段，A(Action)是处理阶段。这是美国质量管理专家戴明博士最先总结出来的，也称"戴明环"，如图12-1所示。

（一）PDCA工作方法

PDCA工作方法分为4个阶段，在具体工作中进一步分为8个步骤。

P阶段有4个步骤。

（1）分析现状，找出所存在的质量问题。对找到的问题要问3个问题：① 这个问

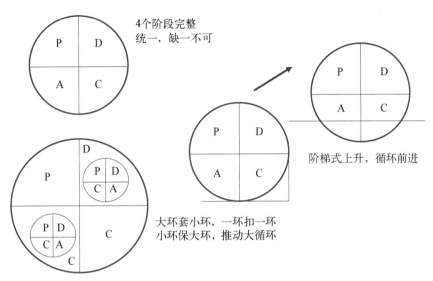

图 12-1　PDCA 循环图

题可不可以解决？② 这个问题可不可以与其他工作结合起来解决？③ 这个问题能不能用最简单的方法解决而又能达到预期的效果？

(2) 找出产生问题的原因或影响因素。

(3) 找出原因(或影响因素)中的主要原因(影响因素)。

(4) 针对主要原因制定解决问题的措施计划。措施计划要明确采取该措施的原因(why)，执行措施预期达到的目的(what)，在哪里执行措施(where)，由谁来执行(who)，何时开始执行和何时完成(when)，以及如何执行(how)，通常简称为要明确"5W1H"问题。

D 阶段有 1 个步骤。

(5) 按制定的计划认真执行。

C 阶段有 1 个步骤。

(6) 检查措施执行的效果。

A 阶段有 2 个步骤。

(7) 巩固提高，就是把措施计划执行成功的经验进行总结并整理成为标准，以巩固提高。

(8) 把本工作循环没有解决的问题或出现的新问题，提交下一工作循环去解决。

(二) PDCA 的特点

(1) 该循环一定要按顺序形成一个大圈，4 个阶段不停地转。

(2) 大环套小环，互相促进。如果把整个企业的工作作为一个大的 PDCA 循环，那么各个部门、小组还有各自小的 PDCA 循环，大环带动小环，一级带一级，大环指导和推动着小环，小环又促进着大环，有机地构成一个运转的体系。

(3) 循环上升。PDCA 循环不是到 A 阶段结束就算完结，而是又要回到 P 阶段开始新的循环，就这样不断旋转。循环的转动不是在原地转动，而是每转一圈都有新的计划和目标,犹如爬楼梯一样逐步上升,使质量水平不断提高。

在解决问题过程中,常常不是一次 PDCA 循环就能够完成的,需要将循环持续下去,直到彻底解决问题,每经历一次循环都要将取得的成果加以巩固,也就是修订和提高标准,按照新的更高的标准衡量现状,必然会发现新的问题,这也是将循环持续下去的原因和方法。每经过一个循环,质量管理就会达到一个更高的水平,不断坚持 PDCA 循环就会使质量管理不断取得新成果。PDCA 循环实际上是有效进行任何一项工作的合乎逻辑的程序。在质量管理中得到了广泛应用,并取得了很好的效果,因而有人称它是质量管理的基本方法。

五、质量管理体系

(一) ISO9000 族标准

1. ISO9000 族标准的产生与发展

(1) ISO9000 族标准的产生。

① 科学技术的进步与经济发展水平的提高,为 ISO9000 族标准的产生创造了客观条件。

② 各国推行质量管理和质量保证活动的成功经验,为 ISO9000 族标准的产生奠定了实践基础。

③ 质量管理学的发展为 ISO9000 族标准的产生提供了必要的理论基础。

④ 国际贸易的激烈竞争,是产生 ISO9000 族标准的现实要求。

(2) ISO9000 族标准的发展。

① 国际标准化组织(International Organization for Standardization,ISO)。ISO 成立于 1947 年,现已是由约 150 个国家及标准化团体组成的世界性的联合会,是世界上最大的具有民间性质的标准化机构,是联合国经社理事会和贸发理事会的最高一级咨询组织。

② ISO 的宗旨如下:在世界范围内促进标准化工作的开展,以便国际物资交流和互助,并扩大在文化、科学、技术和经济方面的合作。它的主要活动是制定 ISO 标准,协调世界范围内的标准化工作,报道国际标准化的交流情况,以及同其他国际性组织进行合作,共同研究有关标准化问题。

2. 关于国际标准的采用

国际标准主要是指 ISO 或国际电工委员会(International Electrotechnical Commission,IEC)所制定的标准。国际标准中约有 60% 是 ISO 制定的,20% 是 IEC 制定的,20% 是其他国际标准化组织制定的。

(1) 在国际贸易与交往中,一切需要制定技术规范或标准的地方,均应以国际技术规范或标准为依据。

(2) 等同采用:可用 idt 或 IDT、也可用"="表示,是指国家标准在技术内容上相同,但在编写上不完全对应于国际标准。我国对 ISO9000 族标准是等同采用。

3. 关于 ISO/TC176 及 ISO9000 族标准的发展

2000 版 ISO 9000、ISO 9001、ISO 9004 三项国际标准于 2000 年 12 月 15 日正式发

布后,我国于同年 12 月 28 日发布,自 2001 年 6 月 1 日起实施等同采用的上述标准,标准编号为 GB/T 19000-2000 idt ISO 9000：2000；GB/T 19001-2000 idt ISO 9001：2000 和 GB/T 19004-20000 idt ISO 9004：2000。继而,我国于 2003 年 5 月 23 日发布了等同 ISO19011：2002 的 GB/T 19011-2003/ISO 19011：2002 标准,并于 2003 年 10 月 1 日起实施。

ISO9000 族标准简介：

ISO 9000：2000　　《质量管理体系　基础和术语》

ISO 9001：2000　　《质量管理体系　要求》

ISO 9004：2000　　《质量管理体系　业绩改进指南》

ISO 19011：2002　　《质量和(或)环境管理体系审核指南》

(二) 质量管理体系认证

1. 认证的分类

(1) 产品质量认证。

(2) 质量管理体系认证。

(3) 环境管理体系认证。

(4) 职业健康安全管理体系认证。

(5) 认可。

2. 质量管理体系认证

(1) 质量管理体系认证的申请。

(2) 现场审核前的准备。

(3) 现场审核。

第三节　质量控制方法

一、数字资料的统计控制方法

(一) 排列图、直方图、过程能力指数

1. 排列图

排列图又叫帕累托图。它是将质量改进项目从最重要到最次要进行排列而采用的一种简单的图示技术。排列图由一个横坐标、两个纵坐标、几个按高低顺序排列的矩形和一条累计百分比折线组成,主要用于按重要性顺序显示每个质量改进项目对整个质量问题的作用、识别进行质量改进机会和比较改进前后的效果等。

2. 直方图

直方图是频数直方图的简称,是指用一系列宽度相等、高度不等的矩形表示数据分布的图。矩形的宽度表示数据范围的间隔,矩形的高度表示在给定间隔内的数据频数,变化的高度表示数据的分布情况。通过对数据分布形态和与公差的相对位置的研究,可以掌握过程的波动情况。直方图用来显示质量波动分布的状态,较直观地传递有关过程质量状况的信息;分析质量数据波动状态,就能掌握过程的状况,为质量改进提供机会。

常见的直方图形态如下:

① 正常型:直方图中间高。

② 偏向型:直方图的顶峰偏向一侧,形成不对称图形,是由操作者倾向性加工引起的。

③ 双峰型:直方图的图形出现两个高峰,其数据来源于两个总体所形成的结果。

④ 孤岛型:在正常直方图旁出现一个小直方图,形成孤岛,说明过程中有短暂异常因素在起作用。

⑤ 平顶型:直方图的顶部呈现较大范围的平顶形状,说明过程中有缓慢的异常因素在起作用。

⑥ 锯齿型:直方图出现参差不齐的形态,一般是由分组过多或测量装置示值误差过大所致。

对照公差(标准)分析,当直方图形状为正常型时,还需要对照标准进行比较,以判定过程满足标准要求的程度。常见的典型直方图有理想型、无富余型、能力富余型、能力不足型、偏心型和陡壁型,如图 12-2 所示。

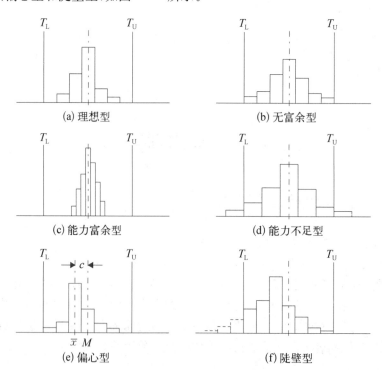

图 12-2 不同类型的直方图

直方图的绘制方法如下:先收集数据,一般 100 个左右,找出其中最大值和最小值;将数据分组,数据数量 n,组数为 k,要求每组平均有 4~5 个数据;计算组距,$h =$

$(x_{max}-x_{min})/(k-1)$；计算第 1 组上下界限值，$x_{min} \pm h/2$；依次计算其余各组上下界限值，每组下界＝前一组的上界，每组上界＝下界＋h，一直计算到第 k 组；计算各组中心值 x_i＝(上界＋下界)/2；统计各组有多少数，整理成频数 f_i 分布表；计算各组简化中心值 u_i；计算 x_i 的平均值；计算标准偏差 s；最后画直方图。

【例 12-1】 对下表数据画直方图。

组号	组界值	组中值 x_i	频数核对	频数 f_i	变换后组中值 u_i	$f_i u_i$	$f_i u_i^2$
1	5.555～5.645	5.60	—	2	−4	−8	32
2	5.645～5.735	5.69	—	3	−3	−9	27
3	5.735～5.825	5.78	—	13	−2	−26	52
4	5.825～5.915	5.87	—	15	−1	−15	15
5	5.915～6.005	5.96	—	26	0	0	0
6	6.005～6.095	6.05	—	15	1	15	15
7	6.095～6.185	6.14	—	15	2	30	60
8	6.185～6.275	6.23	—	7	3	21	63
9	6.275～6.365	6.32	—	2	4	8	32
10	6.365～6.455	6.41	—	2	5	6	50
			∑	100	—	26	346

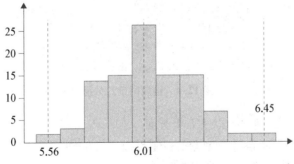

图 12-3 质量控制直方图

3. 过程能力指数

过程是指一组将输入转化为输出的相互关联或相互作用的活动。过程由输入、输出和相关的活动所组成。过程质量是指该过程输出产品的质量的波动幅度。过程能力也叫工序能力，是指受控状态下工序的实际加工能力，用 B 表示。通常 $B=6\sigma$。6σ 是质量特性值总体分布的 6 倍标准偏差 $\mu \pm 3\sigma$，总体分布的另一个特征值是分布中心 μ。在实际工作过程中，μ 和 σ 一般不可知，故用样本均值，用样本标准偏差 $S \approx \sigma$。因此，过程能力也可表示如下：

$$B = 6\sigma \approx 6S$$

过程能力指数也称工序能力指数,是指工序质量标准的范围与工序能力的比值,也即过程结果满足质量要求的程度,用 C_p 表示。过程能力指数的评定是对过程能力能够满足质量标准的程度做出判断,其目的是对过程(工序)进行预防性处置,以确保生产过程的质量水平。提高过程能力能够大幅度降低不合格品率、提高经济效益,有效地减少资源浪费、增加社会效益,相应地提高组织产品质量等级品率。

(二) 控制图、散布图

1. 控制图

控制图是 20 世纪 20 年代,美国贝尔电话实验室成立的以休哈特为首的过程控制研究组提出的监控过程工具。第一张控制图诞生于 1924 年 5 月 16 日。休哈特可称为统计过程控制理论(statistical process control,SPC)的创始人。控制图的原理依据如下:正态分布条件下,通过对正态分布各相关范围内的概率计算可知,如图 12-4 所示,在 $\mu \pm \sigma$ 范围内的概率值为 68.26%,在 $\mu \pm 2\sigma$ 范围内的概率值为 95.45%,在 $\mu \pm 3\sigma$ 范围内的概率值为 99.73%,在 $\mu \pm 4\sigma$ 范围内的概率值为 99.99%。

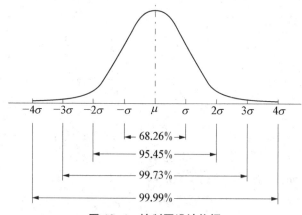

图 12-4 控制图设计依据

(1) 控制图设计原则包括以下 5 个方面。

① 3σ 原则以 $\mu \pm 3\sigma$ 设计控制图的控制界线,受控概率达 99.73%;同时还体现在以 $\mu \pm 3\sigma$ 为控制界限时,最经济的原则。

② 控制图以典型分布的分布中心 μ 为控制中心线,符号为 CL。

③ 控制图以典型分布的 $\mu + 3\sigma$ 为控制上限,符号为 UCL。

④ 控制图以典型分布的 $\mu - 3\sigma$ 为控制下限,符号为 LCL。

⑤ 在控制图中加入 $\mu \pm \sigma$、$\mu \pm 2\sigma$ 4 条线,将控制图划分为 6 个区域,以利于控制图的分析。

(2) 控制图的定义。控制图是对过程质量特性值进行测量、记录、评估,从而监测过程是否处于受控状态的一种用统计方法设计的图。图上有中心线 CL、上控制限 UCL、下控制限 LCL,并有按时间顺序抽取的样本统计量数值的描点序列,如图 12-5

所示。UCL、CL 和 LCL 统称为控制线。如果控制图中的描点落在 UCL 和 LCL 之外，或者描点在 UCL 和 LCL 之间排列不随机(有规律或某些缺陷)，则表明(从统计学的角度)过程出现异常。控制图如心电图一样有一个很大的优点，即在图中将描点与控制界限相比较，从而能够直观看到过程是否正常。

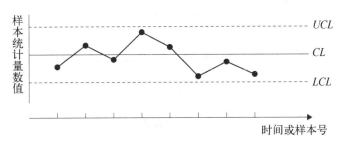

图 12-5　质量控制的描点序列图

(3) 两类错误及其概率。控制界限一般根据 3σ 原理来确定。如中心线 $CL=\mu$，则 $UCL=\mu+3\sigma$，$LCL=\mu-3\sigma$。

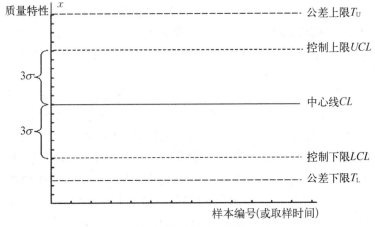

图 12-6　控制图示例

当生产过程处于受控状态，工序能力充足，质量特性值或其统计量服从正态分布时，虽然观测数据点落在控制界限外的概率只有 0.27%，但由于样本的随机性，仍有可能会发生。当 0.27% 的小概率事件真的发生时，将会导致"生产过程失控"的错误判断。称这一类因虚发信号而造成的错误判断为控制图的"第一类错误"。

当系统性质量因素影响生产过程而使工序质量失控时，由于样本的随机性，仍会有一定比例的观测数据点落在控制界限内。当这种情况发生时，将会导致"生产过程正常"的错误判断。称这一类错误为控制图的"第二类错误"。

控制图的第一类错误概率用 α 表示，控制图的第二类错误概率用 β 表示，$(1-\beta)$ 是过程失控得到正确判断的概率，称为"检出力"。

(4) 控制图的分类。控制图的种类很多，一般按质量特性值或其统计量的观测数据的性质分成计量值控制图和计数值控制图两大类。在控制图的实际应用中，常将表

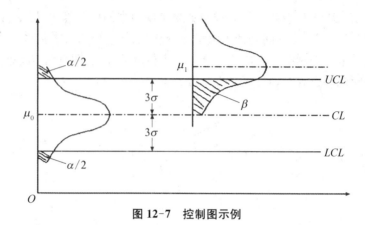

图 12-7 控制图示例

现数据集中程度的控制图和分散程度的控制图联合使用。两图连用后,检出力得到加强。

用控制图监视和识别生产过程的质量状态,就是根据样本数据形成的样本点的位置及变化趋势对工序质量进行分析和判断。生产过程受控状态的典型表现是同时符合下列两方面的要求:样本点全部处在控制界限内;样本点在控制界限内排列无异常。由于控制图的两类错误的存在,在利用控制图对过程质量状态进行实际分析与判断时难以使用这些一般原则。为了提高可操作性,需要对这些一般原则进一步细分和量化。

(5) 表示受控状态的控制图的特点。在受控状态下,生产过程只受偶然性因素的影响。工序质量波动在控制图上的正常表现如下:所有样本点都在控制界限内;位于中心线两侧的样本点数目大致相同;越靠近中心线,样本点越多。在中心线上、下各一个 σ 的范围内的样本点约占 2/3,靠近控制界限的样本点极少;样本点在控制界限内的散布是独立随机的,无明显规律或倾向。考虑到在受控状态下仍有小概率出现样本点超出控制界限的情况,为了减少错误判断的风险,对于下列情况仍可认为生产过程处于受控状态(当然,此时仍应及时找出界外点的产生原因):连续 25 个样本点在控制界限内;连续 35 个样本点中仅有一个超出控制界限;连续 100 样本点中,至多只有两个样本点超出控制界限。

(6) 表示失控状态的控制图的特点。表示失控状态的控制图的典型特点是有较多样本点超出控制界限,或样本点在控制界限内的散布显示非随机独立的迹象。对于前者,可参考受控状态的要求进行分析与判断。对于后者,则可细分为下面 4 种具体情况:① 有多个样本点连续出现在中心线一侧。在中心线一侧出现 5 点链时应注意,出现 6 点链时应开始进行原因调查,出现 7 点链时就可判断生产过程已失控。当出现至少有 10 个样本点位于中心线同侧的 11 点链,至少有 12 个样本点位于中心线同侧的 14 点链,至少有 14 个样本点位于中心线同侧的 17 点链,以及至少有 16 个样本点位于中心线同侧的 20 点链等情况时,也可判断生产过程失控。② 出现连续上升或下降的 8 点链。③ 有多个样本点接近控制界限。上、下控制界限内侧一个 σ 的范围称为警戒区。3 点链中至少有 2 点落在警戒区内,7 点链中至少有 3 点落在警戒区内,10 点链中至少有

4点落在警戒区内,则可判断生产过程失控。④ 样本点散布出现 4 种趋势或规律,即周期性变化、分布水平突变、分布水平渐变和离散度变大。

2. 散布图

散布图(scatter diagram)是一种研究成对出现的两组相关数据之间关系的图示技术。在散布图中,成对的数据形成点子云,研究点子云的分布状态,便可推断成对数据之间的相关程度。当 x 值增加,y 值也相应地增加,就称 x 和 y 之间是正相关;当 x 值增加,y 值相应地减少,则称 x 和 y 之间是负相关。散布图中的点子云形状如图 10-8 所示。

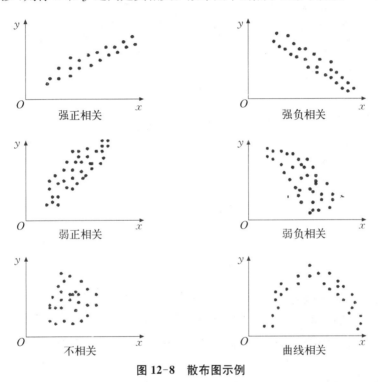

图 12-8　散布图示例

二、非数字资料的统计控制方法

(一) 因果图、关联图、系统图

1. 因果图

因果图又叫石川图、特性要因图、树枝图、鱼刺图等,是分析原因与结果之间关系的一种图示技法。质量管理活动的措施之一是要发现问题、解决问题,而问题是由各种各样的因素引起的,因素之间又有大、中、小层次之分。把构成问题的各种因素用树木分枝或鱼刺的形状表现出来,以揭示质量特性波动与其潜在原因的关系,就是因果图,如图 12-9 所示。

在质量管理活动中,凡因果关系比较直接、简单的问题,均可使用因果图予以分析,尤其在 QC 小组活动中应用频次更高。具体可用于:对生产或工作现场存在的质量问题分析因果关系;职能部门在开展质量分析时,表达因果关系,积累经验;在进行质量改

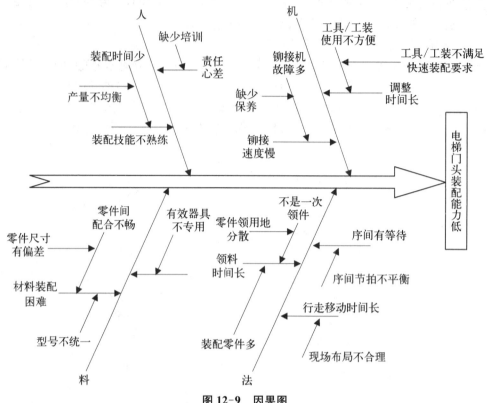

图 12-9　因果图

进时,寻找达到目标的途径。

以图 12-8 为例,对因果图的应用步骤进行阐述。

(1) 简明扼要地确定结果、特性或目标,如把"电梯门头装配能力低"作为结果。

(2) 确定可能发生的原因的主要类别,如人、机、料、法、环等。把它们分别放在图中主干的两旁,类别大枝与主干形成 60°~75°的夹角。

(3) 循着某个原因类别寻找第一层次的大原因,如"人"类别下的"装配技能不熟练""责任心差"等,把它们用箭线分列在类别大枝的两旁,箭线应与主干平行。

(4) 对第一层次的大原因,再继续问为什么以确定第二层次的中原因,以箭线指向大原因,箭线应与类别大枝平行。

(5) 对第二层次的中原因,还应继续再问为什么? 以确定第三层次的小原因,同样以箭线指向中原因,箭线应与主干平行。

(6) 对其他类别大枝也需要按上述(3)(4)(5)步骤进行,然后整理出因果图。

2. 关联图

关联图也叫关系图,是分析单一或多项问题,比较复杂的构成因素之间关联情况的图示技法。在质量管理实践中,人们往往会遇到构成问题的因素较多、关系比较复杂、类别大枝之间也有关系,或一次作图需要解决多个目标等情形。此时,因果图就显得难以适应了,关联图则可体现出它的优越性。它比因果图的应用范围更广,表现形式更灵活。

3. 系统图

系统图也称树图。它是表示某个质量问题与其构成要素之间的关系,从而明确问题的重点,以寻求最佳措施和手段的一种树枝状图示技术。

(1) 在绘制系统图过程中,主题、主要类别、组成要素和子要素之间要存在逻辑因果关系,做到上下顺序无差错。

(2) 目标分解时,要从上往下;实现目标时,要从下往上。

(二) 矩阵图、流程图、亲和图

1. 矩阵图

矩阵图是指利用矩阵的形式分析因素之间相互关系的图形。它由3个部分组成:对应事项、事项中的具体元素和对应元素交点处表示相关程度的符号。这是一种用矩阵图并根据各因素之间的相关程度寻找解决问题的方法。

2. 流程图

流程图是将一个过程(如工艺过程、检验过程、质量改进过程等)的步骤用图的形式表示出来的一种图示技术。

流程图用一系列规定的、易于识别的符号(标志)绘制。

3. 亲和图

亲和图又叫 KJ 法 A 型图解、近似图解。它是将收集到的大量有关某一特定主题的见解、观点、想法和问题,按它们之间相互亲近关系加以归类、汇总的一种图示术。

(三) 过程决策程序图、矢线图

1. 过程决策程序图

过程决策程序图(process decision program chart,PDPC)是指为了完成某项任务和目标,在制定行动方案时,预测可能出现的障碍和结果,并相应地提出多种应变计划以达到预期目标的一种方法。

2. 矢线图

矢线图也称网络图。它是指在实施进度管理、安排最佳日程计划时,将所必需的各项工作按其从属关系和时间顺序,用网络形式表示的一种箭条图。

(四) 对策表、水平对比法、头脑风暴法

1. 对策表

对策表又叫措施计划表,是针对质量问题的主要原因而制定的应采取措施的计划表。对策表中的内容包括要因、对策、目标、措施、完成地点、完成时间和责任人等,在 QC 小组活动和质量改进活动中,与排列图、因果图结合使用,称为"两图一表"。

2. 水平对比法

水平对比法就是把产品、服务或过程质量及性能与公认的市场领先者(标杆)进行比较,以识别改进机会的一种方法,主要应用于通过对比,找出差距,促进质量改进,以及确定企业的产品质量水平、质量方针和质量目标等。

3. 头脑风暴法

头脑风暴法又叫畅谈法、集思法。它是采用会议方式,引导小组成员围绕某个中心议题广开言路,激发灵感,在头脑中掀起思想风暴,毫无顾忌、畅所欲言地发表独立见解的一种集体创造性思维的方法。它主要是在调查研究过程中获得大量信息、意见、观点等基本资料,在新产品开发过程中获得大量的新设想,识别存在的质量问题并寻求解决的方法,用于 QC 小组活动,寻找质量改进的机会,以及在开展合理化建议活动中,启发员工的思维以获得更多的建议。

其他还有一些以概率论为理论基础的收集、整理、计算、分析和处理统计数据的方法,主要包括描述性、推断性和控制性等统计技术,会对质量控制提供有效的辅助。

第四节 服务业质量管理与控制

帕拉休拉曼(A. Parasuraman)等人认为,服务质量应包括时间、守时、完整性、礼貌、一致性、方便和响应速度等质量内容。

一、服务质量的测定

相对于有形产品的质量测定而言,服务业由于输出的无形性,质量很难以测定。每一种服务业都具有自己的服务特性,这种特性并不是具体地表现在产品上,而是在顾客的脑海里,难以用语言进行描述,但却也是依托一些有形的载体体现的,如员工的服务态度、工作的表现、服务流程、消费者的期望、设备运行的可靠性、服务的速度等。美国资深运作管理学者杰伊·海泽和巴里·伦德尔在其合著的书《运作管理》中提出了服务质量的决定因素,描述服务质量测定时重点考虑的因素,主要包括以下 6 个方面。

(1)可靠性:工作表现的一贯性和可靠程度,即公司在历次服务中都能够依据承诺,完美地完成服务,并赢得信誉。

(2)响应性:员工服务的及时性,一般由员工服务的自愿程度和资源储备的充足性界定。

(3)胜任性:拥有的完成服务所需的技能和知识水平,以及员工的沟通水平,能否站在顾客的角度进行沟通,增加顾客的认同和信息的快速交流。

(4)可接近性:顾客服务的可接近性和接触的容易程度,不仅包括选址、设施的布置等硬件条件的支持,同时也包括与顾客接触人员的语气、态度和礼貌等多方面的软件条件。

(5)可信性:顾客是否认为公司是值得信赖的,是能够为顾客的利益着想的,不会存在信息不对称条件下的欺诈行为,更不存在安全性的疑虑,能够尽最大的努力去满足顾客的需求。

(6)可感知性:是指服务的实际可感知的表现,尤其是承载服务的载体的质量。

二、服务质量的改进

为了服务质量的提高,企业应该根据服务的特性,真正理解顾客眼中的服务质量,有效地激励员工采取相应步骤制定服务质量标准和建立服务系统,使企业的服务质量得到改善。改进服务管理首先要使企业内部所有员工都具有优质服务的观念,理解服务质量对公司利润的影响。对于公司管理人员,更应使他们理解服务质量在企业战略制定中的指导作用。改进服务质量还要分析并理解企业存在质量问题的实际原因,这是改善服务质量的具体工作。可通过控制服务工作中的4种差距达到改进服务质量的目的。

(一) 控制差距

1. 顾客期望和管理者认知的顾客期望的差距

一方面,市场调查的数据收集、市场调查结果的使用、市场对服务中问题的针对性,以及管理者和顾客之间的直接联系等市场调查的营销努力会缩小这二者的差距。另一方面,与顾客直接联系的职员应将所知所感传达给高层主管,而管理者也应创造机会,鼓励员工和自己进行面对面的沟通。服务组织结构应尽量扁平化,以减少向上沟通的障碍。

2. 管理者对期望的认知和服务质量标准的差距

正确审视顾客期望可行性,在确定顾客的需求和期望重点之后设置正确的服务目标。根据企业特点制定服务质量标准,对重复性、非技术性的服务实行标准化。

3. 服务质量标准和实际传递服务的差距

加强员工培训,提高员工工作胜任性和相互之间的协作性,建立有效的监督控制体系,避免在企业和顾客之间产生角色矛盾。企业应尽量为员工提供必要的信息,降低员工产生角色不明的可能性。

4. 实际传递服务和顾客感受的差距

加强企业内横向信息流动,以加强部门之间、人员之间的相互协作,从而实现企业的全局目标。避免对企业所提供服务的夸大宣传,可以避免顾客产生过高期望。

服务业企业从上述几个方面来寻找服务质量问题的最佳途径是通过顾客,但通常并不需要进行大范围的顾客调查,经济而有效的办法是对顾客投诉的搜集分析或选一部分顾客进行详细的访谈。

由于服务质量从人开始,所有用统计控制图发现不一致之处的努力都无法产生高质量的服务。服务开始于组织内所有人员积极态度的开发。通过协调员工招聘、培训、最初的工作安排和职业发展等方面,可以建立积极的态度。找到问题后,可以通过下面介绍的几个方法来改进服务质量。

(二) 改进措施

1. 质量保证的人事计划

那些在不同地点设立了机构的服务公司面临着如何在所有单位之间保持一致服务的问题。一个曾在纽约的麦当劳快餐店用餐的顾客,当他到达北京时,希望得到同样的服务。事实上,"不出所料"的创意被用于服务的营销。重视培训、绩效标准、职业发展和奖励的人事计划,被证明是有效的。下面8个项目是其中最好的。

(1) 个人发展:使用程序化的指导手册,使新的管理人员获得当助理经理所需的技能和知识。对一个地理上分散的组织来说,这种手册可以保证以一致的方式传授工作技能。

(2) 管理者培训：中层以上的管理人员每年要参加一次管理开发研讨班。为来自不同分公司的基层管理人员开设 2~3 天的多种多样管理专题研讨班。

(3) 人力资源规划：确定未来将担任公司关键职位的人员，列出一个未来晋升的名单。计划的关键要素是定期审查所有管理人员的工作绩效。

(4) 绩效标准：编制一套小册子来指导员工在与顾客交往时应如何对待顾客，甚至如何讲话。在许多时候，通过使用电影、录像带和小册子来示范正确的程序。一些突击检查小组将随机检查这些标准的执行情况。

(5) 职业进步：包含增进技能和责任的职位阶梯的工作发展计划，赋予员工和公司共同成长的机会。

(6) 意见调查：由经过训练的人员每年对每个单位各层级进行意见调查，并在会上讨论结果。这种调查是防止不满态度产生的早期预警体系。

(7) 公平待遇：给每个员工提供一本手册，手册中规定了对员工的期望和义务。为了帮助员工解决困难，提供正式的咨询程序。

(8) 利润分享：利润分享计划认为，公司的成功主要应归功于员工，他们应该得到超过工资的回报。

2. 实现零缺陷的质量改进计划

实现零缺陷的质量改进计划具体包括 13 个步骤。

(1) 管理者认同：首先将质量改进的需要与最高管理层的成员讨论，获得他们的同意和支持。这样，计划引人注目并得到最高层的关注，确保每一个人的参与和合作。

(2) 质量改进：团队从每个部门中选出代表组成一个团队。由这个团队执行质量改进计划，保证各部门的参与。

(3) 质量测量：审查全公司的质量现状。这要求重新审查质量测量方法，并在没有质量测量方法的地方建立质量测量方法。一旦质量变为可测的，通过客观的评估来确定不一致情况并监控改正方案。设计服务质量测量方法是一项困难的任务，但是它代表了员工参与的机会。当服务人员应邀为他们的工作制定质量标准时，他们常常热情地响应并以此为荣。

(4) 质量成本评估：为避免任何计算中的偏差，由审计员办公室确定质量成本，包括诉讼、返工、工程变更和检验劳工等项目。衡量质量成本为企业指明哪些改进活动将能带来更多的利润。

(5) 质量意识：使用小册子、电影和张贴广告，向主管和员工宣传不良质量的成本。提供与质量改进有关的直接证据，这样有助于改变对质量的态度。

(6) 纠偏行动：建立一个依据常规性的面对问题、讨论问题和解决问题的系统过程，鼓励那种当场发现问题并解决问题的习惯。

(7) 建立零缺陷计划：从团队中选择 3~4 人调查零缺陷概念并完成计划，委员会应当理解零缺陷的实际意义。必须向所有员工传递这样的观念，即每个人应该在第一次就把事情解决。

(8) 主管培训：在各层次管理人员中进行普及教育，使他们能够向他们的部下解释这个计划。

(9) 目标设定:鼓励员工用自己的方式思考,为他们自己和他们的组织设立改进目标。

(10) 消除导致错误的原因:要求人们在简单的只有一页的表格上描述阻碍他们无错误工作的任何问题,要求相应部门对问题做出迅速反应。

(11) 赞誉:建立奖励计划,赞誉达到目标的雇员。对绩效的真心认同会带来对计划的持续支持。

(12) 质量委员会:定期将质量人员召集在一起讨论改进计划的必要方案。

(13) 重复:一个典型的计划用时将超过一年。员工离职使新的教育努力成为必要,这种重复使这项计划成为组织永久的一部分。

3. 无条件服务保证

服务保证有 5 个特征:无条件是指顾客满意是无条件的,没有例外的。容易理解和沟通是指顾客应以可测的方式明确知道他们能从保证中得到什么。有意义是指对顾客而言,金钱上和服务上的保证是重要的。容易实行是指不应为实施保证而要求顾客填写表格或写信。容易调用是指最好保证当场解决问题。

服务保证有显著的市场需求。但重要的是,通过设定质量目标,服务保证能为一个行业重新定义服务的含义。服务保证在以下方面促进了组织效率:① 关注顾客,服务保证使公司关注顾客需求。② 设立明确的标准,服务保证是一项对顾客具体的、有雄心的保证,也为组织设定了明确的标准。③ 存在保证的反馈,接受保证的顾客可以为评估质量提供有价值的信息。现在,不满意的顾客有动机来抱怨并引起管理者的注意。④ 促进对服务传递系统的理解,在做出保证之前,管理者必须确定他们系统中可能失败的地方和可被控制的限制因素。⑤ 建立顾客忠诚,服务保证降低了顾客风险,使期望更加明确,留住了因不满意而转向竞争对手的顾客,巩固了市场占有率。

复习思考题

1. 全面质量管理的含义及基本要求是什么?
2. 说明 PDCA 循环的工作程序、步骤和特点。
3. 简要说明质量管理、质量保证、质量控制与质量体系之间的关系。

案 例 分 析

快时尚服装产业链质量管理的难点

1. "多款"的质量管理难度大

ZARA 每年上市服装款式 12 000 种,几乎相当于国内普通女装品牌的 10 倍,数以万计的服装材料类别组合在上万种服装上,控制每款服装质量的难度可想而知。虽然快时尚品牌经常采用同一种面料制成多款服装来降低成本和规避质量风险,但由于款式不同、执行标准不同,不同布料组合的劈裂强力、色牢度等项目不合格的情况也会频频出现。"多款"的质量管理是服装品牌最为重要的工作方向,解决问题的办法不仅仅来自品牌企业,还需要站在产业链角度,上下游企业紧密合作。

2."快速"增加质量管理难度

ZARA一款服装上市平均周期仅为12天,而且相当部分的面料是用坯布染上当时流行的颜色或图案制作成服装,在如此短时间内完成染色、后整理、裁剪、缝制、熨烫、分拣等工作,其紧张节奏和质量控制难度可想而知。目前产品送检通常要3~5天,这对于快时尚服装产业链来说是不小的压力,如果为了销售业绩而绕开检测环节,又将意味着质量风险加大。

3."低价"增加质量管理难度

ZARA成本控制十分苛刻,为了控制成本,低价采购面料、廉价劳动力生产地点的选择、全球供应链难免给产品质量带来损失,也使得ZARA在多次产品抽检中身陷"质量门"。快时尚不愿意把"低价"与"劣质"联系在一起,但现实情况中似乎有很多证据证实这种联系的合理性。实际上,"低价"的代价不是产品质量低,而是降低了产业链质量管理的态度,客观上提高了质量事件的比例。

4."质量意识"制约质量管理

服装产品质量问题很多是因管理者质量意识淡薄或者对质量标准理解不透彻而造成的。例如,面料成分与标识不符是快时尚品牌经常发生的质量问题,据北京市消协公布的检测报告,以抽查不合格的ZARA休闲裤为例,服装标签为"含棉75%;羊毛20%;涤纶5%",而实际检测结果是:棉68.2%(比标注值少6.8%);羊毛仅10.6%(约为标注值的一半);聚酯纤维15.7%(超过标注2倍)。在快速的生产周期中,由于快速调用面料进行生产,不同批次面料如果未经及时检测,非常容易出现成分与实际不符的情况。

资料来源:谢凡.快时尚服装产业链的质量管理[J].纺织导报,2014.

思考题: 如何均衡产品质量和其他重要指标。

第十三章 项目管理与控制

【学习目标】

1. 了解项目管理的含义、内容。
2. 掌握项目管理的过程与方法。
3. 项目管理的形式。
4. 项目管理的过程。
5. ERP 项目管理内容。

开篇案例

卓越集团以房地产开发为主营业务,土地储备超过 1 200 万平方米,公司坚持以深圳为重点的全国发展战略,采用跨区域集团化管控模式,是中国领先的综合地产运营商之一。随着扩张步伐日益加大、加快,卓越集团项目管理的困难与问题也逐渐凸显,主要表现包括:对项目的总体控制计划,各部门之间缺乏统一共识,一旦计划调整后就容易出现多个版本的现象,致使项目工作推进不同步,各部门形成单打独斗的局面;部门工作任务交接时对上游部门工作成果的接受程度普遍较差,项目成果没有统一标准,确认耗时过长,影响项目运作整体效率;集团层面无法实时监管多区域楼盘建设的进展情况,集团和项目上的工作审批不能高效完成,造成很多不必要的时间和人力资源浪费;项目上的知识成果散布在各专业部门人员手中,没有集中管理制度,容易随着人员流动而流失,项目经验财富不能得到有效沉淀及复制。

鉴于此,2007 年 7 月,卓越集团项目运营系统正式启动。卓越集团的项目运营管理体系主要包含 4 个方面,即项目进度计划管理、阶段性成果管理、形象进度管理和知识管理。

在项目运营管理中,卓越集团管控关键节点,各项目负责人根据集团关键节点的要求,细化项目的全生命周期进度计划及各专项计划,各专业职能责任人定期汇报项目进展执行情况,集团及区域公司计划运营专员定期检查项目进展情况,各项目负责人每月召开项目月度运营会议,观察项目的进度,通过会议明确完工情况,暴露存在的问题,根据计划执行情况决定是否对计划进行调整并发起审批。由此形成了一个循环管理圈,各级管理层的打通,大大提高了管理的透明度以及协作效率。

建立阶段性成果管理体系,实现人治到"法治"的转变

在项目进度管理中,阶段性成果主要指阶段性的"成绩",如规划、报告、文档和方案等。卓越集团通过机制和系统的结合,建立起了一套对阶段性成果的管理体系。

卓越通过过程执行中所沉淀下来的方案、规划、报告和图纸对后期的执行评估进行非常客观的指导和评判。卓越集团通过对阶段性成果进行分门别类的存储,并利用系统制定授权体系,对阶段性成果实行"法治化"管理,一方面便于内部共享、授权使用,另一方面有利于在今后的项目中继续利用,从而提高企业整体项目管理工作的效率与加速企业知识的积累。

实时管控全国项目进度,有效规避资金链失控风险

2007年,卓越引入明源项目进度管理系统,实现对项目范围、进度的有效管理。其中:项目范围包括项目的基本信息、特征信息、项目产品构成、户型构成以及最新的产品库存等相关信息;项目进度从多个角度来全面反映时间进度、工程量进度、工作进度、形象进度,避免单一角度看待项目进度带来的管理偏差,实时、全面、直观地反映项目总体进度状况。

系统从集团、公司和个人3个维度的计划编制和执行情况来实现对各个工作进度的管控。通过计划的制定、执行实施、分析反馈、调整,全面实现对项目时间进度、工程进度和形象进度的精细化过程控制。

建立知识管理制度,为集团快速扩张提供支持

卓越集团在利用知识库进行管理的过程中,系统针对集团项目运营管理团队的特点,融合企业高速发展和扩张过程中需要学习的知识,为每个岗位制定了清晰的技能要求和知识指引。经过一段时间的积淀,卓越集团在项目运营管理系统上建立起了"项目管理知识库""工作指引库"和"计划模板库",为新员工、新项目和新公司的快速成长提供了强大的知识积累。

面对房地产行业微利时代的到来,地产企业已经开始找寻新的出路,碧桂园集团、龙湖地产等大型房地产公司都在探索这个问题,并找到了适合企业发展的新模式。卓越集团这次项目运营管理系统的上线标志着卓越集团在信息化建设方面又迈上新的台阶,实现了对项目事前计划、事中控制和事后分析的全方位管控,使集团实现项目运营管理的信息化和标准化,同时大大提升同时段多项目的管理质量和项目运营的管理水平。卓越集团的项目运营管理系统借鉴了同行企业先进的管理经验和实施过程中的领先理念,并结合卓越集团的实际情况,逐步推动项目运营系统的深化应用,最终实现了项目运营的价值最大化。

在生产类型的划分中,项目属于单件生产,但又不同于一般的单件生产,这类生产的管理有它的特殊性,如新产品开发、软件系统开发、大型设备大修、大型技术改造以及特殊的大型单件产品生产等。它要求在规定的时间和预算费用内完成一项大型工程或创新性强、风险大的研究项目,为此需要组织由多种专业人员组成的专门队伍。因此,它属于另一种特殊的生产类型,所采用的管理方法也具有特殊性,通常称之为项目管理。项目管理研究的重点是项目的目标管理、项目的计划管理和项目管理应遵循的基本原则和方法。

第一节　项目管理概述

由于基于时间竞争的战略价值和持续改进的质量要求,产品生命周期不断缩短,项目复杂性和管理难度不断增加。

一、项目及项目管理

项目是一种一次性的工作,是一个用于达到某一明确目标的组织单元,应当在规定的时间内完成,有明确的可利用资源和明确的性能指标约定,需要运用多种学科的知识组织人员,成功地完成一次开发性的产品或劳务。因此,美国《管理百科全书》中对项目的定义是:那些在指定的时间内、特定的范围内、限定的预算内和规定的质量指标内所要完成的一次性任务或工作。

(一) 项目的特点

项目有些共同的特点。一是它们相对规模较大,甚至规模巨大。比如,波音777飞机的研制需要在众多合作者之间进行广泛的协调,当然也包括大量的资源和管理精力的投入。二是项目的复杂性。这要根据活动的多少和它们之间的相互依赖程度来确定,这也包括要按特定顺序来进行的许多活动。这种顺序一般是根据技术要求或策略考虑来确定的。三是必须估算各项活动所需要的时间和资源,这对于以前从来没做过的工作来说是特别困难的,研究和开发项目经常是这种情况。四是项目相对无惯例可循。这意味着组织不能按照惯例和重复的方式开展特殊项目(例外的是航空公司对飞机进行定期维护的项目)。一般来说,每一个项目都因为要满足定制的管理要求而具有创新的特点。

大型项目如奥运会工程、长江三峡工程以及美国的曼哈顿计划、阿波罗登月计划等,小型项目如房地产开发中的小区工程、某个影视制作、高炉和发电机组的维修等,都是在项目管理思想的基础上进行的。这些都是一次性的活动或工作,都受期限和费用的约束,并有一定的技术、经济性能指标要求等。由此可见,在各种不同的项目中,项目内容可以是千差万别的,但项目本身有共同的特点,这些特点就是其共性,可以概括如下:① 项目通常是为了追求一种新产物而组织的,具有单一性、任务可辨认性;② 项目是由多个部分组成的,跨越多个(社会)组织,因而具有(社会)协同性;③ 项目的完成需要多个职能部门人员的同时协调与配合,项目结束后原则上这些人员仍回原职能组织中;④ 可利用现有资源,事先对未来的项目有明确的预算;⑤ 一般来说,可利用资源一经约定,不再接受其他支持;⑥ 有严格的时间期限,并公之于众;⑦ 项目产物的保全或扩展通常由项目参加者以外的人员来进行。

(二) 项目管理

项目管理是项目的管理者在有限的资源约束下,运用系统的观点、方法和理论,对项目涉及的全部工作进行有效的管理,即对从项目的投资决策开始到项目结束的全过程进行计划、组织、指挥、协调、控制和评价,以实现项目的目标。

上述定义中的"确定的时间范围"应该是相对短期的,但不同的项目中"相对短期"的概念并不完全相同。例如,一种新产品的研制开发可以是半年到 2 年,工业建设项目可能是 3~5 年,而一座核电厂建设期以及一个新型运载火箭的研制时间可能更长。

（三）项目的发展历史

项目管理的应用从 20 世纪 80 年代仅限于建筑、国防、航天等行业迅速发展到今天的计算机、电信通信、金融业甚至政府机关等众多领域。

在冷战时期的史普尼克(苏联的第一颗人造卫星)危机之前,项目管理还没有被用作一个独立的概念。在危机之后,美国国防部需要加速军事项目的进展以及发明完成这个目标的新的工具(模型)。1958 年,美国发明了计划评审技术(PERT),以完成北极星导弹潜艇项目。与此同时,杜邦公司发明了一个类似的模型,称为关键路线法(CPM)。PERT 后来被工作分解结构(work breakdown structure,WBS)所扩展。随着时间的推移,更多的指导方法如项目管理知识体系(project management body of knowledge,PMBOK)、个体软件过程(personal software process,PSP)、团队软件过程(team software process,TSP)、IBM 全球项目管理方法(worldwide program management measure,WWPMM)等技术试图把开发小组的活动标准化,使其更容易预测、管理和跟踪。

关键链是传统的关键路径方法的最新扩充。项目管理的批判性研究发现:许多基于 PERT 的模型不适合今天的多项目公司环境。这些模型大多数适合用于大规模、一次性、非常规的项目中,而当代管理中所有的活动都用项目术语表达。所以,为那些持续几个星期的"项目"(更不如说是任务)使用复杂的模型在许多情形下会导致不必要的代价和低可操作性。因此,项目识别不同的轻量级模型,如软件开发的极限编程和敏捷项目管理法(Scrum)技术。为其他类型项目而进行的极限编程方法的一般化被称为极限项目管理等。

二、项目管理的内容

（一）项目管理的目标

在项目管理中,通常有 3 个不同的目标:成本、进度和绩效。

项目成本是直接成本与应由项目分担的间接成本之总和。项目经理的工作就是通过合理组织项目的施工,控制各项费用支出,使之不要超出该项目的预算。

项目管理的第 2 个目标是进度。一般在项目开始时就确定了项目的完工日期和中间几个主要阶段进展的日程,正如项目经理必须把成本控制在预算之内一样,也必须控制项目的进度计划,但预算和成本常常发生冲突。例如,如果项目进展落后于安排的进度,那么就需要加班加点来赶进度,这就需要在预算中有足够的资金来支付加班的成本。因此,在时间和成本之间我们必须进行权衡、做出决策,管理部门必须确定某个进度安排的目标是否重要到必须增加成本来加以支持。

项目管理的第 3 个目标是绩效,也就是项目生产的产品或服务的成果的特性。如果项目是研究和开发一个新型的产品,其成果就是新产品的经济效果和技术性能指标。如果项目是某部影视片,其成果就是该部影视片的质量和票房收入。效果也需要在成本和进度安排上进行权衡。例如,如果某部影视片达不到预期的效果,那么就需要对灯光、布景等甚至剧本内容做出重大修改。这样就会引起成本和进度的变化,因为在项目开始前几乎不可能精确地预见项目的效果、进度和必需的成本,所以在项目进行过程中需要做大量的权衡工作。

（二）项目管理的阶段与内容

项目管理是指企业把需要几个月或几年完成的项目从常规的生产系统中独立出来特别进行管理,本质是计划和控制一次性的工作,在规定期限内由专门的项目小组来完成工作,达到预定目标。一旦目标满足,项目小组就会解体。因此,项目在其可预知的寿命周期中,通常有一个较明确的阶段顺序,即项目开始之前的计划期、项目开始的进度安排期和项目进行的控制期。每个阶段都具有不同的任务类型或关键的决策点,如表13-1所示。

表 13-1 项目阶段的任务

计 划 期	进 度 安 排 期	项 目 控 制 期
目标设定 项目定义 项目分解结构图建立 团队组织确定 资源配置	制定项目进度计划 活动排序 分派人员 编制日程表和资源计划	项目的实施(建设、生产、运营、试验、交货) 监控资源、成本和质量 修正或改变计划 调整资源 项目终止

表 13-1 描述了项目阶段的划分以及每个阶段应完成的任务。但是,无论如何划分,对每个阶段开始和完成的条件与时间要有明确的定义,以便于审查其完成程度。

三、项目管理组织

项目管理组织是指为了完成某个特定的项目任务而由不同部门、不同专业的人员所组成的一个特别的临时性的工作组织,为完成某特定的任务目标可以调用全企业范围内的资源。它不受现存的职能组织构造的束缚,但也不能代替各种职能组织的职能活动。

（一）项目管理组织设置过程

（1）设置项目管理的专门机构,对项目进行专门管理。项目的规模庞大,工作复杂,时间紧迫;项目的不确定因素多,有很多新技术、新情况和新问题需要不断研究解决;项目实施中涉及部门和单位较多,需要相互配合、协同攻关。因此,应单独设置专门机构,配备一定的专职人员,对项目进行专门管理。

（2）设置项目专职管理人员,对项目进行专职管理。有些项目的规模较小,工作不太复杂,时间也不太紧迫,项目的不确定因素不多,涉及的单位和部门也不多,但前景不确定,仍需要加强组织协调,对于这样的项目,可只委派专职人员进行协调管理,协助企业的有关领导人员对各有关部门和单位分管的任务进行联系、督促和检查,必要时,也可以为专职人员配备助手。

(3) 设置项目主管,对项目进行临时授权管理。有些项目的规模、复杂程度、涉及面和协调量介于上述两种情况之间,对于这样的项目,设置专门机构必要性不太大,设置项目专职人员又担心人员少,力量单薄难以胜任,或会给企业有关领导人增加不必要的管理量,可以把第一种形式中的设置专门机构由指定主管部门来代替,可以把第二种形式中设置的专职协调人员由项目主管人员来代替,并临时授予相应权力,主管部门或主管人员在充分发挥原有职能作用或履行岗位职责的同时,全权负责项目的计划、组织与控制。

(4) 设置合适的组织形式。项目管理组织有多种形式,如职能型组织、矩阵型组织和混合型组织等。每种组织形式都有各自的优势和劣势,企业应根据每种组织形式的特点,结合项目具体内容选择一种合适的组织形式。

(二) 矩阵结构形式

矩阵结构对项目进行综合管理。所谓"矩阵",是借用数学中的矩阵概念把多个单元按横行纵列组合成矩形。矩阵结构就是由纵横两套管理系统组成的矩形组织结构。一套是纵向的部门职能系统,另一套是由项目组成的横向项目系统。将横向项目系统在运行中与纵向部门职能系统两者交叉重叠起来,就组成一个矩阵,如图13-1所示。

图 13-1 矩阵结构组织形式图

矩阵结构组织中的每一个成员要接受两个方面的领导:一方面,在日常工作中接受本部门的垂直领导;另一方面,在执行项目任务时接受项目主管部门和项目主管人的领导,一旦该项目任务完成,就不再接受项目主管部门和项目主管人的领导。矩阵结构组织形式使一个职工在一定的时间内同时从属于几个不同的领导部门,因而它具有双重性和多重性。同时,它又把原来垂直领导系统中的不同专业人员为完成某一项目任务而集中起来,一方面增强了力量,另一方面也有利于调动其积极性,确保项目任务的完成。矩阵结构组织形式的优点包括:加强了各职能部门的横向业务联系,便于相互协调,具有较大的适应性;便于集中各种专门人员的知识和技能,迅速完成某一项目任务,提高了管理的有效性;在保持企业职能系统相对稳定的前提下,增强了管理组织的灵活性。

如果项目的开展需要多个职能部门的协助并涉及复杂的技术问题,但又不要求技术专家全日制参与,那么矩阵组织是比较令人满意的选择,尤其在若干项目需要共享技术专家的情况下,其作用更明显。

矩阵组织是一种项目职能混合结构,是一个横向按工程项目划分的部门与纵向按职能划分的部门结合起来的关系网,而不是传统的垂直或职能关系。当很多项目对有限资源的竞争引起对职能部门资源的广泛需求时,矩阵组织就是一个有效的组织形式。传统的职能组织在这种情况下无法适应的主要原因在于,职能组织无力对包含大量职能之间相互影响的工作任务提供集中、持续和综合的关注与协调。在职能组织中,组织结构的基本设计是职能专业化和按职能分工的,不可能期望一个职能部门的主管人会不顾他在自己职能部门中的利益和责任,或者完全打消职能中心主义的念头,使自己能够把项目作为一个整体,对职能之外的项目各方面也加以关注。

在矩阵组织中,项目经理在项目活动的"什么"和"何时"方面,即内容和时间方面对职能部门行使权力,而各职能部门负责人决定如何支持。每个项目经理直接向最高管理层负责,并由最高管理层授权。职能部门则从另一方面来控制,对各种资源做出合理的分配和有效的控制与调度。职能部门负责人既要对他们的直接上司负责,也要对项目经理负责。

矩阵组织的复杂性对项目经理是一个挑战。项目经理必须能够了解项目的技术逻辑方面的复杂性,必须能够综合各种不同专业观点来考虑问题。但只有这些技术知识和专业知识仍是不够的,成功的管理还取决于预测和控制人的行为能力。因此,项目负责人还必须通过人的因素来熟练地运用技术因素和管理因素,以达到其项目目标。也就是说,项目负责人必须使他的组织成员成为一支真正的队伍,一个工作配合默契、具有积极性和责任心的高效率群体。

第二节 项目管理与控制过程

项目管理与控制过程中,最重要的是质量、工期与成本三要素。质量是项目成功的必要保证,质量管理包含质量计划、质量保证与质量控制。工期管理是保证项目能够按期完成所需的过程,在项目计划指导下,各参与部门编制自己的分解计划,才能保证工程的顺利进行。成本管理保证项目在批准的预算范围内完成,包括资源计划的编制、成本估算、成本预算与成本控制等。由上一节可知,项目的管理与控制过程分为计划、进度安排和控制3个阶段,下面对每一个阶段进行描述。

一、项目计划

项目计划是项目组织根据项目目标的规定,对项目实施工作进行的各项活动做出周密的安排,它是项目实施的基础,是用来协调各种资源的总计划,是用以指导项目团队组织、实施、执行和控制的文件,能够让项目干系人明确目标,最终使项目由理想变成现实。

（一）项目计划的目的

项目计划围绕项目目标的完成系统地确定项目的任务。安排任务进度有利于高层管理部门与项目经理、职能经理、项目组成员及项目委托人、承包商之间的交流沟通，项目计划是沟通最有效的工具。因此，从某种程度上说，项目计划是为方便项目的协商、交流及控制而设计的，并不能为参与者提供技术指导。项目计划的目的具体表现如下：确定并描述为完成项目目标所需的各项任务范围；确定负责执行项目各项任务的全部人员；制定各项任务的时间进度表；阐明每项任务所必需的人力、物力、财力和确定每项任务的预算。

（二）项目计划的内容

整体的项目计划是一个用来协调所有其他计划，以指导项目执行和控制的文件。项目计划需要各方面的知识，项目经理必须要懂得整体管理的艺术，应该与项目组成员及其他利益相关者一道制定项目计划。根据特定的项目"量体裁衣"，制定合适的项目计划是十分重要的，该详则详，该简则简。虽然项目计划具有特殊性，但大多数项目计划都存在共性。一般来说，集成计划、专项计划、变更计划构成了整个项目计划的全部内容。

1. 项目集成计划

项目集成计划有时也被称为项目主计划或者直接就叫项目计划。它是一个项目集成，是综合协调了各种项目要素影响和要求的全面计划，是整个项目集成管理的依据和指导文件。它是运用集成和综合平衡的方法所制定的，用于指导项目实施和管理控制的集成性、综合性、全局性的计划文件。通常，这种集成计划的编制需要通过多次反复的优化和修订才能完成。集成计划的内容包括信息收集和计划编制两个方面，其中信息收集是集成计划的前期准备工作，主要收集各种相关的信息和数据，从而为项目集成计划的编制提供依据。

2. 项目专项计划

项目专项计划是对项目各方面具体工作的一种计划安排，是根据项目各种不同的目标而制定的各种专业工作或专项工作的计划，它包括一系列指导项目各专业和专业任务实施控制与协调的项目采购供应计划、计划文件。它包括项目范围计划、项目进度计划、项目费用计划、项目质量计划、项目风险应对计划、项目沟通计划、项目采购计划及项目人员组织计划。

3. 项目变更计划

由于项目的一次性特点，在项目的实施过程中，计划与实际不符的情况是经常发生的。项目变更计划包括整体变更计划和单一变更计划。在项目实施中，项目的范围、进度、成本和质量等各个方面都可能发生变更，这可能是开始时预测得不够准确、在实施过程中控制不力、缺乏必要的信息等原因造成的。范围、进度、成本以及质量等项目要素所引起的变更是单一变更，然而项目是一个系统，任何一个项目要素的变更都会对其他项目要素产生影响，所以需要对各方面的项目变更进行总体的控制。有效处理项目变更可使项目取得成功，否则可能会导致项目失败。

总之，良好的计划是项目成功的基石，因此，项目经理在制定计划时一定要广泛查阅资料，制定出切实可行的计划。由于环境是不断变化的，所以项目经理还要保证项目有一定的动态性。

(三) 项目计划的工具

项目计划编制的过程中用到的工具和方法有很多,有工作分解结构图、责任分配矩阵、行动计划表等,在此主要介绍工作分解结构图。

工作分解结构(WBS)是将项目按内在结构或实施过程的顺序进行逐层分解而形成的结构示意图。它是项目管理中最有价值的工具,是制定项目进度计划、项目成本计划等多个计划的基础。它将需要完成的项目按照其内在工作性质或内在结构划分为相对独立、内容单一和易于管理的工作单元,从而有助于找出完成项目工作范围内所有的任务,把整个项目联系起来,把项目目标细化为许多可行的、更易操作的并且相对短期的任务。项目的目标制定以后,就必须确定为达到目标所需要完成的具体的任务,即定义项目的工作范围。这就要求必须制定一份该项目所有活动的清单。但是对于比较大或比较复杂的项目,活动清单难免会遗漏一些必要的活动,而工作分解结构将是一个比较好的解决方法。

工作分解既可按项目的内在结构又可按项目的实施顺序,将项目分为若干子部分(或子任务),而每个部分又进一步分解为若干更细小的部分,最后项目分解为一系列的活动及各种资源的配置和成本核算等。项目分解工作难度很大,但对于项目管理和控制的成功至关重要。WBS 图的不同层次一般为项目、项目中的任务、主要任务中的子任务、需要进行的活动等,项目管理软件开发 WBS 图的基本层次如图 13-2 所示。

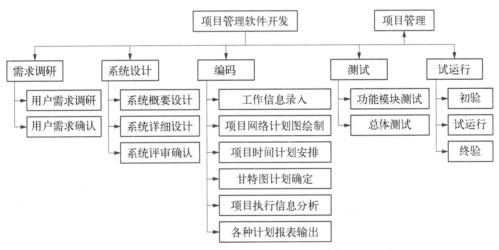

图 13-2　项目管理软件开发 WBS 图

二、项目进度安排

进度计划是表达项目中各项工作的开展顺序、开始及完成时间及相互衔接关系的计划。通过进度计划的编制,使项目实施形成一个有机整体。进度计划是进度控制和管理的依据。按进度计划所包含的内容不同,可分为总体进度计划、分项进度计划、年度进度计划等。这些不同的进度计划构成了项目的进度计划系统。

(一)项目进度计划的基本内容

项目越复杂,专业分工越细,就越需要全面的综合管理,需要一个总体的协调的工作进度计划,否则就不可能对整个项目系统的建设进度进行控制。项目进度计划应包括以下5个方面的内容。

1. 项目综合进度计划

项目综合进度计划是一个综合性的进度控制的重要计划。首先将项目所有的工作单元按前后顺序排列,并明确其相互制约的关系,然后计算出每一单元所需要的工时数,进而计算出各单元工程所需的工期,再计算整个项目所需的总工期,直至达到计划目标确定的合理工期为止。若达不到合同工期要求,则应采取有效措施,如改进施工方法、运货途径、增加工作班次等,但同时要注意控制费用。

2. 项目设计进度计划

项目设计进度计划即按设计项目对各设计单位进行编号,由相关专业设计组对各设计单元设计图纸的工作量和所需的辅助工作量进行估算,然后根据施工进度要求提供图纸的日期、各专业设计组对各个设计单元的设计图纸的工作量、其他辅助工作量的估算及设计工作顺序,安排各设计专业的进度计划,保证及时提供图纸,不使施工单位停工待图。

3. 项目采购工作进度计划

项目采购工作进度计划是根据项目产品工艺流程图和电气仪表图,编织出项目所需的设备清单并编号,并按照工程项目总进度计划中对各项设备到达现场的时间要求,确定各项设备到达施工现场的具体日期。

4. 项目施工进度计划

项目施工进度计划是根据工程预算中各工作单元所需消耗的工时数,以及计划投入的劳动力和工作班数,估算出各工作单元所需的施工工期,然后按照施工工序的要求,制定整个项目的施工进度计划。在整个项目的施工进度计划中,一些关键的日期,如某分包项目的完工日期、某车间的竣工日期、动力车间供电日期等,应在项目进度计划中标出,而且整个项目的竣工日期应符合合同规定的项目要求。

5. 项目设备验收和投产进度计划

项目设备验收和投产进度计划是对项目系统的主要设备和各项设施进行验收和投产进度安排的计划,该计划可使建设单位、总包单位、分包单位及有关方面做到心中有数,据此安排好各自的工作,以便及时对子项目及整个项目进行验收和试生产。

(二)项目进度计划的方法

项目进度计划是项目经理重要而有效的工作之一。它帮助控制时间和节约时间,可以用图来表示将要进行的工作。基本的进度计划要说明哪些工作必须完成和完成每一阶段所需要的时间,最好也能表示每个活动需要多少人,然后把这些都输入计算机,计算机可以编制出一份进度计划。

项目进度计划制定是项目管理所有前面过程的结果。在项目进度计划最终决定下来之前,进度计划管理过程会出现几次反复。制定进度计划的最终目标是建立一个现实的进度计划并由各种时间参数来反映,这为监控项目时间进展提供了一个良好的基础。制定项目进度计划的技术和工具很多,在现实生活中比较常用的有关键日期法、甘特图、关键路线法、计划评审技术、图示评审技术和风险评审技术等。甘特图是显示项目信息比较常用的工具,关键路线法是制定和控制项目进度计划的一种很重要的工具。计划评审技术和风险评审技术都是评价项目进度风险的一种手段。

三、项目控制

尽管已有明确的项目目标和周密的项目计划,但是在项目实施的过程中,往往会有种种原因使项目不能按照原计划轨道进行,出现这样或那样的偏差,所以必须对项目计划的实施进行严密的监控,以尽可能地保证项目基准计划实施,最大限度地减少计划变更,使项目达到预期的目标。

项目控制是指项目在实施的过程中,对项目的进展进行监测和测量,对比原计划(或既定目标)找出偏差,分析成因,研究纠偏对策,实施纠偏措施的全过程。所以,项目控制过程是一种特定的、有选择性的、能动的动态过程。一般来说,实现项目控制有3个过程,寻找偏差、原因与趋势分析和采取纠偏行动。控制的中心是当前实施现状,重点是查找和鉴定实施对计划的偏离,并采取措施确保计划的实现。控制就是为了保证系统按预期目标运行,对系统的运行状况和输出进行连续的跟踪观测,并将观测结果与预期目标进行比较,如有偏差,及时分析偏差原因并加以纠正的过程。

(一) 项目控制内容

项目控制包括以下内容:同计划相比,已完成的工作状况如何,如实际完成的工作任务的复杂程度和比例、已完成的任务和质量等;同计划相比,实际的成本开支如何;项目的当事人、关系人对项目执行的态度如何,项目组成员之间的配合、协作如何。

1. 按控制方式分类

与对物理对象的控制类似,项目的控制方式也包括前馈控制(事先控制)、过程控制(现场控制)和反馈控制(事后控制)。

(1) 前馈控制。前馈控制也称事前控制,是在项目正式开始前利用最新的信息进行预测,对可能产生的偏差采取防范措施,把偏差扼杀在发生之前。例如,为保证产品质量对进厂原料进行检验;再如,当公司的销售预测表明销售额将下降到期望值以下时,管理人员就会通过制定新的广告措施、推销办法或引进新产品,改进实际销售量。

前馈控制的优点表现在以下方面:① 能够防患于未然,避免偏差造成实际损失。② 由于在工作开始前对某项计划活动所依赖的条件进行控制而不针对具体人员,不会造成正面冲突,易于被员工接受并实施。前馈控制可以避免预期偏差,是人们最渴望使用的控制手段。但它也有缺点,如管理人员必须掌握及时和准确的信息,而由于未来的不确定性和信息成本制约,现实中要做到这一点是十分困难的。

(2) 过程控制。过程控制也称现场控制,是对正在进行的活动给予指导和监督,以保证活动按规定的政策程序和方法进行。例如,沃尔玛通过采用全球互联网的管理信息系统能够把每个月的销售额数据立刻传送到数据中心,从而立即取得有关库存、销售量、总利润的数据以及其他各种数据资料,以便随时控制采购活动。

过程控制一般都在现场进行,主要适用于基层管理人员。它的优点在于立竿见影、经济有效,并且能够提高工作人员的工作能力和自我控制能力。但同时它也有一些缺点,如现场控制中临时决定的或个人主观确定的标准有可能产生多样性,无法统一测量和评价。此外,现场控制对控制者个人素质要求较高,例如,工厂的质量检验人员由技能和知识水平都较高的老工人担任效果会更好一些。

(3) 反馈控制。所谓反馈,就是把系统的输出信息再传送到输入端,与输入信息时所期望达到的目标进行比较,发现两者的偏差,找出偏差产生的原因,采取纠正措施来实行控制的过程。这一过程如图 13-3 所示。反馈控制是一种传统的控制过程,是在工作结束或行为发生后进行的控制活动,所以又称事后控制。例如,事故出现后对当事人进行责任追究,对销售不畅的产品做出减产、提产或促销决定都是这种控制。

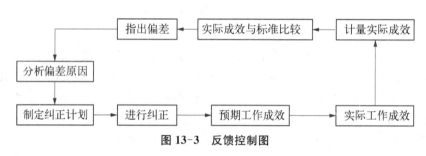

图 13-3　反馈控制图

2. 按控制内容分类

项目控制的目的是确保项目的实施能满足项目的目标要求。对于项目可交付成果的目标描述一般都包括交付期、成本和质量这 3 项指标,因此,项目控制的基本内容就包括进度控制、费用控制和质量控制这 3 项内容,即"三大控制"。

(1) 进度控制。项目进行过程中,必须不断监控项目的进程以确保每项工作都能按进度计划进行。同时,必须不断掌握计划的实施状况,并将实际情况与计划进行对比分析,必要时应采取有效的对策,使项目按预定的进度目标进行,避免工期的拖延。这一过程被称为进度控制,按照不同管理层次对进度控制的要求,可分为总进度控制、主进度控制和详细进度控制。

(2) 费用控制。费用控制就是要保证各项工作都在它们各自预算范围内进行。费用控制的基础是事先就对项目进行费用预算。费用控制的基本方法是规定各部门定期上报其费用报告,再由控制部门对其进行费用审核,以保证各种支出的合法性,然后再将已经发生的费用与预算相比较,分析其是否超支,并采取相应的措施加以弥补。费用管理不能脱离技术管理和进度管理独立存在,相反要在成本、技术、进度 3 者之间综合平衡。及时、准确的成本、进度和技术跟踪报告是项目经费管理和费用控制的依据。

(3) 质量控制。质量控制的目标是确保项目质量能满足有关方面提出的质量要求。质量控制的范围涉及项目质量形成全过程的各个环节。在项目控制过程中,这 3 项控制指标通常是相互矛盾和冲突的。例如:加快进度往往会导致成本上升和质量下降;降低成本也会影响进度和质量,同样,过于强调质量也会影响工期和成本。因此,在项目进度、成本和质量的控制过程中,还要注意三者的协调。

（二）项目控制的主要方法

项目控制的方法分为传统控制和计算机辅助控制两种。传统项目控制方法是以各种文件、报表和图表等为主要工具，以定期或不定期地召开各类有关人员参加的会议为主要方法，对于投入昂贵、内容复杂、约束条件苛刻的现代大中型项目，还需要开发设计一种以计算机为基础的信息管理和控制系统。下面我们主要介绍传统控制方法。

1. 项目控制文件

在项目的工作范围、规模、工作任务以及进度等明确以后，就应准备项目控制所需的其他文件。项目控制文件包括以下4个方面。

（1）合同。合同中签订的是在项目实施过程中各项工作应遵守的标准，它规定了双方的责、权、利，是项目实施管理、跟踪、控制的首要依据，具有法律效力。

（2）工作范围及职责划分细则。前者确定了项目实施中每一项任务具体业务内容变动的基准；后者指明了项目实施过程中各个部门或个人应负责的工作，包括工艺、过程设计、采购供应以及成本控制等各个方面。

（3）项目程序细则。主要涉及项目组、用户以及主要供货商之间关于设计、采购、施工、作业前准备、质量保证以及信息沟通等方面协调活动的程序。

（4）技术范围条件及计划文件。前者列出项目的设备清单，制定项目设计依据、标准、规范、编码、手续和步骤等；后者是项目实施工作进行前预先拟定的具体工作内容和步骤。

2. 项目控制会议

项目控制会议的主要内容是检查、评估上一阶段的工作，分析问题，寻找对策，并介绍下一阶段的主要任务和目标。由于项目会议特别多，管理者应对会议进行管理和控制，否则项目工作人员很容易陷入会海之中。一方面，为用好、开好会议，组织者要做好会前组织和准备工作，如明确会议目的和内容，科学制定会议议程以及要求与会者做好会前准备工作等；另一方面，要做好会上管理和控制，如做好会议记录、确定会议核心人等，使会议开得既有效果又有效率。

第三节　项目管理与控制技术

广泛应用的项目管理与控制技术主要有关键路线法与计划评审技术两种。关键路线法（CPM）于20世纪50年代最早应用于美国杜邦化学公司。1956年，杜邦公司为了系统地制定和有效协调企业不同业务部门的工作，该公司的科技人员与雷明顿-兰德合作，创造了一种图解理论的方法，这种方法不但用图解表示各项工序所需时间，同时也表示了它们之间的程序关系。用这种方法制定计划可以考虑到一切影响计划执行的因素，从而易于修改计划，并能运用计算机快速运算，这种方法叫作CPM法。与此同时，美国海军在研究北极星导弹潜艇时用计划评审技术（PERT）。这一技术把该工程的200多家承包厂商和十万家精包厂共1 100家企业有效地组织起来，使整个工程完工期大大缩短，节约了两年时间。1962年后，美国政府决定对一切新开发工程全面实行PERT。PERT法的基本思路与方法同CPM法类似，都以网络图为主要工具，区别在于PERT法增加了对随机因素的考虑。

关键路线法与计划评审技术都属于网络计划技术,是现代科学管理的一种有效方法,它通过网络图的形式来反映和表达生产线工程项目活动之间的关系,并且在计算和实施过程中不断进行组织,控制和协调生产进度或成本费用,使整个生产或工程项目达到预期的目标。网络计划技术即运用网络图形式来表达一项计划中各个工序(任务、活动等)的先后顺序和相互关系,通过计算找出关键运作和关键路线,接着不断改善网络计划,选择最优方案并付诸实践,然后在计划执行中进行有效的控制与监督,保证人、财、物的合理使用。

一、CPM 和 PERT 的应用步骤

(一)定义项目

定义项目是指决定进行管理和控制的项目,并提出有关的具体要求,如时间、成本、质量等。依据企业的资源基础收集信息,以便为项目寻求最合适的方案。

(二)准备工作分解结构

一个项目是由许多活动组成的,在绘制网络图前就要将项目分解成具体的活动,再进行活动分析,明确活动的先后次序,即在该活动开始前哪些活动必须先期完成,哪些活动可以平行地进行,哪些活动必须后期完成,或者在该活动进行的过程中,哪些活动可以与之平行交叉地进行。在分解项目后便可计算和确定活动时间或估计成本。

(三)绘制网络图

根据活动时间明细表绘制网络图。网络图的绘制方法有顺推法和逆推法。所谓顺推法,即从始点时间开始根据每项作业的直接紧后作业,依次绘出各项作业的箭线,直至终点事件为止。所谓逆推法,即从终点事件开始,根据每项作业的紧前作业逆箭头前进方向逐一绘出各项作业的箭线,直至始点事件为止。同一项任务,用上述两种方法画出的网络图是相同的。一般习惯于按反工艺顺序安排计划的企业,如机器制造企业,采用逆推较方便,而建筑安装等企业则大多采用顺推法。按照各项作业之间的关系绘制网络图后,进行节点的编号。

(四)确定关键路线

根据网络图和各项活动的作业时间,计算全部网络时间和时差,并确定关键路线。实际工作中影响项目时间的因素很多,一般采用计算机软件进行计算,主要有国外 Oracle 公司的 Primavera P6、Artemis 公司的 Artemis Viewer、NIKU 公司的 Open WorkBench、Welcom 公司的 Open Plan 等,国内邦永科技的 PM2、视瑞达和统御等公司的项目管理软件。

(五)优化网络计划方案

利用关键路线初步确定了完成整个项目所需要的时间,但还需要根据合同或计划规定的时间、各种资源、成本和质量等计划指标的要求,进一步权衡和优化,制定最优方案,绘制正式网络图和项目的各种计划文件。

(六)贯彻执行网络计划

应用制定的最优网络计划方案,组织计划实施,帮助项目计划、调度、监督和控制,不断将网络计划及执行情况输入计算机软件,进行自动运算、调整,并输出结果,以动态

指导项目的实施。

二、网络图的绘制

网络图是以一种表示一项工程或一个计划中各项活动或各道工序的衔接关系和所需时间的图解模型。网络图由网络模型和时间数值组成。网络模型反映整个项目活动的分解与合成，分解是对整个项目进行划分，合成是解决各项活动的协作和配合。时间数值反映了整个项目过程中，各种资源的运动状态，包括各项活动的作业时间、开工和完工时间、活动之间的衔接时间、机动时间及时间范围等，从时间上显示出保证工期的关键所在及其缩短、优化的途径。

（一）网络图的构成要素

1. 活动

一项工作或一道工序又称工种工序作业，分实活动和虚活动两种。实活动：占用时间，消耗资源，用"→"表示活动，又称箭线。虚活动：不占用时间和资源，而仅仅表示逻辑关系。用"⇢"表示。箭线长短与工序时间长短无关。

2. 事项（事件）

一项事件活动的瞬时开始和瞬时结束，又叫结点（节点），用"○"表示，有双重含义，表示前一事项结束、后一事件开始，有瞬时性、连续性和直观性。在网络中，左边第一个结点叫作始点，最右端的结点叫作终点。

3. 路线

从始点到终点，中间一系列首尾相接的箭线叫路线，又叫通道，网络图由许多路线构成，其中最长的路线叫作关键路线，其上的工序叫关键工序，关键路线一般用双实线或加粗线表示。

（二）网络图绘制的基本规则

网络图的绘制遵循以下基本规则。

（1）不允许出现循环回路，如图 13-4 所示。

图 13-4 不允许出现循环回路

（2）箭头结点的标号必须大于箭尾结点的编号，两结点间只能有一条箭线，如图 13-5 所示。

图 13-5 两结点间只能有一条箭线

(3) 网络图只有一个源、一个汇,如图 13-6 所示。

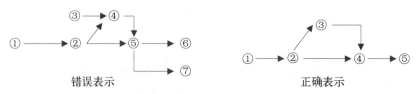

图 13-6　网络图只有一个源、一个汇

(4) 每项活动都应有结点表示其开始与结束,如图 13-7 所示。

图 13-7　每项活动都应有结点表示其开始与结束

(5) 箭线交叉必须用暗桥,如图 13-8 所示。

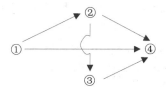

图 13-8　箭线交叉必须用暗桥

(三) 网络图活动之间的逻辑关系

根据网络图中有关活动之间的相互关系,可以将活动划分为紧前活动、紧后活动、平行活动和交叉活动(见图 13-9)。紧前活动是指紧接在该活动之前的活动,紧前活动不结束,则该活动不能开始;紧后活动是指紧接在该活动之后的活动,该活动不结束,紧后活动不能开始;平行活动是指能与该活动同时开始的活动;交叉活动是指能与该活动相互交替进行的活动。

作业A完成后B才能开始。

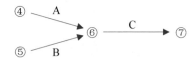

作业A、B完成后C才能开始。

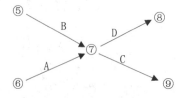

作业A、B完成后,作业C、D能开始。

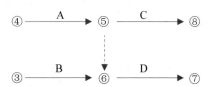

作业A完成后,C才能开始;A、B均完成后,D才能开始,D紧接于B。

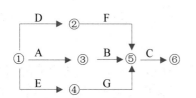 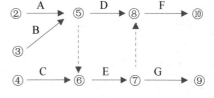

A、D、E同时开始，A完成后B才开始，D完成后F才开始，E完成后G才开始，B、F、G完工后C才开始。

A、B完工后，D才开始，A、B、C均完工后E开始；E直接紧接于C；D、E完成后F才开始，F直接紧接于D；E完工后G才能开始。

图 13-9 网络图活动之间的逻辑关系

【例 13-1】 根据表 13-2 所示的条件，运用网络图的原则和逻辑表示方法绘制网络图。

表 13-2 某机加工企业作业清单

顺 序	作业名称	作业时间（天）	作业代号	紧前作业
1	图纸设计	3	A	—
2	工艺设计	4	B	A
3	模型制造	2	C	A
4	浇注模具	2	D	B
5	工装制造	5	E	B
6	毛坯制造	2	F	C、D
7	机械加工	4	G	E、F
8	装配协作	3	H	G
9	采购外协	2	I	A

根据上表资料，可绘制网络如下：

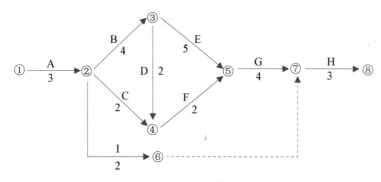

图 13-10 绘制的网络图

三、网络时间参数计算

在分析研究网络图时,除了从空间反映整个计划任务及其组成部分的相互关系以外,还必须分析确定各项活动的时间,这样才能动态模拟生产过程,并作为编制计划的基础。网络时间的计算包括以下内容:① 确定各项活动的作业时间;② 计算各结点的时间参数;③ 计算工序的时间参数;④ 计算时差,并确定关键路线。

(一)各项活动作业时间的计算

1. 单时法

单时法即单一时间估计法。这种方法对活动的作业时间只确定一个时间值,估计时应以完成各项活动可能性最大的作业时间为准。采用单时法的网络图为肯定型网络图,它适用于不可知因素较少,在有同类工程或类似产品的工时资料可供借鉴情况下的项目。

2. 三点估计法

在没有肯定可靠的工时定额时,只能用估计时间来确定,一般用三点估计法,即先估计出最乐观时间、最保守时间、最可能时间,然后求其平均值。其公式如下:

$$T_E = \frac{a + 4m + b}{6}$$

其中:T_E 代表估计时间;a 代表最乐观时间;b 代表最保守时间;m 代表最可能时间。

3. 估计活动工期分布

上述时间计算其标准偏差:$\sigma = (b-a)/6$

计划任务规定日期完成的概率:$\lambda = (T_K - T_S)/\sum \sigma$

其中:T_K 代表计划规定完工日期或目标时间;T_S 代表计划任务最早可能完成的时间,即关键线路上各项活动平均作业时间总和;λ 代表概率系数;$\sum \sigma$ 代表关键线路上各项活动标准差之和。

【例 13-2】 根据表 13-3 所示数值,要求能按期完成的概率达 90%,工程周期应定为几天?若将工期定为 25 天,能按期完工的可能性有多大?

解:如图 13-4 所示,关键路线如下:①——②——③——④——⑦,$T_S = 23.7$(天)

$$\sum \sigma = \sqrt{\sum \frac{(b-a)^2}{6^2}} = \sqrt{\frac{(64+25+16+49)}{36}} = 2.068$$

查正态分布表概率为 90% 时,概率系数 $\lambda = 1.3$。

(1)生产周期 $T_K = T_S + \sum \sigma$

$$\lambda = 23.7 + 2.068 \times 1.3 = 26.4 \text{(天)}$$

表 13-3 某 作 业 数 值

作业名称	三 点 估 计			平均作业时间(天)	方 差
	a	m	b		
A	2	3	9	3.8	—
B	2	4	10	4.7	64/36
C	3	5	9	5.3	—
D	5	8	10	7.8	25/36
E	1	5	10	5.2	—
F	5	7	9	7.0	16/36
G	4	5	7	5.2	—
H	1	4	8	4.2	49/36
I	2	5	6	4.7	—
合 计	—	—	—	—	4.278

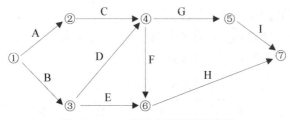

图 13-11 工程作业时间及顺序图

(2) 假设工期为 25 天，即 $T_K = 25$(天)

则：$\lambda = \dfrac{T_K + T_S}{\sum \sigma} = \dfrac{25 + 23.7}{2.068} = 0.36$

查正态分布表概率 $\lambda = 0.36$ 时，完工概率为 73%。

(二) 结点时间的计算

1. 结点的最早开始时间

结点的最早开始时间指从该结点开始的各项作业最早可能开始进行的时间，在此之前各项活动不具备开工条件，用 ET 表示。网络始点事项的最早开始时间为零，终点事项因无后续作业，它的最早开始时间也是它的结束时间。网络中间事项的最早开始时间计算可归纳为前进法、用加法、选大法。

2. 结点的最迟结束时间

结点的最迟结束时间指以该结点为结束的各项活动最迟必须完成的时间，用 LT 表示。网络终点事项的最迟结束时间等于它的最早开始时间。其他事项的最迟结束时间的计算可归纳为后退法、用减法和选小法。

结点最早开始时间和最迟结束时间可以图上计算法计算，就是根据网络时间计算的基本原理，在网络图上直接进行计算，把时间标明在图上，一般结点最早开始时间标在"□"中，结点最迟结束时间标在"△"中，如图 13-12 所示。

（三）工序时间的计算

1. 工序的最早开始时间与最早结束时间

工序最早开始时间（ES）是工序最早可能开始的时间，它就是代表该工序箭线的箭尾结点的最早开始时间，即 $ES_{(i,j)} = ET_{(i)}$。工序的最早结束时间（EF）指工序最早可能完成的时间，它等于工序最早开始时间与该工序的作业时间之和，即 $EF_{(i,j)} = ET_{(i)} + T_{(i,j)} = ES_{(i,j)} + T_{(i,j)}$。

2. 工序的最迟开始时间和最迟结束时间

工序的最迟开始时间（LS）是指工序最迟必须开始而不会影响总工期的时间，它是工序最迟必须结束时间与该工序的作业时间之差。工序的最迟结束时间（LF）等于代表该工序的箭线箭头结点的最迟结束的时间，因此，在已知结点最迟结束时间的条件下，可以确定各项工序的最迟结束时间，然后确定工序的最迟开始时间。

$$LF_{(i,j)} = LT_{(j)}$$
$$LS_{(i,j)} = LF_{(i,j)} - T_{(i,j)} = LT_{(j)} - T_{(i,j)}$$

各项结点时间和工序时间计算见下例。

【例 13-3】 某厂生产的产品共有 7 道工序，其工序流程及每道工序所需要的时间如表 13-4 所示，试计算各工序时间参数。

表 13-4 工序时间表

工序名称	A	B	C	D	E	F	G
紧前工序	—	A	A	B	B	C,D	E,F
时间（天）	1	8	5	3	7	3	1

解：(1)先作图，用图解法计算结点时间，如图 13-12 所示。

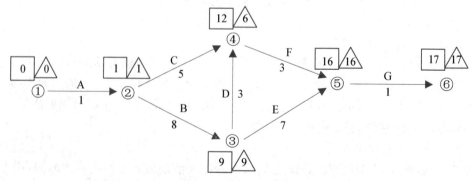

图 13-12 用图解法计算结点时间

(2) 计算结点时间。

结点最早开始时间：$ET_j = ET_i + t_{(i,j)}$, $ET_1 = 0$, $ET_2 = ET_1 + t_A = 0 + 1 = 1$, $ET_3 = ET_2 + t_B = 1 + 8 = 1$, $ET_4 = \{ET_3 + t_D = 9 + 3 = 12, ET_2 + t_C = 1 + 5 = 6\}$ 取其中最大值，$ET_4 = 12$，以此类推得出其他结点最早开始时间，如图 13-12 中方框数值所示。

结点最迟结束时间：$LT_i = ET_j - t_{(i,j)}$, $LT_6 = ET_6 = 17$, $LT_5 = ET_6 - t_G = 17 - 1 = 16$, $LT_3 = ET_5 - t_E = 16 - 7 = 9$, $LT_4 = \{ET_3 - t_D = 9 - 3 = 6, ET_5 - t_F = 16 - 3 = 13\}$ 取其中最小值，$LT_4 = 6$，以此类推得出其他结点最迟结束时间，如图 13-12 中三角框数值所示。

(3) 计算工序时间。

工序的最早开工时间：$ES_{(i,j)} = ET_{(i)}$, $ES_{(1,2)} = ET_{(1)} = 0$, $ES_{(2,3)} = ET_{(2)} = 1$，以此类推得出其他工序最早开工时间，如表 13-5 所示。

工序的最早完工时间：$EF_{(i,j)} = ES_{(i,j)} + T_{(i,j)}$, $EF_{(1,2)} = ES_{(1)} + T_{(1,2)} = 0 + 1$, $EF_{(2,3)} = ES_{(2)} + T_{(2,3)} = 1 + 8 = 9$，以此类推得出其他工序最早开工时间，如表 13-5 所示。

工序的最迟开工时间：$LF_{(i,j)} = LT_{(j)}$, $LF_{(5,6)} = LT_{(6)} = 17$, $LF_{(4,5)} = LT_{(5)} = 16$，以此类推得出其他工序最迟开工时间，如表 13-5 所示。

表 13-5 工序时间参数表

工 序	作业时间（天）	开始时间(天)		结束时间(天)		时差(天)
		ES	LS	EF	LF	
①→②	1	0	0	1	1	0
②→③	8	1	1	9	9	0
②→④	5	1	8	6	13	7
③→④	3	9	10	12	13	1
③→⑤	7	9	9	16	16	0
④→⑤	3	12	13	15	16	1
⑤→⑥	1	16	16	17	17	0

工序的最迟完工时间：$LS_{(i,j)} = LT_{(j)} - T_{(i,j)}$, $LS_{(5,6)} = LT_{(6)} - T_{(5,6)} = 17 - 1 = 16$, $LS_{(4,5)} = LT_{(5)} - T_{(4,5)} = 16 - 3 = 13$，以此类推得出其他工序最迟完工时间，如表 13-5 所示。

(四) 时差及关键路线的确定

1. 时差

时差又叫机动时间、富余时间，是每道工序的最迟开工(完工)时间与最早开工(完工)时间之差。关键路线上工序的时差为零。时差用 $S_{(i,j)}$ 表示，计算公式如下：

$$S_{(i,j)} = LS_{(i,j)} - ES_{(i,j)} = LF_{(i,j)} - EF_{(i,j)}$$

2. 关键路线的确定

关键路线是在网络图中完成各个工序需要时间最长的路线,又称主要矛盾线。确定关键路线的方法有以下3种。

（1）最长路线法：计算出工期最长的路线,就是关键路线。

（2）时差法：由时差为零的活动所组成的路线为关键路线。

（3）破圈法：从一个结点到另一个结点之间如果存在两条不同的线路,形成一个封闭的环,称为圈。形成圈的两条线路作业时间不等,则该圈称可破圈。可将其中较短的一条线路删除,圈就被打破了,保留下来的是较长的一条线路,也就是两结点间的关键线路。以此类推,剩下的最后一条线路即关键路线。

【例 13-4】 用破圈法找出图 13-13 中的关键路线。

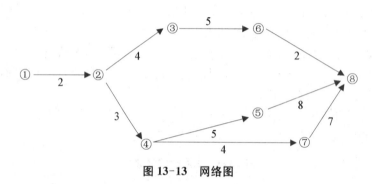

图 13-13　网络图

解：先破由结点②、③、④、⑤、⑥、⑧构成的圈,得图 13-14。

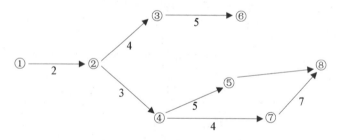

图 13-14　关键路线过程图

再破由结点④、⑤、⑦、⑧构成的圈,得图 13-15,则剩下的①→②→④→⑤→⑧为关键路线。

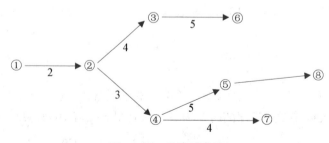

图 13-15　关键路线图

项目关键路线上活动完成时间的变化对项目完成时间是主要的,因此,如果能够缩短关键工序(作业)的时间,就可以缩短项目时间。缩短非关键路线上的各个工序(作业)所需要的时间不能使项目结束时间提前。所以,对各关键工序,应优先安排资源,挖掘潜力,采取相应措施,尽量压缩需要的时间。对非关键路线上的各个工序,在不影响工程完工时间的条件下,可以抽出适当的人力、物力等资源用在关键工序(工作)上,以达到缩短工程工期、合理利用资源的目的。在执行过程中,可以明确工作重点,对各个关键工序加以有效控制和调度。

第四节　网络计划的优化

运用网络计划技术的目的是求得一个时间短、资源耗费少、费用低的计划方案。网络计划优化主要是根据预定目标,在满足既定条件的要求下,按照衡量指标寻求最优方案。其方法主要是利用时差不断改善网络的最初方案,缩短周期,有效利用各种资源。网络计划的优化有时间优化、成本优化和资源优化等。

一、时间优化

时间优化是在人力、原材料、设备和资金等资源基本有保证的条件下,寻求最短的工程项目总工期。其具体方法途径如下:① 采取措施,压缩关键作业的作业时间。如采取改进工艺方案、合理地划分工序的组成、改进工艺装备等措施压缩作业时间。② 采取组织措施,在工艺流程允许的条件下,对关键路线上的各作业组织平行或交叉作业;合理调配人员,尽量缩短各关键路线上的作业时间。③ 充分利用时差,如在非关键作业上抽调人、财、物,以用于关键路线上的作业,缩短关键路线的作业时间。

确定关键路线后得到的是一个初始的计划方案,通常还要对初始方案进行调整和完善。网络计划的优化就是在满足一定的约束条件下,通过利用时差,不断改善网络计划的初始方案,使之获得最低成本、最佳周期和对资源的最有效利用,最终确定最优的计划方案。网络计划的优化通常包括时间优化、时间-费用优化和时间-资源优化。

时间优化是指在人力、材料、设备和资金等资源基本上有保证的情况下,寻求最短的生产周期。进行时间优化的措施主要包括:采用组织措施,缩短关键工序的作业时间;利用时差,从非关键路线上抽调部分人力、物力和财力资源集中于关键路线,以缩短关键工序的作业时间。

二、时间-费用优化

时间-费用优化又称成本优化,就是根据计划规定的期限确定最低成本,或根据最低成本的要求寻求最佳工期。运用网络计划技术制定工程计划,不仅要考虑工期和资源情况,还必须考虑成本,讲求经济效益。

1. 时间与费用的关系

某一计划任务或工程项目的总费用由该任务的直接费用和间接费用两部分组成。其关系如图 13-16 所示。

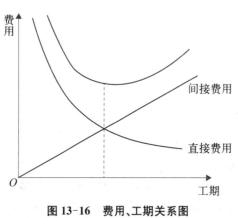

图 13-16　费用、工期关系图　　　图 13-17　直接费用与工期的关系

间接费用是指不能或不宜直接计算，必须按一定标准分摊于成本计算对象的费用。这部分费用与各项作业没有直接关系，只和工期长短有关。工期越长，间接费用越大，如图 13-16 所示。直接费用是指与完成工程项目直接有关的费用，直接费用与工期成正比关系，如图 13-17 所示。

与极限工期所对应的是极限费用，其关系如图 13-17 所示。计算直接费用率的公式如下：

$$K = (C_M - C_N)/(T_N - T_M)$$

其中：K 代表成本斜率；C_M 代表极限费用；C_N 代表正常费用；T_N 代表正常工期；T_M 代表极限工期。直接费用率表示每缩短单位时间所需增加的直接费用。

2. 时间-费用优化的方法

进行时间-费用优化的步骤是：第一，作网络图；第二，寻找网络计划的关键线路，并计算计划完成的时间；第三，计算正常时间的总费用；第四，计算网络计划各项作业的成本斜率；第五，选关键线路上成本斜率最低作业作为赶工对象进行赶工，以缩短计划完成时间；第六，寻找新的关键线路，并计算赶工后计划完成时间；第七，计算赶工后时间总成本费用；第八，重复第五、第七步，计算各种改进方案的日程成本费用；第九，选定最佳费用成本时间。

时间费用优化应按以下规则进行：

(1) 压缩工期时，应选关键路线上直接费用最小的作业，以增加最少直接费用来缩短工期；

(2) 在确定压缩某项作业期限时，既要满足作业极限时间所允许的赶工限制，又要考虑网络图中长路线工期同关键路线工期的差额限制，并应取两者中较小者；

(3) 为使网络图不断优化，出现数条关键路线时，继续压缩工期就必须在这数条关键路线上同时进行，否则仅压缩其中一条关键路线的时间，不会达到缩短工程总工期的目的。

【例 13-5】 某项工程共有 6 项作业,其网络图、作业时间及费用如图 13-18 及表 13-5 所示。若间接费用为每周 500 元,试进行时间-费用优化。

表 13-6 时间及费用表

作业代号	作业时间(周)		作业费用(千元)		直接费用率(千元/周)
	ES	LS	EF	LF	
A	3	1	2	3.2	0.6
B	8	4	5	6.2	0.3
C	6	3	4	4.6	0.2
D	2	1	3	3.1	0.1
E	6	4	4	4.8	0.4
F	3	2	2	2.8	0.8

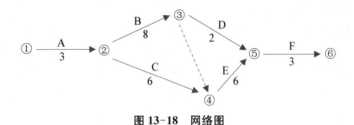

图 13-18 网络图

解:将已知条件填入,然后逐步优化。优化结果如表 13-7 所示。计算结果表明:最低工程费用为 29 400 元,对应的最佳工期为 14 周;最短工期为 11 周,其对应的工程总费用为 29 900 千元。

表 13-7 时间—费用优化步骤表

		A	B	C	D	E	F	原工期	优化				
		0.6	0.3	0.2	0.1	0.4	0.8		(一)	(二)	(三)	(四)	(五)
A—B—D—F		3	8		2		3	16	14	14	12	10	9
A—B—E—F		3	8			6	3	20#	18#	16#	14#	12#	11#
A—C—E—F		3		6		6	3	18	18#	16#	14#	12#	11#
赶工限制时间		2	4	3	1	2	1	$C_0=2+5+4+3+4+2+0.5\times20$ $=30(千元)$					
优化	(一)	2	2	3	1	2	1	$C_1=30-2\times(0.5-0.3)=29.6(千元)$					
	(二)	2	2	3	1	0	1	$C_2=29.6-2\times(0.5-0.4)=29.4(千元)$					
	(三)	2	0	1	1	0	1	$C_3=29.4-2\times(0.5-0.3-0.2)$ $=29.4(千元)$					
	(四)	0	0	1	1	0	1	$C_4=29.4-2\times(0.5-0.6)=29.6(千元)$					
	(五)	0	0	1	1	0	0	$C_2=29.6-(0.5-0.8)=29.9(千元)$					

三、时间-资源优化

时间-资源优化是指在一定的工期条件下,通过平衡资源,求得工期与资源的最佳结合。时间-资源优化是一项工作量大的作业,往往难以对工程进度和资源利用都做出合理的安排,常常需要进行几次综合平衡后,才能得到最后的优化结果。时间-资源优化主要靠试算。对于比较简单的问题,可以按以下步骤进行:根据日程进度绘制线条图;绘制资源需要动态曲线;依据有限资源条件和优化目标,在坐标图上利用非关键工序的时差,依次调整超过资源约束条件的工作时期内各项作业的开工时间,直到满足平衡条件为止。时间-资源优化是有限资源的调配优化问题,就是在资源一定的条件下,使完成计划工期最短。优化的步骤和方法的要点如下:

(1) 根据规定的工期和工作量,计算作业所需要的资源数量,并按计划规定的时间单位做出日程上的进度安排;

(2) 在不超过有限资源和保证总工期的条件下,合理调配资源,将资源优先分配给关键线路上的作业和时差较小的作业,并尽量使资源能均衡地、连续地投入,避免骤增骤减;

(3) 必要时适当调整总工期,以保证资源的合理使用。

【例 13-6】 某工程所含有作业及其需要的时间、资源数量如图 13-19(a)(b)所示。若该计划仅有人力资源 10 人可供使用,问应如何安排方案。

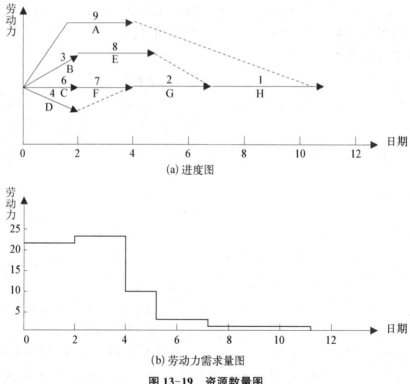

图 13-19 资源数量图

解：在最早开始的进度安排中，人力资源需要高峰在 A、E、F 这 3 项作业同时进行的第 3 天和第 4 天，需要 24 人。这时 A 和 E 都不得有时差（分别是 7 天和 2 天），因此，它们在允许范围内向后延迟开工，并不影响工程的完工期。F 作业在关键路线上，不能调整。因为 A 作业的时差大，故先调整它，让它向后推迟 7 天开工，即从第 8 天开工到第 11 天结束，这样有助于填补劳动力资源需要量的低落状况，经第一次调整后，其人力资源利用状况如图 13-20 所示。

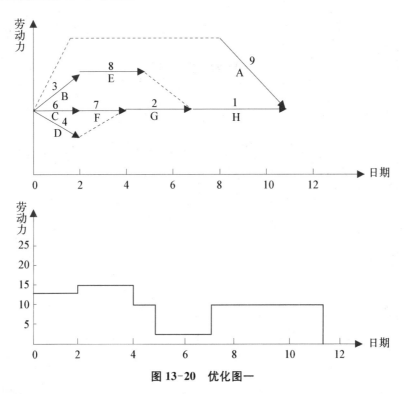

图 13-20　优化图一

继续调整，第 3—4 天仍是高峰，E 作业有时差，向后延迟至最迟开工时间，如图 13-21 所示。这时劳动力资源高峰发生在第 1—2 天，同时进行工作的有 B、C、D。C 作业是关键路线作业，B 和 D 均有两天时差，延迟 B 两天，如图 13-22 所示。由该图可以看出，在原工程的总工期范围内，并没有增加任何费用，取得了劳动力资源安排的较优方案，实现了仅需要 10 人即可的理想状况。

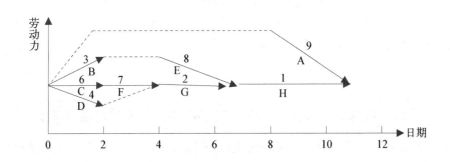

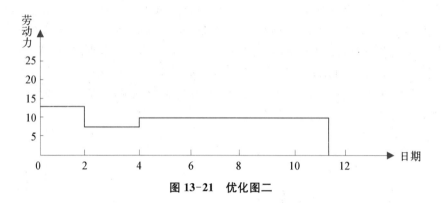

图 13-21 优化图二

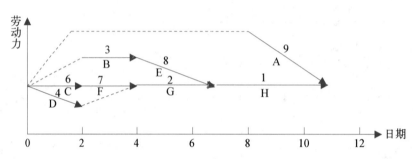

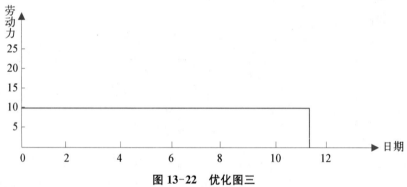

图 13-22 优化图三

复习思考题

1. 什么是网络计划技术？
2. 网络图的组成及其应遵循的原则有哪些？
3. 计算网络时间包括哪些内容？什么是结点时间、工序时间？
4. 网络图与甘特图的异同有哪些？

案 例 分 析

从时装品牌 ZARA 成功的 IT 系统应用看 IT 流程与项目管理

通过对 ZARA 公司运作模式的研究发现，ZARA 为顾客提供"买得起的快速时装"

战略的成功得益于公司出色的服装行业全程供应链管理,以及支撑供应链的 IT 系统应用。

1. 业务战略

ZARA 的业务战略是为顾客提供"买得起的快速时装"。ZARA 公司采取"快速、少量、多款"的品牌管理模式,以实现快速设计、快速生产、快速出售、快速更新的目标,专卖店商品每周更新达到两次。

Inditex 集团公司原有的组织构架也是传统型的,后来 Inditex 对其组织构架进行了全面的运作改制,建立起灵活、高效的矩阵式组织结构,规范部门的职能,建立起有效的沟通协调机制。改制后的各部门完全没有了过去的沟通协调障碍,呈现在企业每个部门、每个员工面前的是企业各种数据的使用,加快了协调速度,使企业运营效率达到最高。

2. IT 战略

ZARA 是一个典型的"由内而外"选择 IT 的例子。纵观 ZARA 整条供应链中的 IT 应用发现,ZARA 的 IT 实施是具有一定的侧重点的。在设计阶段,ZARA 大规模地投资,甚至自主设计整个数据库系统,保证每年大量设计款式的顺利推出。在生产和配送环节,为了确保设计出的服装能够快速上市,ZARA 也进行了大量投资。但这里的投资针对 IT 技术的并不占太大比例,而是大量投资于生产、分拣和配送的机械设备;而对于销售门店 ZARA 的 IT 投资就显得更加吝啬,它只是利用非常普遍的 POS 系统与总部的数据库相连。另外,对门店的 IT 投资还有门店经理手提通信设备的配备。

不难看出,ZARA 的 IT 投资主要应用于供应链前端,包括信息的大量搜集和整合,而到供应链后半部则减少投资额,只是确保流程的快速运行和信息的有效反馈即可。仔细分析就会发现后者正是前者的结果。ZARA 的 IT 投资策略的妙处就在于在供应链之初整合大量的信息,从而结合品牌特性在设计阶段就保证产品的时尚特性。因此,也就无须在供应链末端做过多调整,自然可以减少销售环节的 IT 投资。

这样侧重总部的集中 IT 建设的优点还在于,由于总部的隐蔽性,它难以被其他公司学习和模仿,保证了公司运作在 IT 层面的核心优势。

3. IT 架构和流程

IT 系统的应用将 ZARA 的产品设计、生产、配送和销售迅速融为一体,让 ZARA 的供应链"转"得更快。正是因为在信息应用方面表现卓越,ZARA 才拥有如此惊人的速度。它的卓越性主要表现在 4 个方面。

(1) 在新产品设计过程中,密切关注潮流和消费者的购买行为,收集顾客需求的信息并汇总到西班牙总部的信息库,为设计师设计新款式提供依据,以快速响应市场需求。

(2) 在信息收集过程中,ZARA 的信息系统更强调服装信息的标准化,为新产品设计和生产提供决策支持。

(3) 在 ZARA 供应链上,ZARA 借助自主开发的信息系统对产品信息和库存信息进行管理,控制原材料的库存,并为产品设计提供决策信息。卓越的产品信息和库存管理系统使 ZARA 团队能够管理数以千计的布料、各种规格的装饰品、设计清单和库存商品,以及利用现有库存设计服装。

值得一提的是,ZARA信息系统对分销过程中的物流配送进行跟踪管理。ZARA的分销设施非常先进,运行时需要的人数非常少。大约200千米的地下传送带将商品从ZARA的工厂运到位于西班牙ZARA总部的货物配送中心。为了确保每一笔订单准时到达目的地,ZARA的分拣借用了光学读取工具,每小时能挑选并分拣超过60 000件衣服。在ZARA总部还设有双车道的高速公路直通配送中心。由于其快速、高效的运作,这个货物配送中心实际上只是一个服装的周转地,而不是仓库。

资料来源:葛星.ZARA供应链的"极速传奇"[J].物流时代,2005(16):64-66.

第十四章 准时生产与精益生产

【学习目标】

1. 掌握 JIT 的实质。
2. 理解广告牌的作用和广告牌控制系统。
3. 掌握实行 JIT 需要具备的条件。
4. 理解精益生产的思想和主要内容。

开篇案例

塞斯纳飞机公司的精细生产

1996 年,当塞斯纳飞机公司(Cessna Aircraft Co.)在堪萨斯州独立市成立新的工厂时,公司发现了一个转型的机会,可以在当时精心生产的小型单引擎飞机中进行精细生产改革。为了实现这个目标,塞斯纳飞机公司采取了以下 3 种做法。

(1) 塞斯纳飞机公司和其数家供应商之间实行了寄售库存和供应商管理库存方案。例如,霍尼韦尔公司在现场持有 30 天的航空电子零部件库存。此外,该公司鼓励其他供应商在工厂附近设立仓库存放供应品,以便每天按时将零部件送到生产线上。

(2) 塞斯纳飞机公司的管理者致力于推行多技能培训,使生产员工学习彼此的工作内容,并可根据需要在生产线上从事不同岗位的工作。为做到这一点,该公司聘请生产线上退休的员工对新员工进行辅导。公司要求员工以团队的形式工作,并对团队工作质量承担责任。

(3) 塞斯纳飞机公司利用成组技术和单元制造技术。原来的批量生产流程造成大量库存和成品飞机的积压,现在,塞斯纳飞机公司只有在接到订单后,才开始根据订单来组织生产。

这些提高生产效率的长期努力正是精细生产的一部分,这也使得塞斯纳飞机公司成为行业中的领先公司,占据大约一半的小型飞机市场份额。

资料来源:[美]杰伊·梅译,巴里·伦德尔.运作管理[M].8 版,陈荣秋、张祥,等译,中国人民大学出版社,2006.

第一节 准时生产

准时生产和精细管理作为丰田生产系统的成功经验总结,是消除浪费、成长为世界级公司的持续改进方法。在理论上,两种方法有一定的差异。前者强调的是强行解决问题的内部操作方法,而后者强调的是理解顾客。在实践中,它们之间的区别很小,经常相互替代。

一、准时生产(JIT)概述

(一)准时生产的起源

丰田汽车公司早在初建阶段,丰田喜一郎就提出了"非常准时"的基本思想,这一思想是实行丰田生产系统的原则和基础。20世纪50年代初,广告牌管理的积极推行者、当时在丰田汽车公司机械工厂工作的大野耐一,从美国超级市场的管理结构和工作程序中受到启发,从而找到了通过广告牌来实现"非常准时"思想的方法。他认为,可以把超级市场看作作业线上的前一道工序,把顾客看作这个作业线上的后一道工序。顾客(后工序)来到超级市场(前工序),在必要的时间就可以买到必要数量的必要商品(零部件)。超级市场不仅可以"非常及时"地满足顾客对商品的需要,而且可以"非常及时"地把顾客买走的商品补充上(当计价器对顾客买走的商品进行计价之后,载有购走商品数量、种类的卡片就立即送往采购部,使商品得到及时补充)。但流通领域与生产领域毕竟是两个不同的领域,要在工业企业中实行广告牌管理。丰田公司进行了多年的探索和实验,于1962年才在整个公司全面实行。到了20世纪70年代,丰田生产方式扩展到汽车工业以外。虽然各个企业的做法不尽相同,但其基本思想是一致的。

(二)出发点

准时生产的出发点是不断消除浪费,进行永无休止的改进。这里所说的浪费,比我们通常所说的浪费的概念要广泛得多,深刻得多。什么是浪费?按照丰田汽车公司的说法,凡是超过生产产品所绝对必要的最少量的设备、材料、零件和工作时间的部分,都是浪费。这个定义有含糊之处,对于什么是"绝对必要"的,没有一定的标准。美国一位管理专家对这个定义做了修正。他提出,凡是超出增加产品价值所必需的绝对最少的物料、机器和人力资源的部分,都是浪费。这里有两层意思:一是不增加价值的活动,是浪费的;二是尽管是增加价值的活动,所用的资源超过了"绝对最少"的界限,也是浪费。

在生产过程中,只有实体上改变物料的活动才能增加价值。加工零件、装配产品、油漆包装等增加价值。但是,很多我们常见的活动,如点数、库存、质量检查和搬运等不增加价值,有时还会减少价值(常常引起损伤),因而都是浪费。

(三)理想的生产方式

JIT又称为"无库存"或"零库存"生产或"一个流"。"无库存生产"就是不提供暂时不需要的物料的生产,即提供的都是当时需要的。"一个流"是指需要一件,生产一件,零件一个一个地流动。JIT认为库存不仅造成浪费,还将许多管理不善的问题掩盖起来,使问题得不到及时解决,就像水掩盖了水中的石头一样。比如,机器经常出故障、设备调整时间太长、设备能力不平衡、工人缺勤、备件供应不及时等问题,由于库存水平高,不易被发现,如图14-1所示。JIT就是要通过不断减少各种库存来暴露管理中的问题,以不断消除浪费,进行永无休止的改进。

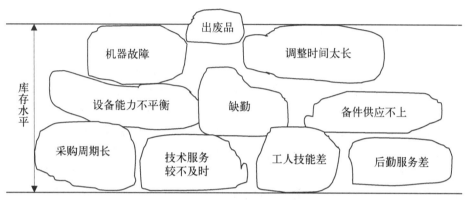

图 14-1 库存水平高掩盖的管理问题多

JIT是一种理想的生产方式,有两个原因。一是它设置了一个最高标准,一种极限,就是"零"库存,实际生产可以无限地接近这个极限,但却永远不可能达到零库存。有了这个极限,才使得改进永无止境。二是因为它提供了一个不断改进的途径,即降低库存——暴露问题——解决问题——降低库存……这是一个无限循环的过程。例如,通过降低在制品库存,可能发现生产过程经常中断,原因是某些设备出了故障,来不及修理,工序间在制品少了,使后续工序得不到供给。要使生产不发生中断,可以采取两种不同的办法:一种办法是加大工序间在制品库存,提供足够的缓冲,使修理工人有足够的时间来修理设备;另一种办法是分析来不及修理的原因,是备件采购问题还是修理效率问题,能否减少修理工作的时间。后一种办法符合JIT的思想。按JIT的思想,宁可中断生产,决不掩盖矛盾,找到问题,分析原因,解决问题,使管理工作得到改进,达到一个新的水平。当生产进行得比较正常时,再进一步降低库存,使深层问题得到暴露,解决新的问题,使管理水平得到进一步提高。因此,推行JIT是一个不断改进的动态过程。

JIT改进的途径并不一定从"降低库存"开始。当管理中的问题很明显时,可以先解决问题,然后降低库存。如果现存的问题很多,不去解决它,还要降低库存,那就会使问题成灾,甚至使企业瘫痪。"降低库存"要逐步进行,不能一次降得太多,否则也会造成问题成堆,解决问题无从下手。但是,很多问题往往隐藏很深,尤其是当管理水平已达到较高水平时,就不大容易发现,在这种情况下通过降低库存来暴露问题是必要的。

(四)综合的管理技术

JIT基本思想简单,容易理解。但是,实现JIT却不容易,因为实施JIT几乎要涉及企业的每一个部门,渗透到企业的每一项活动之中。日本丰田汽车公司从看到美国的超级市场开始就有了准时生产的思想,但还是经过了20多年坚持不懈的努力,才达到比较完善的地步。JIT是一项综合的管理技术,它涉及产品的设计、生产计划的编制、机器的改造、设备的重新布置、工序的同期化、设备的预防维修、生产组织和劳动组织的调整、人员的再培训等各方面的工作。任何一个环节不改进,JIT就推行不下去。JIT是生产管理上的一次革命。那种急功近利,要求"立竿见影"、短期内就"大见成效"的思想是不符合JIT不断改进的思想的。

二、广告牌控制系统

(一) 推进式系统和牵引式系统

对于加工装配式生产,产品由许多零件构成,每个零件要经过多道工序加工。要组织这样的生产,可以采用两种不同的发送生产指令的方式,即推进式系统和牵引式系统。

推进式(Push)方法是由一个计划部门根据市场需求,按零部件展开,计算出每种零件部件的需要量和各生产阶段的生产提前期,确定每个零部件的投入出产计划,按计划发出生产和订货的指令。每一工作地、每一生产车间和生产阶段都按计划制造零部件,将实际完成情况反馈到计划部门,并将加工完的零部件送到后一道工序和下游生产车间,不管后一道工序和下游生产车间当时是否需要。物料流和信息流是分离的。实行推进式方法的生产系统称为推进式系统。推进式系统如图14-2所示。

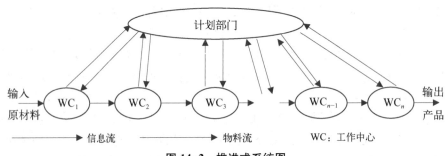

图14-2 推进式系统图

牵引式(Pull)方法是从市场需求出发,由市场需求信息牵动产品装配,再由产品装配牵动零件加工。每道工序、每个车间和每个生产阶段都按照当时的需要向前一道工序、上游车间和生产阶段提出要求,发出工作指令,上游工序、车间和生产阶段完全按这些指令进行生产。物料流和信息流是结合在一起的。实行牵引式方法的生产系统称为牵引式系统。日本丰田汽车公司的生产系统就是牵引式系统。牵引式系统如图14-3所示。

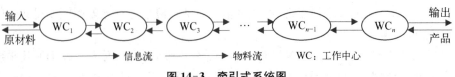

图14-3 牵引式系统图

对于推进式系统，进行生产控制的目的就是保证按生产计划要求按时完成任务。但实际上由于计划难以做到十分精确，加上不可避免的随机因素的干扰，一般不能做到每道工序都按时完成，这就需要取得实际进步和计划要求偏离的信息，并采取纠正措施。纠正措施可以是加快实际进度（如加班、加点），以保证计划的完成，也就是修改计划进度，使之符合实际情况。例如，MRP 是一个比较完善的计划方法。它的思想也是按需要准时生产，但是能够进行准时生产，不是 MRP 系统本身决定的。任何计划都不可能把未来的情况考虑得十分周全，很多意想不到的事情会在计划的执行过程中出现，迫使管理人员要么修改计划，要么采取一切行动，保证计划的实现，而且零部件和产品的生产提前期也难以预测得十分精确。所以，靠推进式系统，即使是 MRP 这样比较完善的方法实行的推进式系统，也难以真正做到准时生产。

采用牵引式系统可以真正实现按需生产。如果每道工序都按其紧后工序的要求，在适当的时间，按需要的品种与数量生产，就不会发生不需要的零部件生产出来的情况。

（二）丰田的广告牌控制系统

广告牌又称作传票卡，是传递信号的工具。它可以是一种卡片，也可以是一种信号，一种告示牌。广告牌及其使用规则构成了广告牌控制系统。

实行广告牌管理之前，设备要重新排列，重新布置。做到每种零件只有一个来源，零件在加工过程中有明确固定的移动路线。每一个工作地也要重新布置，使在制品与零部件存放在工作地旁边，而不是存放在仓库里。这一点很重要，因为现场工人亲眼看到他们加工的东西，就不会盲目地过量生产。同时，工人可以看到什么样的零部件即将用完，需要补充，也不会造成短缺，影响生产。重新布置使得加工作业的每一个工作地都有两个存放处：入口存放处和出口存放处。对于装配作业，一个工作地可能有多个入口存放处，如图 14-4 所示。众多的存放处放在车间内，使车间好像变成了库房。这种车间与库房合一的形式是广告牌控制的一个特点，是准时生产的初级阶段。

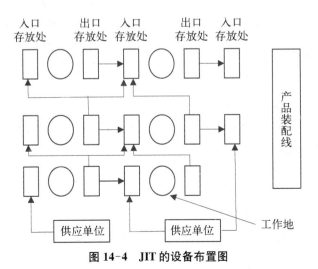

图 14-4　JIT 的设备布置图

1. 广告牌

广告牌分两种,即传送广告牌和生产广告牌。传送广告牌用于指挥零件在前后两道工序之间移动。当放置零件的容器从上道工序的出口存放处运送到下道工序的入口存放处时,传送广告牌就附在容器上。当下道工序开始使用其入口存放处容器中的零件时,传送广告牌就被送到上道工序出口存放处相应的容器上,同时将该容器上的生产广告牌取下,放在生产广告牌盒中。可见,传送广告牌只是在上道工序的出口存在处与下道工序的入口存放处之间往返运动。每一个传送广告牌只对应一种零件。由于一种零件总是存放在一定的标准容器内,所以一个传送广告牌对应的容器也是一定的。

传送广告牌通常包括以下信息:零件号、容器容量、广告牌号(如发出 5 张的第 3号)、供方工作地号、供方工作地出口存放处号、需方工作地号、需方工作地入口存放处号。

典型的传送广告牌如图 14-5 所示。

从供方工作地: 38♯油漆	零件号:A435 油箱座 容器:2 型(黄色) 每一容器容量:20 件 广告牌号:3 号(共发出 5 张)	到需方工作地: 3♯装配
出口存放处号 No.38-6		入口存放处号 No.3-1

图 14-5 典型的传送广告牌图

生产广告牌用于指挥工作地的生产,它规定了所生产的零件及其数量。它只在工作地和它的出口存放处之间往返。当需方工作地转来的传送广告牌与供方工作地出口存放处容器上的生产广告牌对上号,生产广告牌就被取下,放入生产广告牌盒内。该容器(放满零件)连同传送广告牌一起被送到需方工作地的入口存放处。工人按顺序从生产广告牌盒内取走生产广告牌,并按生产广告牌的规定,从该工作地的入口存放处取出要加工的零件,加工完规定的数量之后,将生产广告牌挂到容器上。典型的生产广告牌如图 14-6 所示。

工作地号:38#油漆
零件号:A435 油箱座
放于出口存放处:No.38-6
所需物料:5#漆,黑色
放于:压制 21-11 号储藏室

图 14-6 典型的生产广告牌图

每一个生产广告牌通常包括以下信息:

(1) 要生产的零件号;容器的容量;供方工作地号;供方工作地出口存放处号;广告牌号(如发出 4 张的第 1 号)。

(2) 所需的物料:所需零件的简明材料清单;供给零件的出口存放处位置。

(3) 其他信息,如所需工具等。

2. 用广告牌组织生产的过程

用广告牌组织生产的过程如图 14-7 所示。为简化起见,假设只有 3 个工作地,其中 3 号工作地为装配工作地。对于装配工作地,可能有很多工作地向它提供零件,因而

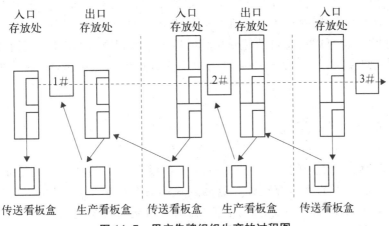

图 14-7 用广告牌组织生产的过程图

它的入口存放处会有很多容器,存放着各种零件。

产品装配是按装配计划进行的。当需要装配某台产品时,3号工作地就发出传送广告牌,按传送广告牌规定的供方工作地及出口存放处号,找到存放所需零件的容器。将容器上挂着的生产广告牌取下,放到2号工作地的生产广告牌盒中,并将传送广告牌挂到该容器上,将容器运到3号工作地的入口存放处相应的位置,供装配使用。2号工作地的工人从生产广告牌盒中取出一个生产广告牌,按生产广告牌的规定,到2号工作地的入口存放处找到放置所需零件的容器,从中取出零件进行加工。同时,该容器上的传送广告牌放入2号工作地的传送广告牌盒中。当生产的数量达到标准容器的要求,则将生产广告牌挂到该容器上,将容器放于2号工作地的出口存放处规定的位置。同样,将2号工作地的传送广告牌送到1号工作地的出口存放处,取走相应的零件。按同样的方式,逐步向前推进,直到原材料或其他外购件的供应地点。

实行广告牌管理需要确定发出的广告牌数量。一般而言,工件等待时间越长,所需传动广告牌的数量越多;同样,生产时间越长,则所需的生产广告牌数量越多。反过来,如果我们要缩短工件等待时间和加工时间,可以减少发出的广告牌数。当然,减少广告牌数并不能直接缩短工件的等待时间和加工时间,只能暴露出生产管理中的问题。从而分析问题,采取措施,最终改进管理。

3. 广告牌管理的主要工作规则

使用广告牌的规则很简单,但执行必须严格。无论生产广告牌还是传送广告牌,在使用时,必须附在装有零件的容器上;必须由需方到供方工作地凭传送广告牌提取零件或者由需方向供方发出信号,供方凭传送广告牌转送零件。总之,要按需方的需求传送零件,没有传送广告牌不得传送零件;要使用标准容器,不允许使用非标准容器或者虽使用标准容器但不按标准数量放入。这样做可减少搬运与点数的时间,并可防止损伤零件;当从生产广告牌盒中取出一个生产广告牌时,只生产一个标准容器所容纳数量的零件。当标准容器装满时,一定要将生产广告牌附在标准容器上,放置到出口存放处,而且按照广告牌出现的先后顺序进行生产;次品不交给下道工序。

按照这些规则，就会形成一个十分简单的牵引式系统。每道工序都为下道工序准时提供所需的零件，每个工作地都可以在需要的时候从其上道工序得到所需的零件，每个工作地都可以在需要的时候从其上道工序得到所需的零件，使物料从原材料到最终装配同步进行。做到这一点就可以消除人们的紧张心理，避免零件囤积造成的浪费。

三、准时生产的实现

用广告牌组织生产的过程表明，有两个存放在制品的地方：上道工序的出口存放处和下道工序的入口存放处。这两处在制品数量越少，生产的准时性就越好。每减少一次在制品，都要付出极大的努力，大大改进各方面的管理。至于减少原材料和外购件库存，还与供应厂家有关，更是不易做到。但是，只要初步实现了按牵引方式组织生产，就到达了进入准时生产的一个起始点，沿着JIT方式指引的方向不断改进。

实际上，大多数在制品存放在出口存放处，出口存放处的在制品数量可按发出的生产广告牌数计算，因为生产广告牌挂在出口存放处的容器上。当传送广告牌附在容器上时，容器不是处于搬运过程中，就是放在入口存放处。于是，可以用发出的传送广告牌数来计算处于搬运过程和入口存放处的在制品数量。因此，控制广告牌的发出数量就控制了工序间的在制品数量。

通常，可以用下述方法来控制欲调整在制品的数量：

（1）在固定生产作业计划期的期初发出广告牌。固定生产作业计划期指能将生产作业计划确定下来不再改变的时间范围，它取决于各个企业所处的条件，一般为10～30天。

（2）减少超过维持前后工序不平衡的在制品所对应的广告牌数。

（3）减少广告牌，如出现问题，则找出原因。当需要找出某一工作地生产上存在的问题时，则减少发出的生产广告牌数；当需要找出物料搬运方面以及需方工作地存在的问题时，则减少发出的传送广告牌数。

（4）生产中的问题有些是可以预先发现的，有些则只有通过减少在制品库存的方法才能发现。

（5）要让每一个人，从工人到管理人员，都动脑筋想办法来解决发现的问题。比如，让大家思考有无新的主意来减少调整准备时间、更换机器或采用预防维修可否减少停机时间、如何更好地实现生产率与需求率之间的平衡，等等。

（6）采用最简单易行的、花费最少的方法使生产在新的低库存水平下运行。

（7）当在较低库存水平下生产能够平稳地运行时，再减少一些广告牌。

（8）重复以上过程，直至不需要广告牌，就实现了准时生产。

这是一个无止境的改善过程。在这个过程中，要使问题摆在每个人的面前，让大家想办法解决。这个过程是不断收紧的过程，使企业永远不会停止改进，这正是JIT的实质所在。

第二节 精益生产

精益生产(lean production, LP)是美国麻省理工学院国际汽车项目组(international motor vehicle program, IMVP)的研究者给日本汽车工业的生产方式起的名称。之所以用"lean"这个词,是因为与大量生产相比,LP只需要一半的人员、一半的生产场地、一半的投资、一半工程设计时间、一半新产品开发时间和少得多的库存,就能生产质量更高、品种更多的产品。精益生产既是一种原理,又是一种新的生产方式,是继大量生产(mass production, MP)方式之后,对人类社会和人们的生活方式影响最大的一种生产方式,是新时代工业化的象征。

一、精益生产的起源

精益生产起源于日本丰田汽车公司,有时人们将丰田生产方式与精细生产不加区别地使用。实际上,准时制、丰田生产系统(Toyota production system, TPS)和精益生产之间很多内容都是相同的,只是它们之间强调的重点有所区别。准时制强调企业内部持续改善;精益生产强调抓住顾客真正的需求,为顾客创造价值;丰田生产系统则包括公司内部管理,如授权员工、培训员工等。精益生产的出现不是偶然的,有其深刻的历史渊源。为了说明精益生产的起源,以汽车工业为例,先要从大量生产谈起。

(一)从手工生产到大量生产

1. 手工生产方式

19世纪末,法国巴黎P&L(Panhard-Levassor)机床公司开始制造汽车,它采用的是一种典型手工生产方式。工人都是熟练的技术工人,他们不仅懂机械设计和材料,而且具有高超的操作技术。他们与P&L公司签订合同,在手工工场独立地完成产品设计和制作。P&L公司完全按顾客的要求生产汽车,因此,几乎没有两辆车是相同的。零件由不同的工人制造,各种零件形状与尺寸都有差异,在装配汽车时只能对零件进行选配。这样制作的汽车成本很高,而且容易出故障。但由于顾客是富翁,他们并不关心驾驶与维修成本,他们所关心的只是气派、速度和自己独特的风格。

手工生产方式的特点是:工人以师傅带徒弟的方式培养,具有高超技术;组织分散,产品设计和零件制造分散,使用通用机器,实行单件生产。

2. 大量生产方式的兴起

1908年,亨利·福特推出了他的T型车。该车驾驶和修理都比较方便,不用专门的司机和机械师。福特设想,像生产别针和火柴那样生产T型车,以使劳动生产率大幅度提高,成本大幅度降低。进行大量生产的技术关键是零件的互换性和装配的简单化。零件具有互换性才能使任何地方任何人加工的零件都能装配到一起。这样,可实行更广泛的分工。装配简单化就不需要全能的装配工,也大大节省了装配时间。零件互换性和装配的简化是采用装配生产线的前提条件。随着大量生产方式在全世界的广泛传播和应用,一些小的汽车公司被淘汰和兼并。在美国,原来有 100 多家汽车公司,到后来只剩 12 家,其中最强的 3 家(通用、福特和克莱斯勒)占全部销售额的 95%。

福特的大量生产方式使美国的劳动生产率大大提高,使美国成为世界上经济最发达的国家,也改变了美国人的生活方式。

(二)从大量生产到精益生产

1. 大量生产方式的衰落

第一次世界大战之后,以美国企业为代表的大量生产方式逐步取代了以欧洲企业为代表的手工生产方式;第二次世界大战之后,以日本企业为代表的精益生产方式又逐步取代大量生产方式。任何一种生产方式都是时代的产物,都有一个产生、发展与衰退的过程。因为任何一种生产方式都有其优点和缺陷,发展是螺旋式上升的,大量生产方式否定了手工生产方式,精细生产方式又否定了大量生产方式。

福特的大量生产有一个根本的缺陷,就是缺乏适应品种变化的能力,即缺乏柔性。尽管在随后的 50 多年里,大量生产方式推广到全世界,并做出了很多改进,但是它的固有缺陷并没有被克服。专用、高效、昂贵的机器设备缺乏柔性,使大量生产者拒绝开发新品种。为了将高额的固定成本分摊到尽可能多的产品上,生产线不能停工。为了保证不间断地生产,就需要各种缓冲:过量的库存,过多的供应厂家,过多的工人,过大的生产场地。

这种缺陷在能源紧张、原材料价格上涨、工资提高、消费多样化的时代,显得格外突出。如表 14-1 引用了 IMVP1989 年世界汽车装配厂的统计资料,它充分说明了大量生产的衰落。表中,在日本的日本汽车装配厂是精细生产的代表,欧洲的汽车装配厂是大量生产的代表,北美的美国工厂和日本工厂不同程度地实现了精益生产方式。

表 14-1 1989 年世界汽车装配厂比较(平均值)

比较内容	地区平均值			
	在日本的日本工厂	在北美的日本工厂	在北美的美国工厂	欧洲
生产率(小时/辆)	16.8	21.2	25.1	36.2
质量(百辆车装配缺陷)	60.0	65.0	82.3	97.0
生产场地(平方尺/年·辆)	5.7	9.1	7.8	7.8
返修区大小(占装配场地%)	4.1	4.9	12.9	14.4
8 种代表零件库存(天数)	0.2	1.6	2.9	2.0
加入工作小组的工人比例(%)	69.3	71.3	17.3	0.6
工作轮换(0-不轮换) (4-长轮换)	3.0	2.7	0.9	1.9
平均每个雇员建议数	61.6	1.4	0.4	0.4

(续表)

比较内容	地区平均值			
	在日本的日本工厂	在北美的日本工厂	在北美的美国工厂	欧洲
职业等级数	11.9	8.7	67.1	14.8
新工人培训时间（小时）	380.3	370.0	46.4	173.3
缺勤率	5.0	4.8	11.7	12.1
焊接自动化程度（%）	86.2	85	76.2	76.6
油漆自动化程度（%）	54.6	40.7	33.6	38.2
装配自动化程度（%）	1.7	1.1	1.2	3.1

资料来源：[美] MIT.运作管理[M].国际汽车共同研究报告,1990.

2. 精益生产方式的出现

1950年，丰田汽车公司丰田喜一郎到美国参观了福特汽车公司在底特律的荣格（Rouge）工厂。对这个当时世界上最大、最有效率的汽车制造厂，丰田喜一郎发现有可改进之处。回到日本后，经过与生产管理专家大野耐一仔细研究，丰田得出一条重要结论：大量生产方式不适合日本。日本企业不能像美国企业那样，在大量生产中雇佣大量的移民。同时，在汽车生产中需要大量的冲压件。冲压件的加工需要在压力机上配备重达数吨的模具，压制不同的零件需要不同的模具。在美国，更换模具是由专家来做的。换一次模具常常需要1～2天时间。为了提高效率，西方一些汽车制造厂常常配备数百台压力机，以至于数月甚至数年才更换一次模具。这样大量生产冲压件，在制品库存相当高。而且，一旦工序失控，会大量生产不合格产品，造成大量报废、大量返工。在很多大量生产的工厂，大约有20%的生产面积和25%的工作时间是用来返修产品的。

为了解决换模问题，大野耐一用了10多年时间研究出一种快速换模方法。他利用滚道送进送出模具，采取一种一般操作工人可迅速掌握的调整办法，使换模时间减为3分钟。3分钟换模使加工不同零件与加工相同零件几乎没有什么差别。为多品种小批量生产创造了条件，使得每个零件的制造成本比大量生产的还低。小批生产的使在制品库存大大降低，加工过程的质量问题可以及时发现，避免了大量生产不合格品和大量返修，而且一机多用，降低了固定成本。

大量大批生产通过专用机床和专用工艺装备来提高加工的速度和减少调整准备时间，从而实现高效率加工。精益生产突破了"批量小，效率低，成本高"的逻辑，打破了大量生产"提高质量则成本升高"的惯例，使成本更低，质量更高，能生产的品种更多，是一种可以淘汰大量生产的新生产方式。

3. 三种生产方式的比较

精益生产综合了手工生产方式和大量生产方式的优点，克服了两者的缺点，使它成为新形势下最有生命力的生产方式。不同生产方式的对比如表14-2所示。

表 14-2　三种生产方式的比较

	手工生产方式	大量生产方式	精益生产方式
产品特点	完全按照顾客要求	标准化品种单一	品种规格多样系列
加工设备和工艺设备	通用,灵活,便宜	专用,高效,昂贵	柔性高,效率高
分工与工作内容	粗略,丰富多样	细致,简单,重复	较粗,多技能,丰富
操作工人	懂设计制造,具有高操作技艺	不需要专门技能	多技能
库存水平	高	高	低
制造成本	高	低	更低
产品质量	低	高	更高
权力与责任分配	分散	集中	分散

(三) 精益生产与传统生产的比较

1. 产品开发

传统的大量生产方式采用的是比较松散的矩阵式工作小组的组织形式,项目经理实际上是协调员,负责协调参与产品开发的各个部门的工作,而无重大问题的决策权,工作效率低下。精益生产方式采用紧密的矩阵式工作小组的组织形式,项目经理拥有更大的权力,提高了工作效率,降低了开发费用。大量生产方式采用串联的产品开发工作程序,即产品开发设计在各部门之间以接力式进行,延长了新产品开发时间。精益生产方式采用并联式工作程序,即同时工程、同步工程或并行工程,缩短了新产品的开发时间。采用大量生产方式的企业,主机厂一般不要协作厂参与产品设计。采用精益生产方式的企业则把所有协作配套件都从主机厂分离出去,由协作厂参与进行产品开发,其参与设计的零件比例一般可达 70%。因此,缩短了产品开发周期。

2. 生产管理

传统生产方式采用"推动式"方法,从上到下发指令,从前道工序到后道工序,一道道地往前推。生产指令是生产作业计划,用超量的在制品保证生产不间断地进行。精益生产方式采用"拉动式"方法,每一道工序的生产都是由下道工序的需要拉动的。拉动式生产的核心是准时化,生产指令是广告牌,生产作业计划只起指导性作用。传统生产方式下,车间围绕科室转,而科室服务不主动,导致管理混乱,工作效率低下。

3. 质量管理

传统生产方式下质量管理只注重主体工序的管理,管理的重点是事后检查与分析,以检查员的专检为主。精益生产方式把主体工序拓展到环节工序和辅助工序,实行全过程管理,即全面质量管理,贯彻以预防为主的质量方针,以员工自控为主。

4. 成本管理

传统生产方式下通常采用产品成本加上适当利润确定售价的方法,可用成本加法公式表示:成本+利润=价格。精益生产方式是以用户能接受的价格为基础,在确保企业必要利润的前提下确定产品的成本,即将成本加法公式转为价格减法公式(价格－利润＝成本)从而使企业工作发生根本变化。传统的成本管理工作集中在对生产制造过程中各种消耗的控制,对产品开发设计的目标成本,几乎无人过问。精益生产方式认为成本控制的重点首先要放在产品的开发阶段,采取价值工程的方法,研究和实施降低成本的措施。

5. 协作配套管理

传统生产方式通常采用自我封闭的协作方式,即将协作厂按纵向一体化方式组成单一、庞大的生产体系;或是采用分散的自由采购式的协作体系,即将配套产品公开向完全独立的协作厂招标,以确定协作厂。在供货方式上一般都按合同规定的交货期实行送货制。采用精益生产方式的企业把大部分零部件的开发与制造工作转给协作厂,与协作厂之间建立起一种相互依存的战略合作关系。在供货方式上普遍采用直达供应和直送工位的供货体制。

6. 营销管理

传统生产方式把销售看作生产过程的终点,往往根据市场需求安排生产与营销计划,建立庞大的营销机构和一大批保持小规模企业单点经营的经销点。精益生产方式把销售看作生产过程的起点,实行按用户订单组织生产,同时建立比较精干的营销机构和紧密合作的营销网点。采用传统生产方式的企业的营销人员,多数是职业营销人员,而不是产品方面的内行。采用精益生产方式的企业的营销人员,不但要掌握营销知识和技巧,还要对产品性能、技术和维修等有所了解,以更利于企业开展服务工作。

二、精益生产的基本思想

(一) 精益生产的基本含义

英文词"lean"的本义是人或动物瘦,没有脂肪。译成"精益生产"反映了"lean"的本义,反映了"lean production"的实质。英文中还有"fat production"的说法,意指维持高库存的"粗放生产"。

从一般意义上讲,精细生产是指对一切资源的占用少和利用率高。资源包括土地、厂房、设备、物料、人员、时间和资金。精细的含义包括质量,质量高的产品在消耗同样多的物化劳动和活劳动的条件下,可以提供更好的功能、更可靠的性能和更长的使用寿命,这实质上是对资源的利用率高。

精益生产是资源稀缺引起的。精益生产的思想早就有了。我国江浙一带,人口稠密,土地资源紧张,只有实行"精耕细作",充分利用每一寸土地,才能生产足够的粮食和蔬菜,供众多人口消费。"精耕细作"就是农业上的精益生产。

(二) 精益生产的基本原理

精益生产的基本原理是:不断改进;消除对资源的浪费;协力工作和沟通。不断改进是精益生产的指导思想,消除浪费是精益生产的目标,协力工作和沟通是实现精益生产的保证。

1. 不断改进

改进，就是永远不满足于现状，不断地发现问题，寻找原因，提出改进措施，改变工作方法，使工作质量不断提高。改进与创新都是进步和提高。改进是渐进式的进步，是细微的改变，其过程是连续的，日积月累，会获得巨大的成功；创新是跃进式的进步，是显著的变化，其过程是不连续的。创新可为少数人所为，改进则必须众人努力。如果创新之后无改进，则实际成果会降低；创新之后继续改进，成果将更大，如图14-8所示。

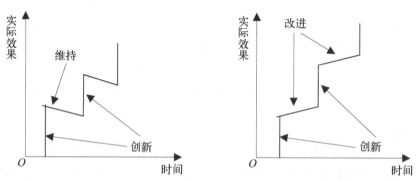

图14-8 "创新＋维持"与"创新＋改进"的效果比较

2. 消除浪费

对资源的占用和对资源的利用只能做出相对比较。对于库存和质量可以给出一个绝对的标准：零库存和零缺陷。零是一种极限，可以无限地接近它，但永远不可能达到。工作上没有缺陷，则没有改进的余地。双零使得改进永无止境。只有达到双零，才能说在质量与库存方面完全消除了浪费。

3. 团队工作

团队工作是将职业、背景和专长不同的人组织到一起，以团队的形式完成特定任务的工作方式。它是对传统分工方式的革命。大量生产将分工推向极端，致使每个人只能从事极其简单而专门的工作，极大地妨碍了人们创造力的发挥，使最重要的资源只能发挥简单机械设备所发挥的功能，是对人力资源的一种极大浪费。

4. 沟通

人员之间、部门之间、本企业与顾客、供应厂之间都需要沟通，及时传递信息，便于相互了解。为此，团队的每个成员都必须了解其他成员的专业和工作内容。这样才能有共同语言，才能将自己的工作放到全局中去考虑，才能避免片面性。沟通可以面对面进行，也可通过各种通信手段来实现。现代化的通信手段是实现组织之间沟通的物质条件。

三、精益生产的主要内容

精益生产的主要内容包括现场管理、与顾客的关系、新产品开发、与供应厂家的关系等方面。所谓现场管理，即如何通过广告牌系统来组织生产过程，实现准时生产。这里就与顾客的关系、新产品开发、与供应厂家的关系以及精益企业的概念进行讨论。

（一）与顾客的关系

在亨利·福特时代，汽车制造厂与顾客不发生直接联系。汽车制造厂将产品批发给很多小的经销商，顾客到经销商那里去购买汽车。为了减少库存资金，制造厂将成品卖给经销商，将收回的资金用于购买原材料和零件。对于某些滞销的产品，则采用搭配的方法，强迫经销商接受。小的经销商就像福特公司的雇工，随时可能被取消资格，它们无力与福特公司抗衡。结果，使制造厂与用户完全隔离。在制造厂内部，产品开发部门不能从销售部门那里得到关于顾客需求方面的信息，改进产品也就没有依据。这种顾客关系在大量生产企业基本如此。

以丰田汽车公司为代表的精益生产，在处理与顾客的关系方面采取了完全不同的态度与做法。"顾客至上""顾客第一"是公司处理与顾客关系的指导思想。在这种思想指导下，公司采用了积极的态度，主动上门了解顾客情况，征求意见，推行售前和售后服务。

诚然，上门销售比一般推销产品所付出的代价要大，平均每个销售人员每月销售的汽车数也比美国公司少一些。但是，销售人员及时为产品开发提供大量宝贵的信息，消除了费时、费力的耗资较大却常常又不准确的市场研究活动。此外，通过上门销售方式，提供高水平的服务，顾客与企业建立了长期相互信任的关系，提高了顾客忠诚度。这也是西方汽车难以进入日本市场的一个重要原因。

（二）新产品开发

按顾客需求不断开发新产品，是企业形成竞争优势的一个主要因素。缩短新产品开发周期是成功推出新产品的关键。美国通用汽车公司开发 GM-10 新产品，整整花了 7 年时间。由于开发周期长，新产品不能及时赶上市场的需求，导致新产品销售量只有原计划的 60%。与此形成鲜明对比的是，日本本田汽车公司开发第 4 代雅阁（Accord）只花了 4 年时间，一出产便成了最畅销车型。原因就在于精益生产在产品开发方面与大量生产有 4 个方面的差异。

1. 领导

对采用精益生产的企业，开发新产品小组的负责人是具有很大权力的领导者，而不是一般协调人，也是容易得到晋升的。相反，在采用大量生产的企业，小组负责人没有实权，他的工作只是协调，他要说服来自不同职能部门的小组成员共同工作，这使得他在一个个问题面前无能为力。

2. 团队工作

在采用精益生产的企业，为了开发新产品，由项目负责人组织一个小组，一直工作到新产品开发完成。小组成员来自不同的职能部门，包括市场评估、生产计划、设计、工艺、生产管理各部门的人员。虽然小组成员保持与各自职能部门的联系，但他们的工作完全在项目负责人的控制之下，工作业绩也由项目负责人考核，项目负责人还可决定小组成员今后能否参加新的项目。相反，在采用大量生产的一些公司，小组成员只是短期从职能部门借来的。在项目进行过程中，主要任务从一个部门转移到另一个部门，小组成员也在不断变换。由于小组成员只有受到本职能部门领导的重视才能得到提升，他们只能为各职能部门的利益说话,不可能从开发新产品的角度提出建议,也不可能协力工作。

3. 沟通

采用大量生产方式的企业在开发新产品时,一些重大决策问题总到最后才决定。原因是小组成员回避矛盾,加上工作是从一个部门到另一个部门序贯进行,成员之间沟通非常困难。相反,采用精益生产方式的企业一开始就将小组所有成员召集到一起,大家互相沟通,将一些重大问题先期定下来,使项目能较顺利地进行。

4. 并行开发

采用精益生产的企业将各部门人员放到一起可使很多工作并行地进行,从而大大缩短开发周期。如开发新产品过程中的模具设计和模具加工周期很长,为加快开发速度,模具毛坯准备与车身设计是同时进行的,当设计最后完成时,毛坯已经准备好。在大量生产方式下,一般是序贯地进行各项工作。模具制造周期一般需要两年。而前者的模具制造周期仅为一年,缩短了一半时间。

(三) 与供应商的关系

现代的汽车结构非常复杂,一个典型的车型通常由 1 万多个零件构成。组织众多零件的设计与制造是一个十分困难的任务。

亨利·福特把一切生产任务都交给自己的公司做,由于管理十分复杂,问题很多。后来,该公司只好将零件制造承包给独立的企业,但图纸是本公司提供的,价格是双方商定的。因此,有一个处理与零件供应厂家关系的问题。在如何处理装配厂与零件供应厂家的关系方面,精益生产与大量生产也有很大不同。对于大量生产,装配厂与零件供应厂之间是一种主仆关系,汽车装配厂的供应厂家数通常为 1 000～2 500,在总装厂的一种新产品的零件图出来之后,才开始选择供应厂家,选择的标准是谁要价低就选谁。总装厂为了获取更多利润,采取让供应厂互相竞争的办法来降低成本。在利润分配上,绝大部分利润归总装厂,零部件供应厂商不仅得利很少,而且还可能像一个雇工一样被解雇。因此,它们没有长期合作的打算,也没有改进质量的积极性。

在精益生产方式下,零部件供应厂商与总装厂是一种合作伙伴关系。零部件供应厂商是从合作共事过的企业中挑选的。按承担任务不同,将零部件供应厂商按不同层次组织起来。总装配厂只与第一层供应厂商直接发生联系。第一层供应厂商一般承包一个独立的部件设计与制造。第一层供应厂商根据需要再将该部件下的零件给第二层供应厂承包。以此类推,总装配厂只需要同较少的供应厂商直接打交道。采用精益生产的汽车制造厂的供应厂商一般只有 300 家左右。供应厂家能够主动地降低成本从而创造更多利润。供应厂与装配厂约定,供应厂若通过自己的努力使成本降低,多获的利润归供应厂所有。这样的结果虽然使装配厂在一定时期减少了利润,但供应厂的积极性被调动起来,有利于改进产品质量,降低产品成本,提高产品竞争力。从长远看,对装配厂无疑是有利的。

(四) 精益企业

全面实行精益生产的企业是精益企业,精益企业包括以下 5 个方面的含义。

1. 产品

产品实质上是一种需求满足物,是企业向外界提供的东西,包括有形的和无形的。产品必须精益,只要能提供满足顾客需求的功能,产品包含的物化劳动和活劳动越少越好,任何多余的劳动都是浪费。从这点出发,不仅要求所设计的产品在制造中尽可能少地消耗原材料、能源、资金和人工,而且要求使用成本低。使用成本关系到用户能够实行精益生产,具有重要的社会效益。使用成本与产品质量的关系也十分密切。

2. 生产过程

生产过程包括产品设计、工艺编制、供应、加工制造和库存等方面。要提高生产系统的柔性,加快生产过程,提高对市场变化的响应速度。要运用并行工程的思想缩短从设计到出产产品的整个生产周期,要运用广告牌系统实现准时生产和准时采购,使原材料、在制品和成品的库存向零挑战。

3. 工厂布置

尽可能少地占用并最有效地利用土地和空间。土地是不可再生资源,良田是有效利用太阳能生产粮食和蔬菜的工厂,精益生产必须占地少。生产设备要有柔性,可以一机多用。设备布置要紧凑有序,充分利用空间,并能按照产品变化方便地进行重新布置。工厂布置是实行精益生产的前提。

4. 组织

精益企业具有全新的组织及人际关系。对企业内部,不仅要求彻底改变机构臃肿、人浮于事的状态,而且要对劳动分工做出调整。要在组织的各个层次建立功能交叉、任务交叉的小组,实行协力工作,保证不同职能的工作人员相互沟通。要广泛实行分权,让下级和工人分享权力与责任,有充分的自主权和积极性去做好各自的工作。

5. 环境

精益企业提倡利用最少的资源创造最大的价值,因此,精益企业是少污染的企业。

案 例 14-1

路易威登的精细运作

路易威登(Louis Vuitton)集团是世界上最大的奢侈品公司。集团公司一半的利润来自该公司制造的顶级手提包,其销售额达到约 50 亿美元。投资回报率已然很好,但其销售形式更突出:公司的生产往往赶不上新产品上市销售的步伐。高档时尚品行业的关键就是上市速度,这可不是什么好消息,公司于是进行了一次大规模改造。

工厂现场的改变是改造的关键。路易威登的传统生产方式是批量生产:工匠们对半成品提包进行专业加工,如裁剪、粘合、缝制和装配。推车将成批的半成品提包转移到下一个工作台。过去,路易威登需要 20~30 个工人花 8 天才能制作一个手提包,而且缺陷率高,而精细生产看起来是个解决办法。

路易威登对工匠们重新进行培训,使他们能在小型 U 形单元中从事多项任务。每个工作单元包括 6~12 名经过交叉岗位培训的工人,以及所需的缝纫机和工作台。和一个流生产一样,生产提包也是从制造单元的一个工人到下一个工人。这种方法减少了库存,并且能使工人更早地发现缺陷。旧的生产方式下返工率有时高达50%,内部损失达40%,使收益下降2/3。新的生产方式不仅提高了生产率和质量,也让路易威登能够更快地响应市场——采用日作业计划而不是原来的周作业计划。

资料来源:[美]杰伊·梅译,巴里·伦德尔.运作管理[M].8版,陈荣秋,张祥,等译,中国人民大学出版社,2006.

第三节 组织准时生产的条件

准时生产(JIT)成功实施的前提条件是生产平准化(level production)。所谓平准化,就是要求物料流的运动完全与市场需求同步,即从采购、生产到发货各个阶段的任何一个环节都要与市场合拍。实现平准化生产,才能减少乃至消除原材料、外购件、在制品与成品的库存。要实现JIT,还要不断减少成品库存和原材料库存。本节将讨论如何通过混流生产来减少成品库存,通过准时采购来减少原材料和外购件库存,并讨论组织JIT的其他条件。显然,要做到各个阶段供给与需求完全同步是十分困难的。平准化是一种理想状态,要接近这种状态,必须具备以下条件:组织混流生产;减少调整准备时间;建立JIT制造单元;准时采购;从根源上保证质量。

一、组织混流生产

混流生产是为适应外部市场变化和企业内部组织生产的要求提出的。欲使企业生产系统在品种和产量的调整上像通过变阻器调整电阻那样方便灵活,实际上是做不到的。但如果企业能够实现混流生产,就可以在满足市场不断变化的需求的同时,使成品库存大大减少。

例如,按市场需求,某厂3月要生产A、B、C、D共4种产品,每种产品的月产量分别为A产品400台、B产品300台、C产品200台、D产品100台,总共1 000台,该月有25个工作日。

对于这个例子,可以在一个月内每种产品各生产一次,也可以生产多次。当每种产品各生产一次时,可以先生产A产品400台,然后生产B产品300台,再生产C产品200台,最后生产D产品100台。这是一种扩大批量的组织生产的方法,它可以节省调整准备时间。但是,市场需求情况一般不是这样的。由于一个企业的产品一般都有多个用户,每个用户对产品的品种、规格、型号、式样乃至色泽的要求不同,要求交货的具体时间也不相同。按照需求的这种特征,企业应该在尽可能短的时间内(如一天)提供尽可能多的品种。扩大批量的方法势必造成一部分产品一时供大于求,销售不出去,造成积压。同时,另一部分产品一时生产不出来,供不应求,发生缺货。这两种情况都造成损失和浪费，使企业丧失销售时机，失去市场。另外，从企业内部组织生产来看，批量大固然给组织生产带来一定方便，但会造成资源浪费。由于面临多品种生产，企业必然配备多种设备与多种技能的工人，准备多种原材料。如果一段时间只生产一种产品，会造成忙闲不均。在生产某一种产品时，可能一部分车间和设备超负荷运行，部分工人加班加点，某些原材料和外购件一时供应不上。相反，另一部分车间和设备负荷不足，甚至空闲，工人无事可干，某些原材料和外购件暂时积压，造成浪费。过了一段时间，生产另一种产品时，闲的可能变忙，忙的可能变闲，这样势必造成浪费。

如果减少批量，每天生产 A 产品 166 台，B 产品 12 台，C 产品 8 台，D 产品 4 台。一个月 25 天重复 25 次，情况就会好很多。对于顾客来讲，无论需要哪种产品，每天都可以得到，产品积压与短缺的情况将大大减少，企业内部资源利用情况也将好得多。但是，月生产频率为 25，调整准备时间为原生产安排（月生产频率为 1）的 25 倍。要避免这种损失，就要设法减少每次调整准备时间。如果每次调整准备时间降为原来的 1/25，则可以补偿这种损失。

进一步扩大生产频率，可以做到按 "AAAA—BBB—CC—D" 这样的顺序轮番生产，1/4 个工作日重复一次，一个月重复 100 次。这样，对顾客的服务与对企业资源的利用情况就更好。当然，总的调整准备时间将更多。

这样改进下去，可以达到一个极限，即按 "A—B—C—A—B—C—A—B—A—D" 这样的顺序重复生产，就达到了理想的情况，实现了混流生产。虽然仍然是 1/4 个工作日重复一次这个循环，但生产频率更大了。A 产品每月重复生产 400 次，B 产品重复 300 次，C 产品重复 200 次，D 产品重复 100 次。它可以保证每隔 26.2 分钟向顾客提供一台 A 产品，每隔 35 分钟提供一台 B 产品，每隔 52.5 分钟提供一台 C 产品，每隔 105 分钟提供给一台 D 产品。

像这样减少批量，扩大生产频率，不仅提高了对顾客的服务水平，改进了制造资源的利用，而且还有以下好处：

(1) 使工人更容易熟练。按扩大批量的做法，工人生产完 400 台 A 产品之后，再生产 300 台 B 产品，然后再生产 200 台 C 产品，最后生产 100 台 D 产品，每个月只重复一次。由于相隔时间长，可能在生产 D 产品时，对 A 产品的制作过程和操作方法已不太熟悉，甚至忘了。相反，按扩大频率、减少批量的方法，工人每天都在重复生产不同的产品，会对几种产品的操作越来越熟练，熟练有助于提高效率。

(2) 提高了对需求的响应速度。当生产频率为 1 时，可能某顾客恰恰在 400 件 A 产品生产完之后来订 A 产品，若没有存货，则该顾客要等到下个月再生产 A 产品时才能得到满足。相反，生产频率为 100 时，物流大大改善，顾客几乎随时都可以得到不同的产品。

(3) 减低了库存。在制品库存量与生产批量成正比，生产批量每减少 1/2，在制品库存量就降低一半。成品库存也将大量减少，对于随时可得到货的高频率生产，没有必要专门设置一定的成品库存。

(4) 缩短了每台产品的制造周期。批量生产加长了毛坯准备周期、零件加工周期和产品装配周期。批量越小,则每台产品的制造周期越短。

二、减少调整准备时间

如果机器的调整准备时间不能压缩,则扩大生产频率会使调整准备占用的时间大大增加,这是不合算的。减少调整准备时间使生产系统具有柔性,能够非常快地从生产一种产品转向生产另一种产品,从加工一种零件转向加工另一种零件。

从广义上讲,要缩短从生产一种产品到生产另一种产品的转换时间应该包括生产技术准备时间。缩短调整准备时间,就要求快速设计、试制出新产品,快速编制工艺,设计工艺装备,快速制造工艺装备,准备原材料及毛坯,尤其是大型铸锻件。从狭义上讲,调整准备时间是指机器从加工一种零件到加工另一种零件的转换时间。这里主要采用狭义上的概念。

案例 14-2

嘉陵股份有限公司的 JIT 推行

由于摩托车行业竞争逐渐激烈,嘉陵公司积压了很多的库存,于是开始推行 JIT。具体做法是:① 多品种作业;② 加强人本管理;③ 强化物流管理;④ 推行准时制生产;⑤ 推行按需生产;⑥ 追求尽善尽美:"六零"管理。推行 JIT 以后,嘉陵公司适应市场的能力明显得到了改善,产品质量提高,生产效率明显提高,生产能力加强,在市场中的竞争力有了明显的改观。

在倡导准时制生产方式以前,世界汽车生产企业包括丰田公司均采取福特式的"总动员生产方式",即一半时间人员和设备、流水线等待零件,另一半时间等零件一运到,全体人员总动员,紧急生产产品。这种方式造成了生产过程中的物流不合理现象,尤以库存积压和短缺为特征,生产线要么不开机,要么开机后就大量生产,这种模式导致了严重的资源浪费。丰田公司的准时制采取的是多品种少批量、短周期的生产方式,实现了消除库存、优化生产物流、减少浪费的目的。

(一)尽可能在机器运行时进行调整准备

机器正在加工零件 A,接着要加工零件 B。在加工 A 时,就可为加工 B 做准备。将加工 B 所需的工、夹、模具和机器附件准备好,在一定位置上摆放整齐,就像外科医生做手术前一样,做好一切准备工作。当机器加工完零件 A,马上就可以拆卸加工 A 所需的工、夹、模具,换上加工 B 所需的工艺装备。为了使工人在做准备时不忘记任何一个需要进行的工作,可以将加工一定零件的准备工作内容写成条文,并经过一段时间的实践使其完善。采用这样的方法,可使机器停止运行的时间减到最少。这种方法虽然简单,但效果十分显著。按照采用精益生产方式的一些企业的经验,采用这种方法可使调整准备时间减少 50%。

（二）尽可能消除停机时的调整时间

停机时更换工艺装备及机床附件，其中用于调整工艺装备及机床的时间往往占了一大部分。如果从调整方法上改进，又可减少余下调整准备时间的50%。经验表明，对工艺装备进行改进有可能消除大部分这类时间。

（三）进行人员培训

当企业推行平准化生产时，工人的工作将主要是进行工作转换过程的调整准备。因此，要对工人进行从事调整准备工作的训练，如同以往对工人进行操作训练一样。应该像训练消防队员那样训练工人，使他们能够在一个工件加工完之后，像扑灭火灾那样迅速动作，在极短的时间内完成调整准备工作。

（四）对设备和工艺装备进行改造

在了解每台设备工作范围的基础上，研究简化调整准备工作的方法。尽管两台设备相同，其工作范围也不一定相同。只有了解设备的工作范围，才能有的放矢地进行改进。在做这项工作时，还需要了解工厂的有关规划与目标、产品变化和工艺改进等。

三、建立JIT制造单元

实行JIT的第一步是"把库房搬到厂房里"，大大小小的入口存放处和出口存放处就像大大小小的库房。"把库房搬到厂房里"的目的是使问题明显化。工人看到他们加工的零件还没有为下道工序所使用时，就不会盲目生产，也只有看到哪种零件即将使用完时，才会自觉地生产。实行JIT的第二步是不断减少工序间的在制品库存，"使库房逐渐消失在厂房中"，实现准时生产。

为了推行JIT，需要对车间进行重新布置与整理，实行定置管理。要根据所生产的产品和零件的种类，将设备重新排列，使每个零件从投料、加工到完工都有一条明确的流动路线。零件库放到车间会带来一些问题，如果零件杂乱无章地堆放，需要时难以找到，就会造成生产中断，甚至引起安全事故。因此，所有零件必须放在确定的位置上，并要用不同的颜色做出明显的标记。要及时消除一切不需要的东西，创造一个整洁的环境。

现场开展"5S"活动。5S是指整理（settle）、整顿（straighten）、清扫（scavenge）、清洁（sanitary）和素养（schooling）。整理是区分要与不要，将不需要的东西及时清理出现场；整顿是对整理后需要的物品进行合理摆放；清扫是清除垃圾、油水、杂物、铁屑等；清洁是维持整理、整顿、清扫的状态，使设备、工艺装备、工位器具、零件无污物，环境清洁美化；素养是通过前"4S"，使人们的道德观念和纪律得到加强，做到严格遵守规章制度，尊重他人劳动，养成良好的习惯。

对车间进行重新布置的一个重要内容是建立JIT制造单元。JIT制造单元是按产品对象布置的。一个制造单元配备有各种不同的机床，可以完成一组相似零件的加工。JIT制造单元有两个明显的特征。一是在该制造单元内，零件是一个一个地经过各种机床加工的，而不是像一般制造单元那样一批一批地在机床间移动。在单元内，工人随着零件走，从零件进入单元到加工完离开单元，始终是一个人操作。工人不是固定在某台设备上，而是逐次操作多台不同的机器，这与一般的多机床操作不同，一般的多机床操作通常是由一个工人操作多台相同的机器。二是JIT制造单元具有很大的柔性，它可以通过调整单元内的工人数使单元的生产率与整个生产系统保持一致。

可以把JIT制造单元看作一个同时可供多个工人进行多道工序加工的机器，一个单元只需要设置一个入口存放处和一个出口存放处，不必为每台机器单独设置入口存放处和出口存放处。

为了维持制造单元的生产率与产品装配的生产率一致，保证同步生产，要使单元的固定生产能力有富余，机器设备数按最高负荷配置。当生产率改变时，只要调整制造单元的工人数量就可以满足需要。JIT有一条重要的原则，认为工人是最重要的资源，劳动力的闲置是最大的浪费。因此，每当生产节拍改变，都要调整工人的数量，使每个工人都有较满的工作负荷。调整工人人数比改变机床数要容易得多，也迅速得多，这使得制造单元具有很大的柔性。由于工人具有多种操作技能，一个制造单元的多余工人可以安排到另一个任务较重的制造单元中去工作，从而使劳动力得到合理而充分的利用。

JIT制造单元一般采用"U"型布置，如图14-9所示。"U"型布置使工人能集中在一起，增加了工人之间接触的机会，形成一个集体，也使工人在转换机器时行走路线较短。如果采用直线布置，工人从机器1到机器9将行走较长距离。采用"U"型布置，转过身来就行了。

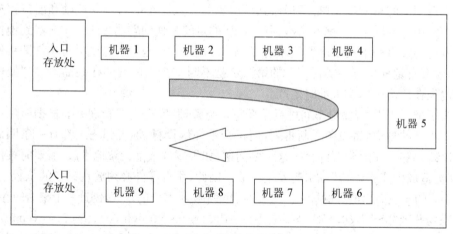

图14-9　采用"U"型布置的制造单元图

四、准时采购

推行JIT，除了消除在制品库存和成品库存之外，还要消除原材料和外购件的库存。消除原材料与外购件库存，要比消除工序间在制品库存还要困难，因为它不仅取决于企业内部，还取决于供应厂家。然而，由于原材料和外购件占用大量资金，不消除这种浪费，推行JIT的效果就不会好。因此，必须消除采购过程中的浪费。

采购中有大量活动，如订货、修改订货、收货、开票、装卸、运输、质量检查、入库、点数、运转、送货等，都不增加产品的价值。准时采购的目的就是要消除这些浪费，消除原材料与外构件的库存。准时采购与传统采购的区别如表 14-3 所示。

表 14-3 准时采购与传统采购

传 统 采 购	准 时 采 购
(1) 大批量交付,低频率交付,满足几周的需求	(1) 在生产中使用能够满足即时需求的小批量交付方式;高频率地交付,如每几天交几次货
(2) 根据买方需求的时间确定交付时间	(2) 根据生产计划进行动态交付
(3) 用多家供应商,实现多家采购来维持恰当的质量和竞争价格	(3) 用少量的供应商
(4) 局部维持库存	(4) 需要很少的库存,因为所需的交付是频繁的、准时的、高质量的部分交付
(5) 签订短期采购合同,使供应商受到丢失生意的威胁	(5) 签订长期采购合同,使供应商尽心尽责
(6) 产品设计很少受到采购部件的限制	(6) 产品设计要努力在现有的采购部件下完成,目标是使零件的通用性最大化
(7) 供应商和购买方很少进行信息交流	(7) 大量地进行关于生产计划,生产流程和其他的信息交流
(8) 将采购代理商作为与供应商沟通的主要途径	(8) 将采购代理商作为在设计工艺、生产工艺等诸多观点上进行沟通的合作者
(9) 供应商确定价格	(9) 购买方和供应商合作降低供应成本,从而降低价格
(10) 供应商地理位置的邻近对做出供应商选择决策并不重要	(10) 地理位置上的靠近是非常重要的考虑因素

资料来源:[美] 阿米塔布·S. 拉图里,[美] 詹姆斯·S. 埃文斯,马士华. 运作管理原理[M]. 电子工业出版社,2008.

如何消除这些浪费?应该先从供货质量抓起。如果供货质量可以保证,就可以取消购入检查。有人认为取消购入检查会增加风险,实际上,推行 JIT 减少了质量不合格的风险。要消除采购中的浪费,就应该选择尽量少的、合格的供应厂家。要同供应厂家建立新型的关系。这种关系应该是长期的、互利的。因为只有建立长期的关系,才能解决供货质量问题;只有双方都有利,才能建立长期合作关系。合格的供应厂家具有较好的设备、技术条件和较好的管理水平,可以保证准时供货,保证质量。选择尽量少的供应厂家,是因为企业的力量和资源有限,只能帮助较少的供应厂家去消除浪费,组织好准时生产。面对太多供应厂家,企业将无计可施。

在选择供应厂家时,要考虑 5 个因素,即质量、合作的愿望、技术上的竞争力、地理位置和价格。把价格放到最后,并非价格不重要,而是只有当前 4 个条件具备时,才谈得上讨论价格,而且在多数情况下,前 4 个因素较好的供应厂家,价格也可能是较低的。即使不是这样,双方建立起合作关系之后,企业也可以帮助供应厂家实施 JIT,找出降低成本的方法,使价格降下来。当建立了良好的合作关系之后,很多工作可以简化,甚至消除,如订货、修改订货、质量检查等,从而减少浪费。

五、从根源上保证质量

质量是实行JIT的保证,不从根本上保证质量,就不可能成功地实行JIT。当需要一件才生产一件时,如果某道工序出了废品,后续工序就将没有输入,会立即停工。所有上游工序都必须补充生产一件,这样就完全打乱了生产节拍。要实行JIT,必须消除不合格品。

传统的质量管理的方法是：加工零件或生产产品——检查——挑出合格品或合格批——交给用户。对于能返修的不合格品要进行返修,或降级使用；对于不能返修的不合格品,则报废。这种方法主要依靠事后把关来保证质量。其实,经检查确定的合格品或合格批,也不能保证百分之百合格。因为错检或漏检时有发生,而且采用抽样检查得出的合格批中一定包含一定数量的不合格品。它的座右铭是：开始就把必要的工作做正确。强调从根源上保证质量。

JIT给全面质量管理增加了新的特色。它使"必要的工作"这一模糊的概念变得十分清楚,大大提高了质量管理的有效性。"必要的工作"是指那些增加价值的。不增加价值的活动是应该消除的,把不增加价值的工作做得再正确也是不必要的,也是浪费。

使质量管理工作从事后把关变成事前预防,要经过3个步骤：正确地规定质量标准,使工艺过程得到控制和维持这种控制。

产品是为用户所用的,产品能够满足用户的需要,才达到了质量标准。因此,应该根据用户的要求做出明确规定,将其作为产品质量的标准。

有两种用户：一种是企业外部的用户,他们是企业产品的最终消费者；另一种是企业内部的用户。每一个生产阶段、每一道工序都是前一生产阶段或工序的用户,而且要规定内部用户对质量的要求,不仅要向外部用户提供符合要求的产品,而且要向内部用户提供符合要求的在制品。

要使工艺过程得到控制,需要做好两件事：一是操作工人的参与；二是解决问题。操作工人的参与对于工序质量控制至关重要。工人在操作过程中要收集必要的数据,发现问题,实行自检。解决问题要采取正确的方式,正确的方式要求采用必要的诊断方法找出影响质量的根本原因。是否找出根本原因有一个标准可衡量：该问题是否重复出现。如果没找到根本原因,不采取措施消除产生该种质量问题的根本原因,这种质量问题就一定会再现。错误的方式是"有病乱投医",只求解决质量问题,将能采用的方法都用上,不管是什么办法真正起作用。结果,问题还可能出现。即使问题不再出现,也不知是什么办法使之不再出现。

一旦工艺过程处于控制状态,就要争取操作者的更多参与,采用统计过程控制和防错措施,维持这种控制状态,才能保证质量。要使操作工人参加维持控制状态的活动：首先,要使他们了解下道工序的要求。其次,要有反馈机制,通过控制图使工人了解工序是否处于控制状态。最后,要使工人懂得如何采取行动,纠正所出现的偏差。

统计过程控制基本上是一种反馈控制机制,即通过过去的信息去控制将来的操作。

反馈控制对 JIT 是不够的,应该采取事前控制,即在缺陷出现之前就采取行动,防止缺陷出现。统计过程控制方法一般适用于可以定量的场合,如长度、直径、重量、数量等。但工序控制中有更多的因素是非定量的,如机器运转的声音、环境的污染、不正确的设备调整和误操作等,是不能用统计方法进行控制的。这就需要防错的方法。

实验证明,当正确的操作方法与错误的操作方法一样容易做的时候,人们总是选择正确的操作方法。防错方法的实质就是要使正确的操作容易做,而错误的操作难以做或者不能做。例如,设计一种工艺装备,当它安装得不正确时,它会使机器不能运转,这就保证工装的安装错误不致影响加工质量。防错方法不仅可用于工序质量控制,而且可用于检查和产品设计。防错方法与统计过程控制方法同样重要。

如前所述,JIT 需要全面质量管理的支持,质量是实行 JIT 的保证。反过来,JIT 可以促进质量的提高。

对于传统的生产方式,加工一种零件一道工序往往持续数周,等到下道工序加工这种零件时,发现有质量问题,就已造成很大损失,要返修或报废一大批零件。同时,事隔数周,该工序的工人已经加工其他零件,已记不起究竟是哪方面的操作出了问题,也难以找出产品质量问题的根本原因。

实行 JIT,需要一件才生产一件,当加工过程出现问题时,可以立即得到反馈信息,立即采取纠正措施。下道工序是上道工序的用户,是上道工序质量最权威的检验者,而且实行的不是抽检,是 100% 的检查。这不仅取消了工序间的专职检查,消除了这一不增加价值的活动,而且更彻底地保证了质量。

另外,当某道工序出现质量问题时,生产就会自动停下来,这种压力迫使每个操作者保证质量,也可以防止继续生产废品,有利于找出问题的根本原因。

在开始实行 JIT 时,不可能使工艺过程得到完全的控制,因而不可能消除不合格品,但是,一定要做到有预见性,预见会出多少不合格品。要使生产过程有预见性,其中很重要的一条是保证设备的可靠性,要保持设备处于可用状态,保证设备在运行中不发生故障。为此,要对设备进行全面生产维修,其中预防维修在实行 JIT 时很重要。

复习思考题

1. 为什么精益生产比大量生产的成本更低,质量更好,品种更多?
2. 简述 JIT 的出发点及其与传统生产方式有什么区别。
3. 比较牵引式和推进式方式的异同点。
4. 如何从根本上保证质量?
5. 讨论供应商在 JIT 中的地位和作用。

案 例 分 析

ZARA 的 JIT 精益生产模式

1. JIT 精益生产模式

ZARA 绝大部分产品是靠自己的工厂生产的,ZARA 在生产中引进了日本丰田公司创造的 JIT 精益生产方式，在多品种小批量混合生产条件下实现高质量、低消耗、零库存，公司生产的各个环节都体现着 JIT 的理念。

2. 以需求为导向

按照消费者需求进行生产，这是 ZARA 一直以来贯彻的理念，第一个诀窍在于产品设计时的三角均衡模式，其中最关键的纽带就是专卖店经理，他们观察最真实的市场需求及顾客偏好，两周一次将销售及存货记录反馈给设计和生产部门，成为生产环节的导向。第二个诀窍在于速度，一般的服装企业一年只发布两季到三季产品，而每一季的设计生产环节就要经历 3 个月以上。ZARA 采用精益生产模式，自主根据客户的即时需求来决定自己生产的产品与规模，从而达到零库存的效果。

3. 精益求精，全面质量管理

ZARA 公司生产的很多环节都体现着精益求精的理念，追求全面质量管理。如按照服装样式裁剪布料的环节，在工序开始之前，服装款式数据就会从设计部的店址直接传送到工厂的电脑上，电脑按设计好的指令进行操作，这意味着，用一卷布料就能够裁剪出一件成衣所需要的所有布料，一厘米的布料都不会浪费。机器的空气喷嘴会推动沉重的布料向前移动，而工作台则负责吸住布料保持它的平整，以确保机器切割更加精准。每一件衣服的袖子、领子、前胸、后背都出自同一块布料，最大限度地减少了色差，同时就算出现了瑕疵，也只会出现在一件衣服上，而不是一批，最大限度地降低不合格率。此类自动化设备虽然需要巨额投资，但机器精准确保产品合格所带来的巨大利润足以弥补所需投资。

4. 多批次小批量限量生产

为紧跟潮流步伐，时刻适应顾客的变化需求，同时降低成本，削减库存甚至达到零库存，ZARA 采取了多批次、小批量的限量生产模式。与其他服装行业不同，ZARA 更注重产品的多样性，每两周一次更新产品，原则上，超过两周未销售的产品将会被发回总部。门店销售经理根据专卖店自身的销售量及库存记录，向总部发出订单，以满足接下来 2 周的销售需求。实时根据销售量及库存下订单，避免了不了解销售能力及现有库存而导致库存积压的现象。为了确保服装能够高质量按时上架，ZARA 的生产均为小批量流水线，严格按照订单生产，一批服装生产完成的时间仅需 3 天，精益生产使 ZARA 实现了定制生产、柔性生产和快速生产。

专卖店有权要求增加销量好的产品，替换或减少销量不好的产品，甚至可以要求增加新产品的生产，但对于这种要求，总部并不会不论缘由地全部满足。ZARA 一贯采用限量生产策略，不会任由专卖店任意扩产。这种策略一方面可以达到饥饿营销的效果，产品供不应求，反而增加了产品销售量，同时还可以最大限度地减少库存积压，加速存货周转速度。总体上说，ZARA 这种后向一体化的采购、生产模式，最大限度地满足了变化的原材料需求，减少原材料库存，加速存货周转。以客户为导向，实行全面质量管理，多批次小批量生产，以最快的速度应对客户需求，适时生产出适合市场的产品，从而减少滞销造成的产品积压，这使 ZARA 的过季打折服装仅占 15%。

资料来源：吴双. ZARA 供应链模式下存货管理经验与启示[D]. 河北大学, 2017.

第十五章 运营管理最新技术发展

【学习目标】

1. 三种最新生产技术的内容。
2. TOC 理论的核心步骤和思维流程。
3. 大规模定制与大批量生产的区别。

开篇案例

三得利是一家年产值 14 340 亿日元的日本酒精与非酒精饮料的生产与配销企业集团公司。公司信息系统(corporate information system,CIS)部门提供可升级的信息系统支持 170 家集团的旗下公司。通常,旗下公司希望信息系统能帮助他们解决日常经营中所面临的问题。结果,由于对系统有更多需求,很短时间内 CIS 部门就面临系统复杂程度迅速增加的压力。大量新的需求使 CIS 很快变成了公司的严重制约因素,他们需要增加很多人力才能缓解迅速增长的系统支持工作压力。管理不断增加的工作压力而同时又不能突破 CIS 的预算目标着实成了严峻的挑战。

第一节 TOC 理论

一、TOC 产生背景

约束理论(theory of constraints,TOC)是以色列物理学家戈德拉特博士(Dr. Eliyahu M. Goldratt)在他的优化生产技术(optimized production technology,OPT)的基础上发展起来的。

OPT 是戈德拉特博士和其他 3 个以色列籍合作者创立的,他们于 1979 年下半年在美国成立了创新科技(Creative Output)公司。接下去的 7 年中,OPT 有关软件得到发展,同时 OPT 管理理念和规则开始成熟起来。Creative Output 公司的发展几起几落,后关闭。OPT 的软件所有权转让给一家名为"Scheduling Technology Group"的英国公司。

TOC 首先作为一种制造管理理念出现。《目标》(*The Goal*)、《竞赛》(*The Race*)这两本最初介绍 TOC 的书引起了读者的广泛兴趣和实施这套理念的热情。TOC 最初被人们理解为对制造业进行管理、解决瓶颈问题的方法,后来几经改进,发展出以"产销率、库存、经营成本"为基础的指标体系,逐渐形成为一种面向增加产销率而不是传统的面向减少成本的管理理论和工具,并最终覆盖企业管理的所有职能方面。

1984年,艾利·戈德拉特(Eliyahu Goldratt)博士在他出版的第一本以小说体写成的TOC专著《目标》中,描述了一位厂长应用约束理论使工厂在短时间内转亏为盈的故事。戈德拉特博士把一个企业比喻作一条链子。链子联结在一起象征一个完整的系统,能够产生巨大的力量,就像企业内部各个部门、科室互相配合、亲密合作,为股东带来巨额利润一般。戈德拉特博士认为任何一种体制至少都会有一个约束因素,从而阻碍它充分发挥潜能。以企业为例,它经常为各种不确定的因素所阻碍,无法实现利润最大化。这个系统就如同我们的链条比喻一样,约束因素使它无法承受重荷而很容易断裂。这个简单而形象的比喻深入人心,加上书中描述的问题在很多企业普遍存在,使人读起来有亲切感,一时间,该书在全球畅销,销售200多万册。1986年后半年,戈德拉特博士和罗伯特·福克斯(Robert Fox)共同创立戈德拉特研究机构。1991年,当更多的人开始知道和了解TOC的时候,TOC又发展出逻辑化、系统化解决问题的"思维过程"(thinking process,TP)。TOC理论就这样不断地发展而逐渐成熟。

二、TOC的概念

简单来讲,TOC理论就是关于进行改进和如何最好地实施这些改进的一套管理理念和管理原则,可以帮助企业识别出在实现目标的过程中存在着哪些制约因素,TOC理论称之为"约束",并进一步指出如何实施必要的改进来——消除这些约束,从而更有效地实现企业目标。

人们从不同角度诠释TOC理论,总结起来,有以下3种看法。

(1) TOC理论即一套解决约束的流程,用来逻辑地、系统地回答以下3个问题:
- 改进什么?(What to change?)
- 改成什么样子?(What to change to?)
- 怎样使改进得以实现?(How to cause the change?)

这个定义主要着眼于对阻碍发展的瓶颈因素的理性思考,这3个问题是任何企业改进流程时都必须思考的。

(2) TOC理论即一套日常管理工具。可用来大大提高管理效能,如如何有效沟通、如何双赢地解决冲突、如何团队协作、如何进行权利分配等。这个定义主要着眼于企业顺利开展日常管理,而日常管理是成功解决约束的必备条件和基础性工作。

(3) TOC理论即应用到具体领域的具有创新性的实证方案。这些领域涉及生产、分销、营销和销售、项目管理和企业方向的设定等。这个定义主要着眼于TOC理论的应用研究。

三、TOC的运作指标

TOC认为企业的真正目标只有一个,即在现在和将来都能赚钱。传统财务评估指标,如利润、投资收益率、现金流量等存在决策滞延性、强调局部最优、无法直接指导生产等不足。TOC质疑成本会计是生产问题产生的根源,提出新的运作指标体系。

(1) 有效产出是单位时间内生产产品并且实现了销售而获得的利润,是衡量企业在单位时间内能够生产、销售产品而最终获利能力的指标。在数学计算中,有效产出率等于单位时间内实现的销售收入减去取得相应收入而发生的销售成本。TOC区别产出品和卖出品,生产出来但未销售出去的产品只能是库存。

(2) 库存(inventory)是一切暂时不用的资源,不仅包括满足未来需要而准备的原材料,还包括加工过程中的在制品和一时不用的零部件、未销售的产品以及折旧后的固定资产和库存占有的资金。

(3) 运行费(operating expenses,OE)是将库存转化为有效产出过程中的一切花费,包括所有的直接费用和间接费用。TOC认为企业要实现赚钱的目标,必须在增加产销的同时减少库存和运行费。TOC将面向成本的会计改变为面向有效产出的会计,称为有效产出会计(throughput accounting,TA),TA运作指标从企业的整体来评价系统改进的效果,把战略目标和系统的实际运作方式很好地结合起来,在使系统目标最大化的前提下,为企业提供具体的运作决策信息,不但克服了财务指标上述的不足,而且可以和财务指标进行相互转化。

TOC作业指标与 NP、ROI、CF 的关系如下(见表15-1):

$$NP = T - OE; ROI = (T - OE)/I$$

其中:T 代表销售收入。

表15-1 作业指标与财务指标的关系

TP	I	OE	NP	ROI	CF
↑	→	→	↑	↑	↑
→	→	↓	↑	↑	↑
→	↓	→	→	↑	↑

注:↑代表增加,↓代表减少,→代表不变。

通常,I 降低可以导致 OE 减少。OE 减少将导致 NP、ROI 和 CF 增加,从而使企业赚钱。但是,通过降低 I 来减少 OE 的作用是随着 I 降低的程度而减弱的。当 I 较高时,减少 I 可以明显减少维持库存费,从而减少 OE。然而,当库存降低到一个较低水平时,再继续降低 I 则对减少 OE 作用不大,因为极限的情况下,也只能把库存和运行费减少到0,因此,要想通过减少库存和运行费来实现多赚钱的目标是有限度的,而通过增加有效产出来增加利润却有着无限的可能,当然,降低库存的价值是有限的并不否认降低库存的意义,因为降低库存对缩短制造周期、提高企业竞争力具有重要的影响。作业指标、财务指标与制造周期的关系如图15-1所示。

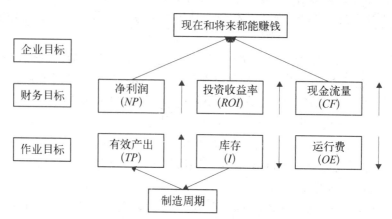

图 15-1　作业指标、财务指标与制造周期的关系

四、计划与控制系统：DBR

TOC 通过鼓-缓冲-绳子(drum-buffer-rope,DBR)实现生产计划与控制,DBR 体现了持续提升五步法的前 3 步,通过对瓶颈环节的有效控制,其余环节相继与瓶颈环节同步,寻求顾客需求与企业生产能力的最佳配合,达到物流平衡、准时交货和有效产出最大化的目标。

TOC 计划与控制实施主要包括以下步骤：

(1) 把资源及资源利用等信息通过工艺规程全部关联起来,构建生产网络;

(2) 在生产网络的基础上,辨别系统瓶颈;

(3) 以瓶颈为基准,把生产网络划分为瓶颈资源网络和非瓶颈资源网络;

(4) 对瓶颈资源网络的资源按照工艺顺序约束、瓶颈产能约束、交货期、优先调度规则等进行排序;

(5) 在关键点设置缓冲保护,确保系统的有效产出不受任何影响;

(6) 设置绳子,确定物料投放计划,控制非瓶颈与瓶颈生产同步;

(7) 根据瓶颈所设定的生产节奏安排其他环节的生产。

DBR 各要素的目标与作用如表 15-2 所示。为配合 DBR 的使用和现场管理,TOC 提出了缓冲管理(buffer management,BM),它是 DBR 必不可少的组成部分。BM 是生产控制的诊断工具,是瓶颈调度执行受阻的报警系统、提前期的控制工具、最应优先改进环节的指示工具。

缓冲模型如图 15-2 所示,产出链上共享 4 种作业,即瓶颈作业 M、M 之前的加工作业、M 之后的加工作业、要与 M 装配的零件之前的加工作业。相应地,存在 3 种形式的缓冲,即产能受限资源缓冲、装配缓冲和发货缓冲。每个缓冲区又可以分为 3 个段区：赶工区、警示区和忽略区。缓冲区中尚未达到的零部件为空洞。空洞可以反映现场加工的顺畅程度、订单是否及时交货以及时间缓冲大小设置是否合适等问题。

表 15-2　DBR 各要素目标及作用

要素	目标	作用
鼓 （drum, D）	瓶颈资源利用最高，有效产出最大	（1）敲那个鼓，标识系统管理，改进的重心； （2）敲的次序，即瓶颈调度，反映系统对瓶颈的利用程度； （3）敲的快慢，即生产的节奏，用来控制有效产出，并与非瓶颈配合控制库存
缓冲 （buffer, B）	降低因生产波动而影响系统有效产出的可能性	（1）瓶颈处与非瓶颈处生产波动的减震器，以保护瓶颈调度； （2）保持物流平衡，保持合理的库存水平，防止瓶颈前库存短缺，以及库存超储或瓶颈库存超量生产
绳子 （rope, R）	库存最小	（1）物料投放机制，不仅传递生产节奏，而且控制投料节奏； （2）工序间协调、控制机制，控制非瓶颈生产加工，控制在制品库存，实现同步制造

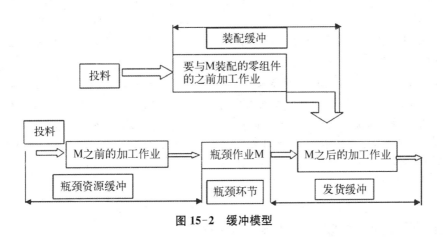

图 15-2　缓冲模型

设置缓冲时间须考虑"时间缓冲"和"库存缓冲"，"时间缓冲"是将所需的物料比计划提前一段时间提交，以防随机波动，设置缓冲时，要保证瓶颈资源上产出率相对较快的工件在加工过程中不会因为在制品少而停工。另外应该考虑加工过程中出现的波动，如约束资源上的实际产出比率比原来估计的要高，或者约束资源前的加工程序的产出率比原来估计的要低，或者出现次品。要考虑前道工序的机器是否出现故障，在设置"时间缓冲"时一般设置一定的安全库存。最后还要考虑在制品库存费用、成品库存费用、加工费用和各种人工费。要在保证约束资源上加工持续的情况下，使整个加工过程的费用最小。

案例 15-1

学校年鉴拍照的排程：DBR 使学生拍照流水线化

年鉴拍照的基本流程包括以下步骤：
（1）所有学生集合并安排就座；

(2) 摄影师准备好,说"微笑"并拍照;

(3) 将学生姓名和照片对应。

在旧流程下,所有的学生被要求在同一时间到达体育馆,造成分组和决定哪一组下一个拍照的混乱过程。拍完照后辨认学生照片的工作需要占用大量的教学时间而且很容易出错。

新的流程将体育馆的看台分为 3 个区域,即 A、B 和 C,作为不同学生团体的分段区域,学生团体的名单是事先准备好的。学校通过有线广播将前 3 个团体的学生召集到体育馆,等学生到达后,在预先安排的属于他们团体的空看台排好队,等所有成员到达后,每一排会传递笔记本让学生签名。签好后,摄影师为这一组团体拍照,然后学生返回教室,下一组团体则被叫进体育馆。摄影师在 3 个区域内循环拍照,转换活动几乎没有浪费时间。

摄影师是"鼓点"或关键资源。控制资源释放的"绳"不是排程,而是通过办公室秘书用无线电话机叫进体育馆的学生们。"约束缓冲"是等待拍照的集合好的学生们。这保证了摄影师不会因为没有准备就绪的学生而空闲下来。这种情况下不需要运输和装配缓冲。

2 个小时照完 20 个团体,只需要从前拍照方式的一半的时间。缺课的时间减到最少,记录照片中学生姓名的工作也很少会出错。换句话说,就是新流程比旧流程降低了在制品率,加快了流程时间,增加了产出量,也提高了质量以及生产力。

资料来源:[美]阿米塔布·S.拉图里,[美]詹姆斯·S.埃文斯,马士华.运作管理原理[M].电子工业出版社,2008.

五、TOC 的五大核心步骤与思维流程

TOC 重视瓶颈的重要作用,强调一切活动必须立足瓶颈并首要满足瓶颈的限制,保证瓶颈的充分利用和瓶颈的持续改善,针对瓶颈,TOC 发展了持续改进的五步法,其步骤如下:

(1) 辨识系统瓶颈;

(2) 充分利用瓶颈;

(3) 非瓶颈配合瓶颈;

(4) 提升瓶颈;

(5) 打破瓶颈,辨识新的瓶颈,克服惰性,循环以持续提升。

这五大步骤可以让人们有能力以逻辑和系统的方式回答任何想做持续改善时必会问的 3 个问题:

(1) 要改进什么?

(2) 要怎么改进?

(3) 怎么使改进得以实现?

TOC 严格按照因果逻辑提供了一系列技术和工具的思维流程，如表 15-3 所示。

表 15-3　TOC 的思维流程

问　　题	目　　的	TP 工具
改进什么	辨识系统的核心问题	当前现实树
改成什么	形成简单、实用的方案	消雾法、未来现实树、负效应枝节
怎么样实现改进	实现这些方案	必备树、转变树

其中，当前现实树、未来现实树、负效应枝节、转变树为描述因果关系的技术工具，消雾法、必备树为描述必然性的技术工具。

第二节　网络化制造

所谓网络化制造，是指通过采用先进的网络技术、制造技术及其他相关技术，构建面向企业特定需求的基于网络的制造系统，并在系统的支持下，突破空间对企业生产经营范围和方式的约束，开展覆盖产品整个生命周期全部或部分环节的企业业务活动（如产品设计、制造、销售、采购、管理等），实现企业间的协同和各种社会资源的共享与集成，高速度、高质量、低成本地为市场提供所需的产品和服务。

迄今为止，国内外许多专家、学者、企业应用人员在网络化制造方面已经开展了大量的研究和应用实践工作，德国"生产 2000"（Production 2000）框架方案旨在建立一个全球化的产品设计与制造资源信息服务网；欧洲联盟公布的"第五框架计划（1998—2002 年）"已将虚拟网络企业列入研究主体，其目标是为联盟内各个国家的企业提供资源服务和共享的统一基础平台，在此基础上公布的"第六框架计划（2002—2006 年）"的一个主要集成平台体系结构目标是进一步研究利用互联网技术改善联盟内各个分散实体之间的集成和协作机制。

一、网络化制造的产生

所谓网络化制造，是指企业利用计算机网络实现制造过程及制造过程与企业中工程设计、管理信息系统等子系统的集成，包括通过计算机网络远程操纵异地的机器设备进行制造，企业利用计算机网络搜寻产品的市场供求信息、搜寻加工任务、发现合适的产品生产合作伙伴、进行产品的合作开发设计和制造以及产品的销售等，即通过计算机网络进行生产经营业务活动各个环节的合作，以实现企业间的资源共享和优化组合利用、实现异地制造。网络化制造是制造业利用网络技术开展的产品设计、制造、销售、采购、管理等一系列活动的总称，涉及企业生产经营活动的各个环节。

网络化制造产生的背景主要与因特网的发展、经济全球化以及先进制造系统与技术的发展有关，从目前已了解到的技术来看，以因特网为代表的网络技术将是 21 世纪对制造业影响最大的技术。网络技术将全面和深刻地影响制造业,产生一系列的新技术、新设备和新方法,将对产品从设计、制造到销售及售后服务的各个环节产生巨大影响。

经济全球化为网络化制造系统和技术的产生提供了一种外部环境。在经济全球化的环境中,制造企业若能很好地利用网络技术就可以获得很多机会,否则就有可能坐以待毙。

先进制造系统与技术的发展促进了网络化制造系统和技术的发展,如敏捷制造、计算机集成制造系统(在我国又进一步发展为现代集成制造系统)、精益生产、分形企业、企业重组、合理化工程、成组技术等。

1974年美国詹姆士·哈林顿(James Harrington)博士提出了"计算机集成制造"(computer integrated manufacturing,CIM)的概念,其要点包括:① 企业生产的各个环节,即从市场分析、产品设计、加工制造、经营管理到售后服务的全部生产活动是一个不可分割的整体,要紧密联结,统一考虑;② 整个生产过程实质上是一个数据的采集、传递和加工处理的过程,最终形成的产品可以看作数据的物质表现。

图 15-3 网络化制造概念

从这一概念可以知道:① 网络技术可以使企业生产的各个环节紧密联结,统一考虑,而且可以使分布在世界各地的企业生产的各个相关环节紧密联结,统一考虑;② 将整个生产过程的实质看作一个数据的采集、传递和加工处理的过程,那么网络技术可以在生产过程中发挥很大作用。通过网络,可以进行大量的、大范围的、实时的数据采集;通过网络,可以进行大量数据的远程传递;通过网络,可以对数据进行异地协同处理。

二、网络化制造系统与关键技术

网络化制造系统的体系结构是描述网络化制造系统的一组模型的集合,这些模型描述了网络化制造系统的功能结构、特性和运行方式。在进行网络化制造系统规划设计时,对目标系统进行全面的定义;通过网络化制造系统的建模,发现当前网络化制造系统存在的问题,进而改进当前网络化制造系统结构或优化系统运行。

网络化制造涉及协同、设计、服务、销售和装配等,由下述功能分系统构成:网络化企业动态联盟和虚拟企业组建的优化系统;网络化制造环境下项目管理系统;网络化协同产品开发支持系统;网络化制造环境下产品数据管理及设计制造集成支持系统;网络化制造环境下敏捷供应链管理系统;产品网络化销售与定制的开发与运行支持系统;相应的网络和数据库支撑分系统。这些功能分系统既能集成运行,也能单独应用。在系统层次由下往上依次为基本的网络传输层(系统可以使用互联网连接、企业内外网连接以及区域宽带网络连接)、数据库管理系统、搜索和分析的基础通信平台、项目管理和 PDM 功能分系统,以及面向用户的应用系统和服务。

(一)网络化制造系统体系结构的视图构成

(1)功能视图:描述网络化制造系统中较为稳定的静态功能组成和动态功能联系。

(2)信息视图:描述网络化制造系统的信息结构、信息流动和信息处理过程。

(3)资源视图:描述网络化制造系统中的设备、物流等系统资源配置以及资源流模型。

(4)组织视图:描述网络化制造系统的组织构成和组织方式。

(5)过程视图:描述网络化制造系统中涉及上述 4 个视图的业务流程构成与运行过程。

(二)网络化制造的关键技术

1. 制造系统的敏捷基础设施网络(Agile Infrastructure for Manufacturing System, AIMS Net)

AIMS Net 包括供应商信息、资源和伙伴选择、合同与协议服务、虚拟企业运作支持和工作小组合作支持等。AIMS Net 是一个开放网络,任何企业都可在其上提供服务,而且这个网络是无缝隙的,因为通过它,企业从内部和外部获得服务没有任何区别。通过 AIMS Net 可以减少生产准备时间,使当前的生产更加流畅,并可开辟企业从事生产活动的新途径。利用 AIMS Net 可把能力互补的大、中、小企业连接起来,形成供应链网络。企业不再是"大而全""小而全",而是更加强调自己的核心专长。通过相互合作,能有效地应对任何不可预测的市场变化。

2. CAM 网络(CAM Net)

CAM Net 通过互联网提供多种制造支撑服务,如产品设计的可制造性、加工过程仿真及产品的试验等,使得集成企业的成员能够快速连接和共享制造信息。建立敏捷制造的支撑环境在网络上协调工作,将企业中各种以数据库文本图形和数据文件存储的分布信息通过使能器集成起来以供合作伙伴共享,为各合作企业的过程集成提供支持。

3. 网络化制造模式下的 CAPP 技术

CAPP 是联系设计和制造的桥梁和纽带,所以网络化制造系统的实施必须获得工艺设计理论及其应用系统的支持。因此,在继承传统的 CAPP 系统研究成果的基础上,进一步探索网络化制造模式下的集成化、工具化 CAPP 系统,是当前网络化制造系统研究和开发的前沿领域。它包括基于互联网的工具化零件信息输入机制建立、基于互联网的派生式工艺设计方法、基于互联网的创成式工艺设计方法等。

4. 企业集成网络(enterprise integration net)

企业集成网络提供各种增值的服务,包括目录服务、安全性服务和电子汇款服务等。目录服务帮助用户在电子市场或企业内部寻找信息、服务和人员。安全性服务通过用户权限为网络安全提供保障。电子汇款服务支持在整个网络上进行商业往来。通过这些服务,用户能够快速地确定所需要的信息,安全地进行各种业务以及方便地处理财务事务。

三、数字化网络化制造技术

（一）数字化网络化制造概述

数字化网络化制造是一项系统工程，既包含了产品生命周期从生至亡的整个过程的纵向信息化，又涵盖了制造业所有类别相互交织的横向信息化。

数字化网络化制造的特征包括以下 7 个方面。

（1）敏捷化。敏捷化是网络化制造的核心思想之一。

（2）分散化。网络化制造的分散化具体体现在两个方面：其一是资源分散化，包括制造硬件资源分散在不同的组织内、不同的地域内、不同的文化背景内等；其二是指制造系统中生产经营管理决策的分散化。

（3）动态化。市场和产品是网络化制造联盟存在的先决条件，根据市场和产品的动态变化，网络化制造联盟随之发生动态的变化。

（4）协作化。资源的充分利用体现在形成产品的价值链中的每一个环节。

（5）集成化。由于资源和决策的分散性的特征，要充分发挥资源的效率，就必须使制造系统中的各种分散的资源能够实现实时集成。

（6）数字化。借助信息技术，网络化制造能够实现真正完全无图纸的虚拟设计、数字化和虚拟化制造，帮助企业形成信息化的组织构架。

（7）网络化。由于制造资源和市场的分散，实现快速重组必须建立在网络化的基础上。因此，组建高效的网络联盟需要将电子网络作为支撑环境，并充分利用现代化通信技术和信息技术。

（二）网络化 CAD 技术

1. 网络化 CAD 的支撑技术

（1）网络联盟中的图形传输模式。对于拥有数控加工装备的网络联盟，可以组成单位之间不同程度的和不同类别的数控资源。例如：有的研究所或企业拥有大型商用 CAD/CAM 软件，其设计能力很强，但是其加工能力较弱；而有些过去进行了大量先进制造设备投资的大型企业，其设计能力与加工能力也有不相符的现象，造成数控设备利用率低下。所以，我们要研究网络化 CAD 设计，还要分析网络联盟中的图形传输模式，它既不同于一般的网络图形分布与浏览，也不同于某些特殊域、特定局域网络的图形传输工作。

（2）VRML Plug-in 插件。使用 VRML 语言可以构建 Web 支持的三维场景对象，它是我们将产品特征图形发布于网上的通道和桥梁。在国际互联网中，使用 VRML 浏览插件 Plug-in 即可浏览产品特征图形转换成 VRML 语言格式的 Web 页。

2. VRML 语言及文件格式

VRML——虚拟现实造型语言，它是一个三维造型和渲染的图形描述性语言，它将一个"虚拟世界"看作一个"场景"，而把场景中的一切都看作"对象"，对每一个对象的描述就构成 WRL 文件。

3. VRML 的结构特点

VRML 文件最基本的组成部分是结点，VRML 文件的主要内容就是结点的层层嵌套以及结点的定义和使用,由此构成整个虚拟世界。在 VRLM 文件中可以为结点定义一个名称,然后在本文本的后面就可以反复地引用该结点。注意,定义结点时要按照一定的语法。

(三) 网络化 CAPP 技术

1. CAPP 的概述

与传统的工艺设计方法相比,计算机辅助工艺设计(CAPP)具有以下优点:

(1) 提高工艺文件的质量,缩短生产准备周期;

(2) 将广大工艺设计人员从烦琐、重复的劳动中解放出来;

(3) 能继承有经验的工艺设计的标准化,并有利于工艺设计的最优化;

(4) 为适应当前日益自动化的现代制造环节的需要和实现计算机集成创造系统创造必要条件。

2. CAPP 的基本类型

(1) 检索式 CAPP 系统。这种系统常用于大批量生产模式,工件的种类很少,零件变化不大且相似程度很高。检索式的系统不需要进行零件的编码,在建立系统时,只需要将各类零件的工艺规程输入计算机。如果需要编制新零件的工艺规程,只需要将同类零件的工艺规程调出并进行修改即可。

(2) 派生式 CAPP 系统。这是一种建立在成组技术基础上的 CAPP 系统。首先对生产对象进行分析,根据成组技术原理将各类零件分类归族,形成零件族。对于每一个零件族,选择一个能包含该族中所有零件特征的零件为标准样件,也可以构造一个并不存在但包含该族中所有零件特征的零件为标准样件。

(3) 创成式 CAPP 系统。这个系统中不存在标准工艺规程,但是有一个收集大量工艺数据的数据库和一个存储工艺专家知识的知识库。当输入零件的有关信息后,系统可以模仿工艺专家,应用各种工艺决策规划,在没有人工干预的条件下,从无到有,自动生成该零件的工艺规程。

(4) 半创成式 CAPP 系统。从原理上看,该系统是派生式和创成式 CAPP 原理的综合,也就是说这种系统是在派生式的基础上,增加若干创成功能而形成的系统。这种系统既有派生式的可靠成熟、结构简单、便于使用维护的优点,又有创成式能够存储、积累、应用工艺专家知识的优点。

(5) 广义 CAPP 系统。这种系统将传统 CAPP 系统的概念扩展到生产计划编制、车间调度和生产负荷平衡等领域,它同时还包括多种 CAPP 模式,根据不同的生产情况,系统可以自动选择适用的模式。

(6) 智能型 CAPP 系统。这种系统是将人工智能技术应用在 CAPP 系统中所形成的 CAPP 专家系统。然而,它与创成式 CAPP 系统是有一定的区别的,创成式的 CAPP 及 CAPP 专家系统都能自动地生成工艺规程。创成式系统是以逻辑算法加决策表为特征的;而智能型 CAPP 系统则以推理加知识为其特征。

(四) 网络化 CAM 技术

1. CAM 概述

计算机辅助制造有狭义和广义的两个概念。

(1) CAM 的狭义概念指的是从产品的设计到加工制造之间的一切生产准备活动，它包括 CAPP、NC 的编程、工时定额的计算、生产计划的制定、资源需求计划的制定等。

(2) CAM 广义概念包括的内容则更多，除了上述 CAM 定义所包含的所有内容外，它还包括制造活动中与物流有关的所有过程的监视、控制和管理。

2. CAM 的支撑系统

(1) 硬件。硬件系统主要包括主机、外存储器、输入输出设备及其他通信接口。

主机：主处理计算机，它是 CAD/CAM 系统的中心。目前，主机一般采用小型机或超级小型机、超级微机和个人微机 3 个档次。选用何种机型，要视产品的生产规模、复杂程度、设计工作量大小等情况而定。

外存储器：由于 CAN/CAM 要处理的信息量特别多，所以大容量外存储器显得特别重要。目前，外存储器主要有硬磁盘、软磁盘、磁带机、光盘等。

输入输出设备：CAD/CAM 系统因为它特有的特点要求输入输出设备精度高、速度快等。输入设备有数字相机、图形输入板、图形扫描仪及键盘等；输出设备有绘图机、打印机、笔绘仪、硬拷贝机等。

(2) 软件。软件主要包括系统软件、支撑软件和应用软件。

系统软件：主要用于计算机的管理、维护、控制及运行，以及计算机程序的翻译、安装及运行。它包括操作系统和语言编译系统。

支撑软件：CAD 软件系统的核心，是为满足 CAD/CAM 工作中一些用户共同需要而开发的通用软件。由于计算机应用领域扩大，支持软件开发研制有很大的进展，商品化支撑软件层出不穷。其中，通用的可分为计算机分析软件、图形支撑软件系统、数据库管理系统、计算机网络工作软件等。

应用软件：应用软件是在系统软件、支撑软件基础上，针对某一个专门应用领域而研制的软件。因此，这类软件类型多，内容丰富。

第三节　智 能 制 造

一、智能制造产生的背景

自 20 世纪 80 年代以来，随着产品性能的复杂化及功能的多样化，产品包含的设计信息量猛增，所以对制造设备的要求越来越高。21 世纪，基于信息和知识的产品设计、制造和生产管理将成为知识经济和信息社会的重要组成部分，是制造科学和技术最重要和最基本的特征之一，智能制造正是在这一背景下提出的，并得到学术界和工业界的广泛关注。

二、智能制造的概念

智能制造应当包含智能制造技术（intelligent manufacturing system，IMT）和智能

制造系统(intelligent manufacturing technology，IMS)。

（一）智能制造技术

智能制造技术是指利用计算机模拟制造专家的分析、判断、推理、构思和决策等智能活动，将这些智能活动与智能机器有机地融合起来，将其贯穿应用于整个制造企业的各个子系统（如经营决策、采购、产品设计、生产计划、制造、装配、质量保证和市场销售等），以实现整个制造企业经营运作的高度柔性化和集成化，从而取代或延伸制造环境中专家的部分脑力劳动，并对制造业专家的智能信息进行收集、存储、完善、共享、继承和发展的一种极大地提高生产效率的先进制造技术。

（1）人工智能技术。IMT 的目标是利用计算机模拟制造业人类专家的智能活动，取代或延伸人的部分脑力劳动，而这些正是人工智能技术研究的内容。因此，IMS 离不开人工智能技术。IMS 智能水平的提高依赖于人工智能技术的发展。当然，由于人类大脑思维活动的复杂性，人们对其认识还很片面，人工智能技术目前尚处于低级阶段。目前 IMS 中的智能主要是人（各专业领域专家）的智能。

（2）并行工程(concurrent engineering，CE)。就制造业而言，并行工程是指产品概念的形成和设计，与其生产和服务系统的实现相平行，即在制造过程的设计阶段就考虑到产品整个生命周期的各个环节（包括质量、成本、进度计划、用户要求及报废处理），集成并共享各个环节的制造智能，并行地开展产品制造各环节的设计工作。

（3）虚拟制造技术。虚拟制造技术(virtual manufacturing technology，VMT)是实际制造过程在计算机上的本质实现，即采用计算机仿真与虚拟现实(virtual reality，VR)，在计算机支持的协同工作环境中，实现产品的设计、工艺过程编制、加工制造、性能分析、质量检验，以及企业各级过程的管理与控制等产品制造的本质过程，以增强制造过程各级的决策与控制能力，以此达到产品开发周期最短，成本最低，质量最优，生产效率最高。

（4）信息网络技术。信息网络技术是制造过程的系统和各个环节"智能集成"化的支撑。信息网络是制造信息及知识流动的通道。

（二）智能制造系统

智能制造系统是指基于 IMT，利用计算机综合应用人工智能技术（如人工神经网络、遗传算法等）、智能制造机器、代理(agent)技术、材料技术、现代管理技术、制造技术、信息技术、自动化技术、并行工程、生命科学和系统工程理论与方法，在国际标准化和互换性的基础上，使整个企业制造系统中的各个子系统分别智能化，并使制造系统形成由网络集成、高度自动化的一种制造系统。

（1）自组织能力。IMS 中的各种组成单元能够根据工作任务的需要，自行集结成一种超柔性最佳结构，并按照最优的方式运行。其柔性不仅表现在运行方式上，还表现在结构形式上。完成任务后，该结构自行解散，以备在下一个任务中集结成新的结构。自组织能力是 IMS 的一个重要标志。

（2）自律能力。IMS 具有搜集与理解环境信息及自身的信息，并进行分析判断和规划自身行为的能力。强有力的知识库和基于知识的模型是自律能力的基础。IMS 能根据周围环境和自身作业状况的信息进行监测和处理，并根据处理结果自行调整控制策略,以采用最佳运行方案。这种自律能力使整个制造系统具备抗干扰、自适应和容错等能力。

(3) 自学习和自维护能力。IMS 能以原有的专家知识为基础,在实践中不断进行学习,完善系统的知识库,并删除库中不适用的知识,使知识库更趋合理;同时,还能对系统故障进行自我诊断、排除及修复。

(4) 整个制造系统的智能集成。IMS 在强调各个子系统智能化的同时,更注重整个制造系统的智能集成。这是 IMS 与面向制造过程中特定应用的"智能化孤岛"的根本区别。

(5) 人机一体化智能系统。IMS 不单纯是"人工智能"系统,而是人机一体化智能系统,是一种混合智能。人机一体化一方面突出人在制造系统中的核心地位,另一方面在智能机器的配合下,更好地发挥了人的潜能,使人机之间表现出一种平等共事、相互"理解"、相互协作的关系,使两者在不同的层次上各显其能,相辅相成。

(6) 虚拟现实。这是实现虚拟制造的支持技术,也是实现高水平人机一体化的关键技术之一。人机结合的新一代智能界面,使得可用虚拟手段智能地表现现实,它是智能制造的一个显著特征。

三、国内外发展现状

智能制造源于人工智能的研究。随着产品性能的完善及其结构的复杂化、精细化,以及功能的多样化,产品所包含的设计信息和工艺信息量猛增,生产线和生产设备内部的信息流量随之增加,因而促使制造技术发展的热点与前沿转向了提高制造系统对于爆炸性增长的制造信息处理的能力、效率及规模上。专家认为,制造系统正在由原先的能量驱动型转变为信息驱动型,这就要求制造系统不但具备柔性,而且表现出智能,否则是难以处理如此大量而复杂的信息的。瞬息万变的市场需求和激烈竞争的复杂环境,也要求制造系统表现出更高的灵活、敏捷和智能。因此,智能制造越来越受到高度的重视。纵览全球,虽然总体而言智能制造尚处于概念和实验阶段,但各国政府均将此列入国家发展计划,大力推动实施。1992 年,美国执行新技术政策,大力支持总统所谓关键重大技术(critical technology),包括信息技术和新的制造工艺,智能制造技术自在其中,美国政府希望借助此举改造传统工业并启动新产业。

(1) 加拿大制定的 1994—1998 年发展战略计划,认为未来知识密集型产业是驱动全球经济和加拿大经济发展的基础,认为发展和应用智能系统至关重要,并将具体研究项目选择为智能计算机、人机界面、机械传感器、机器人控制、新装置和动态环境下系统集成。

(2) 日本 1989 年提出智能制造系统,并且于 1994 年启动了先进制造国际合作研究项目,包括公司集成和全球制造、制造知识体系、分布智能系统控制、快速产品实现的分布智能系统技术等。

(3) 欧洲联盟的信息技术相关研究有 ESPRIT 项目,该项目大力资助有市场潜力的信息技术。1994 年又启动了新的研发项目,选择了 39 项核心技术,其中 3 项(信息技术、分子生物学和先进制造技术)均突出了智能制造的位置。

(4) 中国于20世纪80年代末也将"智能模拟"列入国家科技发展规划的主要课题,已在专家系统、模式识别、机器人、汉语机器理解方面取得了一批成果。国家科技部已正式提出了"工业智能工程",作为技术创新计划中创新能力建设的重要组成部分,智能制造将是该项工程中的重要内容。

由此可见,智能制造正在世界范围内兴起,它是制造技术发展,特别是制造信息技术发展的必然,是自动化和集成技术向纵深发展的结果。

智能装备面向传统产业改造提升和战略性新兴产业发展需求,重点包括智能仪器仪表与控制系统、关键零部件及通用部件、智能专用装备等。它能实现各种制造过程自动化、智能化、精益化、绿色化,带动装备制造业整体技术水平的提升。

复习思考题

1. TOC 理论的核心步骤是什么?
2. 网络制造流程是什么?
3. 智能制造的研究现状如何?

案 例 分 析

ZARA:践行"互联网+"消费者需求

"以用户为中心"是互联网思维的核心,ZARA 从设计、数据采集到铺货完全贯彻以客户导向,百分百做到"以用户为中心"——"互联网+"其实是企业从思维模式到商业模式的改变。"互联网+"中的"+",不仅是技术上的"+",更重要的是思维、理念、模式上的"+",其中以创新推动管理与服务模式变革是重要内容,是企业真正的核心竞争力。在"互联网+"下做品牌营销就是学会在大数据时代对顾客偏好和选择进行全面监控和预测。成功的品牌营销就是发现、满足顾客需求,创造独特价值,进而抢占市场份额。

ZARA 设计团队为服装业界所称道,他们对时尚潮流的把控能力、复制能力是一流的。ZARA 经营理念是"只有消费者最爱才是我们的设计,只提供消费者想要的"。ZARA 从最开始在时髦的路人身上找灵感,到去四大时装周上观摩学习,ZARA 一直全力关注着消费者爱买什么,爱穿什么,而这正是因为 ZARA 知道"互联网+"中"+什么",加的是消费者需求。ZARA 的新货构成中,65%是计划生产,35%是机动调整。这35%之前是靠遍布全欧洲的买手来提供创意、设计,而现在这一切则依靠互联网来实现。在社交媒体 Instagram、Facebook 上"潜伏"着很多 ZARA 买手,每个人都关注了数量众多的时尚人士。

ZARA 并不介意从一个普通用户身上寻找灵感,也不介意试错,善于在第一时间捕捉到流行风潮并推出产品,真正做到了"我们的设计一定是消费者想要的"的经营理念。除设计外,非常关键的一点是:ZARA 全部自营店的管理方针,可以做到从设计、数据采集到铺货完全贯彻客户导向,百分百做到"以客户为中心"。这种将前后端紧密相连,通过销售数据随时调整生产运营的手法,也正是今天"互联网+"下企业优质鲜活的重要模式。

ZARA本身就像一款互联网产品,不断地快速迭代,随时增删或优化自身的功能特性。ZARA真正做到了把顾客体验体现在每个细节,强调的顾客体验虽不是最贴心的,但绝对是最符合消费者期待的。

资料来源:丁家永.案例:ZARA践行互联网+,加的是消费者需求[EB/OL].北大纵横,2015-06-25.

参考文献

[1] 曹翠珍.供应链管理[M].2版.北京大学出版社,2016.
[2] 陈晖.几类库存控制模型研究[D].重庆大学,2007.
[3] 车建国,何桢,孔祥芬.多品种小批量精益生产方式适应性分析[J].商业研究,2009(9):71-73.
[4] 陈建武,毕春波,廖海江,等.作业疲劳测量方法对比研究[J].中国安全生产科学技术,2011,7(5):63-66.
[5] 陈荣秋,马士华.生产运作管理[M].5版.机械工业出版社,2017.
[6] 陈铁华,陈凤英.建筑施工企业全面质量管理及应用实例[M].中国建筑工业出版社,2001.
[7] 陈心德,吴忠.生产运营管理[M].清华大学出版社,2011.
[8] 陈庄,刘飞,陈晓慧.基于绿色制造的产品多生命周期工程[J].中国机械工程,1999,10(2):233-235.
[9] 陈庄,刘永梅.产品多生命周期工程——背景、现状和展望[J].重庆理工大学学报,2000,14(1):1-6.
[10] 陈志祥.生产运作管理基础[M].电子工业出版社,2010.
[11] 达世亮.关于精益生产方式的再思考[J].汽车与配件,2010(37):9-12.
[12] 冯根尧.基于大批量客户化生产的产品设计与制造[J].工业工程,2002,5(3):17-19,41.
[13] 樊乐乐."5+3"工程项目管理模式——项目质量控制因素分析方法及研究[D].天津大学,2007.
[14] 冯之浚等.循环经济是个大战略[N].光明日报,2003-09-22.
[15] 黄安心.物业管理原理[M].重庆大学出版社,2009.
[16] 郝路.工作设计问题的研究[D].北京大学,2009.
[17] 何清华.建设项目管理信息化[M].中国建筑工业出版社,2011.
[18] 姜大立,姜玉宏,张军,等.供应链管理[M].中国石化出版社,2011.
[19] 鞠伟,杨楠.MRP系统的建立及应用[J].物流科技,1999(2):31-33.
[20] 柯清芳.生产运作管理[M].3版.北京理工大学出版社,2016.
[21] 罗兵,杨秀苔,熊中楷.随机状态下需求均值为线性函数时的EOQ模型[J].重庆大学学报(自然科学版),2002,25(5):131-135.
[22] 刘承元.精益生产方式(之三)精益生产新动向:柔性制造[J].企业管理,2004(2):59-60.

[23] 李冬,明新国,孔凡斌,等.服务设计研究初探[J].机械设计与研究,2008,24(6):6-10.

[24] 刘红军,杨乐彬,任鹏,等.实施现场质量管理提升工序能力控制指数[J].莱钢科技,2005,117(3):80-81.

[25] 李健,汤书昆.企业软件工程项目管理案例解析[J].华东经济管理,2002,16(5):61-62.

[26] 刘丽文.生产与运作管理[M].3版.清华大学出版社,2006.

[27] 李全喜.生产运作管理[M].3版.北京大学出版社,2014.

[28] 罗鸿.电子工业出版社[M].5版.电子工业户版社,2021.

[29] 李勇建,张建勇.企业运作管理[M].华东师范大学出版社,2010.

[30] [美]马克·M.戴维斯,[美]尼古拉斯·J.阿奎拉诺,[美]理查德·B.蔡斯.运营管理基础[M].机械工业出版社,2004.

[31] 马士华,林勇.供应链管理[M].3版.机械工业出版社,2010.

[32] 孟尚雄.服务设施选址的博弈分析[J].中国流通经济,2010(9):49-52.

[33] 潘家轺,曹德弼.现代生产管理学[M].清华大学出版社,2003.

[34] 潘全祥.怎样当好土建项目经理[M].中国建筑工业出版社,2002.

[35] 秦军昌,王刊良,张金梁.服务设计研究[J].科技管理研究,2010(4):151-153.

[36] 任建标.生产与运作管理[M].电子工业出版社,2006.

[37] 宋彪.ERP系统流程问题及其改进[J].财会通讯,2010(28):121-122.

[38] 申东望.质量管理小组知识介绍(四)[J].核工程研究与设计,2002,42(3):44-49.

[39] 施国洪.质量控制与可靠性工程基础[M].化学工业出版社,2005.

[40] 尚林鹏.精益生产方式与传统生产方式的比较及应用建议[J].河南机电高等专科学院学报,2002,10(1):66-67.

[41] 时民益.服务备件的品类管理和库存控制联合优化[D].西南财经大学,2011.

[42] 苏秦.现代质量管理学[M].清华大学出版社,2005.

[43] 索世文.ERP的发展现状及未来趋势[J].沈阳航空工业学院学报,2004(5):94-96.

[44] 涂红伟,严鸣,周星.工作设计对知识型员工和体力工作者的差异化影响:一个现场准实验研究[J].心理学报,2011,43(7):810-820.

[45] 唐纳德·沃特斯,高咏玲.供应链管理概论[M].电子工业出版社,2010.

[46] 王聪丽,马斌.ERP对企业的价值贡献[J].机械管理开发,2005(5):93-94,96.

[47] 吴贵生,王毅.技术创新管理[M].清华大学出版社,2009.

[48] 王明远."循环经济"概念辨析[J].中国人口·资源与环境,2005,15(6):13-18.

[49] 王亦彬.浅谈MRP系统工作原理及作用[J].科技资讯,2010(23):32.

[50] 王艳敏.基于可靠性的供应链设施选址问题的优化模型[J].科学技术与工程,2012,12(11):2517-2520.

[51] 韦艳.精益生产在上汽通用五菱的应用[D].南京理工大学,2010.

[52] 王卓甫,简迎辉.工程项目管理模式及创新[M].中国水利水电出版社,2006.

[53] 徐滨士.中国特色的再制造工程及其发展[C].自主创新与持续增长第十一届中国科协年会,2009.

[54] 邢吉辰.工业企业目标管理[M].企业管理出版社,1992.

[55] 徐人生,盛杰.我国企业精益生产现状及应用研究[J].传承,2010(12):116-117.

[56] 肖燕芳.关于 MRP 管理控制系统的探讨[J].硅谷,2010(11):112.

[57] 俞斌.库存控制方法的应用研究[D].北京航空航天大学,2006.

[58] 伊辉勇,游静.企业资源计划[M].石油工业出版社,2008.

[59] 叶金虎,王育桥.浅谈 MRPⅡ在中小型制造性企业中的应用[J].大众科技,2010(4):24-25.

[60] 姚巨坤,朱胜,崔培枝.再制造管理——产品多生命周期管理的重要环节[J].科学技术与工程,2003,3(4):374-378.

[61] 岳澎,郑立明,任浩.以戴尔公司为例对流程管理模式及其应用的分析[J].科技管理研究,2007(1):108-113.

[62] 张波.生产运营管理原理与实践[M].国防工业出版社,2018.

[63] 赵顺福.项目法施工管理实用手册[M].2 版.中国建筑工业出版社,2005.

[64] 朱建明.基于损毁情景的可靠连通应急设施选址问题[J].电子科技大学学报(社科版),2012(3):44-48.

[65] 张青山.生产运作管理[M].化学工业出版社,2011.

[66] 张文婷.基于精益生产理论的企业生产流程改善研究[D].辽宁大学,2011.

[67] [美]蒂莫西·J.克洛彭博格,[美]约瑟夫·A.佩特里克.项目质量管理[M].机械工业出版社,2005.

[68] [美]威廉·J.史蒂文森.运营管理[M].机械工业出版社,2008.

[69] [美]JayHeizer,[美]BarryRender.生产与作业管理教程[M].华夏出版社,1999.

图书在版编目(CIP)数据

运营管理/邹艳芬,陆宇海主编. —2版. —上海:复旦大学出版社,2022.2
(信毅教材大系. 管理学系列)
ISBN 978-7-309-16114-4

Ⅰ.①运… Ⅱ.①邹…②陆… Ⅲ.①企业管理-运营管理-高等学校-教材 Ⅳ.①F273

中国版本图书馆 CIP 数据核字(2022)第 011918 号

运营管理(第二版)
YUNYING GUANLI
邹艳芬 陆宇海 主编
责任编辑/李 荃

复旦大学出版社有限公司出版发行
上海市国权路 579 号 邮编:200433
网址: fupnet@fudanpress.com http://www.fudanpress.com
门市零售:86-21-65102580 团体订购:86-21-65104505
出版部电话:86-21-65642845
上海盛通时代印刷有限公司

开本 787×1092 1/16 印张 25 字数 562 千
2022 年 2 月第 2 版第 1 次印刷

ISBN 978-7-309-16114-4/F·2869
定价:62.50 元

如有印装质量问题,请向复旦大学出版社有限公司出版部调换。
版权所有 侵权必究